女光明年貳拾貳 [illegible]

男明朗年貳拾陸 [illegible] 會州黃石府別將 [illegible]

男思祚年貳拾柒 白丁 [illegible]

男明奉年貳拾陸 [illegible] 白丁 [illegible]

[illegible]

[illegible]

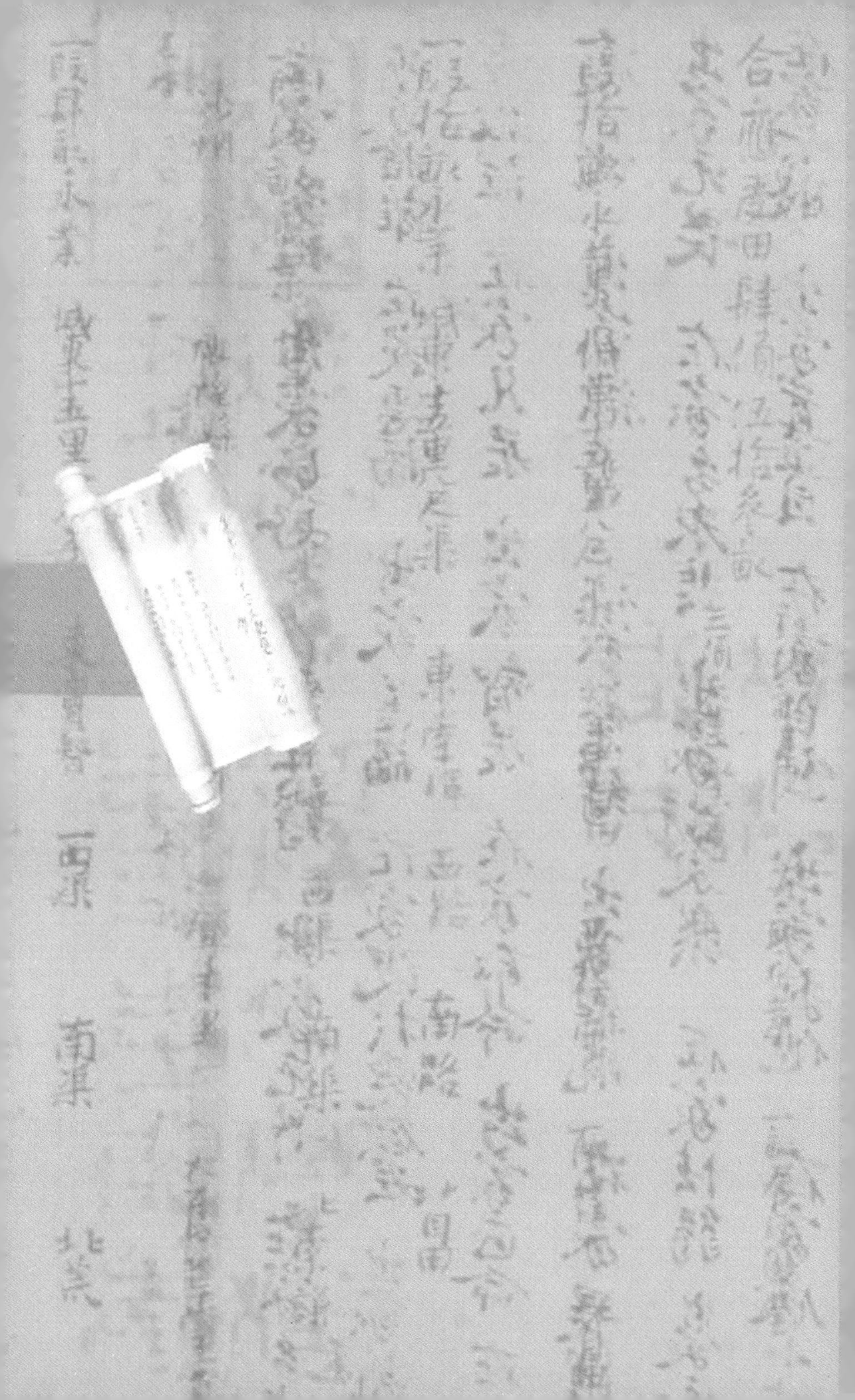

敦煌社會歷史文獻釋録第一編

策劃、主編： 郝春文

英藏敦煌社會歷史文獻釋録

第七卷

郝春文 趙貞 編著

助編： 劉屹

社會科學文獻出版社
SOCIAL SCIENCES ACADEMIC PRESS (CHINA)

圖書在版編目(CIP)數據

英藏敦煌社會歷史文獻釋録. 第七卷 / 郝春文，趙貞編
著. --北京：社會科學文獻出版社，2010.1（2022.7 重印）
（敦煌社會歷史文獻釋録. 第一編）
ISBN 978-7-5097-1048-7

Ⅰ. 英… Ⅱ. ①郝… ②趙… Ⅲ. 敦煌學-文獻-注
釋 Ⅳ. K870.6

中國版本圖書館 CIP 數據核字（2009）第 172177 號

敦煌社會歷史文獻釋録　第一編
英藏敦煌社會歷史文獻釋録　第七卷

編　　著 / 郝春文　趙　貞

出 版 人 / 王利民
項目統籌 / 宋月華
責任編輯 / 魏小薇
責任印製 / 王京美

出　　版 / 社會科學文獻出版社·人文分社（010）59367215
地址：北京市北三環中路甲 29 號院華龍大厦　郵編：100029
網址：www.ssap.com.cn
發　　行 / 社會科學文獻出版社（010）59367028
印　　裝 / 北京虎彩文化傳播有限公司

規　　格 / 開　本：889mm × 1194mm　1/32
印　張：19　字　數：413 千字
版　　次 / 2010 年 1 月第 1 版　2022 年 7 月第 3 次印刷
書　　號 / ISBN 978-7-5097-1048-7
定　　價 / 59.00 圓

讀者服務電話：4008918866

本書第七卷　係

國家社會科學基金項目（第二期）

上海市哲學社會科學規劃重大課題

本書出版得到國家古籍整理出版專項經費資助

敦煌社會歷史文獻釋録

顧問：

寧　可

策劃、主編：

郝春文

編委：

柴劍虹、鄧文寬、方廣錩、郝春文、李正宇、榮新江、張涌泉、趙和平、鄭炳林

海外编委：

吳芳思（Frances Wood）、魏泓（Susan Whitfield）

凡例

一 本書係大型文獻圖集《英藏敦煌文獻》的文字釋録本。其收録範圍、選擇内容均與上書相同。但增收該書漏收的部分佛教典籍以外文獻；對於該書未收的佛經題記，因其具有世俗文書性質，亦予增收；對於該書所收的部分佛經，本書則予以剔除。凡屬增收、剔除之文書，均作説明。

二 本書的編排順序係依收藏單位的館藏編號順序排列。每號文書按正背次序排列，背面以『背』（V）表示。文書正背之區分均依文書原編號。發現原來正背標錯的情況，亦不改動，但在校記中加以説明。

三 凡一號中有多件文書者，即依次以件爲單位進行録校。在每件文書標題前標明其出處和原編號碼。

四 每件文書均包括標題、釋文兩項基本内容；如有必要和可能，在釋文後加説明、校記和有關研究文獻等内容。

五 文書的擬題以向讀者提供儘量多的學術信息爲原則，凡原題和前人的擬題符合以上原則者，即行採用；不符者則重新擬題。

六　凡確知爲同一文書而斷裂爲兩件以上者，在校記中加以説明；若能直接綴合，釋文部分將逕録綴合後的釋文。

七　本書之敦煌文獻釋文一律使用通行繁體字釋録。釋文的格式採用兩種辦法，對有必要保存原格式的文書，以忠實原件、反映文書的原貌爲原則，按原件格式釋録；沒有必要保存原格式的文獻，則採用自然行釋録。原件中之逆書（自左向右書寫），亦不改動；一件文書寫於另一件文書行間者，分别釋録，但加以説明。保存原格式的文書，原文一行排不下時，移行時比文書原格式低二格，以示區别。

八　釋文的文字均以原件爲據，適當吸收前人的研究成果。如已發表的釋文有誤，則逕行改正，並酌情出校。

九　同一文書有兩種以上寫本者，釋録到哪一號，即以該號中之文書爲底本，以其他寫本爲參校本；有傳世本者，則以寫本爲底本，以傳世本爲參校本。

一〇　底本與參校本内容有出入，凡底本中之文字文義可通者，均以底本爲准，而將參校本中之異文附於校記，以備參考。若底本有誤，則保留原文，在錯誤文字下用（　）注出正字；如底本有脱文，可據他本和上下文義補足，但需將所補之字置於〔　〕内；改、補理由均見校記。

一一　原件殘缺，依殘缺位置用（前缺）、（中缺）、（後缺）表示。因殘缺造成缺字者，用

□表示，不能確知缺幾個字的，上缺用▭表示，中缺用▭表示，下缺用▭表示，一般佔三格，但有時爲了保持原文格式，可適當延長，視具體情況而定。

一二　凡缺字可據別本或上下文義補足時，將所補之字置於□內，並在校記中說明理由；原文殘損，但據殘筆劃和上下文可推知爲某字者，逕補；無法擬補者，從缺字例；字跡清晰，但不識者照描，在該字注以『（？）』，以示存疑；字跡模糊，無法辨識者，亦用□表示。

一三　原書寫者未書完或未書全者，用『（以下原缺文）』表示。

一四　原件中的俗體、異體字，凡可確定者，一律改爲通行繁體字；有些因特殊情況需要保留者，用（）將正字注於該字之下。

一五　原件中的筆誤和筆劃增減，逕行改正；出入較大的保留，用（）在該字之下注出正字，並在校記中說明理由。

一六　原件中的同音假借字照録，但用（）在該字之下注出本字。

一七　原件有倒字符號者，逕改；有廢字符號者，不録；有重疊符號者，直接補足重疊文字；均不出校。有塗改、修改符號者，只録修改後的文字；不能確定哪幾個字是修改後應保留的，兩存之。有塗抹符號者，能確定確爲作廢者，不録；不能確定已塗抹的文字，則照録。原寫於行外的補字，逕行補入行內；不能確定補於何處者，仍照原樣録於夾行中。

一八　原件中的衍文，均保留原狀，但在校記中注明某字或某字至某字衍，並説明理由。

一九　文書中的朱書和印跡，均在説明中注明。

二〇　本書收録與涉及的敦煌文獻，在標明其出處時，使用學界通用的略寫中文詞和縮寫英文詞，即：

「斯」：倫敦英國國家圖書館藏敦煌文獻斯坦因（Stein）編號

「北敦」：北京中國國家圖書館藏敦煌文獻編號

「Ch BM」：倫敦英國國家博物館藏敦煌絹紙畫編號

「Ch IOL」：倫敦英國印度事務部圖書館藏敦煌文獻編號

「S. P」：倫敦英國國家圖書館藏敦煌文獻木刻本斯坦因（Stein）編號

「伯」：巴黎法國國立圖書館藏敦煌文獻伯希和（Pelliot）編號

「Дх.」：聖彼德堡俄羅斯聯邦科學院東方學研究所聖彼德堡分所藏敦煌文獻編號

「Ф.」：聖彼德堡俄羅斯聯邦科學院東方學研究所聖彼德堡分所藏敦煌文獻弗魯格（Флуг）編號

目録

斯一四六七　失名醫方集

釋文

（前缺）

升，暑（薯）預（蕷）四兩[一]，伏（茯）神四兩[二]，枳實三□并細切[三]，以絹囊盛。清酒四升[四]，漬六宿。初□

治風頭眩[五]、口渴、目痛、耳聾，大三五七〔散〕〔方〕[六]：

天[七]□山茱萸五兩，乾薑五兩，暑（薯）預（蕷）七兩[八]，防□日再，不知稍加。

小三五七散方：

天雄三兩，□散，清酒服五分，二日再，不知稍增，以知爲度。

治風（頭）頭（風）方[九]：

菊花、獨活[一〇]、茵芋、防風、細辛、蜀椒、皂莢、桂心、杜衡、莽草，可作沐湯及

□之。

治頭風沐湯方〔一一〕：

麻黄根二兩，細辛一兩，豬椒根一兩〔一二〕，防風二兩，茵芋一兩。并細剉，以水三升，煮得一升，去滓，溫以洗木（沐）頭〔一三〕。

治頭中廿種病〔一四〕，頭眩、髮禿落、面中風以膏摩方：

蜀椒三兩半，半夏一兩半，洗。桂心一兩半，茵草二兩半〔一五〕，蘆茹一兩半，附子一兩半，細辛一兩半，乾薑二兩。擣篩，以生猪昉（肪）脂廿兩合擣〔一六〕，令昉（肪）消盡藥成〔一七〕。沐令頭浄，以藥摩五心上。日二，即愈。

生髮及治頭風癢、白屑膏方：

烏喙二兩，茵芋二兩，石南（楠）草二兩〔一八〕，細辛二兩，續斷二兩〔一九〕，澤蘭二兩，皂莢二兩，〔白〕木（术）二兩〔二〇〕，柏葉二兩，防風一兩，竹葉半升，松葉半升，白芷二兩，猪脂四升。并㕮咀細切，以清酢三升，漬一宿，明旦微火煎，藥成，先以沐頭，後以塗之。

治頭中風癢、白屑風、頭長髮、生髮膏方：

蔓荊子三兩，附子三兩，松脂三兩，松葉半升，茵草一兩，石南草二兩〔二一〕，細辛二兩，零陵香二兩，續斷二兩，皂英（筴）二兩，澤蘭二兩，防風二兩，杏人（仁）二兩〔二二〕，馬鬐膏二兩，霍（藿）香一兩〔二三〕，熊脂二升，猪脂二升，白芷二兩。并㕮咀細細切，清醢三升〔二四〕，漬藥二宿，明旦以馬鬐膏等微微火煎，三上三下，白芷小焦黄，膏成，用如澤法〔二五〕。

治欲令髮長及除頭中多白屑方：

大麻人（仁）三升〔二六〕，秦椒三兩。凡二物熟熟研，置米泔汁中一宿，明旦去滓，用以沐髮，數作之。

治頭中癢，撿之白屑起〔二七〕，雞子沐湯方：

新生烏雞子三枚，先作五升沸湯，出揚之，忖令猶溫，破雞子悉内湯中，絞（攪）令和〔二八〕，復煮令熟，分爲三沐。三百（日）一沐〔二九〕，并治髮絶方。

染髮令黑方：

酢漿水煮大豆，以塗染漬之，黑如漆。

治風邪驚狂及風癲、風痓諸方〔三〇〕：

丹雄雞湯，主治諸風歷藏邪氣〔三一〕，恍惚，悲傷不樂，憙怒無常〔三二〕。

安神定志方：

丹雄雞一頭，三歲者。蛇蜕皮一枚，麥門冬三兩，去心。桂心三兩，羌活三兩，芎藭二兩，石膏五兩，末〔三三〕。防風二兩，牡厲（蠣）二兩〔三四〕，末。柏子人（仁）二兩〔三五〕，碎。鳴蟬十枚，炙。生薑四兩，當歸二兩，人參二兩，伏（茯）神三兩〔三六〕，遠志皮三兩，麻黄二兩，去節。大栗卅枚，擘。十七物。雞如食法，勿以水，經腹裏出肝心血，以水二斗，先煮雞，取一斗五升，去雞肉，內餘藥，煎取四升，內雞肝心血也。又煎取三升半，分五服，日三，夜一，餘湯明旦服。

伏（茯）神湯〔三七〕：

治風虛洪滑〔三八〕，頸項強，心氣不定，不能食方。伏（茯）神四兩〔三九〕，人參二兩，羌活二兩，半夏三兩，湯洗。防風三兩，遠志二兩，麥門冬四兩，去心。當歸二兩，紫石〔英〕二兩〔四〇〕，末。甘草三兩，炙。黄耆二兩〔四一〕，生薑五兩，五味二兩，酸棗三兩。碎。十四物。切，以水一升，先煮酸棗。取一升去滓，內餘藥煎取升半〔四二〕。一服七合，日三夜一。

雞心湯：

治虛悸驚恐，心氣縈縈不安方。龍齒三兩，防己三兩，勺藥二兩〔四三〕，人參二兩，獨活二兩，白鮮皮二兩，甘草二兩，炙。當歸二兩，桂心二兩，芎藭二兩，生地黄四兩，黄芩二兩，遠志二兩，去心。伏苓三兩。切，以水五升，清酒五升，合煮取三升，藥欲熟，破雞取心及血，內湯煮十沸，服八合，日三。

治百病黿魚甲湯方〔四四〕：

主治取氣，夢寤時涕泣，不欲間（聞）人聲〔四五〕。體中酸削，乍寒乍熱，腰背強痛，腹內拘急，不欲飲食；或因疾病之後，勞動疲極；或觸犯忌諱，衆諸不節；婦人産生之後[四六]，月經不利，時下有青赤白，體肥而內虛，羸瘦，小便不利；或頭痛，耳發熱，旋復解散；或一交接彌日極，此藥皆主之。鼈魚甲七枚[四七]，炙。白薇三兩，知母四兩，甘草二兩，炙。防風三兩，麻黄二兩半，去節。凝水石四兩半，桂心四兩，勺藥二兩半[四八]，伏（茯）苓四兩[四九]，石膏六兩，碎。黄芩四兩，貝母三兩半，白術三兩半。一方二兩半。切，以水二升，煮取四（二）升[五〇]，溫服一升，日三，夜一。

定志丸：

治大風入腹腸，意忘[五一]，恍惚，善恐，開心逐邪，安神藏[五二]，除百病方。人參五兩，附子六枚，炮。赤朱三兩，猪心三兩，牛心五兩，羊心五兩，馬心五兩，犬心五兩，昌（菖）蒲五兩[五三]，遠志五兩，去心。伏（茯）苓五兩[五四]。亦可用伏（茯）神[五五]。擣下篩，蜜和服，如杏子核一枚，日三，稍益如杏大，五心皆乾乃稱之。

治男子得鬼魅欲死，所見驚怖欲走，時有休止，皆邪氣所爲，不自紀，九物牛黄丸方：

荊實一兩，死人精。曾青一兩，龍精。玉屑一兩，白虎精。牛黄一兩，土精[五六]。雄黄一兩，地精。玄參一兩，玄武精。空青一兩，天精。赤石脂一兩，朱雀精。龍骨一兩。水精。九物名曰九精，上通九天，下通九地。擣下篩，蜜和服，如小豆丸。先食吞一丸，日三，稍加，以知爲度。

凡欲發狂，即欲走，或自高貴，稱神聖，皆須備諸火灸，又乃得永差耳[五七]。若□□□□□□□□□□□自依邪法治之。治卒中邪魅、恍惚振噤（下缺）

説明

此件首尾均缺，失題，其内容为醫方，存十八方，記有方名、主治病症、藥名、劑量及用藥、服藥之法，應爲《失名醫方集》的一部分。《敦煌醫藥文獻輯校》以其避『世』字諱，而不避『治』、『恒』字，認爲應爲唐早期寫本（《敦煌醫藥文獻輯校》，江蘇古籍出版社，一九九八年版，二六六頁）。

此件背面亦爲醫方，抄寫格式和筆跡均與此件不同，係另外一種醫方集。

校記

〔一〕『署』，當作『薯』；『預』，當作『蕷』，《敦煌醫藥文獻輯校》據文義校改，『署』爲『薯』之借字，『預』爲『蕷』之借字。

〔二〕『伏』，當作『茯』，《敦煌醫藥文獻輯校》據文義校改，『伏』爲『茯』之借字。

〔三〕『三』，《敦煌醫藥文獻輯校》漏録。

〔四〕『清酒』，原作『酒清』，二字旁有倒乙符號，《敦煌醫藥文獻輯校》仍釋作『酒清』。

〔五〕『治風』，《敦煌醫藥文獻輯校》漏録。

〔六〕『散方』，《敦煌古醫籍考釋》據《千金要方》校補。

〔七〕「天」，《敦煌醫藥文獻輯校》漏録。

〔八〕「署」，當作「薯」；「預」，當作「蕷」，《敦煌醫藥文獻輯校》據文義校改，「署」爲「薯」之借字，「預」爲「蕷」之借字。

〔九〕「風」，當作「頭」；「頭」，當作「風」，《敦煌醫藥文獻輯校》據文義校改。

〔一〇〕「獨」，《敦煌醫藥文獻輯校》漏録；「活」，據文義補。

〔一一〕「頭風」，原件二字旁有倒乙符號，據文義不當乙。

〔一二〕「豬」，《敦煌醫藥文獻輯校》釋作「楮」，推斷爲「豬」字之訛，原件即爲「豬」字。

〔一三〕「木」，當作「沐」，據文義改，「木」爲「沐」之借字。

〔一四〕「廿」，《敦煌古醫籍考釋》、《敦煌醫藥文獻輯校》釋作「二十」。

〔一五〕底本「半」下另有「茵芋」二字，旁有刪除符號，應不録。《敦煌醫藥文獻輯校》未注意此二字旁的刪除符號。

〔一六〕「昉」，當作「肪」，據文義改，《敦煌醫藥文獻輯校》逕釋作「肪」，「昉」爲「肪」之借字；「廿」，《敦煌醫藥文獻輯校》釋作「二十」。

〔一七〕「昉」，當作「肪」，據文義改，《敦煌醫藥文獻輯校》逕釋作「肪」，「昉」爲「肪」之借字。

〔一八〕「南」，當作「楠」，《敦煌古醫籍考釋》、《敦煌醫藥文獻輯校》據文義校改，「南」爲「楠」之借字。

〔一九〕此句《敦煌醫藥文獻輯校》漏録。

〔二〇〕「白」，《敦煌古醫籍考釋》據《千金要方》補；「木」，當作「朮」，《敦煌古醫籍考釋》、《敦煌醫藥文獻輯校》據文義校改。

〔二一〕「南」，《敦煌古醫籍考釋》、《敦煌醫藥文獻輯校》校改作「楠」，按「南」亦可通。

〔二二〕「人」，當作「仁」，《敦煌醫藥文獻輯校》據文義校改，「人」爲「仁」之借字。

〔二三〕「霍」，當作「藿」，據文義改，《敦煌醫藥文獻輯校》逕釋作「藿」，「霍」爲「藿」之借字。

〔二四〕「醋」，《敦煌醫藥文獻輯校》釋作「醢」，按《千金要方》作「酢」，據字書，「醋」即爲「酢」。

〔二五〕「法」，《敦煌醫藥文獻輯校》釋作「髮」。

〔二六〕「人」，當作「仁」，《敦煌醫藥文獻輯校》據文義校改，「人」爲「仁」之借字。

〔二七〕「撿」，《敦煌醫藥文獻輯校》釋作「檢」。

〔二八〕「絞」，當作「攪」，據文義改，《敦煌醫藥文獻輯校》釋作「□」，「絞」爲「攪」之借字。

〔二九〕「百」，當作「日」，《敦煌醫藥文獻輯校》據文義校改。

〔三〇〕「痓」，《敦煌醫藥文獻輯校》釋作「痙」。

〔三一〕「歷」，《敦煌醫藥文獻輯校》釋作「兼」；「藏」，《敦煌醫藥文獻輯校》釋作「臟」，「藏」通「臟」。

〔三二〕「憙」，《敦煌醫藥文獻輯校》釋作「喜」。

〔三三〕「末」，《敦煌醫藥文獻輯校》漏録。

〔三四〕「厲」，當作「蠣」，據文義改，《敦煌醫藥文獻輯校》逕釋作「蠣」，「厲」爲「蠣」之借字。

〔三五〕「人」，當作「仁」，《敦煌醫藥文獻輯校》據文義校改，「人」爲「仁」之借字。

〔三六〕「伏」，當作「茯」，《敦煌醫藥文獻輯校》據文義校改，「伏」爲「茯」之借字。

〔三七〕「伏」，當作「茯」，《敦煌醫藥文獻輯校》據文義校改，「伏」爲「茯」之借字。

〔三八〕「洪滑」，底本原作「滑洪」，旁有倒乙符號，應釋作「洪滑」，《敦煌古醫籍考釋》、《敦煌醫藥文獻輯校》仍釋作「滑洪」。

〔三九〕「伏」，當作「茯」，《敦煌醫藥文獻輯校》據文義校改，「伏」爲「茯」之借字。

〔四〇〕「英」，《敦煌醫藥文獻輯校》據文義校補。

〔四一〕「耆」，《敦煌醫藥文獻輯校》釋作「蓍」，按「黄蓍」亦作「黄耆」，可不校改。

〔四二〕「升」，《敦煌醫藥文獻輯校》釋作「一升」，誤。

〔四三〕「勺」，《敦煌醫藥文獻輯校》校作「芍」，認爲「勺」是「芍」的通假字，按「芍藥」亦作「勺藥」。

〔四四〕「鼀」，《敦煌醫藥文獻輯校》釋作「鼈」。

〔四五〕「問」，當作「聞」，據文義改，《敦煌醫藥文獻輯校》逕釋作「聞」。

〔四六〕「産生」，《敦煌醫藥文獻輯校》釋作「生産」。

〔四七〕「鼀」，《敦煌醫藥文獻輯校》釋作「鼈」。

〔四八〕「勺」，《敦煌醫藥文獻輯校》校作「芍」，認爲「勺」是「芍」的通假字，按「芍藥」亦作「勺藥」。

〔四九〕「伏」，當作「茯」，《敦煌醫藥文獻輯校》據文義校改，「伏」爲「茯」之借字。

〔五〇〕「四」，當作「二」，《敦煌醫藥文獻輯校》據文義校改。

〔五一〕「憙」，《敦煌醫藥文獻輯校》釋作「喜」。

〔五二〕「藏」，《敦煌醫藥文獻輯校》釋作「臟」，「藏」通「臟」。

〔五三〕「昌」，當作「菖」，《敦煌醫藥文獻輯校》據文義校改，「昌」爲「菖」之借字。

〔五四〕「伏」，當作「茯」，《敦煌醫藥文獻輯校》據文義校改，「伏」爲「茯」之借字；「苓」，《敦煌醫藥文獻輯校》釋作「芩」，誤。

〔五五〕「伏」，當作「茯」，《敦煌醫藥文獻輯校》據文義校改，「伏」爲「茯」之借字。

〔五六〕「土」，《敦煌醫藥文獻輯校》釋作「火」，校作「土」，原件實作「土」。

〔五七〕「又」，《敦煌醫藥文獻輯校》釋作「必」，誤；「差」，《敦煌醫藥文獻輯校》釋作「瘥」。

參考文獻

《敦煌寶藏》一一冊，一一二至一一三頁（圖）；《敦煌學輯刊》一九八五年二期，一二〇頁；《敦煌古醫籍考釋》二〇〇至二〇九頁（録）；《英藏敦煌文獻》三卷，六二至六三頁（圖）；《敦煌研究》一九九一年四期，一〇一至一〇二頁；《敦煌石窟秘方與灸經圖》三〇至一二三頁；《敦煌醫藥文獻輯校》二六六至二七四頁（録）。

斯一四六七背　一　失名醫方集

釋文

（前缺）

虎骨一具，炭火炙令黃色，刮取，炙盡擣得數升，絹囊盛，清酒六升，浸五宿，隨多少稍飲之。

療伏連傳屍，骨蒸殗殜：此惣是一病，恐人不識，具其名，比來服此方者，但得好藥，效驗十不失一。皂莢，一尺（隻）〔一〕，去皮子，令炙黃。柏子，□兩。苦參，一兩。百部，根一兩。金柒（漆）腐木〔二〕，一兩，如無，乾柒（漆）二兩替〔三〕。右五味擣篩，取餳和爲丸，丸如兔屎大。服時先取精羊肉一雞子大，熟煮訖，分作兩分（份）〔四〕。先取一分（份）熟嚼咽汁〔五〕，取所嚼肉滓，裹六丸藥丸，別各裹，平且（旦）以飲服之後〔六〕，如人〔行〕十五里久〔七〕，又取前一分（份）熟羊肉嚼肉咽汁〔八〕，如前法，還取滓，更各裹六丸藥，准前服之。通前惣十二丸，名爲一劑。如不愈〔九〕，依前法服之，不過兩三度服，無不愈者。疾輕者，痢出黃青綠水；重者，出□風（？）糞蟲（？）田父等。服藥後一月內，不得食羊肉、油麵熱物等，大忌。

療痃癖氣壯熱，兼嗽久，爲骨蒸，極驗方：柴胡，四兩。伏（茯）苓〔一〇〕，三兩。白术，三兩。枳殼，三兩。右以水七升煮〔一一〕，取二升半，分三分（份）服〔一二〕，壯熱不歇，即加芒消（硝）六分取痢〔一三〕。熱歇之後，每三日服一劑，差後每月服□劑〔一四〕，服日（？）〔一五〕，終身永除。

療人患骨蒸，瘡在脚脛上生者方〔一六〕：取藜蘆酢漬塗之即差〔一七〕。

療緾屍骨蒸，瘡在脚，蜀柒（漆）丸主之〔一八〕，漸瘦並小兒壯熱方：恒山，二兩。麻黃，二兩。甘草，二兩。知母〔一九〕，二兩〔二〇〕。杏人（仁）〔二一〕，二兩。

牡厲（蠣）〔二二〕，二兩。蜀柒（漆）〔二三〕，一兩。大黄，三兩。黄芩，二兩。下篩蜜和爲丸，丸如悟（梧）子大〔二四〕，□□□□一服五丸，日三，忌魚豬等肉〔二五〕，頃暢方。

療五蒸下利方、力弱方：苦參，三兩。青葙，二兩。甘草，二兩〔二六〕。已上三味切〔二七〕，以水四升煮，取一升半，分爲三分（份）〔二八〕，灌下部更良。

療骨蒸，以骨汁淋方：枯朽骨五大塊〔二九〕，一切骨皆堪用，唯净洗刷刮〔三〇〕，不得遺微有土氣，但似有土氣，即不差病〔三一〕。桃枝，三大升，剉。柳枝，三大升，剉。枯棘鍼□大升。已上四物〔三二〕，以清水五大石煮之，減半乃接出汁〔三三〕。別取清漿兩大石投釜中，和骨重煮三兩沸，然後惣濾出。净拭釜，取前後湯□相和，更報暖隨須□用。使患者解髪令散，以此湯發（髮）項淋之〔三四〕，其湯唯熱〔三五〕，但不破肉爲準，一舉淋湯遣盡〔三六〕，若覺心悶〔三七〕，即喫三、五口冷飯〔三八〕，如不能坐即臥淋。淋湯之時，自當大汗〔三九〕，汗出當處〔四〇〕，仍遍淋之，務取汗均，以袪惡氣。淋訖，可食一大椀熱葱豉粥〔四一〕，便暖覆取汗〔四二〕，汗解，以粉摩身，連手足周遍〔四三〕。患重者不過再淋，欲重淋時〔四四〕，須量氣□禁淋〔四五〕。乃淋此湯〔四六〕，若飲之尤佳。

斷伏連解法：右先覓一不開口瓠蘆，入月取，離日開〔四七〕，煮取一匙脂粥〔四八〕，內其中〔四九〕。又剪紙錢財，將□新塚上，使病兒面向還道，北塚坐，以紙錢貼。乃新綜團塚，及病人□□〔五〇〕，遍（便）別將少許紙錢圍外〔五一〕，與五道將軍〔五二〕，使病人一手捉瓠蘆，一手於坐傍，以紙錢穿地〔五三〕，即以瓠蘆坐所穿處，穿地及坐瓠蘆了，使一不病人捉兩個不病背〔五四〕，呪曰〔五五〕：伏連、伏連。

療髓虛方，治髓虛痛，惣下（不）安〔五六〕，膽府中寒〔五七〕，羌活補髓丸方：羌活，二兩。桂心，二兩。芎藭，二兩。當歸，三兩。人參，四兩。棗肉，一升，研爲脂。大麻人（仁）二升〔五八〕，熬，研爲脂。羊髓，一升。蜀花〔五九〕，一升。牛髓，二升，前搗五種乾藥爲散〔六〇〕，下棗膏、麻人（仁）〔六一〕，又更搗相柔□□□大三髓〔六二〕，內銅鉢中〔六三〕，湯中調之取好爲丸〔六四〕，丸如梧子，一服卅日〔六五〕，再加至卌爲□□〔六六〕，并煖清酒進之〔六七〕。

療髓實方〔六八〕，髓實勇悍驚熱主（肝）熱〔六九〕，柴胡發地（泄）湯〔七〇〕：柴胡，三兩。升麻，三兩〔七一〕。黄芩，三兩。澤瀉四兩〔七二〕。細辛，三兩。枳實，三兩。炙（梔）子〔七三〕，三兩〔七四〕。生地黄，切，一升。芒消（硝）〔七五〕，三兩〔七六〕。淡竹葉〔七七〕，切，一升。凡九物，以水九升，煮三升，絞去滓，下芒消（硝）〔七八〕，分三服。

（下缺）

說明

此件首缺，書寫於上件「失名醫方集」卷背，但筆跡、抄寫方式與正面不同，應爲兩種不同的醫方集。《敦煌醫藥文獻輯校》以其不避唐高祖之祖李虎的「虎」字，但避「世」、「葉」、「治」諸字諱，認爲應是唐代早期寫本。

此件後抄寫的是與醫方無關的内容，僅存三個字。

校記

〔一〕「尺」，當作「隻」，據文義改，《敦煌古醫籍考釋》、《敦煌醫藥文獻輯校》逕釋作「隻」。

〔二〕「柒」，當作「漆」，據文義改，《敦煌醫藥文獻輯校》逕釋作「漆」，「柒」爲「漆」之借字。

〔三〕「柒」，當作「漆」，據文義改，《敦煌醫藥文獻輯校》逕釋作「漆」，「柒」爲「漆」之借字。

〔四〕後一「分」字當作「份」，據文義改，《敦煌醫藥文獻輯校》逕釋作「份」。

〔五〕「分」，當作「份」，據文義改，《敦煌醫藥文獻輯校》逕釋作「份」。

〔六〕「且」，當作「旦」，據文義改，《敦煌醫藥文獻輯校》逕釋作「旦」。

〔七〕「行」，《敦煌醫藥文獻輯校》據文義校補。

〔八〕「分」，當作「份」，據文義改，《敦煌醫藥文獻輯校》逕釋作「份」。

〔九〕「愈」，《敦煌醫藥文獻輯校》據文義校補。

〔一〇〕「伏」，當作「茯」，據文義改，《敦煌醫藥文獻輯校》逕釋作「茯」。

〔一一〕「煮」，《敦煌醫藥文獻輯校》釋作「者」，並斷在下句，誤。

〔一二〕「分」，當作「份」，據文義改，《敦煌醫藥文獻輯校》逕釋作「份」。

〔一三〕「消」，當作「硝」，據文義改，《敦煌醫藥文獻輯校》逕釋作「硝」，「消」爲「硝」之借字。

〔一四〕「差」，《敦煌醫藥文獻輯校》釋作「瘥」。

〔一五〕「日」字文義不通，疑有誤，《敦煌醫藥文獻輯校》釋作「□」。

〔一六〕「者」，《敦煌醫藥文獻輯校》漏録。

〔一七〕「酢」，《敦煌醫藥文獻輯校》釋作「醋」，按「酢」即「醋」；「差」，《敦煌醫藥文獻輯校》釋作「瘥」。

〔一八〕「柒」，當作「漆」，據文義改，《敦煌醫藥文獻輯校》逕釋作「漆」，「柒」爲「漆」之借字。

〔一九〕「母」，《敦煌古醫籍考釋》據文義校補。

〔二〇〕「二兩」，《敦煌醫藥文獻輯校》未録。

〔二一〕「人」，當作「仁」，《敦煌醫藥文獻輯校》據文義校改，「人」爲「仁」之借字。

〔二二〕「厲」，當作「蠣」，據文義改，《敦煌醫藥文獻輯校》逕釋作「蠣」，「厲」爲「蠣」之借字。

〔二三〕「柒」，當作「漆」，據文義改，《敦煌醫藥文獻輯校》逕釋作「漆」，「柒」爲「漆」之借字。

〔二四〕「悟」，當作「梧」，據文義改，《敦煌醫藥文獻輯校》逕釋作「梧」，「悟」爲「梧」之借字。

〔二五〕「魚豬」，《敦煌醫藥文獻輯校》未録。

〔二六〕「二兩」，《敦煌醫藥文獻輯校》未録。

〔二七〕「已」，《敦煌醫藥文獻輯校》釋作「以」，誤。

〔二八〕後一「分」字當作「份」，據文義改，《敦煌醫藥文獻輯校》逕釋作「份」。

〔二九〕「塊」，《敦煌醫藥文獻輯校》據文義校補。
〔三〇〕「唯」，《敦煌醫藥文獻輯校》釋作「惟」，誤；「洗刷」，《敦煌醫藥文獻輯校》釋作「洗浄刷」，誤。
〔三一〕「差」，《敦煌醫藥文獻輯校》釋作「瘥」。
〔三二〕「已」，《敦煌醫藥文獻輯校》釋作「以」，誤。
〔三三〕「汁」，《敦煌醫藥文獻輯校》釋作「汗」，誤。
〔三四〕「發」，當作「髮」，《敦煌醫藥文獻輯校》據文義校改，「發」爲「髮」之借字。
〔三五〕「唯」，《敦煌醫藥文獻輯校》釋作「惟」，誤。
〔三六〕「遺」，《敦煌古醫籍考釋》、《敦煌醫藥文獻輯校》補作「令」，經查原件，實爲「遺」字。
〔三七〕「若」，《敦煌醫藥文獻輯校》釋作「□」。
〔三八〕「喫」，《敦煌醫藥文獻輯校》釋作「吃」，誤。
〔三九〕「大汗」，《敦煌醫藥文獻輯校》釋作「大淋汗」，按原件「淋」字旁有廢除符號，應不録。
〔四〇〕「當」，《敦煌醫藥文獻輯校》釋作「之」，誤。
〔四一〕「椀」，《敦煌醫藥文獻輯校》釋作「碗」，誤。
〔四二〕「取」，據文義補，《敦煌醫藥文獻輯校》逕釋作「取」。
〔四三〕「手」，《敦煌醫藥文獻輯校》釋作「身」，誤。
〔四四〕「欲重淋時」，原卷作「時欲重淋時」，其第一個「時」旁有删除符號，應不録，《敦煌醫藥文獻輯校》未注意此字之廢除符號。
〔四五〕「氣□」，《敦煌醫藥文獻輯校》釋作「□者」。
〔四六〕「乃」，《敦煌醫藥文獻輯校》釋作「復」，誤。

〔四七〕「離」，《敦煌醫藥文獻輯校》釋作「□」。

〔四八〕「脂」，《敦煌醫藥文獻輯校》釋作「□」。

〔四九〕「内」，《敦煌醫藥文獻輯校》釋作「納」。

〔五〇〕「□□」，《敦煌醫藥文獻輯校》釋作「更過」。

〔五一〕「遍」，當作「便」，據文義改，「遍」爲「便」之借字，此字《敦煌醫藥文獻輯校》釋作「□」；「將」，《敦煌醫藥文獻輯校》釋作「獎」，校作「將」，原件實作「將」。

〔五二〕「軍」，《敦煌醫藥文獻輯校》釋作「□」。

〔五三〕「紙」，據文義補，《敦煌醫藥文獻輯校》釋作「□」。

〔五四〕第二個「不」字，《敦煌醫藥文獻輯校》釋作「□」。

〔五五〕「呪」，《敦煌醫藥文獻輯校》釋作「祝」，二字可互通。

〔五六〕「下」，當作「不」，《敦煌古醫籍考釋》、《敦煌醫藥文獻輯校》據文義校改。

〔五七〕「府」，《敦煌醫藥文獻輯校》釋作「腑」，「府」通「腑」。

〔五八〕「人」，當作「仁」，《敦煌醫藥文獻輯校》據文義校改，「人」爲「仁」之借字。

〔五九〕「花」，《敦煌醫藥文獻輯校》釋作「□」。

〔六〇〕「五種乾藥」，《敦煌醫藥文獻輯校》漏録。

〔六一〕「人」，當作「仁」，《敦煌醫藥文獻輯校》據文義校改，「人」爲「仁」之借字。

〔六二〕「相柔□□□大三」，《敦煌醫藥文獻輯校》釋作「如□□二」。

〔六三〕「鉢」，《敦煌醫藥文獻輯校》稱訛作「錢」，原件實作「鉢」。

〔六四〕「調之取好」，《敦煌醫藥文獻輯校》未能釋讀。

〔六五〕「卅」，《敦煌醫藥文獻輯校》釋作「三十」。

〔六六〕「卌」，《敦煌醫藥文獻輯校》釋作「四十」。

〔六七〕「煖」，《敦煌醫藥文獻輯校》釋作「暖」。

〔六八〕「療」，《敦煌醫藥文獻輯校》據文義校補。

〔六九〕「髓」，據文義補；「肝」，《敦煌醫藥文獻輯校》據相關典籍校補。

〔七〇〕「地」，當作「泄」，《敦煌醫藥文獻輯校》據相關典籍校改。

〔七一〕「三」，《敦煌古醫籍考釋》、《敦煌醫藥文獻輯校》據文義校補。

〔七二〕「四兩」，《敦煌古醫籍考釋》、《敦煌醫藥文獻輯校》據文義校補。

〔七三〕「炙」，當作「梔」，據文義改，《敦煌醫藥文獻輯校》逕釋作「梔」，「炙」爲「梔」之借字。

〔七四〕「三」，《敦煌醫藥文獻輯校》釋作「□□」。

〔七五〕「消」，當作「硝」，據文義改，《敦煌醫藥文獻輯校》逕釋作「硝」，「消」爲「硝」之借字。

〔七六〕「三兩」，《敦煌醫藥文獻輯校》釋作「□□」。

〔七七〕「淡竹葉」，《敦煌古醫籍考釋》、《敦煌醫藥文獻輯校》據相關典籍校補。

〔七八〕「消」，當作「硝」，據文義改，《敦煌醫藥文獻輯校》逕釋作「硝」，「消」爲「硝」之借字。

參考文獻

《敦煌寶藏》一一冊，一一四頁（圖）；《敦煌古醫籍考釋》一九四至二〇〇頁（録）；《英藏敦煌文獻》三卷，六三至六四頁（圖）；《敦煌醫藥文獻輯校》二五九至二六五頁（録）。

斯一四六七背　二　失名文（？）

釋文

言多長□（下缺）

説明

此件書於『失名醫方集』後，下殘後缺，僅存三個字。

參考文獻

《敦煌寶藏》一一冊，一一四頁（圖）；《英藏敦煌文獻》三卷，六四頁（圖）。

斯一四六八　一　推初得病日鬼法

釋文

（前缺）

□□□者作鬼，小兒號□姓侯[一]［　　］□病人上，宜好守之。不離是□□□□□□□一鬼在入門前上□頭，司人虛便。其鬼夜被光，人不覺此鬼。又法：人闌前入，在離（籬）上□雞鳴[二]。見雞上梨（籬）鳴者[三]，宜趂之大吉。

又曰：病者頭日痛，四支（肢）不□[四]，言祟在庭中。此人犯竈君，嗔家親被責。竈中已意事家□□鬼欲銅鐵事，青衣女子鬼，新死伯叔來在門外，遣之大吉。

酉日病，鬼姓學名少楊，年卌七歲[五]。鬼有七人，一者在人門，手把杵臨頭有銅鉤，捕人魂魄。藏在人西方，去舍六十步。其處有丘莊，莊邊自死草蘽[六]，鬼在其中。又一鬼領五鬼，復在舍北角，頭出孔子有大蛇頭處是，大欲連流[七]，炎則東家五人有病，女年七歲。又曰：病是家年少鬼、女婦鬼，復有嘖衣服事。家有黑色人，多呪咀（詛）清齋[八]，謝之大吉。

戌日病者，鬼姓清名仲卿。十五鬼，石（在）人家宅西北下崖孔中〔九〕。如無崖，即以三口一鬼在其處。去舍卅丈爲德思，頭清（青）目黄〔一〇〕，手把炎精火，常欲燒人屋舍。其鬼病人欲染五家，此是時五病，令人妄語，其老禁人家親，遣吉。

又曰：病是内刀兵之鬼，居三年草中他初（出）〔一一〕。初（出）來在門欲食神又騎馬者〔一二〕，人苦腰背病者，□□□重，心下恍惚，口乾重，宜趂大吉。

亥日病〔者〕〔一三〕，鬼姓劉名伯子，七鬼。去舍八十步，有鵲巢爲德，南有干枯木，黑鳥在上不鳴。此是注煞病，欲連及仲子，鬼藏不出。黄昏時，欲有衣黄衣人從外來宿，可前之鬼。欲逐去，鬼在病人牀西頭大甕中。鬼有嘖（幘）〔一四〕，大鯉魚也。

又曰：亥日病咽喉腫，氣臭〔一五〕，體煩楚〔一六〕。此病是惡鬼、外星血鬼，是伯叔，年六十許、卌七許〔一七〕。二人平衣是號刀外之食。昨夜驚犬，此引拾□病來，宜急遣之，大吉。

右已前十二時中得病日，推勘即知輕重。

子日得病者，須赤小豆一升，水花五升，卯上土五升，合埿緒置午地上〔一八〕。去舍九步，不然九尺，其病即差〔一九〕。

丑日得病者，須火炭卅五梃〔二〇〕，每長五寸，取子上土九升，江水三升，生鐵五斤，合涅置未上〔二一〕，去舍八步〔二二〕，亦八尺，其病[即差]〔二三〕。

寅日得病者，須死人骨一枚，大豆三升，生鐵十斤，取亥上土四升，作涅置申上，去舍七十步，亦七步，即差。

卯日病者，須五姓人來者，人別土五升，清酒一升，生鐵九斤，置大門中埋，病即差。

辰日病者，須東家陌頭土七升，以赤小豆七升，白米七升，川流水一升，甕盛之，置病人房內，即差。

巳日病者，須作土人七枚，每長七寸，書人腹作『鬼』字〔二四〕，以酒脯祭之。呪曰：『今日某甲疾病，今土人七個〔二五〕，某乙身命〔二六〕。土人一去，其鬼一個不得更住。土人一發，其病即絕。五止已，寒虐毀病人，不得火。急急如律令。』送五道頭，勿反面〔二七〕，其病即差。

午日病者，須舍西方土，方別三升，作涅，於庭中立作土人〔二八〕，高一尺，面向北。遣手把刀，病人即差。

未日病者，須鹿角一枚，雄雞尾一枚，埋大門限下，即差。

申日病者，須清絲繩一，長一丈，於庭中□作坤（？）〔二九〕，中置長刀一口，四方遍燃燈，病人即差。

酉日病者，修理頭差，病人牀前吉。又須致鐵器，置門下埋之差〔三〇〕。

戌日病者，藏竹卅五段，每長三尺；桃木廿五段，每長一尺；梧桐木五枚，各長九寸，惣來用病人甘水渥（？）之〔三一〕，而（如）五道頭，即差。

亥日病者，鬼在佰房中。其人家飲漬（酒）恒相爭競〔三二〕，鬼迷其心。鬼有二人〔三三〕，一鬼在病人牀頭，常與病人語。又一鬼昨夜驚豬也。鬼長三尺三，兩面上有生毛〔三四〕。在其得梴（庭）中〔三五〕，令酒後（？）王舉鳴〔三六〕。

子日病，女重男輕。丑日病，女重男輕。寅日病，女重男輕。卯日病，男重女輕〔三七〕。辰日病，男重女輕〔三八〕，巳日病，男重女輕。午日病，男重女輕。未日病，女重男輕。申日病〔三九〕，□□□□。酉日病，女重男輕。戌日病，男重女輕。亥日病，女重男輕。

正月戌〔四〇〕，二月酉〔四一〕，三月申〔四二〕，四月未，五月午，六月巳，七月辰，八月卯，九月寅〔四三〕，十月丑〔四四〕，十一月子，十二月亥。

□□□□□前月日得者，十死一生，慎之大吉。

說明

此卷前後均缺，中間亦有多處殘破，所存內容筆跡相同，爲一人所抄。所抄之内容可分爲兩部分。第一部分即此件，首缺尾全，存文字五十五行，以十二地支紀日爲綱，依次記述各日病者何鬼作祟、如何厭解、男女輕重及厭煞所在等。其中第一項保存了申日以後的部分，其餘各項均完整保存。此件之定名，《敦煌遺書總目索引》、《英藏敦煌文獻》、《敦煌遺書總目索引新編》均定名爲《陰陽書》，黄正建擬題爲《推十二時得病輕重法》（參見《敦煌占卜文書與唐五代占卜研究》，學苑出版社，二〇〇一年版，一四三至一四四頁、二一六頁），王愛和《敦煌占卜文書研究》（二〇〇三年蘭州大學研究生學位論文）指出此件與伯二八五六中之「推初得病日鬼法」性質相類，可據以確定此件名稱，茲從之。第二部分是摘抄《李老君周易十二錢卜法》，由於文書殘缺，此卷的全部内容有可能超出「推初得病日鬼法」和「李老君周易十二錢卜法」的範圍。如果把此卷當作一個整體，應該屬於占卜文書雜抄之類的文獻，此暫按其所存內容定名。

校記

〔一〕「兒」，《敦煌占卜文書研究》釋作「頭」。

〔二〕「離」，當作「籬」，《敦煌占卜文書研究》據文義校改，「離」爲「籬」之借字。

〔三〕「梨」，當作「籬」，《敦煌占卜文書研究》據文義校改，「梨」爲「籬」之借字。

〔四〕「支」，當作「肢」，據文義改，「支」爲「肢」之借字。

〔五〕「卌」，《敦煌占卜文書研究》釋作「四十」。
〔六〕「邊」，《敦煌占卜文書研究》釋作「蠹」，誤。
〔七〕「連流」，《敦煌占卜文書研究》釋作「流連」。
〔八〕「咀」，當作「詛」，據文義改，「咀」爲「詛」之借字，《敦煌占卜文書研究》逕釋作「詛」。
〔九〕「石」，當作「在」，據文義改，《敦煌占卜文書研究》逕釋作「在」。
〔一〇〕「清」，當作「青」，《敦煌占卜文書研究》據文義校改，「清」爲「青」之借字。
〔一一〕「初」，當作「出」，據文義改，「初」爲「出」之借字。
〔一二〕「初」，當作「出」，據文義改，「初」爲「出」之借字。
〔一三〕「者」，據文義補。
〔一四〕「嘖」，當作「幘」，據文義改，「嘖」爲「幘」之借字，《敦煌占卜文書研究》逕釋作「幘」。
〔一五〕「臭」，《敦煌占卜文書與唐五代占卜研究》疑作「身」。
〔一六〕「體」，《敦煌占卜文書研究》釋作「軀」，誤。
〔一七〕「卌」，《敦煌占卜文書研究》釋作「四十」。
〔一八〕「涅」，《敦煌古醫籍考釋》、《敦煌醫藥文獻輯校》釋作「涅」，《敦煌占卜文書研究》釋作「塗」，均誤；「緒」，《敦煌古醫籍考釋》、《敦煌醫藥文獻輯校》釋作「儲」，《敦煌占卜文書研究》釋作「鍺」。
〔一九〕「差」，《敦煌醫藥文獻輯校》釋作「瘥」，以下同，不另出校。
〔二〇〕「卅」，《敦煌古醫籍考釋》、《敦煌醫藥文獻輯校》釋作「三十」。
〔二一〕「涅」，《敦煌古醫籍考釋》、《敦煌醫藥文獻輯校》、《敦煌占卜文書研究》均釋作「渥」，誤，以下同，不另出校；「末」，《敦煌古醫籍考釋》釋作「末」，《敦煌醫藥文獻輯校》釋作「米」，誤。

〔二二〕「舍」，《敦煌古醫籍考釋》釋作「合」，誤。

〔二三〕「即差」，據文義校補，《敦煌古醫籍考釋》、《敦煌占卜文書研究》逕釋作「即差」，《敦煌醫藥文獻輯校》逕釋作「即瘥」。

〔二四〕「作」，《敦煌占卜文書研究》釋作「以」，誤。

〔二五〕「土」，《敦煌占卜文書研究》釋作「上」，誤。

〔二六〕「某乙」，《敦煌占卜文書研究》釋作「入某」，誤。

〔二七〕「匆」，《敦煌占卜文書研究》釋作「多」，誤。

〔二八〕「庭」，《敦煌占卜文書研究》釋作「戶」。

〔二九〕「坤（？）」，《敦煌占卜文書研究》釋作「壇」。

〔三〇〕「差」，據文義補。

〔三一〕「渥（？）」，《敦煌占卜文書研究》釋作「涯」。

〔三二〕「漬」，疑當作「酒」，據文義改。

〔三三〕「人」，據文義補。

〔三四〕「生毛」，《敦煌占卜文書研究》釋作「坐矣」。

〔三五〕「椗」，當作「庭」，《敦煌占卜文書研究》逕釋作「庭」，「椗」爲「庭」之借字。

〔三六〕「後（？）」，《敦煌占卜文書研究》釋作「縱」。此句疑有脫誤。

〔三七〕「輕」，據文義補。

〔三八〕「重女」，據文義補。

〔三九〕「申日病」，據文義補。

〔四〇〕「正月戌」，據文義補。
〔四一〕「二月酉」，據文義補。
〔四二〕「三」，據文義補。
〔四三〕「九月寅」，據文義補。
〔四四〕「十月丑」，據文義補。

參考文獻

《敦煌遺書總目索引》一三八頁；《敦煌寶藏》一一册，一一五頁至一一六頁（圖）；《敦煌古醫籍考釋》五〇三至五〇四頁（録）；《講座敦煌》五册《敦煌漢文文獻》四四七頁；《英藏敦煌文獻》三卷，六四至六五頁（圖）；《敦煌醫藥文獻輯校》七八八至七九〇頁；《敦煌遺書總目索引新編》四五頁；《敦煌占卜文書與唐五代占卜研究》一四三至一四四頁、二一六頁；*Divination et Société Dans la Chine médiévale*, p. 504－505；《敦煌道教文獻研究——綜述、目録、索引》一五七頁；《敦煌典籍與唐五代歷史文化》九四〇至九四一頁、一〇二四頁；《敦煌占卜文書研究》四七至四九頁（録）；《敦煌佛儒道相關醫書釋要》二八五至二八六頁（録）。

斯一四六八　二　李老君周易十二錢卜法摘抄

釋文

□□錢十二文覩其卦文漫（曼）吉凶[一]，萬不失一[二]。

昔周公輔成王，管蔡臣言，欲隱身□避。用錢十二文決吉凶，定狐疑。後學禺（愚）[三]，不敢遂落，取姑（蠱）終姤易解[四]，唯求在意。凶（循）心擲錢[五]，隨其文漫（曼）多少占卦。滿三擲[六]，所求下言，或無分時。隨問者遠其錢[七]，口屢之心[八]，□□□言求□□錢，隨其漫（曼）多少占知。滿三擲，所求意終不達。以□□□須更擲以□卦[九]，無□進出入。占病、鬼祟、辭訟、繫獄、嫁娶、逃亡、□□爲事，一與□□□□言易文。

《易》曰：一文仰十一文曼，坎〔上〕離下之卦[一〇]，水火相滅，百事□□□□不成，辭訟不通[一一]，所求難得。若求□□□□其法見怪，即患□□□□嫁娶二年，失妻兒。占病恐死，祟在□□□作，赤黑色鬼，頭□□□□神，竈君、呪咀（詛）、計忌、難，繫者罪重，逃亡即得〔一二〕，爲人所捉，失物得□□□人患病者〔一三〕，□留、移徙、入家舍稠凶，葬埋不吉，欲不使連留，婚娶□□事，妻相坐。占病不死，漸得小差。祟□□□□，□□葬埋，怪三日之魚，繫者罪重，逃亡爲人所告，失物在遠難得，移、入舍大吉。遠行人在道，有可（疴）〔一四〕。月忌〔一五〕：三月、九月。日忌：戌、亥、丑、未日。

《易》曰：五文仰七文曼，震兑之卦。尅兒〔一六〕，學道不成，辭訟不通，所求難得。若欲求官，反自來殃。嫁娶三年，夫妻必亡，有憂怪。占病□子□葬之鬼。繫者罪重，逃亡即被捉得，失物□□□□□□色婢良，移徙、葬埋相害，遠行人不利，恐有病疾。月忌：二月、八月。忌日：子、丑、午、卯、酉日。慎之。

《易》曰：六仰六曼，乾艮之卦，金水神。相生吾和，百事和合，學者成就。辭訟〔通〕達〔一七〕，所求如意。若欲求王相得之，嫁娶多宜子孫。占病不□，祟在□帝、門神〔一八〕、竈君，繫者（下缺）

說明

關於此卷的情況，可參看上件《推初得病日鬼法》說明，此件抄於該件之後，首部略殘，現存的二十三行文字，其内容爲《李老君周易十二錢卜法》的組成部分。本書第四卷收録斯八一三號亦爲此種卜法。該件前缺，所存卦名、卦象與此件有重合，但占辭不同，應屬不同版本。與現知《李老君周易十二錢卜法》比較，此件除序文外，所抄之内容并非按原書順序抄寫，「一文仰十一文曼」之後就是「五文仰七文曼」和「六仰六曼」，中間略抄了「二文十曼」至「四文八曼」，故將其定名爲《李老君周易十二錢卜法摘抄》。

《李老君周易十二錢卜法》是取十二枚銅錢，以正面爲文（正面陽）、背面爲曼（反面陰），然後抛擲，看有幾文幾曼，再套用易卦卦象，依據卦象的卜辭解釋吉凶。《敦煌道教文獻研究》認爲此種卜法爲道士占卜法術，並懷疑其爲《新唐書·藝文志》著録之「老子神符易」。

校記

〔一〕「漫」，當作「曼」，據文義改，《敦煌占卜文書研究》釋作「縵」。以下同，不另出校。
〔二〕「萬不」，據文義及斯三七二四背《李老君周易十二錢卜法》中之「看文縵即知吉凶，萬不失一」句補。
〔三〕「禺」，當作「愚」，據文義改。
〔四〕「姑」，當作「蠱」，《敦煌占卜文書研究》據文義校改。
〔五〕「凶」，當作「循」，《敦煌占卜文書研究》據文義校改。
〔六〕「擲」，《敦煌占卜文書研究》釋作「拆」，誤。
〔七〕「問」，《敦煌占卜文書研究》釋作「風」，誤。
〔八〕「屨」，《敦煌占卜文書研究》釋作「屬」，誤。
〔九〕「□卦」，《敦煌占卜文書研究》釋作「八拆」。

〔一〇〕「上」，據斯三七二四背《李老君周易十二錢卜法》中「一文十一緡，坎上離下、水火相尅之卦」補。

〔一一〕「訟」，據下文「辭訟不通」補。

〔一二〕「亡」，據文義補。

〔一三〕「人患病」，《敦煌占卜文書研究》釋作「入財□」。

〔一四〕「可」，疑當作「疴」，《敦煌占卜文書研究》據文義校改。

〔一五〕「忌」，據文義補。

〔一六〕「兒」，《敦煌占卜文書研究》釋作「輕」。

〔一七〕「通」，據文義補。

〔一八〕「門」，《敦煌占卜文書研究》釋作「天」。

參考文獻

《敦煌寶藏》一一冊，一一六頁（圖）；《英藏敦煌文獻》三卷，六五頁（圖）；《敦煌遺書總目索引新編》四五頁；《法國漢學》五輯，一九四頁；《敦煌占卜文書與唐五代占卜研究》二三至二四頁、二〇九頁；*Divination et société dans la Chine médéivale*, p. 349；《敦煌道教文獻研究——綜述、目録、索引》一五〇至一五一頁；《敦煌典籍與唐五代歷史文化》八六一至八六二頁；《敦煌占卜文書研究》四九至五一頁（録）。

斯一四七二　佛説八陽神咒經題記

釋文

乙亥歲前四月四日，爲　　亡阿姨師寫此經功德記[一]。法界有情，同霑司（斯）福[二]。

説明

此件抄於《佛説八陽神咒經》尾部，《英藏敦煌文獻》未收，現予補録。其中之『乙亥』，《中國古代寫本識語集録》疑爲後梁乾化五年（公元九一五年），《敦煌遺書總目索引新編》定爲唐大中九年（公元八五五年）。

校記

〔一〕『亡』，《敦煌遺書總目索引》、《敦煌遺書總目索引新編》釋作『大』，誤；『記』，*Descriptive Catalogue of the Chinese Manuscripts from Tunhuang in the British Museum* 校作『及』。

〔二〕『⿱雨洛』，《敦煌遺書總目索引》、《中國古代寫本識語集録》釋作『露』，校作『⿱雨洛』；『司』，當作『斯』，*Descriptive Catalogue of the Chinese Manuscripts from Tunhuang in the British Museum*、《中國古代寫本識語集録》據文義校改，《敦煌遺書總目索引》、《敦煌遺書總目索引新編》釋作『同』，誤。

參考文獻

Descriptive Catalogue of the Chinese Manuscripts from Tunhuang in the British Museum, p. 143（録）；《敦煌遺書總目索引》一三八頁（録）；《敦煌寶藏》一一冊，一四〇頁（圖）；《中國古代寫本識語集録》四五七頁（録）；《敦煌遺書總目索引新編》四五頁（録）。

斯一四七二背　一　佛説八陽神咒經題記

釋文

此是願德經卷，戒昌借書寫爲記。

説明

此件寫於《佛説八陽神咒經》卷背，是戒昌向願德借此經抄寫所作的記録。此件後尚有數行隨手所寫的内容。

參考文獻

《敦煌寶藏》一一册，一四一頁（圖）；《英藏敦煌文獻》三卷，六六頁（圖）。

斯一四七二背　　二　雜寫（當寺轉帖等）

釋文

壹角一主角　　住兒住兒住兒
心生，八九子，　羊羊□□身
一二三四五六七八九十。上大夫，孔乙己，化三千，七十二，仁
當寺轉帖　何（？）佛言　高僧正、仁法候
高僧正、智光、仁法候元而中邪至正處解

説明

以上文字是時人隨手所寫，其中第一行和最後一行與中間三行有數行空白。

參考文獻

《敦煌遺書總目索引》一三八頁；《敦煌寶藏》一一冊，一四一至一四二頁（圖）；《英藏敦煌文獻》三卷，六六頁

（圖）；《敦煌遺書總目索引新編》四五頁（録）。

斯一四七三+斯一一四二七背　宋太平興國七年（公元九八二年）具注曆日并序

釋文

太平興國七年壬午歲具注曆日并序 干水支火 納音木 凡三百八十四日。

押衙知節度參謀銀青光禄大夫檢校國子祭酒翟文進撰。

夫曆日者，是陰陽之綱紀，造化之根原。敬授人時，剋定律管。二儀交泰，即有易變之殊；八節推遷，四時更改。觀七十二候要理，審廿四氣差移，顯示一年日晨，知月朔之大小、無虧、昏曉，定晝夜之矩（短）長〔一〕。紫、白〔二〕〔方〕〔三〕，修造吉慶。但依三百八十四晨〔三〕，足下檢吉定凶。公私最要，無過於曆日也。日往月來，如（而）成一歲〔四〕。凡人年内造作，舉動百事，先須看太歲及已下諸神將并魁罡，犯之凶，避之吉。今年太歲在午，太陰在辰，大將軍在卯，黄幡在戌，豹尾在辰，歲煞在丑，歲刑在午，月（歲）破在子〔五〕，奏書在巽，博士在乾，蠶室在艮，力士在坤，蠶官在丑，蠶命在寅，五鬼在戌，官符在戌，王符在午，病符在巳，死符在亥，生符在酉，畜命（官）在戌〔六〕，大煞在寅〔七〕，上喪門在辰，下喪門在未，夫（天）皇在子〔八〕，地皇在卯，人皇在午，害氣在亥，九卿在未，九卿食舍在申，三公在酉，大耗在亥〔九〕，小耗在子〔一〇〕，伏兵在戌〔一一〕，發盜在丑，劫煞在亥，年黑方在乾。今年金神七煞在寅、卯、戌、亥四位之地，切須迴避即吉。今年歲德在丁（壬）〔一二〕，合德在壬（丁）〔一三〕，丁、壬上取土及修造吉。右件太歲已下，其地不可穿鑿動土，因有破懷（壞）〔一四〕，事須修營。其日與歲德、月德、歲德合、月德合、天赦、天恩、母倉并者，修營無妨。太歲、將軍同遊日：甲子日東遊，己巳日還；丙子〔日〕南遊〔一五〕，辛巳日還；庚子日西遊，乙巳日還；壬子日北遊，丁巳日還；戊子日中游，癸巳日還。犯太歲妨家長，犯太陰害家母，犯將軍煞男女。土公遊日：甲子日北遊，庚午日還；戊寅日東遊，甲申日還；甲午日南遊，庚子日還；戊申日西遊，甲寅日還。太歲、土公等所遊不在之日，修營無妨。今年生男起七宮，女起五宮。今年年起八宮〔一六〕，月起六宮〔一七〕，日起一宮。今年二月天罡，八月河魁，魁、罡之月切不得修造動土，大凶。

九方色之中，但依紫、白二方修造法，出貴子，加官，改職，橫得財物，婚嫁酒食，所作通達，合家吉慶。

赤　碧　黑　三白詩曰：

黄　白　白　上利興功紫、白方，碧绿之〔地〕患癰瘡〔一八〕，黄赤之方患疾病，黑方動土主凶喪。五姓但能依此用，一年之内樂堂堂。

紫　白　绿　章呈君子，千年保守。愚人起造乖星曆，凶日害主閻羅責，即招使者喚君來，銅枷鐵仗（杖）棒君脊〔一九〕。

推七曜直日吉凶法：弟（第）一蜜，太陽直日，宜出行，捉走失，吉事重吉，凶事重凶。弟（第）二莫，太陰直日，宜納財、治病、修井竈門戶，吉。忌見官，凶。弟（第）三雲漢，火直日，宜買六畜、合火（伙）下書契〔二〇〕、合市，吉。忌針灸，凶。弟（第）四嘀，水直日，宜入學、造功德，一切工巧皆成，人、畜走失自來，吉；弟（第）五温沒斯，木直日，宜受法，忌見官〔二一〕，市口馬、著新衣、修門戶，吉。弟（第）六那頡，金真（直）日〔二二〕，宜見官、禮事、買莊宅、下文狀、洗頭，吉。弟（第）七雞緩，土直日，宜典莊田、市買牛馬，利加萬倍，修倉庫，吉。今年那頡日受歲。月虚日不煞生、祭神，八魁日不開墓，復日不爲凶事，九焦、九坎日不種蒔及蓋屋，天李、地李日不祭祀及入官論理，蜜日不吊死問病，朔日不會客及歌樂，晦日不裁衣及動樂，往亡日不遠行及歸家、堀（掘）墓〔二三〕、移徙，血忌日不煞生、祭神及針灸出血，歸忌日不歸家及招女呼婦，弦、望日不合酒酢及煞生，章光、天門、天戶、天破日不出師，九醜日不出軍，煞陰、大敗日不出兵戰鬥，反擊日不攻伐，地囊日不動土，滅、沒日不涉深水及行船，魁、罡日不舉百事。建宜入學，不開倉；除宜針灸，不出血；滿宜納財，不服藥；平宜上官，不修渠；定宜作券，不訴訟；執宜求債，不伐廢；破宜治病，不求師；危宜安牀，不遠行；成宜納禮，不拜官；收宜納財，不安葬；開宜治目，不塞穴；閉宜塞穴，不治目。子日不卜問，丑日不買牛，寅日不祭祀，卯日不穿井，辰日不哭泣，巳日不迎婦，午日不蓋屋，未日不服藥，申日不裁衣，酉日不會客，戌日不養犬，亥日不育豬及罰罪人。春不伐木，夏不燒炭，秋不鐫寫，冬不穿溝渠，犯之凶。推五姓年月吉凶法：宮姓今年大利，起造大吉，月宜四月、五月、七月、八月，大利。六月、十二月，小利，起造小吉。商姓今年鬼賊，起造不吉，月宜三月、九月、十一月，大利，起造大吉。七月、八月小利。角姓今年大利，起造大吉，月宜四月、五月、十月、十一月，大利，起造大吉。正月小利，起造小吉。徵姓今年小利，起造小吉，月宜正月、二月、十一月，大利。四月、五月小利，起造小吉。羽姓今年害妻財〔二四〕，起造不吉〔二五〕，月宜正月、七月、八月，大利，十月、十一月小利。

正月大，二月小，三月大，四月小，五月大，六月小，七月小，八月大，九月小，十月大，十一月大，十二月小，閏十二月大。

正月　黃　白　紫　自此月五日立春，始得正月之節，即：天道南行，宜向南行，宜修南方。天德在

大建　碧白緑　丁，月德在丙，合德在辛，丙、辛上取土及宜修造吉。月厭在戌，月煞在丑，

壬寅　赤白黑　月破在申，月刑在巳，月空在壬。

用甲、庚、丙、壬時吉。日出乙，入庚。人神　日遊

那頡日受歲　一日癸巳水定　歲首　歲對、母倉，修造、裁衣、符、出行吉。人神在足大指，日遊在内。

二日甲午金執　歲對、大時、母倉，修造、上樑、蓋屋、殯吉。人神在外踝，日遊在内。

蜜三日乙未金破　歲對、地囊，解厭、修垣吉。人神在股内，日遊在内。

四日丙申火危　歲對，祭祀、安牀、葬殯、斬故、符鎮吉。人神在腰，日遊在内。

五日丁酉火危立春正月節、東風解凍　歲前、小歲對、章光，治病、葬殯、斬故吉。晝四十四刻，夜五十六刻。人神在口，日遊在内。

六日戊戌木成　歲前、小歲對〔二六〕，入學、鎮、謝、符吉。人神在手，日遊在内。

七日己亥木收　人日　魁。人神在内踝，日遊在内。

八日庚子土開　歲前、不將，嫁娶、地囊、拜謁、移徙吉。

人神在腕，日遊在內。

九日辛丑土閉　上弦　祭風伯　歲前、歸忌、血忌，塞穴、符吉。

人神在尻，日遊在內。

蜜十日壬寅金建　蟄蟲始振。　歲前、天門、煞陰、不將，嫁娶、移徙吉。

人神在腰背，日遊在內。

十一日癸卯金除　往亡　歲前、大時、不將，治病、斬、嫁娶吉。

人神在鼻柱，日遊在內。

十二日甲辰火滿　歲前、復、合對、九焦、九坎，市買、符吉。

人神在髮際，日遊在內。

十三日乙巳火平　罡。晝四十五刻，夜五十五刻。人神在牙齒，日遊在內。

十四日丙午水定　歲後、小歲位，修造、葬殯、斬故，符吉。

人神在胃管，日遊在內。

十五日丁未水汁（執）〔二七〕，魚上冰。　歲後、小歲位，修造井竈、厭吉。

人神在遍身，日遊在內〔二八〕。

十六日戊申土破　望　歲後，治病、解除、符、除服吉。
人神在胸，日遊在内。

蜜十七日己酉土危　歲後、章光、天破、天恩，葬殯、斬、修造吉。
人神在羔衝，日遊在内。

十八日庚戌金成　陰錯、復、天恩，入學、起土、符、除足爪吉。
人神在股内。

十九日辛亥金收　籍田　魁。
人神在足。

廿日壬子木開　啓原祭、雨水正月中，獺祭魚。　歲前、天恩，修造、不將〔二九〕、母倉、嫁娶、葬吉。
人神在踝。

廿一日癸丑木閉　歲前、天恩，修造、歸忌、血忌，塞穴、符吉。
人神在手小指。

廿二日甲寅水建　歲前，立柱、上樑、天門、煞陰、大敗〔三〇〕、復吉。
晝四十六刻，夜五十四刻。人神在外踝。

廿三日乙卯水除　歲前，不將〔三一〕，嫁娶、大時、斬草吉。
人神在肝。

蜜廿四日丙辰土满　下弦　歲前，修造、九焦、九坎、解厭吉。

人神在手陽明。

廿五日丁巳土平　鴻雁來。　罡。　人神在足陽明。

廿六日戊午火定　歲後，修宅、內財〔三二〕、加冠、六畜〔三三〕、符鎮吉。
人神在胸，日遊在内〔三四〕。

廿七日己未火汁（執）〔三五〕　歲後、反擊，修造、符解吉。
人神在膝，日遊在內。

廿八日庚申木破　歲後、復，懷（壞）屋〔三六〕、移徙、治病吉。
人神在陰。

廿九日辛酉木危　歲後，起土、葬殯、發故、剃頭、市買吉。
人神在膝脛。

卅日壬戌水成　草木萌動。　歲後，入學、修井竈、煞生、祭祀吉。（晝四十七刻，夜五十三刻。）
人神在足趺。

二月　綠　紫　白　自此月五日驚蟄，始得二月之節，即：（天道西南行，宜向西南行，宜修西南方。）天德
小建　黑　赤　碧　在坤，月德在甲，合德在己，（甲、己上取土及宜修造吉。）月厭在酉，月煞在
癸卯　白　黃　白　戌，月破在酉，月刑在子，月空在庚。

用乾、巽、坤、艮時吉。日出卯，入酉。　人神　日遊

罡[三七]。　人神在足大指。

蜜一日癸亥水收　歲位、〔天〕恩[三八]，修造、懷（壞）屋[三九]、符解、復、

修碓磑吉。　人神在外踝。

二日甲子金開　大小歲位、天恩，起土、八龍[四一]、除手足爪吉。

人神在股内。

三日乙丑金閉[四〇]

四日丙寅火建　大小歲位、天恩，加冠、拜謁、移徙、符鎮吉。

人神在腰。

五日丁卯火建驚蟄二月節、桃始花。　歲位、天恩、天李、地李、合對，立柱、出行吉。

人神在口。

六日戊辰木除　歲位、天恩，起土、治病、解吉。

人神在手，日遊在内[四二]。

七日己巳木滿　歲位、八魁，祭祀、加冠、治竈、符吉。

人神在内踝，日遊在内。

蜜八日庚午土平　上弦　魁。晝四十八刻，夜五十二刻。　人神在腕。

九日辛未土定　歲位、復、血忌，市買、內財、移徙吉。人神在尻。

十日壬申金汁（執）鶬鴂鳴。　歲位、章光，祭祀、符鎮、葬殯吉。人神在腰背。

十一日癸酉金破　大小歲位、地囊、月虛，治病、葬吉。人神在鼻柱。

十二日甲戌火危　大小歲對，修造、安牀、除手足爪吉。人神在髮際。

十三日乙亥火成　大小歲對、天門、母倉，修造、入學、復吉。人神在牙齒。

十四日丙子水收　罡。人神在胃管。

蜜十五日丁丑水開　望　奠　鷹化爲鳩。　大小歲對、不將，治病、修造、入學吉。人神在遍身。

十六日戊寅土閉　社　天赦。晝四十九刻，夜五十一刻。人神在胸。日遊在內〔四三〕。

十七日己卯土建　歲對、不將〔四四〕、天恩，嫁娶、立柱、符吉。人神在尻衝。

十八日庚辰金除　往亡　歲位、天恩，起土、治病、解除吉。人神在股内。

十九日辛巳金滿　歲位、天恩、復，修造、祭祀、加冠、治（？）竈吉。人神在足。

廿日壬午木平　春分二月中，玄鳥至。罡〔四五〕。人神在踝。

廿一日癸未木定　歲位、章光〔四六〕，起土、葬殯、斬故、沐浴、符解〔吉〕〔四七〕。人神在手小指。

蜜廿二日甲申水汁（執）　歲位、章光，起土、葬殯、斬故、符解吉。人神在外踝。

廿三日乙酉水破　下弦　滅　歲對、小歲後、復、月虚，治病吉。晝五十刻，夜五十刻〔四八〕。人神在肝。

廿四日丙戌土危　歲對、小歲後、天尸、陰陽不將，嫁娶、符吉。人神在手陽明。

廿五日丁亥土成　雷乃發聲。歲對、小歲後、不將、嫁娶〔四九〕、天恩〔五〇〕、母倉、起土吉。人神在足陽明。

廿六日戊子火收　罡。人神在胸，日遊在内。

廿七日己丑火開　歲對、不將，嫁娶、九焦、九坎吉。

人神在膝，日遊[在內][五一]。

廿八日庚寅本（木）閉[五二]　歲對、歸忌，加冠、拜官、□□、移徙、葬、斬〔吉〕[五三]。人神在陰。

蜜廿九日辛卯木建　歲前、小歲對，不將[五四]，加冠、復、天李、地李、立柱吉。人神在膝脛。

三月　碧　白　赤　自此月七日清明，始得三月之節，即：（天道北行，宜向北行，宜修北方。）天德在壬，

大建　白　白　黑　月德在壬，[合]德在丁[五五]，（丁、壬上取土及宜修造吉。）月厭在申，月煞在未，

甲辰　黄　绿　紫　月破在戌，月刑在巳（辰）[五六]，月空在丙。

用乙、辛、丁、癸時吉。日出甲，入辛。　人神　日遊

一日壬辰水除　歲前、小歲對，治病、解除、厭吉。

（晝五十一刻，夜四十九刻。）人神在足大指。

二日癸巳水滿　始電　歲前、小歲對，修造井竈、市買吉。

人神在外踝，日遊在內。

三日甲午金平　魁。　人神在股內，日遊在內。

四日乙未金定　歲前、小歲對、復、血忌、四（五）墓[五七]，入學、符吉。人神在腰，日遊在内。
五日丙申火執　歲前、小歲對、章光，符鎮、葬殯、斬吉。人神在口，日遊在内。
六日丁酉火破　歲前、小歲對，治病、解除、殯、洗頭吉。人神在手，日遊在内。
蜜七日戊戌木破　清明三月節　桐始華。　陽破陰衝、九焦、九坎、復，治病、厭鎮吉。人神在内踝，日遊在[内][五八]。
八日己亥木危　歲前、復、不將，安牀、嫁娶、符解吉。人神在腕。日遊在[内][五九]。
九日庚子土成　上弦　歲前、歸忌、天李[六〇]、地李、斬故吉。晝五十二刻，夜四十八刻。人神在尻，[日遊在内][六一]。
十日辛丑土收　魁。人神在腰背，日遊在[内][六二]。
十一日壬寅金開　歲前、合對、歸忌[六三]，修造、通溝渠、葬殯吉。人神在鼻柱，日遊在内。

十二日癸卯金閉　田鼠化爲鴽。　歲前，祭祀、塞穴、符、厭鎮、殯埋、修堤防吉。人神在髮際，日遊在内。

十三日甲辰火建　歲前，造車、立柱、符鎮、除手足爪吉。人神在牙齒，日遊在内。

蜜十四日乙巳火除　歲前、母倉，掃舍、服藥、修造吉。人神在胃管，日遊在内。

十五日丙午水滿　歲前〔六四〕、母倉，修造、内財、殯葬吉。人神在遍身，日遊在内。

十六日丁未水平　望　罡。人神在胸，日遊在内。

十七日戊申土定　虹始見。　孤辰、復、天門，符鎮、入財、市買、出行吉。晝五十三刻，夜四十七刻。人神在炁衝，日遊在内。

十八日己酉土執　歲位〔六五〕、復、不將、天恩，修造、大時吉。人神在股内，日遊在内。

十九日庚戌金破〔六六〕　歲後，天恩〔六七〕、懷（壞）屋〔六八〕，九焦、九坎，符解、鎮吉。人神在足。

廿日辛亥金危　祭川原。　歲後、天恩，修造、八龍〔六九〕，安牀、洗頭、符吉。

人神在踝。

蜜廿一日壬子木成　　歲前、天恩，修造、歸忌、地李，斬吉。

人神在手小指。

廿二日癸丑木收　穀雨三月中　萍始生。　　魁。

人神在外[課]〔七〇〕。

廿三日甲寅水開　　歲前、合對，治病、地嚢、血忌，葬吉。

人神在[肝]〔七一〕。

廿四日乙卯水閉　下弦　　歲前、九醜，修造井竈、塞穴、葬吉。

人神在手陽明。

廿五日丙辰土建　　歲前，修造、解厭吉。晝五十四刻，夜四十六刻。

人神在足陽明。

廿六日丁巳土除　　歲後、小歲前、母倉，修造、治病、拜官吉。

人神在胸。

廿七日戊午火滿　往亡　鳴鳩拂羽。　　歲前〔七二〕、復、天李、母倉，修宅、符解、厭吉。

人神在膝，日遊在內。

蜜廿八日己未火平　　罡。

人神在陰，日遊在內。

廿九日庚申木定　孤辰、天門，解、殯葬、斬故吉。　人神在膝脛。

卅日辛酉木執　歲後、大時、天尸，殯葬、市買、內財吉。　人神在足趺。

四月　黑　赤　白　自此月七日立夏，始得四月之節，即：（天道西行，宜向西行，宜修西方。）天德在

小建　紫　黃　白　辛，月德在庚，合德在乙，（乙、庚上取土及宜修造吉。）月厭在未，月煞在辰，

乙巳　綠　碧　白　月破在亥，月刑在申，月空在甲。

用甲、庚、丙、壬時吉。日出寅，入戌。人神□日遊〔七三〕

一日壬戌水破　歲後、煞陰、九焦、九坎，治病、懷（壞）屋吉〔七四〕。　人神在足大指。

二日癸亥水危　載（戴）勝降〔於〕桑〔七五〕絕陽、安牀帳吉。　人神在外踝。

三日甲子金成　絕陰、地囊、八龍，入學、洗頭、符吉。　（晝五十五刻，夜四十五刻。）人神在股內〔七六〕。

四日乙丑金收　魁。　人神在腰〔七七〕。

蜜五日丙寅火開　絕陰、血忌、合對，修造、殯、斬故、符、鎮吉。
人神在口。
六日丁卯火閉　絕陰，起土、斬草、符吉。
人神在手。
七日戊辰木閉　立夏四月節，螻蟈鳴。　小絕陽（陰）會[七八]、天恩、反擊、塞穴、符吉。
人神在內踝，日遊在內。
八日己巳木建[七九]　陽（純）純（陽）[八〇]、天門，造車、立柱、符、厭鎮吉。人神在腕，日遊在內。
九日庚午土除　歲後，治病、大時、葬殯、斬故、解厭吉。
人神在尻。
十日辛未土滿[八一]　歲後，入財、市買，九焦、九坎吉。
人神在腰背。
十一日壬申金平[八二]、祭雨師[八三]　魁。　晝五十六刻，夜四十四刻。
人神在鼻柱。
蜜十二日癸酉金定　蚯蚓出。　歲後、天李、地李，葬殯、剃頭、市買吉。

人神在髮際。

十三日甲戌火執　大小歲前、不將，嫁娶、解厭吉。人神在牙齒。

十四日乙亥火破　往亡　大小歲前，治病、懷（壞）屋故舍〔八四〕、符解、鎮吉。人神在胃管。

十五日丙子水危　望　大小歲前、復〔八五〕、七鳥、不將，拜官吉。人神在遍身。

十六日丁丑水成　歲前、合對、七鳥〔八六〕、歸忌，入學、除手甲吉。人神在胸。

十七日戊寅土收　罡。人神在炁衝〔八七〕。

十八日己卯土開　王瓜生。歲前、天恩、母倉、地囊、不將〔八八〕，嫁娶、拜官吉。人神在股內〔八九〕。

蜜十九日庚辰金閉　歲後、天恩，修造、塞穴、解吉。晝五十七刻，夜四十三刻。人神在足〔九〇〕。

廿日辛巳金建　歲後、天恩，修造、加冠、拜官、修車、移徙、解吉。

人神在踝。

廿一日壬午木除　歲後、天恩，修造，大時、復，符厭吉。

人神在手小指。

廿二日癸未木滿　孤辰、九焦、九坎、天恩，修造、拜官、厭吉。

人神在外踝。

廿三日甲申水平　下弦，小滿四月中，苦菜秀。魁。人神在肝。

廿四日乙酉水定〔九一〕　歲前、小歲對、不將，修造；天李、地李，葬殯吉。

人神在手陽明。

廿五日丙戌土執〔九二〕　歲前、小歲對、復、不將，嫁娶、除手足爪吉。

人神在足陽明。

蜜廿六日丁亥土破〔九三〕　歲前、小歲對、治病，七鳥〔九四〕，□□、

洗頭吉。　人神在胸〔九五〕。

廿七日戊子火危　滅　歲前、天尸〔九六〕，祭祀、安牀、符鎮、裁衣吉。

晝五十八刻，夜四十二刻。　人神在膝，日遊在內〔九七〕。

廿八日己丑火成　靡草死〔九八〕。　歲前、合對、歸忌、地囊，入學吉。

人神在陰，日遊在內〔九九〕。

廿九日庚寅木收　罡。　人神在膝脛。

五月　白　白　黃　自此月九日芒種，始得五月之節，即：天道西北行，宜向西北行，宜修西北方。天德

大建　白　綠　紫　在乾，月德在丙〔一〇〇〕，合德在辛，丙、辛上取土及宜修造吉。月厭在午，

丙午　碧　黑　赤　月煞在丑，月破在子，月刑在午，月空在壬〔一〇一〕。

用乾、巽、坤、艮時吉。日出艮，入乾。人神　日遊〔一〇二〕

一日辛卯木開　歲位、小歲前、母倉，修宅、移徙、斬吉。

人神在足大指〔一〇三〕。

二日壬辰水閉〔一〇四〕　歲位〔一〇五〕、小歲前〔一〇六〕、復，塞穴、解厭吉。

人神在外踝〔一〇七〕。

三日癸巳水建〔一〇八〕　歲位〔一〇九〕、小歲前、天門，拜官、立柱、□□吉〔一一〇〕。

人神在股內〔一一一〕。

四日甲午金除〔一一二〕、小暑至〔一一三〕天赦。人神在腰〔一一四〕。

五日乙未金滿〔一一五〕歲位、小歲前、行很（狠）〔一一六〕、九焦、九坎〔一一七〕。人神在口〔一一八〕。

六日丙申火平〔一一九〕魁。人神在手〔一二〇〕。

（後缺）

說明

此件由斯一四七三和殘片斯一一四二七組成，首全尾缺，存序言及正月一日至五月六日的具注曆日。此件具注曆中，干支紀日、五行、十二建除、物候及人神的抄寫，筆劃較粗，字體稍大，而每日的曆注和日遊則字體較小，筆劃纖細，似爲硬筆書寫。鄧文寬《敦煌天文曆法文獻輯校》及《〈敦煌天文曆法文獻輯校〉零拾》對此件做過釋録和補校。

校記

〔一〕『矩』，當作『短』，據文義改，《敦煌天文曆法文獻輯校》逕釋作『短』。

〔二〕『二方』，《敦煌天文曆法文獻輯校》據文義校補。

〔三〕「依」，《敦煌天文曆法文獻輯校》校改作「於」。
〔四〕「如」，當作「而」，《敦煌天文曆法文獻輯校》據文義校改，時「如」、「而」可互通。
〔五〕「月」，當作「歲」，《敦煌天文曆法文獻輯校》據文義校改。
〔六〕「命」，當作「官」，《敦煌天文曆法文獻輯校》據文義校改。
〔七〕「寅」，《敦煌天文曆法文獻輯校》指出據清《欽定協紀辨方書》當作「午」。
〔八〕「夫」，當作「天」，據文義改，《敦煌天文曆法文獻輯校》逕釋作「天」。
〔九〕「亥」，《敦煌天文曆法文獻輯校》指出據清《欽定協紀辨方書》當作「子」。
〔一〇〕「子」，《敦煌天文曆法文獻輯校》指出據清《欽定協紀辨方書》當作「亥」。
〔一一〕「戌」，《敦煌天文曆法文獻輯校》指出據清《欽定協紀辨方書》當作「壬」。
〔一二〕「丁」，當作「壬」，《敦煌天文曆法文獻輯校》據伯三五五五背校改。
〔一三〕「壬」，當作「丁」，《敦煌天文曆法文獻輯校》據伯三五五五背校改。
〔一四〕「懷」，當作「壞」，據文義校改，《敦煌天文曆法文獻輯校》逕釋作「壞」。
〔一五〕「日」，《敦煌天文曆法文獻輯校》據文義校補。
〔一六〕「八」，《敦煌天文曆法文獻輯校》認爲當作「一」。
〔一七〕「六」，《敦煌天文曆法文獻輯校》認爲當作「八」。
〔一八〕「地」，據伯三四〇三《宋雍熙三年丙戌歲具注曆日》補。
〔一九〕「仗」，當作「杖」，《敦煌天文曆法文獻輯校》據文義校改，「仗」爲「杖」之借字。
〔二〇〕「火」，當作「伙」，《敦煌天文曆法文獻輯校》據文義校改，「火」爲「伙」之借字。
〔二一〕「忌」，《敦煌天文曆法文獻輯校》認爲係衍文，當刪。

〔二二〕「真」，當作「直」，《敦煌天文曆法文獻輯校》據文義校改。

〔二三〕「堀」，當作「掘」，據文義改。

〔二四〕「害妻」，《敦煌天文曆法文獻輯校》釋作「□□□」，同作者已在《〈敦煌天文曆法文獻輯校〉零拾》（《慶祝吳其昱先生八秩華誕敦煌學特刊》一五五頁）改正。

〔二五〕「不」，《敦煌天文曆法文獻輯校》釋作「小」，同作者已在《〈敦煌天文曆法文獻輯校〉零拾》（《慶祝吳其昱先生八秩華誕敦煌學特刊》一五五頁）改正。

〔二六〕「對」，《敦煌天文曆法文獻輯校》認爲當作「後」。

〔二七〕「汁」，當作「執」，《敦煌天文曆法文獻輯校》據文義校改，「汁」爲「執」之借字。以下同，不另出校。

〔二八〕「在内」，《敦煌天文曆法文獻輯校》據文義校補。

〔二九〕「不將」，《敦煌天文曆法文獻輯校》指出據清《欽定協紀辨方書》卷九《立成》，正月「不將」無「壬子」日。

〔三〇〕「大敗」，《敦煌天文曆法文獻輯校》指出據清《欽定協紀辨方書》卷九《立成》，正月「大敗」在「卯」日。

〔三一〕「不將」，《敦煌天文曆法文獻輯校》指出據清《欽定協紀辨方書》卷九《立成》，正月「不將」無「乙卯」日。

〔三二〕「内」，當讀作「納」，「内」爲「納」之本字。

〔三三〕「六畜」，《敦煌天文曆法文獻輯校》疑前脱「買」字。

〔三四〕「内」，《敦煌天文曆法文獻輯校》據文義補。

〔三五〕底本「汁」下原有「相崔」二字，字體較大，顯爲後人所添加，因與本文無關，未録。

〔三六〕「懷」，當作「壞」，據文義校改，《敦煌天文曆法文獻輯校》逕釋作「壞」。

〔三七〕「罡」，《敦煌天文曆法文獻輯校》認爲當作「魁」。

〔三八〕「天」，《〈敦煌天文曆法文獻輯校〉零拾》據文義校補。

〔三九〕「懷」，當作「壞」，據文義改，《敦煌天文曆法文獻輯校》逕釋作「壞」。

〔四〇〕底本「閉」下原寫有「業過」二字，字體較大，係後人所添加，因與本件無關，未録。

〔四一〕「八龍」，《敦煌天文曆法文獻輯校》釋作「□□」，同作者已在《〈敦煌天文曆法文獻輯校〉零拾》（《慶祝吴其昱先生八秩華誕敦煌學特刊》一五五頁）改正。

〔四二〕「內」，《敦煌天文曆法文獻輯校》據文義校補。

〔四三〕「日遊在內」，《敦煌天文曆法文獻輯校》據文義校補。

〔四四〕「不將」，《敦煌天文曆法文獻輯校》指出據清《欽定協紀辨方書》卷九《立成》，正月「不將」無「己卯」日。

〔四五〕「罡」，《敦煌天文曆法文獻輯校》認爲當作「魁」。

〔四六〕「章光」，《敦煌天文曆法文獻輯校》認爲係衍文，當删。

〔四七〕「吉」，《敦煌天文曆法文獻輯校》據文義校補。

〔四八〕《敦煌天文曆法文獻輯校》認爲晝夜平分應在春分日，注於此日不合。

〔四九〕「嫁娶」，《敦煌天文曆法文獻輯校》釋作「□□」，同作者已在《〈敦煌天文曆法文獻輯校〉零拾》（《慶祝吴其昱先生八秩華誕敦煌學特刊》一五五頁）改正。

〔五〇〕《敦煌天文曆法文獻輯校》認爲「丁亥」日非「天恩」，注於此日誤。

〔五一〕「在內」，《敦煌天文曆法文獻輯校》據文義校補。

〔五二〕「本」，當作「木」，據文義改，《敦煌天文曆法文獻輯校》逕釋作「木」。

〔五三〕「吉」，《敦煌天文曆法文獻輯校》據文義校補。

〔五四〕「不將」，《敦煌天文曆法文獻輯校》釋作「□□」，同作者已在《〈敦煌天文曆法文獻輯校〉零拾》（《慶祝吴其昱先生八秩華誕敦煌學特刊》一五五頁）改正。

〔五五〕「合」，《敦煌天文曆法文獻輯校》據文義校補。
〔五六〕「巳」，當作「辰」，《敦煌天文曆法文獻輯校》據文義校改。
〔五七〕「四」，當作「五」，《敦煌天文曆法文獻輯校》據文義校改。
〔五八〕「内」，《敦煌天文曆法文獻輯校》據文義校補。
〔五九〕「内」，《敦煌天文曆法文獻輯校》據文義校補。
〔六〇〕《敦煌天文曆法文獻輯校》認爲「天李」在「午」日，注於此日誤。
〔六一〕「日遊在内」，《敦煌天文曆法文獻輯校》據文義校補。
〔六二〕「内」，《敦煌天文曆法文獻輯校》據文義校補。
〔六三〕《敦煌天文曆法文獻輯校》認爲三月「歸忌」在「子」日，注於此日誤。
〔六四〕「前」，《敦煌天文曆法文獻輯校》認爲當作「後」。
〔六五〕「位」，《敦煌天文曆法文獻輯校》認爲當作「後」。
〔六六〕底本「破」字下空白處原有「十九日庚戌金破」一句，從筆跡看，是後人所添加，未録。
〔六七〕「天恩」，《敦煌天文曆法文獻輯校》釋作「□□」，同作者已在《〈敦煌天文曆法文獻輯校〉零拾》（《慶祝吴其昱先生八秩華誕敦煌學特刊》一五五頁）改正。
〔六八〕「懷」，當作「壞」，據文義改，《敦煌天文曆法文獻輯校》逕釋作「壞」。
〔六九〕《敦煌天文曆法文獻輯校》認爲「八龍」注於此日誤。
〔七〇〕「踝」，《敦煌天文曆法文獻輯校》據文義校補。
〔七一〕「肝」，《敦煌天文曆法文獻輯校》據文義校補。
〔七二〕「前」，《敦煌天文曆法文獻輯校》釋作「後」。

〔七三〕「日遊」，《敦煌天文曆法文獻輯校》據文義校補。

〔七四〕「懷」，當作「壞」，據文義改，《敦煌天文曆法文獻輯校》逕釋作「壞」。

〔七五〕「載」，當作「戴」，《敦煌天文曆法文獻輯校》據文義校改；「於」，《敦煌天文曆法文獻輯校》據文義校補。

〔七六〕「在股内」，《敦煌天文曆法文獻輯校》據文義校補。

〔七七〕「腰」，《敦煌天文曆法文獻輯校》據文義校補。

〔七八〕「陽」，當作「陰」，《敦煌天文曆法文獻輯校》據文義校改。

〔七九〕《敦煌天文曆法文獻輯校》認爲七日或八日下脱「上弦」二字。

〔八〇〕「陽純」，當作「純陽」，《敦煌天文曆法文獻輯校》據文義校改。

〔八一〕「土滿」，《敦煌天文曆法文獻輯校》據文義校補。

〔八二〕「金平」，《敦煌天文曆法文獻輯校》據文義校補。

〔八三〕「祭雨」，《敦煌天文曆法文獻輯校》據文義校補。

〔八四〕「懷」，當作「壞」，據文義改，《敦煌天文曆法文獻輯校》逕釋作「壞」；「屋」，《敦煌天文曆法文獻輯校》疑爲衍文。

〔八五〕「復」，《敦煌天文曆法文獻輯校》漏録。

〔八六〕「七鳥」，《敦煌天文曆法文獻輯校》認爲係衍文，當删。

〔八七〕「在炁衝」，據文義補，《敦煌天文曆法文獻輯校》校補作「在氣衝」。

〔八八〕「不將」，《敦煌天文曆法文獻輯校》指出據清《欽定協紀辨方書》卷九《立成》，四月「不將」無「己卯」日。

〔八九〕「人神在股内」，《敦煌天文曆法文獻輯校》據文義校補。

〔九〇〕「人神在足」，《敦煌天文曆法文獻輯校》據文義校補。

〔九一〕「廿四日乙酉水定」，《敦煌天文曆法文獻輯校》據文義校補。

〔九二〕「廿五日丙戌土執」，《敦煌天文曆法文獻輯校》據文義校補。

〔九三〕「日丁亥土破」，《敦煌天文曆法文獻輯校》據文義校補。

〔九四〕「烏」，《敦煌天文曆法文獻輯校》據文義校補。

〔九五〕「在胸」，《敦煌天文曆法文獻輯校》據文義校補。

〔九六〕《敦煌天文曆法文獻輯校》認爲四月「天尸」在「申」日，注於此日誤。

〔九七〕「内」，《敦煌天文曆法文獻輯校》據文義校補。

〔九八〕「草」，據文義補，《敦煌天文曆法文獻輯校》逕釋作「草」。

〔九九〕「在内」，《敦煌天文曆法文獻輯校》據文義校補。

〔一〇〇〕「在丙」，《敦煌天文曆法文獻輯校》據文義校補。

〔一〇一〕「月空在壬」，《敦煌天文曆法文獻輯校》據文義校補。

〔一〇二〕「日遊」，《敦煌天文曆法文獻輯校》據文義校補。

〔一〇三〕「在足大指」，《敦煌天文曆法文獻輯校》據文義校補。

〔一〇四〕「二日壬」、「水」，《敦煌天文曆法文獻輯校》據文義校補。

〔一〇五〕「歲位」，《敦煌天文曆法文獻輯校》據文義校補。

〔一〇六〕「小歲」，《敦煌天文曆法文獻輯校》據文義校補。

〔一〇七〕「人神在外踝」，《敦煌天文曆法文獻輯校》據文義校補。

〔一〇八〕「三日癸巳水建」，《敦煌天文曆法文獻輯校》據文義校補。

〔一〇九〕「歲位」及下文「小歲」，據斯一一四二七校録，其中「歲」之上半存於斯一一四二七，而下半見於斯一四七三，兩件適可銜接。

〔一一〇〕「吉」，《敦煌天文曆法文獻輯校》據文義校補。斯一四七三至「天門拜官立柱」止。

〔一一一〕「人神在股內」，《敦煌天文曆法文獻輯校》據文義校補。

〔一一二〕「四日甲午金除」，《敦煌天文曆法文獻輯校》據文義校補。

〔一一三〕「小暑」，《敦煌天文曆法文獻輯校》據文義校補。

〔一一四〕「人神在腰」，《敦煌天文曆法文獻輯校》據文義校補。

〔一一五〕「五日乙未金滿」，《敦煌天文曆法文獻輯校》據文義校補。

〔一一六〕「佷」，當作「狠」，《敦煌天文曆法文獻輯校》據文義校改。

〔一一七〕「坎」，《敦煌天文曆法文獻輯校》據文義校補。

〔一一八〕「人神在口」，《敦煌天文曆法文獻輯校》據文義校補。

〔一一九〕「六日丙申火平」，《敦煌天文曆法文獻輯校》據文義校補。

〔一二〇〕「人神在手」，《敦煌天文曆法文獻輯校》據文義校補。

參考文獻

《敦煌曆日譜》四二八頁；Giles, *BSOS*, 11.1, 166 Ⓡ; *Descriptive Catalogue of the Chinese Manuscripts from Tunhuang in the British Museum*, p. 228；《敦煌遺書總目索引》一三八頁；《敦煌寶藏》一一冊，一四三至一四五頁（圖）；《1983年全國敦煌學術討論會文集》文史·遺書編（上），三〇六頁、三〇七頁、三四三頁；《英藏敦煌文獻》三卷，六七至七〇頁（圖）；《法國敦煌學論文選萃》三〇二至三一一頁；《英藏敦煌文獻》一三卷，二六四頁（圖）；《敦煌天文曆法文獻輯校》五六〇至五八七頁（録）；《敦煌遺書總目索引新編》四五頁；《慶祝吳其昱先生八秩華誕敦煌學特刊》一五五頁。

斯一四七三背　禮懺文摘抄

釋文

（前缺）

如來妙色身[一]，世間無異（與）等[二]，無比不思議[三]，是故今敬禮；如來色無盡，智惠（慧）亦復然。一切法常住[四]，是故我歸依。敬禮常住三寶。

爲天龍八部，諸□□□王，爲亡者上品往生，爲齋主福惠莊嚴，爲國土□敬禮菩薩聲□都受者，法界衆生，普同此食。等供三德六味□頭佛及僧、法界衆生，普同此食。已食殘有餘食，迴向施主。當當來世，莫障聖道，一切普誦。

處世界[五]，如虛空。如蓮花，不著水。心清浄，超於彼。稽首禮[六]，無上尊[七]。

一切恭敬，敬禮常住三寶。爲設供已後，衆爲□□□衆生離障解脱。和南一切賢聖。

布施呪願：布施與（於）斯，善果報□盡，亡靈生西方，現存獲安樂，緣及有情[八]，皆共成佛道。

一切恭敬，自歸依佛，當願衆生，聽學大道，發無上意；自歸依法，當願衆生，甚（深）入經藏[九]，智惠（慧）如海；自歸依僧，當願衆生，統理大衆[一〇]，一切無礙。

願諸衆生，諸惡莫作，諸善奉行。自净其意[一一]，是諸佛教，和南一切賢聖。

一切恭敬，禮常住三寶。是諸衆等，人各胡跪，嚴持香花，如法供養。願此香花雲，遍滿十方界，供養一切佛。化佛并菩薩，無數聲聞衆。受此香花雲，以爲光明臺。廣於無邊界，無邊無量作佛事。

歎佛偈已，前亦有。

佛有三十二相[一二]，八十隨形好[一三]。三界度衆生，皆共成佛道。

南無東方須彌燈光明如來十方佛等一切諸佛[一四]。

南無毗婆尸如來過去七佛等一切諸佛[一五]。

南無東方阿閦如來一萬五千佛等一切諸佛。

南無普光如來五十三佛等一切諸佛[一六]。

南無拘那提如來賢劫千佛等一切諸佛。

南無東方善德如來十方無量佛等一切諸佛。
南無釋迦牟如來三十五佛等一切諸佛。
南無寶集如來廿五佛等一切諸佛。
南無法光明清净開敷蓮花佛。
南無豪相，日月光明，花寶蓮花，堅如金剛，[身]如毗盧遮那[一七]，無障礙眼，圓滿十方，放光照一切佛刹，相王[如]來[一八]。
南無虚空，功德清净，微衆等目，端正功德想（相），光明花，波頭摩，瑠璃光，寶頂香，最上香，供養訖，種種莊嚴，頂髻無量無邊，日月光明，願力莊嚴，遍化莊嚴，法界衆生，無障礙王如來。

普爲上界天仙、龍天八部、帝主人王、師僧父母、十方施主及以（無）邊法界衆生[一九]，心願斷疑除障，歸命禮懺悔。至心懺悔，一切業障海，皆從忘（妄）想生[二〇]。若欲懺悔者，端[坐]觀實相[二一]。衆罪如霜露，慧日能消除。是故應至心，懃懺六根罪，懺悔已，歸命禮三寶。

至心發願：願我等生生值諸佛，世世恒聞解脱因。弘誓平等度衆生，畢竟速成無上道。發願已，歸命禮三寶。

一切普誦，在前亦有。

唱四禮。

白衆等聽説黄昏無相偈：

西方日已暮，塵勞猶未除。老病死時至，相看不久居。念念催年促，猶如小水魚。勸諸行道衆，勤學諸無餘。

白衆等聽説初夜無相偈：

煩惱深無底，生死海無邊。渡苦船未至，云何樂睡眠。〔睡〕〔眠〕當覺悟〔二二〕，勿令睡覆心。勇猛勤精進，菩提道自然。

諸行無常，是生滅法，生滅滅已，寂滅爲樂。如來證涅槃，永斷諸生死。若能至心聽，常受無量樂。

迴向發願：上來黄昏禮懺，所修功德，先將此益梵釋四王、龍天八部、帝主人王、師僧父母、十方施主及以（無）邊法界衆生〔二三〕，大成（聲）稱念摩訶般若波羅蜜莊嚴〔二四〕，一切普誦。

寅朝禮懺：

敬禮毗盧遮〔那〕佛〔二五〕，敬禮盧舍那佛，敬禮釋迦牟尼佛，敬禮東方善德佛，敬禮東南方無憂德佛，敬禮南方栴檀佛，敬禮西南方寶施佛，敬禮西方無量壽佛，南（敬）無

（禮）西北方化德佛〔二六〕，敬禮北方相德佛，敬禮東北方三乘行佛，敬禮十方廣衆德佛，敬禮下方明德佛，敬禮當來下生彌勒尊佛，敬禮過現未來十方三世一切諸佛。

敬禮舍利敬（形）像無量寶塔〔二七〕，敬禮十二部尊經甚深法藏，敬禮諸大菩薩摩訶衆，敬禮聲聞、緣覺一切賢聖。

爲天龍八部、諸善神王，敬禮常住三寶；爲過現諸師恒爲道首，爲帝主世化無窮，敬禮常住三寶。爲太子諸王福延萬業，爲師僧父母西方善（諸）諸（善）知識〔二八〕，爲文武百官恒居禄位，爲十方施主六度圓滿，爲受苦衆生願皆離苦，爲國土安寧法輪常轉，爲法界有情禮佛懺悔。

至心懺悔：十方無量佛，所知無不盡。我今室（悉）於前〔二九〕，發露悔諸惡。三三合九種，從三煩惱起。今身若前身，〔有〕〔罪〕〔皆〕〔懺〕〔悔〕〔三〇〕。〔於〕〔三〕〔惡〕〔道〕〔中〕〔三一〕，若應受業報。願得今身償，不入惡道受。懺悔已，歸命禮三寶。

至心勸請：十方諸如來，見在成道者，我請轉法輪，安樂諸衆生。十方一切佛，若願捨壽命。我今頭面禮，勸請令久住。勸請已，歸命禮三寶。

至心隨喜：所有布施福，持戒修善惠，從身口意生，去來今時有，習學三乘人，具足一乘者，無量人天福，衆等皆隨喜。隨喜已，歸命禮三寶。

至心迴向：我施作福業，一切皆和合。爲度衆生故，正迴向佛道。罪應如是懺，勸請隨喜福，迴向與菩提。迴向已，歸命禮三寶。

至心發願：願諸衆生等，悉發菩提心。計（繫）心常思念[三二]，十方一切佛。復願諸衆生，永破諸煩惱。了了見佛性，猶如妙得（德）等。發願已，歸命禮三寶。

白衆等聽説寅朝清净偈：欲求寂滅樂，當學沙門法。衣食支身命，精麤是（隨）衆等[三三]。諸衆等今日，寅朝清净偈。

上、中、下座各偈（記）六念[三四]。

午時白衆等聽説午時無相偈：人生不精進，喻若樹無根。菜（採）花值（置）日中[三五]，能得幾時先（鮮）[三六]。花亦不久仙（鮮）[三七]，色亦非常［好］[三八]。人命如刹那，須臾難可保[三九]。（以下原缺文）

説明

此件首缺，尾部原未抄完。以往學界一般認爲是與三階教有關的禮懺文（參看汪娟《敦煌禮懺文研究》，法鼓文化事業股份有限公司，一九九八年版，一一五至一三九頁）。從其内容來看，實爲「禮懺文」、「發願文」等佛事文的摘抄，其中部分内容是與三階教有關的禮懺文的組成部分。如其第一段（前缺）是有關三階教禮懺文的「歎佛」部分；而第二段則是「結壇散食發願文」的「散食」部分；第三段是有關三階教禮懺文的「梵唄文」部分；第四段、第五段是另篇「禮懺文」的「和南」和「布施呪願」部分；第六段是「三歸依」，既見於有關三階教的「禮懺文」，也見於其他「禮懺文」；第七段和第八段又是有關三階教的禮懺文的「和南」和「請佛」部分；第九段是另篇「禮懺文」的「歎佛功德」部分，此段所列之佛名，有些不滿七階，有的又不見於七階；等等。其中摘録較多的是與三階教有關的「禮懺文」和「寅朝禮懺文」，最後一段是與三階教有關的禮懺文中的「日午偈」，但沒有抄完。此件除摘抄的內容間雜排列外，還有省略。如「寅朝禮懺文」中的「六念」就被省略了。

此件「世」字缺筆，正面爲《宋太平興國七年壬午歲（公元九八二年）具注曆日》，故抄寫時代當在公元九八二年以後。

校記

〔一〕「如來妙色身」，據斯二三六《禮懺文一本》補。
〔二〕「異」，當作「與」，據文義改；「等」，據斯二三六《禮懺文一本》補。
〔三〕「無比不思議」，據斯二三六《禮懺文一本》補。
〔四〕「一切法常住」，據斯二三六《禮懺文一本》補。
〔五〕「世界」，據斯五九「七階佛名」補。
〔六〕「稽首禮」，據斯二三六《禮懺文一本》補。
〔七〕「無」，據斯二三六《禮懺文一本》補。
〔八〕「有」，據文義補。
〔九〕「甚」，當作「深」，據斯五九「七階佛名」改。

〔一〇〕「大衆」，據斯五九「七階佛名」補。
〔一一〕「净其」，據斯五九「七階佛名」補。
〔一二〕「相」，據斯二三六《禮懺文一本》補。
〔一三〕「八十」，據斯二三六《禮懺文一本》補。
〔一四〕「燈光明」，據斯五九「七階佛名」補。
〔一五〕「佛」，據斯五九「七階佛名」補。
〔一六〕「等」，底本原作「等等」，分别抄於行末和下一行之首，這是敦煌文獻中比較常見的一種抄寫習慣，其中第二個「等」字應不讀。
〔一七〕「身」，據斯二三六《禮懺文一本》補。
〔一八〕「如」，據文義及斯二三六《禮懺文一本》補。
〔一九〕「以」，當作「無」，據文義改。
〔二〇〕「忘」，當作「妄」，據文義改，「忘」爲「妄」之借字。
〔二一〕「坐」，據斯二三六《禮懺文一本》補。
〔二二〕「睡眠」，據斯二三六《禮懺文一本》補。
〔二三〕「以」，當作「無」，據文義改。
〔二四〕「成」，疑當作「聲」，據文義改。
〔二五〕「那」，據斯二三六《禮懺文一本》補。
〔二六〕「南無」，當作「敬禮」，據文義及斯二三六《禮懺文一本》改。
〔二七〕「敬」，當作「形」，據斯二三六《禮懺文一本》改。

〔二八〕「善諸」，當作「諸善」，據文義改。
〔二九〕「室」，當作「悉」，據文義及斯二三三六《禮懺文一本》改。
〔三〇〕「有罪皆懺悔」，據斯二三三六《禮懺文一本》補。
〔三一〕「於三惡道中」，據斯二三三六《禮懺文一本》補。
〔三二〕「計」，當作「繫」，據斯二三三六《禮懺文一本》改，「計」爲「繫」之借字。
〔三三〕「是」，當作「隨」，據斯二三三六《禮懺文一本》改。
〔三四〕「偈」，當作「記」，據斯二三三六《禮懺文一本》改，「偈」爲「記」之借字。
〔三五〕「菜」，當作「採」，據斯五九「七階佛名」改，「菜」爲「採」之借字；「值」，當作「置」，據斯五九「七階佛名」改，「值」爲「置」之借字。
〔三六〕「先」，當作「鮮」，據斯五九「七階佛名」改，「先」爲「鮮」之借字。
〔三七〕「仙」，當作「鮮」，據斯五九「七階佛名」改，「仙」爲「鮮」之借字。
〔三八〕「好」，據斯五九「七階佛名」補。
〔三九〕「保」字右側注有「報」字，當爲該字之注音。

參考文獻

《敦煌寶藏》一一冊，一四五至一四七頁（圖）；《英藏敦煌文獻》三卷，七一至七二頁（圖）；《敦煌禮懺文研究》七、一四、一八、一一五、一五二、一八三、三五八頁。

斯一四七五背　一　申年（公元八一六年？）五月趙庭琳牒

釋文

（前缺）

牒件狀如前，謹牒。

申年五月　日趙庭琳牒。

附案准條處分。庭璘。

廿三日。

說明

此件前缺，寫於《大乘稻芉經隨聽疏》卷背。同卷背尚有《申年五月廿一日社司狀上》、《申年五月廿一日社司轉帖》、《申年五月社人王奴子等牒》和十幾件買賣借貸契約。陳國燦先生指出這批文書原非一紙，只是因爲要利用其背面抄寫《大乘稻芉經隨聽疏》，纔將其粘貼成卷。因爲《大乘稻芉經隨聽疏》

雖首部殘缺，但所存内容連貫成篇，而另面的社邑文書和契約等並不連貫，往往交錯粘貼，間或有殘缺（參看陳國燦《敦煌所出諸借契年代考》，《敦煌學輯刊》一九八四年一期，三至四頁）。所以，《大乘稻芉經隨聽疏》應爲此卷的背面，抄寫于後；包括此件在内的社邑文書和契約等原爲正面，抄寫在前。截止到目前，英國國家圖書館和相關圖版對此卷正背的標注都是錯誤的，爲避免造成混亂，本書仍將寫有社邑文書和買賣契約的一面標注爲『背』。

此件僅存牒尾及判。從筆跡及内容來看，此件與後面的另三件社文書當屬同一社之物，其紀年均爲『申年』，屬吐蕃統治敦煌時期。陳國燦先生認爲此『申年』是公元八一六年，其依據是社邑文書後幾件契約在公元八一七至八二三年（參看《敦煌所出諸借契年代考》，《敦煌學輯刊》一九八四年一期，三至四頁）。因與此件同組的社邑文書《申年五月廿一日社司轉帖》和《申年五月社人王奴子等牒》中之『武光暉』見於此卷之『寅年（公元八二二年）正月廿日令狐寵寵賣牛契』，故與此件同組的社邑文書的『申年』很可能是公元八一六年。

參考文獻

《敦煌寶藏》一一一册，一五八頁（圖）；《魏晉南北朝隋唐史資料》四輯，九頁；《敦煌學輯刊》一九八四年一期，二頁；《敦煌社會經濟文獻真蹟釋録》一輯，二九七頁（圖）、（録）；《英藏敦煌文獻》三卷，七三頁（圖）；《敦煌社邑文書輯校》七一二頁（録）。

斯一四七五背　二　申年（公元八一六年？）五月廿一日社司狀上

釋文

社司　　　　狀上

五月李子榮齋，不到人：何社長；　劉元振，并齋麥不送納；

不送麥：成千榮；　行香不到：羅光進。

右前件人齋及麥、行香不到，准條合

罰，請處分。

牒件狀如前，謹牒。

申年五月　　日趙庭琳牒。

附案准條處分。庭璘。

廿一日。

説明

此件是社司對設齋不到及不按規定納物、行香的社人擬按社條規定進行處罰而向社人大會提出的請示文狀，對瞭解社條的執行情況和社邑的運營情況具有重要價值。「申年」屬吐蕃時期（《敦煌社邑文書輯校》，江蘇古籍出版社一九九七年版，七一一頁）。

參考文獻

Chinoperl Papers, Vol, 10, 49 ®；《敦煌寶藏》一一册，一五八頁（圖）；《魏晉南北朝隋唐史資料》四輯，九頁；《敦煌學輯刊》一九八四年第一期，二頁；《敦煌社會經濟文獻真蹟釋録》一輯，二九八頁（録）、（圖）；《英藏敦煌文獻》三卷，七三頁（圖）；《敦煌社會文書導論》二四四至二四五頁（録）；《敦煌社邑文書輯校》七一〇至七一一頁（録）；《敦煌佛教律儀制度研究》三五四頁（録）。

斯一四七五背　三　申年（公元八一六年？）五月廿一日社司轉帖

釋文

五月廿三日，與武光暉起病耎（餪）腳[一]，人各粟貳斗，并明日辰時於趙庭琳家納。如違不納，罰酒半瓮。五月廿一日趙庭琳諮，璘。

社官　李四兄 知[二]　王奴子 知　安庭光 知　馬榮國（押）[三]　楊萬進[四]　羅光進 知[五]　劉元振　張進暉 知　常進卿 知　王榮朝　楊懷興 知　成千榮 知　張温（押）　李子榮（李）[六]

説明

此件是社司通知社人參加爲社人武光暉舉辦的起病餪腳活動的轉帖。社人『羅光進』、『劉元振』、『成千榮』、『李子榮』見於上件社狀中。

校記

〔一〕『耎』，當作『餪』，據文義改，《敦煌社邑文書輯校》逕釋作『餪』。

〔二〕「兒」，《敦煌社會經濟文獻真蹟釋録》釋作「兒」。

〔三〕此處代表馬榮國簽名的畫押標識，《敦煌社會經濟文獻真蹟釋録》釋作「知」。

〔四〕「萬」，《敦煌社邑文書輯校》釋作「元」。

〔五〕「光」，《敦煌社會經濟文獻真蹟釋録》、《敦煌社邑文書輯校》均釋作「彦」，參照上件，此件當作「光」。

〔六〕李子榮簽名畫押的標識爲「李」字，《敦煌社會經濟文獻真蹟釋録》釋作「知」。

參考文獻

《敦煌出土社文書的研究》四九〇頁；《唐代社會文化史研究》五〇三頁；《敦煌寶藏》一一一册，一五八頁（圖）；《中國佛教社會史研究》四二九頁；《魏晉南北朝隋唐史資料》四輯，九頁；《敦煌學輯刊》一九八四年一期，一二頁；《敦煌學輯刊》一九八五年一期，六一頁；《敦煌社會經濟文獻真蹟釋録》一輯，二九八頁（録）、（圖）；《敦煌民俗學》二一〇頁；《英藏敦煌文獻》三卷，七三頁（圖）；《中國史研究》一九九一年二期，七頁；《敦煌社邑文書輯校》三一〇頁（録）。

斯一四七五背　四　申年（公元八一六年？）五月社人王奴子等牒

釋文

社司　　狀上

右奴子等，先無兄第（弟）姊妹男女至親及遠行

條件耎（餪）腳[一]。今因李子榮齋，對社人商量，

從武光暉遠行及病損致酒[二]，社人置條件：

社內至親兄第（弟）姊妹男女婦遠行、迴及亡逝，人各

助借布壹疋弔問。遠行壹千里外，去日，緣公事送

酒壹瓮；迴日，耎（餪）腳置酒兩瓮[三]；如有私行，不在送

限。請依此狀爲定。如後不依此狀，求受重罪（罰）[四]。請處

分。如有重限出孝，內酒兩瓮[五]。

牒件狀如前，謹牒。

申年五月　日社人王奴子等牒。

社人李明俊（押）

社人王奴子（押）

社人安庭光（光）[六]

社人馬榮國（押）[七]

社人楊元進

社人羅光進（進）[八]

社人成千榮

社人張進暉

社人王榮朝

社人李子〔榮〕[九]

社人張溫（溫）

社人楊懷興

社人常進〔卿〕[一〇]

社人□□□[一一]

（後缺）

說明

此件是社人大會在原定社條之外新增餪腳與亡逝弔問活動的條款，部分社人姓名，見於以上幾件社邑文書。

校記

〔一〕「㚑」，當作「䫵」，據文義改，《敦煌社邑文書輯校》逕釋作「䫵」。
〔二〕「暉」，《敦煌社會經濟文獻真蹟釋録》釋作「輝」。
〔三〕「㚑」，當作「䫵」，據文義改，《敦煌社邑文書輯校》逕釋作「䫵」。
〔四〕「罪」，當作「罰」，據文義及其他社邑文書改，《敦煌社邑文書輯校》逕釋作「罰」。
〔五〕「內」，爲「納」之本字，《敦煌社會經濟文獻真蹟釋録》釋作「納」。
〔六〕括號內的「光」字爲安庭光的簽名，《敦煌社會經濟文獻真蹟釋録》、《敦煌社邑文書輯校》則用「押」來表示。
〔七〕马榮國的畫押標識，《敦煌社會經濟文獻真蹟釋録》、《敦煌社邑文書輯校》漏録。
〔八〕「光」，《敦煌社會經濟文獻真蹟釋録》釋作「彥」，誤；括號內的「進」字爲羅光進的簽名，《敦煌社邑文書輯校》則用「押」來表示，《敦煌社會經濟文獻真蹟釋録》漏録此簽名。
〔九〕「榮」，《敦煌社會經濟文獻真蹟釋録》、《敦煌社邑文書輯校》據文義校補。
〔一〇〕「卿」，《敦煌社會經濟文獻真蹟釋録》、《敦煌社邑文書輯校》據文義校補。
〔一一〕「社人」，《敦煌社會經濟文獻真蹟釋録》、《敦煌社邑文書輯校》據殘筆劃補。

參考文獻

Descriptive Catalogue of the Chinese Manuscripts from Tunhuang in the British Museum, p. 173；《敦煌寶藏》一一冊，一五八

至一五九頁（圖）；《魏晉南北朝隋唐史資料》四輯，九頁；《敦煌學輯刊》一九八四年一期，二頁；《敦煌學輯刊》一九八五年一期，六一頁；《敦煌社會經濟文獻真蹟釋録》一輯，二九九頁（録）、（圖）；《英藏敦煌文獻》三卷，七四頁（圖）；《敦煌社邑文書輯校》七一三至七一五頁（録）。

斯一四七五背　五　酉年（公元八二九年？）三月一日下部落百姓曹茂晟便豆契

釋文

酉年三月一日，下部落百姓曹茂晟，爲無種子，遂
於僧海清處便豆壹碩捌斗，其豆自限至秋八月
卅日已前送納〔一〕。如違不納，其豆請陪（倍）〔二〕。一任掣奪家
資雜物，用充豆直（值）〔三〕。如身東西，一仰保人代
還。中間或有恩　　敇，不在免限。恐人無
信，故立此帖（契）〔四〕。兩共平章，書指（紙）爲記〔五〕。

豆主

便豆人曹茂晟年五十

保人男沙彌法珪年十八

見人

見人僧慈燈

說明

此件用地支紀年，屬吐蕃時期。「僧慈燈」，見於國圖咸字五九号背《寅年僧慈燈僱博士氾英振造佛堂契》。「酉年」，陳國燦、唐耕耦推斷爲公元八一七年（參看《敦煌所出諸借契年代考》，《敦煌學輯刊》一九八四年一期，三至四頁；《敦煌社會經濟文獻真蹟釋録》八三頁），張傳璽、沙知則判定爲公元八二九年（《中國歷代契約會編考釋》三六四頁、《敦煌契約文書輯校》一一一頁）。曹茂晟和法珪姓名右下側有指印印跡。

校記

〔一〕「卅」，《敦煌社會經濟文獻真蹟釋録》釋作「三十」。

〔二〕「陪」，當作「倍」，《敦煌契約文書輯校》據文義校改，「陪」爲「倍」之借字。

〔三〕「直」，當作「值」，據文義校改，「直」爲「值」之借字。

〔四〕「帖」，當作「契」，據文義及其他便物契改，疑「帖」爲「契」之借字。

〔五〕「指」，當作「紙」，據文義改，「指」爲「紙」之借字。

參考文獻

《敦煌資料》一輯，三五七頁（録）；《敦煌寶藏》一一一册，一五九頁（圖）；《魏晉南北朝隋唐史資料》四輯，九頁；《敦煌學輯刊》一九八四年一期，二頁；*Tunhuang and Turfan Documents Concerning Social and Economic History* Ⅲ，A95，B46；《敦煌吐魯番出土經濟文書研究》四八三頁；《西北史地》一九八七年二期，三五頁；《隋唐五代經濟史料彙編校注》第一編下，九四〇至九四一頁（録）；《中南民族學院學報》一九八九年一期，八六頁；《敦煌社會經濟文獻真蹟釋録》二輯，八三頁（録）、（圖）；《英藏敦煌文獻》三卷，七四頁（圖）；《中國歷代契約會編考釋》三六四至三六五頁（録）；《敦煌學輯刊》一九九六年一期，五二至五三頁（録）；《敦煌契約文書輯校》一一一至一一二頁（録）。

斯一四七五背　六　未年（公元八二七年？）十月三日上部落百姓安環清賣地契

釋文

宜秋十里西支地壹段，共柒畦拾畝。（東道，西渠，南索晟，北武再再。）

未年十月三日，上部落百姓安環清，爲

突田債負，不辦輸納，今將前件地

出買（賣）與同部落人武國子〔一〕。其地畝別

斷作斛斗漢斗壹碩陸斗，都計麥壹拾

伍碩，粟壹碩，并漢斗。一賣已後，一任武

國子修營佃種。如後有人忓悋識認，

一仰安環清割上地佃種與國子。其地

及麥當日交相分付，一無懸欠。一賣[後]〔二〕，

如若先悔，罰麥伍碩，入不悔人。
已後若　恩敕，安〔環〕清罰金伍兩納入
官〔三〕。官有政法，人從私契。兩共平章，書指（紙）爲記〔四〕。
地主安環清　年廿一〔五〕
師叔　正燈（押）
母安年五十二
姊夫安恒子〔六〕
見人張良友

説明

此件賣地契末尾的簽名中，『地主安環清』、『師叔正燈』及『母安年五十二』的左下側各有三點，爲其指印印跡。此件之『未年』，唐耕耦、張傳璽、沙知推斷爲公元八二七年。

校記

〔一〕『買』，當作『賣』，《敦煌資料》、《敦煌社會經濟文獻真蹟釋録》、《敦煌契約文書輯校》據文義校改，『買』爲『賣』之借字。
〔二〕『後』，《敦煌契約文書輯校》據文義校補；《敦煌社會經濟文獻真蹟釋録》逕釋作『後』。
〔三〕『環』，據上文補。
〔四〕『指』，當作『紙』，據文義改，『指』爲『紙』之借字。

〔五〕「廿」，《敦煌社會經濟文獻真蹟釋録》釋作「二十」。

〔六〕「姊」，《敦煌社會經濟文獻真蹟釋録》、《敦煌契約文書輯校》釋作「姉」，此二字雖義同而字不同。

參考文獻

《敦煌資料》一輯，二九三至二九四頁（録）；《講座敦煌》三冊《敦煌の社會》一七三至一七四頁；《敦煌寶藏》一一冊，一五九至一六〇頁（圖）；*Tunhuang and Turfan Documents Concerning Social and Economic History* Ⅲ，A81，B46－54；《四川大學學報》一九八一年四期，五〇頁；《魏晉南北朝隋唐史資料》四輯，八至一六頁；《社會科學》（甘肅）一九八三年二期，九八頁；《四川大學學報》一九八三年四期，八八至九〇頁；《西北史地》一九八三年四期，八八頁；《敦煌學輯刊》一九八四年一期，一六頁；《西北師院學報》增刊《敦煌學研究》一九八四年，二五頁；《敦煌社會經濟文獻真蹟釋録》二輯，一頁（録）、（圖）；《英藏敦煌文獻》三卷，七四至七五頁（圖）；《敦煌學輯刊》一九九一年一期，九六頁；《均田制研究》一九〇至一九一頁；《貴州社會科學》一九九二年六期，五〇頁；《中國歷代契約會編考釋》二一五至二一七頁（録）；《敦煌契約文書輯校》一至二頁（録）。

斯一四七五背　七　寅年（公元八二二年？）正月廿日令狐寵寵賣牛契

釋文

紫犍牛壹頭，陸歲，并無印記。
寅年正月廿日，令狐寵寵爲無年糧種子，今將
前件牛出買（賣）與同部落武光暉[一]，斷作麥漢
斗壹拾玖碩。其牛及麥，當日交相付了，
并無懸欠。如後牛若有人識認，稱是寒盜，
一仰主保知當，不忏賣（買）人之事[二]；如立契後，在三
日內，牛有宿疹，不食水草，一任却還本主。三日已
外，依契爲定，不許休悔。如先悔者，罰麥伍碩，
入不悔人。恐人無信，故立私契。兩共平章，
書指（紙）爲記[三]。其壹拾玖碩麥內粟三碩。和[四]。
　　牛主令狐寵寵年廿九

兄和和年卅四
保人宗廣年五十二
保人趙日進年卌[五]
保人令狐小郎年卅九

説明

此件之『寅年』，唐耕耦、張傳璽、沙知等推斷爲公元八二二年。『武光暉』見於同卷『申年五月社人王奴子等牒』及社司轉帖，又卷末牛主令狐寵寵、兄和和、保人宗廣、保人趙日進和保人令狐小郎的左側，各有三個小點，爲指印印跡。

校記

〔一〕『買』，當作『賣』，《敦煌社會經濟文獻真蹟釋録》、《敦煌契約文書輯校》據文義校改，《敦煌資料》、《敦煌遺書總目索引》、《敦煌遺書總目索引新編》逕釋作『賣』，『買』爲『賣』之借字。

〔二〕『賣』，當作『買』，《敦煌遺書總目索引》、《敦煌社會經濟文獻真蹟釋録》、《敦煌契約文書輯校》、《敦煌遺書總目索引新編》據文義校改，『賣』爲『買』之借字。

〔三〕『指』，當作『紙』，據文義改，『指』爲『紙』之借字。

〔四〕『其壹拾玖碩麥内粟三碩，和』兩句，底本筆墨較淡，《敦煌契約文書輯校》疑爲後來抄寫。

〔五〕「進」，《敦煌資料》、《敦煌遺書總目索引》、《敦煌遺書總目索引新編》漏録；「卌」，底本原作「卌五」，後塗去「五」，《敦煌社會經濟文獻真蹟釋録》、《中國歷代契約會編考釋》釋作「卌五」，《敦煌遺書總目索引》、《敦煌遺書總目索引新編》釋作「卅五」，誤。

參考文獻

《敦煌資料》一輯，二九〇至二九一頁（録）；《敦煌遺書總目索引》一三八頁（録）；《敦煌寶藏》一一冊，一六〇頁（圖）；*Tunhuang and Turfan Documents Concerning Social and Economic History* Ⅲ, A80－81, B48；《魏晉南北朝隋唐史資料》四輯，八至一六頁；《敦煌學輯刊》一九八四年一期，三頁；《歷史研究》一九八四年五期，一七四頁；《漢學研究》四卷，一九八六年二期，二八頁；《敦煌吐魯番出土經濟文書研究》三九九至四〇〇頁（録）；《中國社會經濟史研究》一九八七年二期，二二至二三頁；《隋唐五代經濟史料彙編校注》一編下，九六二至九六三頁（録）；《敦煌社會經濟文獻真蹟釋録》二輯，三四頁（録）、（圖）；《英藏敦煌文獻》三卷，七五頁（圖）；《貴州社會科學》一九九二年六期，五〇至五一頁；《中國歷代契約會編考釋》二一四至二一五頁（録）；《敦煌契約文書輯校》五九至六一頁（録）；《敦煌遺書總目索引新編》四五頁（録）。

斯一四七五背　八　酉年（公元八一七年？）十一月行人部落百姓張七奴便麥契

釋文

酉年十一月，行人部落百性（姓）張七奴[一]，爲納突不辦，
於靈圖寺僧海清處，便佛麥陸碩。其
麥限至秋八月内還足。如違限不還，
其麥請陪（倍）[二]。如身東西，一仰保人等代還，
[一]任牽掣家資雜物牛畜等[三]。恐人無信，
故立此契。兩共平章，書紙爲記。
便麥人張七奴年卌（押）[四]
保人男黑奴〔年〕十三[五]
保人張䫻颰年十一

見人索海奴

見人

見人

説明

此件之『酉年』，陳國燦、唐耕耦定爲公元八一七年，張傳璽、沙知則推斷爲公元八二九年，兹暫從前者。

校記

〔一〕『性』，當作『姓』，據文義改，《敦煌資料》、《敦煌社會經濟文獻真蹟釋録》、《敦煌契約文書輯校》逕釋作『姓』，『性』爲『姓』之借字；『乜』，《敦煌社會經濟文獻真蹟釋録》釋作『乜』。

〔二〕『陪』，當作『倍』，《敦煌契約文書輯校》據文義校改，『陪』爲『倍』之借字。

〔三〕『一』，《敦煌社會經濟文獻真蹟釋録》據文義校補。

〔四〕『卌』，《敦煌社會經濟文獻真蹟釋録》釋作『四十』。

〔五〕『年』，《敦煌社會經濟文獻真蹟釋録》據文例補。

參考文獻

《敦煌資料》一辑，三八五頁（録）；《中國史研究》一九七九年二期，七九頁；《敦煌寶藏》一一册，一六一頁圖）；*Tunhuang and Turfan Documents Concerning Social and Economic History* Ⅲ，A95－96，B49；《敦煌學輯刊》一九八二年二期，一六頁（錄）；《魏晉南北朝隋唐史資料》四輯，八至一六頁；《敦煌學輯刊》一九八四年一期，三頁、一六頁（錄）；《敦煌吐魯番出土經濟文書研究》四八三頁；《西北史地》一九八七年二期，三五頁；《敦煌社會經濟文獻真蹟釋錄》二輯，八四頁（錄）、（圖）；《英藏敦煌文獻》三卷，七五頁（圖）；《中國歷代契約會編考釋》三六六至三六七頁（錄）；《敦煌契約文書輯校》一一三至一一四頁（錄）。

斯一四七五背　　九　殘契尾

釋文

（前缺）

見人李騷騷〔一〕

見人

説明

此件粘於『酉年十一月行人部落張七奴便麥契』和『某年四月十五日沙州寺戶嚴君便麥契』中間，僅存的兩處『見人』簽名剛好位於兩紙的紙縫粘貼處。從殘存文字來看，此件很可能亦爲便物契，其正文部分已被剪掉，抄寫年代當與上述兩件便麥契相距不遠。

校記

〔一〕『李騷騷』，《敦煌社會經濟文獻真蹟釋録》釋作『李騷騷』，按此名見於伯三四三二背《卯年（公元八三五年？）

武光兒便麥契》，亦是見人身份。

參考文獻

《魏晉南北朝隋唐史資料》四輯，八至一六頁；《敦煌寶藏》一一冊，一六一頁（圖）；《敦煌學輯刊》一九八四年一期，三頁；《敦煌社會經濟文獻真蹟釋録》二輯，八四頁（録）、（圖）；《英藏敦煌文獻》三卷，七六頁（圖）；《敦煌契約文書輯校》一四〇頁。

斯一四七五背　一〇　某年四月十五日沙州寺戶嚴君便麥契

釋文

□年四月十五日，沙州寺戶嚴君，爲要斛斗駈使〔一〕，

遂於靈圖佛帳所便麥三碩〔二〕，并漢斗。其麥請

限至秋八月末還足〔三〕。如違限不還，其麥請

陪（倍）〔四〕，仍任將此契爲令六（律）〔五〕，掣奪家資雜物，

用充麥直（值）〔六〕。如身東西不在，一仰保人等代還。

恐人無信〔七〕，故立此契，書紙爲憑。

便麥人　嚴君年卅〔八〕

保人　劉歸子年廿〔九〕

保人

見人僧法英
見人唐寺主
見人志員

説明

此件陳國燦推測爲戌年，即公元八一八年（參見《敦煌所出諸借契年代考》，《敦煌學輯刊》一九八四年一期，三頁）；唐耕耦認爲此件與酉年張七奴便麥契順次粘貼在一起，筆跡又相似，其年代可能是同一年或相近，因而推斷爲公元八一七年前後。「嚴君年卅」名後有其朱色指印印跡（那波利貞《唐代社會文化史研究》，東京創文社，一九七四年版，三五四頁）。又，沙知先生疑「嚴君」爲斯五四二《戌年（公元八〇六年）沙州諸寺丁壯車牛役部（簿）》中之「嚴君君」（參看《敦煌契約文書輯校》，江蘇古籍出版社，一九九八年版，一二七頁）。

校記

〔一〕「駈」，《敦煌資料》、《敦煌社會經濟文獻真蹟釋録》、《中國歷代契約會編考釋》釋作「驅」，「駈」同「驅」。
〔二〕「遂」，《敦煌契約文書輯校》據文義校補，《敦煌資料》、《敦煌社會經濟文獻真蹟釋録》、《中國歷代契約會編考釋》校補爲「今」。
〔三〕「限」，《敦煌資料》、《敦煌社會經濟文獻真蹟釋録》、《中國歷代契約會編考釋》、《敦煌契約文書輯校》據文例校補。

〔四〕「陪」，《敦煌資料》、《敦煌社會經濟文獻真蹟釋録》、《敦煌契約文書輯校》據文例校補，「陪」，當作「倍」，《敦煌契約文書輯校》據文義校改。

〔五〕「六」，當作「律」，《敦煌資料》、《敦煌社會經濟文獻真蹟釋録》、《敦煌契約文書輯校》據文義校改，「六」爲「律」之借字。

〔六〕「用」，《敦煌資料》、《敦煌社會經濟文獻真蹟釋録》、《中國歷代契約會編考釋》、《敦煌契約文書輯校》據文例校補；「直」，當作「值」，據文義改，「直」爲「值」之借字。

〔七〕「恐」，《敦煌資料》、《敦煌社會經濟文獻真蹟釋録》、《中國歷代契約會編考釋》、《敦煌契約文書輯校》據文例校補。

〔八〕「卌」，《敦煌社會經濟文獻真蹟釋録》釋作「四十」，誤。

〔九〕「廿」，《敦煌社會經濟文獻真蹟釋録》釋作「二十」。

參考文獻

《敦煌資料》一輯，三八六頁（録）；《唐代社會文化史研究》三五三至三五四頁（録）；《敦煌寶藏》一一冊，一六一至一六二頁（圖）；《魏晉南北朝隋唐史資料》四輯，八至一六頁；《敦煌學輯刊》一九八四年一期，三頁；《中國五——十世紀的寺院經濟》二一七至二一八頁；《唐五代敦煌寺戶制度》一三三頁（録）；《隋唐五代經濟史料彙編校注》第一編上，三〇二頁；*Tunhuang and Turfan Documents Concerning Social and Economic History* Ⅲ，A96，B49；《敦煌譯文集》八四〇至八四一頁（録）；《敦煌社會經濟文獻真蹟釋録》二輯，八五頁（録）、（圖）；《英藏敦煌文獻》三卷，七六頁（圖）；《敦煌碑銘讚輯釋》一一八頁（録）；《日本學者研究中國史論著選譯》七，三一七至三六〇頁；《敦煌吐魯番文獻研究》六二二頁；《中國歷代契約會編考釋》三九七至三九九頁（録）；《敦煌契約文書輯校》一二六至一二七頁（録）。

斯一四七五背　　一一　某年二月十四日靈圖寺僧神寶便麥契

釋文

□年二月十四日，當寺僧神寶爲負任柒柒漢斗麥

[兩]碩捌斗[一]，今於靈圖寺佛帳麥內便兩碩捌斗，其

[麥]自限至秋八月卅日已前送納足[二]。如違其限不

[還][三]，其麥請陪（倍）伍碩陸斗[四]，仍任將契爲領（令）六（律）[五]，掣奪

[家]資雜物[六]，用充麥直（值）[七]。如身東西，一仰保人代

[還][八]。恐人無信，故立此契。兩共平章，書紙爲記。

便人僧神寶年廿[九]

保人任柒柒年

見人僧神寂

見人
見人

說明

此件陳國燦認爲抄於亥年，并推測爲公元八一九年（參見《敦煌所出諸借契年代考》，《敦煌學輯刊》一九八四年一期，三頁）。「僧神寶」見於《索滿奴便麥契》和Дх. 六〇六五B《傳押衙配勾當僧人名目》中，而「便人僧神寶年廿」的簽名，還見於《卯年二月十一日阿骨薩部落百姓馬其鄰便麥契》中，唐耕耦、陸宏基因此認爲兩件年代相同，并推斷爲公元八二三年。

校記

〔一〕「兩」，《敦煌契約文書輯校》據文義校補，《敦煌資料》、《敦煌社會經濟文獻真蹟釋録》、《中國歷代契約會編考釋》補作「貳」。

〔二〕「麥」，《敦煌資料》、《敦煌社會經濟文獻真蹟釋録》、《中國歷代契約會編考釋》、《敦煌契約文書輯校》據文義校補；「卅」，《敦煌社會經濟文獻真蹟釋録》釋作「三十」。

〔三〕「還」，《敦煌資料》、《敦煌社會經濟文獻真蹟釋録》、《中國歷代契約會編考釋》、《敦煌契約文書輯校》據文義校補。

〔四〕「陪」，當作「倍」，《敦煌契約文書輯校》據文義校改，「陪」爲「倍」之借字。

〔五〕「領六」，當作「令律」，《敦煌資料》、《敦煌契約文書輯校》據文義校改，「領六」爲「令律」之借字。
〔六〕「家」，《敦煌資料》、《敦煌社會經濟文獻真蹟釋録》、《中國歷代契約會編考釋》、《敦煌契約文書輯校》據文義校補。
〔七〕「直」，當作「值」，據文義改，「直」爲「值」之借字。
〔八〕「還」，《敦煌社會經濟文獻真蹟釋録》、《中國歷代契約會編考釋》、《敦煌契約文書輯校》據文義校補。
〔九〕「廿」，《敦煌社會經濟文獻真蹟釋録》釋作「二十」。

參考文獻

《敦煌資料》一輯，三八七頁（録）；《講座敦煌3，敦煌の社會》三八七至三八九頁；《敦煌寶藏》一一册，一六二頁（圖）；《魏晉南北朝隋唐史資料》四輯，八至一六頁；《敦煌學輯刊》一九八四年一期，三頁；《隋唐五代經濟史料彙編校注》第一編上，三〇六至三〇八頁；*Tunhuang and Turfan Documents Concerning Social and Economic History* Ⅲ，A96，B50；《敦煌吐蕃期の僧官制度》四二九頁；《敦煌社會經濟文獻真蹟釋録》二輯，八六頁（録）、（圖）；《英藏敦煌文獻》三卷，七六頁（圖）；《中國歷代契約會編考釋》三九九至四〇〇頁（録）；《敦煌契約文書輯校》一一七至一一八頁（録）。

斯一四七五背　一二　某年四月廿二日靈圖寺人戶索滿奴便麥契

釋文

□年四月廿二日[一]，當寺人戶索滿奴爲無斛斗[二]，遂

於靈圖寺佛帳物內便麥兩碩[三]，并漢斗。其麥請限至

秋八月末還足[四]。如違時限，其麥請陪（倍）[五]。仍任掣奪

家資雜物[六]，用充麥直（值）[七]。如身東西，一仰保人代還[八]。

恐人無信[九]，故立此契，書紙爲記。

便麥人　索滿奴年□□

保人　解沙年廿[一〇]

見人　僧惠眼

同日僧惠眼便麥兩碩[一一]，如依前不納，其麥請還□□[一二]。

見人宋周興〔一三〕

見人僧神寶

見人僧道珍

說明

此件中之『僧神寶』見於上件《僧神寶便麥契》和《卯年馬其鄰便麥契》，唐耕耦、陸宏基推斷此件抄於卯年即公元八二三年，陳國燦先生則比定爲子年（公元八二〇年）（參見《敦煌所出諸借契年代考》，《敦煌學輯刊》一九八四年一期，三頁）。又索滿奴見於斯五四二背《戌年（公元八〇六年）沙州諸寺丁壯車牛役部（簿）》中，僧惠眼名亦見於伯二一一二+伯三〇一三《大般若波羅蜜多經》題記（《敦煌契約文書輯校》一二九頁）。

校記

〔一一〕『年』，《敦煌社會經濟文獻真蹟釋録》、《中國歷代契約會編考釋》據文義校補，《敦煌資料》、《敦煌契約文書輯校》逕釋作『年』。

〔一二〕『斛斗』，《敦煌社會經濟文獻真蹟釋録》校補爲『斛斗驅使』。

〔一三〕『遂於靈』，《敦煌契約文書輯校》據文義校補，《敦煌資料》、《中國歷代契約會編考釋》、《敦煌社會經濟文獻真蹟釋録》校補爲『今於靈』；『兩』，《敦煌社會經濟文獻真蹟釋録》釋作『貳』，誤。

〔四〕『限至秋八』，《敦煌社會經濟文獻真蹟釋録》、《中國歷代契約會編考釋》、《敦煌契約文書輯校》據文例校補。
〔五〕『陪』，當作『倍』，《敦煌契約文書輯校》據文義校改，『陪』爲『倍』之借字。
〔六〕『奪家』，《敦煌資料》、《隋唐五代經濟史料彙編校注》、《敦煌社會經濟文獻真蹟釋録》、《中國歷代契約會編考釋》據文例校補。
〔七〕『直』，當作『值』，據文義改，『直』爲『值』之借字。
〔八〕『代還』，《敦煌資料》、《隋唐五代經濟史料彙編校注》、《中國歷代契約會編考釋》、《敦煌契約文書輯校》據文例校補，《敦煌社會經濟文獻真蹟釋録》校補爲『等代還』。
〔九〕『恐人』，《敦煌資料》、《隋唐五代經濟史料彙編校注》、《敦煌社會經濟文獻真蹟釋録》、《中國歷代契約會編考釋》、《敦煌契約文書輯校》據文例校補。
〔一〇〕『廿』，《敦煌社會經濟文獻真蹟釋録》釋作『二十』。
〔一一〕『同日』，《敦煌社會經濟文獻真蹟釋録》據文義校補，《敦煌契約文書輯校》校補爲『□寺』。
〔一二〕『請還□□』，《敦煌社會經濟文獻真蹟釋録》校補爲『請還肆碩』。
〔一三〕『宋』，《敦煌社會經濟文獻真蹟釋録》、《敦煌契約文書輯校》釋作『索』。

參考文獻

《敦煌資料》一輯，三八七至三八八頁（録）；《敦煌寶藏》一一冊，一六二至一六三頁（圖）；《魏晉南北朝隋唐史資料》四輯，八至一六頁；《敦煌學輯刊》一九八四年一期，三頁；《隋唐五代經濟史料彙編校注》第一輯上，三〇六至三〇七頁（録）；《唐五代敦煌寺戸制度》一三三頁（録）；*Tunhuang and Turfan Documents Concerning Social and Economic*

History Ⅲ, A97, B50；《敦煌譯文集》八四一至八四二頁（録）；《敦煌社會經濟文獻真蹟釋録》二輯，八七頁（録）、（圖）；《英藏敦煌文獻》三卷，七六至七七頁（圖）；《中國歷代契約會編考釋》四〇〇至四〇一頁（録）；《敦煌契約文書輯校》一二八至一二九頁（録）。

斯一四七五背　一三　某年二月一日靈圖寺僧義英便麥契

釋文

□年二月一日[一]，當寺僧義英於海清手
上便佛長（帳）青麥貳碩捌斗[二]，并漢斗。
其麥自限至秋八月内還足[三]。如違其
限[四]，請陪（倍）爲伍碩陸斗[五]，仍任將契爲領（令）
六（律）[六]，牽掣房資什物，用充青麥直（值）[七]。
如身東西[八]，一仰保人父等代還。恐人
無信[九]，故立此契，書指（紙）爲記[一〇]。
便麥僧義英年卅[一一]
保人父田廣德年五十[一二]

見人智舟
見人燈判官
見人

説明

此件中的「僧義英」，見於同卷《卯年阿骨薩部落百姓馬其鄰便麥契》，唐耕耦、陸宏基推斷此件抄於卯年即公元八二三年，陳國燦先生則比定爲子年（公元八二〇年）（參見《敦煌所出諸借契年代考》，《敦煌學輯刊》一九八四年一期，三頁）。另，「僧義英」左側有指印印跡。

校記

〔一〕「年」，《敦煌社會經濟文獻真蹟釋録》、《中國歷代契約會編考釋》據文義校補，《敦煌資料》、《敦煌契約文書輯校》、《唐後期五代宋初敦煌僧尼的社會生活》逕釋作「年」。

〔二〕「上」，《敦煌社會經濟文獻真蹟釋録》、《敦煌契約文書輯校》據文義校補；「長」，當作「帳」，《敦煌社會經濟文獻真蹟釋録》、《敦煌契約文書輯校》據文義校改，「長」爲「帳」之借字。

〔三〕「其」，《敦煌社會經濟文獻真蹟釋録》據文例校補，《敦煌資料》、《中國歷代契約會編考釋》、《敦煌契約文書輯校》、《唐後期五代宋初敦煌僧尼的社會生活》逕釋作「其」。

〔四〕「限」，《敦煌資料》、《敦煌社會經濟文獻真蹟釋録》、《中國歷代契約會編考釋》、《敦煌契約文書輯校》、《唐後期五代宋初敦煌僧尼的社會生活》據文例校補。

〔五〕「陪」，當作「倍」，《敦煌契約文書輯校》據文義校改，「陪」爲「倍」之借字。

〔六〕「領」，當作「令」，《敦煌契約文書輯校》據文義校改，「領」爲「令」之借字；「六」，《敦煌社會經濟文獻真蹟釋録》、《敦煌契約文書輯校》據文例校補，「六」爲「律」之借字，《敦煌资料》逕補爲「律」。

〔七〕「青」，《敦煌契約文書輯校》漏録；「直」，當作「值」，據文義改，「直」爲「值」之借字。

〔八〕「如」，《敦煌資料》、《敦煌社會經濟文獻真蹟釋録》、《中國歷代契約會編考釋》、《敦煌契約文書輯校》、《唐後期五代宋初敦煌僧尼的社會生活》據文例校補。

〔九〕「無」，《敦煌資料》、《敦煌社會經濟文獻真蹟釋録》、《中國歷代契約會編考釋》、《敦煌契約文書輯校》、《唐後期五代宋初敦煌僧尼的社會生活》據文例校補。

〔一〇〕「指」，當作「紙」，《唐後期五代宋初敦煌僧尼的社會生活》據文義校改，「指」爲「紙」之借字。

〔一一〕「卅」，《敦煌社會經濟文獻真蹟釋録》釋作「三十」。

〔一二〕「田」，《敦煌社會經濟文獻真蹟釋録》釋作「曰」。

參考文獻

《敦煌資料》一輯，三八八至三九九頁（録）；《敦煌寶藏》一一冊，一六三頁（圖）；《魏晉南北朝隋唐史資料》四輯，八至一六頁；《敦煌學輯刊》一九八四年一期，三頁；《敦煌學輯刊》一九八六年一期，五三頁；*Tunhuang and Turfan Documents Concerning Social and Economic History* Ⅲ，A94－95，B54；《敦煌社會經濟文獻真蹟釋録》二輯，八八頁（録）、（圖）；《英藏敦煌文獻》三卷，七七頁（圖）；《敦煌吐魯番學研究論文集》八三二至八三三頁（録）；《中國歷代契約會編考釋》四〇一至四〇二頁（録）；《唐後期五代宋初敦煌僧尼的社會生活》八一頁（録）；《敦煌契約文書輯校》一一五至一一六頁（録）。

斯一四七五背　一四　某年三月廿七日阿骨薩部落百姓趙卿卿便麥契

釋文

□年三月廿七日〔一〕，阿骨薩部落百姓趙卿卿，爲無
種子〔二〕，今於靈圖寺佛帳家物内，便麥兩漢碩。
其麥自限至秋八月内送納寺倉足〔三〕。如違，其麥請
陪（倍）爲肆漢碩〔四〕。仍任不著領（令）六（律）〔五〕，掣奪家資雜物〔六〕，
用充麥直（值）〔七〕。有剩不在論限。如身東西，一仰保人
代還〔八〕。

便麥人趙卿卿年卅〔九〕
保人武光兒年卌〔一〇〕
見人李意意

說明

此件陳國燦認爲抄於子年即公元八二〇年（參看《敦煌所出諸借契年代考》，《敦煌學輯刊》一九八四年一期，三頁），唐耕耦、陸宏基推斷爲公元八二三年前後。其中之趙卿卿，見於斯五四二《戌年（公元八〇六年）沙州諸寺丁壯車牛役部（簿）》中，武光兒見於伯三四二二背《卯年曷骨薩部落百姓武光兒便麥契》（《敦煌契約文書輯校》一二三頁）。「趙卿卿」和「武光兒」左側有指印印跡。

校記

〔一〕「年」，《敦煌社會經濟文獻真蹟釋録》、《中國歷代契約會編考釋》據文義校補，《敦煌契約文書輯校》逕釋作「年」；「廿」，《敦煌社會經濟文獻真蹟釋録》釋作「二十」。

〔二〕「無種」，《敦煌資料》、《敦煌社會經濟文獻真蹟釋録》、《中國歷代契約會編考釋》據文義校補，《敦煌契約文書輯校》校補爲「少種」。

〔三〕「其」，《敦煌資料》、《敦煌社會經濟文獻真蹟釋録》、《中國歷代契約會編考釋》、《敦煌契約文書輯校》據文例校補。

〔四〕「請陪」，《敦煌資料》、《敦煌社會經濟文獻真蹟釋録》、《敦煌契約文書輯校》據文例校補，《中國歷代契約會編考釋》校補爲「請賠」；「陪」，當作「倍」，《敦煌契約文書輯校》據文義校改，「陪」爲「倍」之借字。

〔五〕「領六」，當作「令律」，《敦煌資料》、《敦煌契約文書輯校》據文義校改，「领六」爲「令律」之借字。

〔六〕「物」，《敦煌資料》、《敦煌社會經濟文獻真蹟釋録》、《敦煌契約文書輯校》據文義校補，《中國歷代契約會編考釋》

逕釋作「物」。

〔七〕「用」，《敦煌資料》、《敦煌社會經濟文獻真蹟釋録》、《中國歷代契約會編考釋》、《敦煌契約文書輯校》據文例校補；「直」，當作「值」，據文義改，「直」爲「值」之借字。

〔八〕「人代」，據文義補，《敦煌資料》、《敦煌社會經濟文獻真蹟釋録》、《中國歷代契約會編考釋》據文例校補，《敦煌契約文書輯校》逕釋「人」字，校補「代」字。

〔九〕「卅」，《敦煌社會經濟文獻真蹟釋録》釋作「三十」。

〔一〇〕「卌」，《敦煌社會經濟文獻真蹟釋録》釋作「四十」。

參考文獻

《敦煌資料》一輯，三八九至三九〇頁（録）；《講座敦煌》3《敦煌の歷史》一七〇頁；《敦煌寶藏》一一冊，一六三至一六四頁（圖）；《魏晉南北朝隋唐史資料》四輯，八至一六頁；《敦煌學輯刊》一九八四年一期，三頁；《歷史研究》一九八四年五期，一七四頁；*Tunhuang and Turfan Documents Concerning Social and Economic History* Ⅲ，A97－98，B51；《敦煌社會經濟文獻真蹟釋録》二輯，八九頁（録）、（圖）；《英藏敦煌文獻》三卷，七七頁（圖）；《敦煌學輯刊》一九九一年一期，九六頁；《中國歷代契約會編考釋》四〇二至四〇三頁（録）；《敦煌契約文書輯校》一二二至一二三頁（録）。

斯一四七五背　一五　某年三月廿七日當加（家）人使（史）奉仙便麥契

釋文

同日[一]，當加（家）人使（史）奉仙便佛帳麥兩碩[二]，并漢斗。其麥

自限八月內還足[三]。如違，其麥請陪（倍）爲肆碩[四]。

如身東西[五]，一仰保人代還。恐人無信，故立此契。

書指（紙）爲記[六]。

便麥人使（史）奉仙年卌[七]

保人男晟子年十四

見人僧神寶

見人進光

説明

此件與《阿骨薩部落百姓趙卿卿便麥契》抄於一紙，且兩件契約中便麥日期同在三月廿七日，因此抄寫年代應該相同。其中「使（史）奉仙」見於斯五四二《戌年（公元八〇六年）沙州諸寺丁壯車牛役部（簿）》（《敦煌契約文書輯校》一二五頁）。

校記

〔一〕「同」，《敦煌社會經濟文獻真蹟釋録》、《中國歷代契約會編考釋》、《敦煌契約文書輯校》據文義校補。

〔二〕「加」，當作「家」，《英藏敦煌文獻》、《敦煌契約文書輯校》據文義校改，《敦煌社會經濟文獻真蹟釋録》釋作「寺」，「加」爲「家」之借字；「使」，當作「史」，《英藏敦煌文獻》、《敦煌契約文書輯校》據文義校改，「使」爲「史」之借字。

〔三〕「麥白」，《敦煌資料》、《隋唐五代經濟史料彙編校注》、《敦煌社會經濟文獻真蹟釋録》、《中國歷代契約會編考釋》、《敦煌契約文書輯校》據文義校補；「限」，《敦煌社會經濟文獻真蹟釋録》校補爲「限至」。

〔四〕「陪」，當作「倍」，《敦煌契約文書輯校》據文義校改，「陪」爲「倍」之借字。

〔五〕「如身」，《敦煌資料》、《隋唐五代經濟史料彙編校注》、《敦煌社會經濟文獻真蹟釋録》、《中國歷代契約會編考釋》、《敦煌契約文書輯校》據文例校補。

〔六〕「書」，《敦煌資料》、《隋唐五代經濟史料彙編校注》、《敦煌社會經濟文獻真蹟釋録》、《中國歷代契約會編考釋》、《敦煌契約文書輯校》據文例校補；「指」，當作「紙」，據文義校改，「指」爲「紙」之借字。

〔七〕「卌」，《敦煌社會經濟文獻真蹟釋録》釋作「四十」。

參考文獻

《敦煌資料》一輯，三九〇至三九一頁（録）；《敦煌寶藏》一一冊，一六四頁（圖）；《魏晉南北朝隋唐史資料》四輯，八至一六頁；《敦煌學輯刊》一九八四年一期，三頁；《唐五代敦煌寺戶制度》一三三至一三四頁（録）；《隋唐五代經濟史料彙編校注》第一編上，三〇八頁（録）；*Tunhuang and Turfan Documents Concerning Social and Economic History* Ⅲ，A98，B52；《敦煌譯文集》八四五至八四六頁（録）；《敦煌社會經濟文獻真蹟釋録》二輯，八九頁（録）、（圖）；《英藏敦煌文獻》三卷，七七頁（圖）；《中國歷代契約會編考釋》四〇三至四〇四頁（録）；《敦煌契約文書輯校》一二四頁（録）。

斯一四七五背　一六　某年三月六日靈圖寺僧神寂便麥契

釋文

□年三月六日，僧神寂爲負債，今於當寺佛帳物内
便麥兩碩陸斗[一]，并漢斗。其麥限至秋八月内送納
當寺足[二]。如違，其麥請陪（倍）伍碩貳斗[三]，仍任將契
爲領（令）六（律）[四]。牽掣房資什物，用充麥直（值）[五]。有剩不
在論限[六]。如身東西，一仰保人等代還。恐人無信，故
立私契[七]，書指（紙）爲記[八]。

便麥僧神寂年廿□[九]

保〔人〕僧净心年卌[一〇]

見人惠雲

見人道遠
見人

說明

此件陳國燦認爲抄於丑年即公元八二一年（參看《敦煌所出諸借契年代考》，《敦煌學輯刊》一九八四年一期，三頁），唐耕耦、陸宏基推斷其年代大致在公元八二三年前後。「僧神寂」見於同卷《卯年靈圖寺僧義英便床契》，「道遠」見於伯二六八九《僧道遠等折唱入支歷》（《敦煌契約文書輯校》一二〇頁）。

校記

〔一〕「便」，《敦煌資料》、《敦煌社會經濟文獻真蹟釋録》、《中國歷代契約會編考釋》、《敦煌契約文書輯校》據文義校補。

〔二〕「當」，《敦煌社會經濟文獻真蹟釋録》、《中國歷代契約會編考釋》、《敦煌契約文書輯校》據文義校補。

〔三〕「陪」，當作「倍」，《敦煌契約文書輯校》據文義校改，「陪」爲「倍」之借字。

〔四〕「契爲」，《敦煌資料》、《敦煌社會經濟文獻真蹟釋録》、《中國歷代契約會編考釋》、《敦煌契約文書輯校》據文例校補；「領六」，當作「令律」，《敦煌資料》、《敦煌契約文書輯校》據文義校改，「領六」爲「令律」之借字。

〔五〕「直」，當作「值」，據文義改，「直」爲「值」之借字。

〔六〕「不在」，《敦煌資料》、《敦煌社會經濟文獻真蹟釋録》、《中國歷代契約會編考釋》、《敦煌契約文書輯校》據文例校補。

〔七〕「故立」，《敦煌資料》、《敦煌社會經濟文獻真蹟釋録》、《中國歷代契約會編考釋》、《敦煌契約文書輯校》據文例校補。

〔八〕「指」，當作「紙」，據文義校改，「指」爲「紙」之借字。

〔九〕「廿□」，《敦煌社會經濟文獻真蹟釋録》釋作「二五」。

〔一〇〕「人」，《敦煌契約文書輯校》據文例校補，《敦煌資料》、《敦煌社會經濟文獻真蹟釋録》逕釋作「人」；「卌」，《敦煌社會經濟文獻真蹟釋録》釋作「四十」。

參考文獻

《敦煌資料》一輯，三九一頁（録）；《敦煌寶藏》一一册，一六四頁（圖）；《敦煌學輯刊》一九八二年二期，一九頁（録）；《魏晉南北朝隋唐史資料》四輯，八至一六頁；《敦煌學輯刊》一九八四年一期，三頁；*Tunhuang and Turfan Documents Concerning Social and Economic History* Ⅲ, A98, B52；《敦煌社會經濟文獻真蹟釋録》二輯，九〇頁（録）、（圖）；《英藏敦煌文獻》三卷，七七至七八頁（圖）；《中國歷代契約會編考釋》四四至四五頁（録）；《敦煌契約文書輯校》一一九至一二〇頁（録）。

斯一四七五背　　一七　某年三月六日靈圖寺僧惠雲便麥契

釋文

同日契〔一〕，僧惠雲便佛帳麥壹碩肆斗，依前時納〔二〕。

如身不在〔三〕，依契陪（倍）徵〔四〕，并漢斗。便麥僧惠雲年卌〔五〕。

見人僧神寂（？）〔六〕

說明

此件與上件抄於一紙，書法相同，爲同一人書寫，抄寫年代亦應相同。

校記

〔一〕『同日』，《中國歷代契約會編考釋》據文義校補，《敦煌社會經濟文獻真蹟釋録》、《敦煌契約文書輯校》校補爲『同』。

〔二〕『納』，《敦煌契約文書輯校》據文義校補，《敦煌社會經濟文獻真蹟釋録》校補爲『還足』。

〔三〕「如」，《敦煌社會經濟文獻真蹟釋録》、《中國歷代契約會編考釋》、《敦煌契約文書輯校》據文義校補。

〔四〕「陪」，當作「倍」，《敦煌契約文書輯校》據文義校改，「陪」爲「倍」之借字。

〔五〕「卌」，《敦煌社會經濟文獻真蹟釋録》釋作「四十」。

〔六〕底本此句僅存諸字左半很小的一部分，其大半已被剪掉，且爲倒寫，《敦煌契約文書輯校》釋作「見人僧神寂（？）」，此從之。

參考文獻

《敦煌資料》一輯，三九二頁（録）；《敦煌寶藏》一一冊，一六四頁（圖）；《魏晉南北朝隋唐史資料》四輯，八至一六頁；《敦煌學輯刊》一九八四年一期，三頁；*Tunhuang and Turfan Documents Concerning Social and Economic History* Ⅲ，A98，B53；《敦煌社會經濟文獻真蹟釋録》二輯，九〇頁（録）、（圖）；《英藏敦煌文獻》三卷，七八頁（圖）；《中國歷代契約會編考釋》四四至四五頁（録）；《敦煌契約文書輯校》一二一頁（録）。

斯一四七五背　一八　卯年（公元八二三年）二月十一日阿骨薩部落百姓馬其鄰便麥契

釋文

[卯]年二月十一日〔一〕，阿骨薩部落百姓馬其鄰爲
[乏]糧種子〔二〕，今於靈圖寺佛麥帳家麥內便漢[斗]
麥捌碩〔三〕，限至秋八月內送納寺倉足〔四〕。如違[限]
[不]還〔五〕，其麥請陪（倍）爲壹拾陸碩〔六〕，仍任將契爲
領（令）六（律）〔七〕。牽掣家資雜物牛畜等，用充佛麥[直]（值）〔八〕。
其有剩，不在論限。如身東西，一仰保人代[還]〔九〕。
[恐]人無信〔一〇〕，故立此契，書紙爲記。
便麥人馬其鄰年卅〔一一〕

保人僧神寶年廿〔一二〕
見人僧談顒
見人陳滔
見人就齊榮〔一三〕

説明

此件的抄寫年代，陳國燦、唐耕耦、張傳璽等推斷爲卯年即公元八二三年（參看《敦煌所出諸借契年代考》，《敦煌學輯刊》一九八四年一期，三頁）。

校記

〔一〕「卯」，《敦煌資料》、《敦煌社會經濟文獻真蹟釋録》、《中國歷代契約會編考釋》、《敦煌契約文書輯校》據文義校補。

〔二〕「乏」，《敦煌資料》、《敦煌社會經濟文獻真蹟釋録》據文義校補，《中國歷代契約會編考釋》、《敦煌契約文書輯校》校補爲「欠」；「糧種子」，《敦煌社會經濟文獻真蹟釋録》校補爲「糧用種子」。

〔三〕「斗」，《敦煌資料》、《敦煌契約文書輯校》據文義校補，《敦煌社會經濟文獻真蹟釋録》逕釋作「斗」。

〔四〕「限」，《敦煌社會經濟文獻真蹟釋録》漏録。

〔五〕「限不」，《敦煌資料》、《敦煌社會經濟文獻真蹟釋録》、《中國歷代契約會編考釋》據文義校補，《敦煌契約文書輯校》校補「限」，逕録「不」字。

〔六〕「陪」，當作「倍」，《敦煌契約文書輯校》據文義校改，「陪」爲「倍」之借字。

〔七〕「領六」，當作「令律」，《敦煌資料》、《敦煌契約文書輯校》據文義校改，「領六」爲「令律」之借字。

〔八〕「直」，《敦煌契約文書輯校》據文義校補。

〔九〕「還」，《敦煌資料》、《敦煌社會經濟文獻真蹟釋録》、《中國歷代契約會編考釋》、《敦煌契約文書輯校》據文例校補。

〔一〇〕「恐」，《敦煌資料》、《敦煌社會經濟文獻真蹟釋録》、《中國歷代契約會編考釋》據文例校補，《敦煌契約文書輯校》逕釋作「恐」。

〔一一〕「卅」，《敦煌社會經濟文獻真蹟釋録》釋作「三十」。

〔一二〕「廿」，《敦煌社會經濟文獻真蹟釋録》釋作「二十」。

〔一三〕「就」，《敦煌資料》、《敦煌社會經濟文獻真蹟釋録》釋作「龍」。

參考文獻

《敦煌資料》一輯，三九二至三九三頁（録）；《敦煌寶藏》一一册，一六四至一六五頁（圖）；《魏晉南北朝隋唐史資料》四輯，八至一六頁；《敦煌學輯刊》一九八四年一期，三頁；《歷史研究》一九八四年五期，一七四頁；*Tun-huang and Turfan Documents Concerning Social and Economic History* Ⅲ，A94，B53；《敦煌社會經濟文獻真蹟釋録》二輯，九一頁（録）、（圖）；《英藏敦煌文獻》三卷，七八頁（圖）；《中國歷代契約會編考釋》三六二至三六三頁（録）；《敦煌契約文書輯校》一〇三至一〇四頁（録）。

斯一四七五背　一九　卯年（公元八二三年）二月十一日僧義英便床契

釋文

同日，當寺僧義英無種子床，於僧海清邊便兩番馱[一]。

限至秋，依契填納[二]。如違，任前陪（倍）納[三]。便床僧義英[四]。

見人僧談惠。

入便麥兩石[五]，分付僧神寶。三月十四日記。

見人道遠。

入便與僧神寶青〔麥〕兩碩[六]。四月廿二日[七]。

見人僧談（？）惠[八]

見人神寂。

說明

此件與上件抄於一紙，書法相同，爲同一人書寫，抄寫年代亦應相同。神寂見於同卷《靈圖寺僧神寶便麥契》及《僧神寂便麥契》，義英、道遠亦見於伯二六八九《道遠等折唱入支歷》。

校記

〔一〕「馱」，《敦煌社會經濟文獻真蹟釋録》據文義校補，《敦煌資料》、《中國歷代契約會編考釋》校補爲「斗」，《敦煌契約文書輯校》校補爲「碩」。

〔二〕「填」，《敦煌社會經濟文獻真蹟釋録》釋作「慎」，《敦煌資料》、《中國歷代契約會編考釋》釋作「倶」，均誤。

〔三〕「陪」，當作「倍」，《敦煌社會經濟文獻真蹟釋録》、《敦煌契約文書輯校》據文義校改，「陪」爲「倍」之借字。

〔四〕「英」，《敦煌資料》、《敦煌社會經濟文獻真蹟釋録》、《中國歷代契約會編考釋》、《敦煌契約文書輯校》據文義校補。

〔五〕「入」，《敦煌契約文書輯校》據文義校補，《敦煌社會經濟文獻真蹟釋録》釋作「又」。

〔六〕「入」，《敦煌契約文書輯校》據文義校補，《敦煌社會經濟文獻真蹟釋録》釋作「又」；「麥」，《敦煌社會經濟文獻真蹟釋録》據文義校補。

〔七〕「廿二」，《敦煌社會經濟文獻真蹟釋録》釋作「二十七」。

〔八〕「見人僧談（？）惠」，《敦煌社會經濟文獻真蹟釋録》漏録。

參考文獻

《敦煌資料》一輯，三九二至三九三頁（録）；《敦煌寶藏》一一冊，一六四至一六五頁（圖）；《魏晉南北朝隋唐史資料》四輯，八至一六頁；《敦煌學輯刊》一九八四年一期，三頁；《歷史研究》一九八四年五期，一七四頁；*Tun-*

huang and Turfan Documents Concerning Social and Economic History Ⅲ, A94, B53；《敦煌社會經濟文獻真蹟釋録》二輯，九一頁（録）、（圖）；《英藏敦煌文獻》三卷，七八頁（圖）；《中國歷代契約會編考釋》三六二至三六三頁（録）；《敦煌契約文書輯校》一〇五至一〇六頁（録）。

斯一四七五背　二〇　卯年（公元八二三年）四月十八日悉董薩部落百姓翟米老便麥契

釋文

卯年四月十八日，悉董薩部落百姓翟米
老，緣無斛斗駈使[一]，遂於靈圖寺便佛帳
所便麥陸碩[二]。其麥請限至秋八月卅日還
足[三]。如違限不還，其麥請倍[四]。仍任掣奪
家資牛畜，用充麥直（值）[五]。如身東西不在，
一仰僧志貞代納，不在免限。恐人無信，
故立此契。兩共平章，書紙爲記。其約
〔爲〕領（令）陸（律）字[六]。
便麥人翟米老年廿六[七]

保人弟突厥年廿〔八〕

見人

見人

書契人僧志貞

説明

此件之卯年，陳國燦推斷爲公元八二三年（參看《敦煌所出諸借契年代考》，《敦煌學輯刊》一九八四年一期，三頁）。

校記

〔一〕「緣」，《敦煌資料》、《敦煌社會經濟文獻真蹟釋録》、《敦煌契約文書輯校》釋作「爲」；「駈」，《敦煌資料》、《敦煌社會經濟文獻真蹟釋録》釋作「驅」，「駈」同「驅」。

〔二〕此句第一個「便」，《敦煌社會經濟文獻真蹟釋録》、《敦煌契約文書輯校》疑爲衍字，近是。

〔三〕「卅日」，《敦煌社會經濟文獻真蹟釋録》釋作「内」，誤；「還」，《敦煌資料》、《中國歷代契約會編考釋》、《敦煌契約文書輯校》據文義校補，《敦煌社會經濟文獻真蹟釋録》逕釋作「還」。

〔四〕「倍」，《敦煌資料》、《敦煌社會經濟文獻真蹟釋録》釋作「陪」，誤。

〔五〕「直」，當作「值」，據文義改，「直」爲「值」之借字。

〔六〕「爲」，據文義補；「領陸」，當作「令律」，據文義改，「領陸」爲「令律」之借字。此句墨跡甚淡，以往釋文均録漏，經核查原卷，確有此句。

〔七〕「廿六」，《敦煌社會經濟文獻真蹟釋録》釋作「二十六」。

〔八〕「廿」，《敦煌社會經濟文獻真蹟釋録》釋作「二十」。

參考文獻

《敦煌資料》一輯，三九三至三九四頁（録）；《敦煌寶藏》一一冊，一六五頁（圖）；《魏晉南北朝隋唐史資料》四輯，八至一六頁；《敦煌學輯刊》一九八四年一期，四頁；*Tunhuang and Turfan Documents Concerning Social and Economic History* Ⅲ，A95，B54；《西北史地》一九八七年二期，三五頁；《敦煌社會經濟文獻真蹟釋録》二輯，九二頁（録）、（圖）；《英藏敦煌文獻》三卷，七八頁（圖）；《中國歷代契約會編考釋》三六三至三六四頁（録）；《敦煌契約文書輯校》一〇九至一一〇頁（録）。

斯一四七七　祭驢文一首

釋文

（前缺）

山館裏爲覔□或醉歸而衝夜，亦遣人扶（？）。也曾騎汝而□□〔一〕，也曾徒步以空駈〔二〕，也曾深浧裏陷倒，也曾跳溝時撲落。吾憶昔得太行山上，一場差様：天色漭漭蕩蕩，路遥嶢嶢巒巒，碎石裏欲倒不倒，懸崖處踉踉蹌蹌。投至下得山來，直〔嚇〕得魂飛膽喪〔三〕！又憶得向陽（揚）子江邊〔四〕，不肯上船。千推萬托，向後向前。兩耳卓朔（豎），四蹄拳攣。教人隨後行捛，吾乃向前自搼〔五〕。爤韁繩一拽拽斷，窮醋大一閃閃翻。踏碎艎（艙）板〔六〕，築損舩舷〔七〕。蘸濕鞋底，呰破衫肩。更被傍人大笑〔八〕，弄卻多小（少）酸寒〔九〕。

吾乃私心有約，報汝懃恪。待吾立功立事，有官有爵，雖然好馬到來，也不搼汝買（賣）却〔一〇〕。遣汝向朱門裏出入，瓦宅裏跳躍。更擬别買豬皮，換却朽爛繩索。覔新鞍子以備，求好籠頭與著。准擬同受榮華，豈料中途疾作。

嗚呼！道路茫茫，賴汝相將。疲羸若此，行李交妨（放）〔一一〕。肋底氣脅脅，眼〔中〕淚汪汪〔一二〕。草雖嫩而不食，豆雖多而不嘗。小童子凌晨報來，道汝昨夜身亡。汝雖殞薨〔一三〕，吾亦悲傷。數年南北，同受恓惶〔一四〕。筋疲力盡，冒雪衝霜。今則長辭木橙（凳）〔一五〕，永別麻韁。破籠頭抛在牆邊，任從風雨；鞔鞍子棄於槽下，更不形相。念汝畜類之中，實堪驚訝。生不逢時，來於吾舍。在家時，則小刨小刷；趁程時，則連明至夜。胡不生於王武子之時〔一六〕，必愛能鳴；胡不生於漢靈帝之時，定將充駕〔一七〕；胡不如衛懿公之鶴，猷（猶）得乘軒〔一八〕；胡不如曹不興之蠅，尚蒙圖寫！若比爲龍被醯（醢）〔一九〕，爲龜被刳，爲蛇受戮，爲馬遭屠，尚得卒於槽下，念汝必保微軀。《書》云：幣（敝）蓋弗棄〔二〇〕，爲埋馬也；幣（敝）惟（帷）弗棄〔二一〕，爲埋狗也。《書》既不載埋驢，途乃付於屠者。

汝若來生作人，還來近我。若更爲驢，莫馱醋大。出門則路即千里萬里，程糧賤（錢）無十個五個〔二二〕。向屋檐下奇（寄）宿〔二三〕，破籮裏盛剉。猛雪裏雖（須）行〔二四〕，深埿裏雖（須）過〔二五〕。愛把借人，更將捧磨〔二六〕。只解向汝背上吟詩，都不管汝腸中飢餓。教汝託生之處，凡有數般：莫生官人家，輒馱入長安；莫生軍將家，打毬力雖（須）攤（癱）〔二七〕；莫生陸腳家，終日受皮鞭；莫生和尚家，道汝罪彌天。願汝生於田舍汝家〔二八〕，且得共男女一般看！

祭驢文一首

説明

此件前缺，尾有原題。柴劍虹推測此文作於晚唐五代时期，並作過釋録（參見《敦煌寫本中的憤世嫉俗之文》，《敦煌研究》二〇〇四年一期，五九至六〇頁）。張鴻勛、張臻則認爲其創作時間在五代漢周之時或北宋初（參見《敦煌本〈祭驢文〉發微》，《敦煌研究》二〇〇八年四期，五九至六六頁）。

校記

〔一〕「□□」，底本僅存諸字之左半，其右部已殘，《敦煌寫本中的憤世嫉俗之文》據殘存字形及文義釋作「掖耽」。

〔二〕「也」，據文義補，《敦煌寫本中的憤世嫉俗之文》逕添加「也」字；「駈」，《敦煌寫本中的憤世嫉俗之文》釋作「驅」，「駈」同「驅」。

〔三〕「嚇」，據文義補。

〔四〕「陽」，當作「揚」，據文義改，《敦煌寫本中的憤世嫉俗之文》逕釋作「揚」，「陽」爲「揚」之借字。

〔五〕「捧」，《敦煌寫本中的憤世嫉俗之文》釋作「牽」，「捧」同「牽」。

〔六〕「艎」，當作「艙」，據文義改，《敦煌寫本中的憤世嫉俗之文》逕釋作「艙」。

〔七〕「舩」，《敦煌寫本中的憤世嫉俗之文》釋作「船」，「舩」同「船」。

〔八〕「傍」，《敦煌寫本中的憤世嫉俗之文》釋作「旁」。

〔九〕「小」，當作「少」，據文義校改，《敦煌寫本中的憤世嫉俗之文》逕釋作「少」。

〔一〇〕「捧」，《敦煌寫本中的憤世嫉俗之文》釋作「牽」，「捧」同「牽」；「買」，當作「賣」，據文義校改，《敦煌寫本中的憤世嫉俗之文》逕釋作「賣」，「買」爲「賣」之借字。

〔一一〕「妨」，當作「放」，《敦煌文學中「敦煌文」的研究和分類評價》（《敦煌研究》一九九五年六期）據文義校改，《敦煌寫本中的憤世嫉俗之文》逕釋作「放」。

〔一二〕「中」，《敦煌文學中「敦煌文」的研究和分類評價》據文義校補，《敦煌寫本中的憤世嫉俗之文》、《敦煌民俗資料導論》逕釋作「中」。

〔一三〕「薨」，《敦煌文學中「敦煌文」的研究和分類評價》、《敦煌寫本中的憤世嫉俗之文》均釋作「斃」，誤。

〔一四〕「栖」，《敦煌文學中「敦煌文」的研究和分類評價》釋作「犧」，《敦煌寫本中的憤世嫉俗之文》釋作「棲」，《敦煌民俗資料導論》釋作「悽」，「棲」字雖字誤而義可通，「犧」、「悽」二字誤。

〔一五〕「橙」，當作「凳」，據文義校改，《敦煌寫本中的憤世嫉俗之文》、《敦煌民俗資料導論》逕釋作「凳」，「橙」爲「凳」之借字。

〔一六〕「王」，《敦煌民俗資料導論》釋作「壬」。

〔一七〕「定」，《敦煌民俗資料導論》釋作「令」，誤。

〔一八〕「猷」，當作「猶」，據文義校改，《敦煌寫本中的憤世嫉俗之文》、《敦煌民俗資料導論》逕釋作「猶」。

〔一九〕「比」，《敦煌寫本中的憤世嫉俗之文》釋作「此」；「醯」，當作「醢」，據文義改，《敦煌寫本中的憤世嫉俗之文》逕釋作「醢」。

〔二〇〕「幣」，當作「敝」，據文義改，《敦煌寫本中的憤世嫉俗之文》逕釋作「敝」，「幣」爲「敝」之借字。

〔二一〕「幣」，當作「敝」，據文義改，「幣」爲「敝」之借字；「惟」，當作「帷」，據文義校改，《敦煌寫本中的憤世嫉俗之文》逕釋作「帷」，「惟」爲「帷」之借字。

〔二二〕「賤」，當作「錢」，據文義改，「賤」爲「錢」之訛。

〔二三〕「奇」，當作「寄」，據文義改，《敦煌寫本中的憤世嫉俗之文》逕釋作「寄」。

〔二四〕「雖」，當作「須」，據文義改，《敦煌寫本中的憤世嫉俗之文》逕釋作「須」，「雖」通「須」。

〔二五〕「雖」，當作「須」，據文義改，《敦煌寫本中的憤世嫉俗之文》逕釋作「須」，「雖」通「須」。

〔二六〕「捧」，《敦煌寫本中的憤世嫉俗之文》釋作「牽」，「捧」同「牽」。

〔二七〕「雖」，當作「須」，據文義校改，《敦煌寫本中的憤世嫉俗之文》逕釋作「須」，「雖」通「須」；「攤」，當作「癉」，據文義改，《敦煌寫本中的憤世嫉俗之文》逕釋作「癉」，「攤」爲「癉」之借字。

〔二八〕第二個「汝」字衍，據文義當删。

參考文獻

Descriptive Catalogue of the Chinese Manuscripts from Tunhuang in the British Museum, p. 211；《敦煌寶藏》一一册，一六七頁（圖）；《文學遺產》一九八九年一期，三一頁；《敦煌文學概論》一六四至一六六頁；《敦煌民俗資料導論》二五頁；《敦煌研究》一九九五年六期，一一七至一二六頁；《英藏敦煌文獻》三卷，七九頁（圖）；《敦煌文學源流》一六二至一六三頁；《敦煌研究》二〇〇四年一期，五九至六一頁（録）；《石河子大學學報》二〇〇五年四期，六〇至六二頁；《敦煌研究》二〇〇八年四期，五九至六六頁。

斯一四七七背　孟胡子等賃蠶桑歷

釋文

孟胡子一步，沙胡子一步，張隊頭一步，馬生半步，
令狐建宗一步，王文達半步，梁文和一步，王安住一步，
李師兒一步，康兵馬使一步，姚進晟半步，
興達半步，陳家漢半步，楊山海兒半步，
劉擖榁半步，渾將頭兒一步，康賢得一步，吳家一步，
退翻大娘一步，女子一步，口承人信員阿娘。

說明

此件起首留有約半行空白，其内容首尾完整，無題，性質不明，《英藏敦煌文獻》定名爲《賣菜人名目》。柴劍虹先生指出此件中之『步』爲『薄』之借字。而『薄』爲養蠶具，蠶一匾爲一薄。江南地區，至今猶然。按吐魯番阿斯塔那文書（63TAM1：16）有《西涼建初十四年（公元四一八年）嚴福願賃蠶桑

券》（見唐長孺主編《吐魯番出土文書》（圖録本）壹，文物出版社，一九九二年版，第六頁），嚴福願所賃蠶桑被稱爲「三薄」，可以印證柴先生的推斷。唐長孺先生認爲該件中的「蠶桑」實際是指「蠶」，即所賃是「蠶」而不是「桑」（參看《吐魯番文書中所見絲織手工業技術在西域各地的傳播》，《山居存稿》，中華書局，一九八九年版，三九五頁）。段晴教授則認爲該件所賃爲「蠶桑」之「桑」而非「蠶」，因賃桑可還，賃蠶無法歸還，而二〇〇〇年和田地區博物館採集的于闐語文書即爲租賃桑樹的契約。段晴教授推斷，用養蠶之具「薄」來計量桑田之「桑」，其面積大約相當於養蠶之「薄」大小的一畦（參看《和田博物館藏于闐語租賃契約研究——重識于闐之桑》，《敦煌吐魯番研究》十一卷，上海古籍出版社，二〇〇九年版）。此件中有數人只賃了「半步（薄）」，所賃爲蠶的可能性不大，也應該是桑。所以，其中的「步（薄）」也應該是量詞。或者吐魯番等西北地區最初用蠶具「薄」來計量桑田，而一「薄」與一「步」，面積相近，音可相借，由此出現了用「步」計量桑田現象。

此件有「口承人信員阿娘」，其性質應該是租賃。敦煌地區的租賃憑據有兩種，一種是一事一人的正式租賃契約，另外一種就是多人合於一件的「便物歷」。據此，將此件定名爲「孟胡子等賃蠶桑歷」。

以上定名仍屬推測性質，需要進一步證明，斯四七〇三是一件與此件格式相類的文書，原題爲「丁亥年六月七日買菜人名目」，推測這應是《英藏敦煌文獻》確定此件名稱的依據。但該件每人買菜都是「壹步、兩步」，没有「半步」，且没有「口承人」。此件如爲買菜人名目，也不應有「口承人」。只有借或賃才需要口承人担保。所以，不能據之比定此件與該件性質相同。如能確定以上推測，意義很大。其一，敦煌文獻中有關敦煌地區植桑的記載較少，如此件確爲「賃蠶桑歷」，則爲敦煌地區植桑養蠶提供了新材料。其二，敦煌文書與吐魯番文書相互可印證者不少，而這方面的研究尚嫌薄弱，此件之定名提供了二者可相互發明的例證。

參考文獻

Descriptive Catalogue of the Chinese Manuscripts from Tunhuang in the British Museum, p. 211；《敦煌遺書總目索引》一三九頁；《敦煌寶藏》一一册，一六八頁（圖）；《英藏敦煌文獻》三卷，八〇頁（圖）；《敦煌遺書總目索引新編》四五頁。

斯一四七八　習字（敕歸義等）

釋文

□

佛　李契於角一直者萬圓孤孤孤子

敕

敕敕敕

敕

敕

敕

歸

敕

羲　　　　　義

敕　　　　　羲

説明

以上文字書寫於《增壹阿含經》天頭、地脚和行間，《英藏敦煌文獻》未收，現予補録。

參考文獻

《敦煌寳藏》一一冊，一六八頁（圖）。

斯一四七八背　習字（丙子年六月五日赤心鄉百姓安富通雇同鄉百姓宋通子契）

釋文

（前缺）

丙
丙丙丙丙丙丙丙丙丙丙丙丙丙丙丙丙丙丙丙丙丙丙丙丙[一]

子
子子

年
年年年

六
六六

月
月月

五
五五

日
日日日日日日日日日日日日日日日日日日日日日日日日日日日日日日

立
立立立立立立立立立立立立立立立立立立立立立立立立立立立立立立

契 契契契契契契契契契契契契契契契契契契契契契契契契契契契契契契 契契契契契契契契契契契契契契契契契契契契契契契契契契契契契契

赤 赤赤赤赤赤赤赤赤赤赤赤赤赤赤赤赤赤赤赤赤赤赤赤赤赤赤赤赤赤赤

心 心心心心心心心心心心心心心心心心心心心心心心心心心心心心心心

鄉 鄉鄉鄉鄉鄉鄉鄉鄉鄉鄉鄉鄉鄉鄉鄉鄉鄉鄉

百 百百百百百百百百百百百百百百百百百百百百百百百百百百百 姓姓姓姓姓姓姓百百百百百百百百百百百百百百百百百百百百

姓 姓姓姓姓姓姓姓姓姓姓姓姓姓姓姓姓姓姓姓姓姓姓

安 安安安安安安安安安安安安安安安 安安安安安安安安安安安安安安安

富 富富富富富富富富富富富富

通 通通通通通通通通通通通通通通

伏 伏以伏伏伏伏　千秋萬歲天

緣 佛說賢劫千　下太平

家

內 內內內內內內內內內內內內內內內內內內內內內內內內內內

欠 欠欠欠欠欠欠欠欠欠欠欠欠欠欠欠欠欠欠欠欠欠

少 少少少少少少少少少少少少少少少少少少少少少

人 人人人人人人人人人人人人人人人人人人人人人人人人人人人人人人

力　力力力力力力力力力力力力力力力力力力力力力

遂　遂遂遂遂遂遂遂遂遂遂遂遂遂遂遂遂遂

雇　雇雇雇雇雇雇雇雇雇雇雇雇雇雇雇雇雇

同　同同同同同同同同同同同同同同同同同同同同同同同同同同同

鄉　鄉鄉鄉鄉鄉鄉鄉鄉鄉鄉鄉鄉鄉鄉鄉鄉鄉

百　百百百百百百百百百百百百百百百百百百百百

姓　姓姓姓姓姓姓姓姓姓姓姓姓姓姓姓姓姓

宋　宋宋宋宋宋宋宋宋宋宋宋宋宋宋宋

通　通通通通通通通通通通通通通通通通
通通通通通通通通通通通通通通通通

子　子子子子子子子子子子子子子子子子子子子

造　造造造造造造造造造造造造造造造造造造
造造造造造造造造造造造造造造造造造造

作　作作作作作作作作作作作作作作作作作作作作作作

一　一一一一一一一一一周周周周周周周周周周周周周周

周　周周周周周周周周周周周周周周周周周周周周周周

年　年年年年年年年年年年年年年年年年年

從　從從從從從從從從從從從從從從從從從從從從從

正 正正正正正正正正正正正正正正正正正正正正正正正正正正正正正

月 月月月月月月月月月月月月月月月月月月月月月

至 至至至至至至至至至至至至至至至至至至至至

九 九九九九九九九九九九九九九九九九九九九九九九九

月 月月月月月月月月月月月月月月月月月月月月月月

末 末末末末末末末末末末末末末末末末末末末

斷 斷斷斷斷斷斷斷斷斷斷斷斷斷斷斷斷斷

作 作作作作作作作作作作作作作

（以下爲佛教文字）

説明

此件首部稍殘，尾部完整，抄寫於《增壹阿含經》卷背，爲學童習字。習字的正文是一份未抄完的傭工契，共四十八字，『丙子年六月五日立契，赤心鄉百姓安富通，伏緣家内欠少人力，遂雇同鄉百姓宋通子造作一周年，從正月至九月末，斷作』（中間穿插有其他雜寫），每字各佔一行，書於行首，字體稍大，每字之下是學童重復描寫的習字，字體相對較小，往往一到兩行，總計共有習字五十八行。此件保存了敦煌學童認字、識字和習字的原貌，對於唐宋时期敦煌童蒙教育的研究具有一定的參考價值。

此件之『丙子年』，沙知先生推斷爲公元九一六年（《敦煌契約文書輯校》二五三頁）。

校記

〔一〕『丙』，據文例補。

參考文獻

Tunhuang and Turfan Documents Concerning Social and Economic History Ⅲ, A121；《敦煌寶藏》一一冊，一六九至一七〇頁（圖）；《英藏敦煌文獻》三卷，八〇至八一頁（圖）；《敦煌契約文書輯校》二五三頁（録）。

斯一四八五背　一　己亥年（公元九三九年？）六月五日通頰鄉百姓安定昌雇契抄

釋文

己亥年六月五日立契，通頰鄉百姓安定昌家内欠少人力，遂於赤心鄉百姓曹願通面上（以下原缺文）

説明

此件爲抄件，原未抄完。沙知先生推測此件之『己亥年』爲公元九三九年（《敦煌契約文書輯校》二六七頁）。此件後有九行隨手所寫的佛教文字，未録。

參考文獻

《敦煌寶藏》一一冊，一八四頁（圖）；《中國敦煌吐魯番學會研究通訊》一九八六年四期，二二頁；*Tunhuang and Turfan Documents Concerning Social and Economic History* Ⅲ，A125；《敦煌學輯刊》一九八七年一期，一一五頁；《敦煌社會經濟文獻真蹟釋録》二輯，六七頁（録）、（圖）；《英藏敦煌文獻》三卷，八一頁（圖）；《敦煌契約文書輯校》二六七頁（録）。

斯一四九四　雜抄（臥輪禪師看心法等）

釋文

臥輪禪師看心法。

隨心動念，攀緣諸境。不須收攝，不須遮截〔一〕。不須伏禁〔二〕，不須證住。所以然者，心若有生，即有動亂。有動亂故〔三〕，便有攀緣；有攀緣故〔四〕，故須收攝〔五〕、遮截、伏禁〔六〕。然其心性，湛若虛空。本來不生，實亦不滅〔七〕。何須收攝、遮截〔八〕、伏禁？徒費其功而（耳）〔九〕。

若人求道不習此，千劫萬劫枉功夫〔一〇〕。徒自疲勞忍辛苦，究竟不免墮三塗。辟（譬）如求蘇攢媱水〔一一〕，力盡不獲熟（實）由愚〔一二〕。智者求心不求佛，了本生死即無餘。如智求蘇攢媱乳〔一三〕，不費功力庶成蘇〔一四〕。

種種辦（辯）說勞神慮〔一五〕，不如一心向身看。心中寂浄無一物〔一六〕，無物不動性常安。但懃向心照〔一七〕，必當自性悟。解時不異迷，迷時不移處。若人通達此，不求彌勒度〔一八〕。

隨求呪　唵毗摩綜　唯噲噲唅　心中心呪唵拔羅拔羅

喃天薄　伽拔帝　素雞素鷄　　得侄他唵

莫懶墮（惰）〔一九〕，自勸課。時可昔（惜）〔二〇〕，莫空過。

五陰山中多有寶，嶮峻藂林無有道〔二一〕。盤迴宛轉迷不開，自受貧窮飢渴惱〔二二〕。

五陰山中百寶池，裏有千葉蓮花枝。無垢心花開百〔□〕〔二三〕，吐出般若演長絲〔二四〕。

五陰山中有一塔，七寶莊嚴遍周匝。無著禪師上高坐（座）〔二五〕，講説大乘會理合〔二六〕。

五陰山中有一人，端心静意息心神。六時坐禪無有廢〔二七〕，獨奪逍遥得志真〔二八〕。

五陰山中有一堂，真容妙體在中央。無著禪師相伴坐〔二九〕，捨與大乘理相當〔三〇〕。

相當人法空無主〔三一〕，非戒波羅絶四句〔三二〕。諸佛慈悲兮方便〔三三〕，假天堂名作辟（譬）喻〔三四〕。智者儻悟生死源〔三五〕，煩惱窟中菩提住〔三六〕。

大通和尚七禮文

至心歸命，禮釋迦牟尼佛。身心遍法界，影現衆生心相中。一切衆生無二等，一體真如普共同。於中若生分别想，即是顛倒背真容。無言亦無説，有言有説行恒空。若向色中無質（滯）礙〔三七〕，何時遠離得神通。願共諸衆生，往生天勝國。

至心，一切衆生皆是（?）佛，好惡長矩（短）不須論〔三八〕。他惡翻心作善説，即是破見解真門。已得迴情翻作善，定得如來持戒行。相中善惡無虚妄，體中平等本天分。只爲迷心不覺□，□佛謗法□□□。（下缺）

說明

此件首全尾缺，首題「臥輪禪師看心法」，最後一部分題「大通和尚七禮文」，實爲「禮佛文」摘抄。中間還抄有類似「五臺山讚」的有關五陰山歌詠，《敦煌遺書總目索引新編》命名爲「五陰山讚」。此外還有「隨求呪」等兩行，《英藏敦煌文獻》命名爲「梵唄」。在「梵唄」和「五陰山」歌詠之間有「莫懶墮（惰），自勸課。時可昔（惜），莫空過」。這些內容字跡相同，爲一人所抄，但內容不一，《英藏敦煌文獻》定名爲《雜抄》，此從之。

校記

〔一〕「截」，《敦煌石窟僧詩校釋》釋作「藏」，誤。

〔二〕「禁」，《敦煌遺書總目索引新編》釋作「請」，誤。

〔三〕「有動亂」，《敦煌遺書總目索引新編》漏録；「故」，《敦煌詩集殘卷輯考》、《敦煌石窟僧詩校釋》均斷屬下句。

〔四〕「故」，《敦煌韻文集》、《敦煌詩集殘卷輯考》、《敦煌石窟僧詩校釋》漏録。

〔五〕「故」，《敦煌遺書總目索引新編》釋作「即」，誤。

〔六〕「禁」，《敦煌遺書總目索引新編》釋作「集」，誤。

〔七〕「滅」，《敦煌遺書總目索引新編》釋作「惑」，誤。

〔八〕「截」，《敦煌石窟僧詩校釋》釋作「藏」，誤。

〔九〕「而」，當作「耳」，《敦煌韻文集》、《敦煌詩集殘卷輯考》據文義校改，「而」爲「耳」之借字。

〔一〇〕「枉」，《敦煌韻文集》、《敦煌遺書總目索引新編》釋作「狂」，校作「枉」，按原件實作「枉」。

〔一一〕「辟」，當作「譬」，《敦煌詩集殘卷輯考》據文義校改，《敦煌遺書總目索引新編》釋作「□」；「如」，《敦煌遺書總目索引新編》釋作「乃」，誤；「媱」，《敦煌遺書總目索引新編》、《敦煌石窟僧詩校釋》釋作「淫」，誤；「水」，《敦煌石窟僧詩校釋》釋作「乳」，誤。

〔一二〕「熟」，當作「實」，《敦煌詩集殘卷輯考》據文義校改，《敦煌韻文集》校改爲「純」，《敦煌石窟僧詩校釋》釋作「孰」，誤。

〔一三〕「智」，《敦煌石窟僧詩校釋》釋作「知」，誤；「求」，《敦煌遺書總目索引新編》釋作「乃」，誤；「攢」，《敦煌遺書總目索引新編》釋作「焚」，誤；「媱」，《敦煌遺書總目索引新編》、《敦煌石窟僧詩校釋》釋作「淫」，誤。

〔一四〕「功」，《敦煌石窟僧詩校釋》釋作「印」；「庶」，《敦煌詩集殘卷輯考》釋作「變」，《敦煌石窟僧詩校釋》釋作「疾」，經查原件，實爲「庶」字。

〔一五〕「辦」，當作「辯」，《敦煌韻文集》、《敦煌詩集殘卷輯考》據文義校改，《敦煌遺書總目索引新編》逕釋作「辯」，「辦」爲「辯」之借字。

〔一六〕「净」，《敦煌韻文集》、《敦煌遺書總目索引新編》、《敦煌石窟僧詩校釋》釋作「静」，雖字誤而義可通。

〔一七〕「懃」，《敦煌遺書總目索引新編》、《敦煌詩集殘卷輯考》、《敦煌石窟僧詩校釋》均釋作「勤」，「懃」同「勤」；「心」，《敦煌遺書總目索引新編》釋作「習」，誤。

〔一八〕「度」，《敦煌韻文集》釋作「庶」，校作「述」。

〔一九〕「隓」，當作「惰」，據文義改，《英藏敦煌文獻》、《敦煌遺書總目索引新編》逕釋作「惰」，「隓」爲「惰」之借字，《敦煌韻文集》校作「隋」，誤。

〔二〇〕「昔」，當作「惜」，《敦煌詩集殘卷輯考》據文義校改，《敦煌韻文集》、《敦煌遺書總目索引》、《敦煌遺書總目索引新編》逕釋作「惜」，「昔」爲「惜」之借字。

〔二一〕「嶮」，《敦煌遺書總目索引新編》釋作「險」，誤。

〔二二〕「飢」，《敦煌遺書總目索引新編》釋作「饑」，誤。

〔二三〕「無」，《敦煌遺書總目索引》釋作「凡」，誤。此句疑脱一字。

〔二四〕「絲」，《敦煌遺書總目索引》、《敦煌遺書總目索引新編》釋作「經」，誤。

〔二五〕「坐」，當作「座」，《敦煌韻文集》據文義校改，《敦煌遺書總目索引》、《敦煌詩集殘卷輯考》、《敦煌遺書總目索引新編》逕釋作「座」，「坐」爲「座」之借字。

〔二六〕「講」，《敦煌遺書總目索引》、《敦煌遺書總目索引新編》釋作「佛」，誤。

〔二七〕「坐」，《敦煌詩集殘卷輯考》釋作「座」，校作「坐」，按原件實爲「坐」。

〔二八〕「真」，《敦煌簡策訂存》認爲當作「嗔」。

〔二九〕「無」，《敦煌遺書總目索引》釋作「天」，《敦煌遺書總目索引新編》校作「無」。

〔三〇〕「捨」，《敦煌遺書總目索引》釋作「恰」。

〔三一〕「相當」，《敦煌遺書總目索引》、《敦煌遺書總目索引新編》漏録；「法」，《敦煌遺書總目索引》、《敦煌遺書總目索引新編》均釋作「請」。

〔三二〕「非」，《敦煌遺書總目索引新編》釋作「百」，誤；「戒」，《敦煌遺書總目索引》、《敦煌遺書總目索引新編》、《敦煌詩集殘卷輯考》釋作「我」，誤；「波」，《敦煌遺書總目索引》、《敦煌遺書總目索引新編》釋作「收」，誤；「絕」，《敦煌遺書總目索引》、《敦煌詩集殘卷輯考》、《敦煌遺書總目索引新編》釋作「繩」，誤。

〔三三〕「諸」，《敦煌遺書總目索引》、《敦煌遺書總目索引新編》、《敦煌詩集殘卷輯考》釋作「論」；「慈悲」，《敦煌遺書總目索引》釋作「並□」，《敦煌詩集殘卷輯考》釋作「並非」；「兮」，《敦煌遺書總目索引》釋作「號」，《敦煌詩集殘卷輯考》釋作「冥」。

〔三四〕「假天」，《敦煌遺書總目索引》釋作「做號」，《敦煌遺書總目索引新編》釋作「作號」；「辟」，當作「譬」，據文義改，《敦煌遺書總目索引》、《敦煌遺書總目索引新編》、《敦煌詩集殘卷輯考》均逕釋作「譬」，「辟」爲「譬」之借字。

〔三五〕「儻」，《敦煌遺書總目索引新編》釋作「倘」；「悟」，《敦煌遺書總目索引》釋作「培」，誤；「源」，《敦煌遺書總目索引》、《敦煌遺書總目索引新編》釋作「滌」。

〔三六〕「菩提」，《敦煌遺書總目索引》、《敦煌遺書總目索引新編》釋作「是」，誤。

〔三七〕「質」，當作「滯」，據文義改，「質」爲「滯」之借字。

〔三八〕「矩」，當作「短」，據文義改。

參考文獻

Descriptive Catalogue of the Chinese Manuscripts from Tunhuang in the British Museum, p. 187；《禪思想史研究》二冊，四七九至四八〇頁；《敦煌韻文集》一六五至一六七頁（録）；《敦煌學》四輯，四四至四五頁；《敦煌學海探珠》上，一七二至一七三頁；《選堂集林·史林中》七〇三至七〇四頁；《敦煌寶藏》一一冊，二三六頁（圖）；《敦煌遺書總目索引》一三九頁（録）；《英藏敦煌文獻》三卷，八二頁（圖）；《敦煌詩集殘卷輯考》八六一至八六三頁（録）；《敦煌遺書總目索引新編》四六頁（録）。

斯一四九七　一　辭道場讚

釋文

（前缺）

唯留佛教以爲親。同學。

降（講）經直作耶讓（孃）相（想）〔一〕，道場。說法還同父母恩〔二〕。同[學]〔三〕。

願證如（早）瑄（離）死（四）生身〔四〕，道場。堅持禁戒好坐禪。同學〔五〕。

有緣再得重相見，道[場]〔六〕。無緣一別永長分。同學。

汝若在先成佛去〔七〕，道場。莫望（忘）今時誦讚人〔八〕。同學。

乘雲之時同一露（路）〔九〕，道場。說法之時同一門。同學。

龍花三會登初首〔一〇〕，道場。彌陀再覲入圓真。同學。

當（儻）若出離波吒苦〔一一〕，道場。願汝慈悲相接取〔一二〕。同學。

苦哉！苦哉！當來必離波吒苦〔一三〕。

説明

此件首缺尾全，從所存内容知爲《辭道場讚》，與完本相比，大約殘缺兩行。此讚文在敦煌文獻中保存了十多件，本書第四卷在校録斯七七九《辭道場讚》時，已具列各件之異同，故此件僅以斯七七九爲參校本，稱其爲甲本。

此件與下文《好住孃讚》、《小少黄宫養讚》、《樂入山讚》抄於一紙，書法工整，從字跡看是一人所抄。卷背爲五更轉（曲子喜秋天），書法潦草，爲另一人抄寫。

校記

〔一〕「降」，當作「講」，據文義改，「降」爲「講」之借字；「讓」，當作「孃」，據文義改；「相」，當作「想」，據甲本改，「相」爲「想」之借字。

〔二〕「恩」，甲本作「因」，均可通。

〔三〕「學」，據甲本補。

〔四〕「如」，當作「早」；「瑨」，當作「離」；「死」，當作「四」；均據甲本改，「死」爲「四」之借字。

〔五〕甲本此句在上句之前。

〔六〕「場」，據甲本補。

〔七〕「先」，甲本作「前」，均可通。

〔八〕「望」，當作「忘」，據甲本改，「望」爲「忘」之借字。

〔九〕「露」，當作「路」，據甲本改，「露」爲「路」之借字。

〔一〇〕「花」，甲本作「華」，時二字可互通。

〔一一〕「當」，當作「儻」，據甲本改，「當」爲「儻」之借字。甲本此句前有「苦哉！苦哉！」底本此四字在「願汝慈悲相接取，同學」句之後。

〔一二〕「相」，甲本作「救」。

〔一三〕甲本無此句。

參考文獻

《敦煌寶藏》一一册，二四三頁（圖）；《敦煌歌辭總編》中册，七八六至八〇〇頁（録）；《英藏敦煌文獻》三卷，八二頁（圖）。

斯一四九七　二　好住孃讚

釋文

好住孃讚[一]
娘娘努力守空房[二]。好住孃。
兒欲入山修道去，好住孃[三]。
兄第（弟）努力好看孃[四]。好住孃。
兒欲入山坐禪去，好住孃。
迴頭頂禮五臺山。好住孃。
五臺山上松栢樹，好住孃。
上到高山望四海[五]，好住孃[六]。
眼中淚落數千行。好住孃。
下到高（山）山（坡）清草利（裏）[七]，好住孃[八]。
柴（豺）狼野手（獸）競來親（前）[九]。好住孃[一〇]。

謂（喂）甫（哺）之恩未曾報〔一一〕，好住孃。

誓願成佛報娘（孃）恩〔一二〕。好住孃〔一三〕。

耶孃憶兒長（腸）欲斷〔一四〕，好住孃。

兒憶阿孃淚千行〔一五〕。好住孃。

捨身（却）耶孃恩愛斷〔一六〕，好住孃。

具（且）須袈裟相對坐〔一七〕。好住孃。

捨却親兄熟（熱）第（弟）却〔一八〕，好住孃。

且須師僧同戒伴〔一九〕。好住孃。

捨却金瓶銀葉盞〔二〇〕，好住孃。

且須鉢盂請錫仗（杖）〔二一〕。好住孃〔二二〕。

捨却槽頭龍馬群〔二三〕，好住孃。

且須虎狼師子聲〔二四〕。好住孃。

捨却持氊錦褥却〔二五〕，好住孃。

且須亂草似一束〔二六〕。好住孃〔二七〕。

説明

此件首尾完整，有原題。讚文每句後均有『好住孃』三字，當爲唱和語。斯四六三四背有『辭阿孃讚文』，内容與此件基本相同，但書法潦草，脱、誤較多，且各句次序多與此件不同。巴宙《敦煌韻文集》（佛教文化服務處版，一九六五年）對此件作過校録。

以上釋文是以斯一四九七爲底本，用斯四六三四背（稱其爲甲本）參校。

校記

〔一〕『好住孃讚』，甲本作『辭阿孃讚文』。

〔二〕『努』，甲本作『怒』，誤；『守』，甲本作『受』，誤，『受』爲『守』之借字。甲本此句前有『好住孃』三字。

〔三〕『好住孃』，甲本無。

〔四〕『第』，甲本作『娣』，當作『弟』，據文義改，『第』爲『弟』之借字；『努』，甲本作『怒』，誤。

〔五〕『山』，甲本脱；甲本此句前另有『松栢共天理』五字。

〔六〕『好住孃』，甲本無。

〔七〕『高山』，當作『山坡』，據甲本改；『利』，當作『裏』，據文義及甲本校改，『利』爲『裏』之借字。

〔八〕『好住孃』，甲本無。

〔九〕『柴』，甲本同，當作『豺』，《敦煌韻文集》據文義校改，『柴』爲『豺』之借字；『手』，當作『獸』，據文義改，《敦煌韻文集》逕釋作『獸』，『手』爲『獸』之借字；『親』，當作『前』，據甲本改。甲本脱『野獸競來』四字。

〔一〇〕甲本此句下尚有『生離肝膽寸寸絶，今晨一別永長離，共孃暫別一相劫，早晚却得相見時』。

〔一一〕「謂」，甲本作「乳」，當作「喂」，據文義改，「謂」爲「喂」之借字，作「乳」亦通；「甫」，甲本作「部」，當作「哺」，《敦煌韻文集》據文義校改，「甫」爲「哺」之借字；「恩」，甲本脱。
〔一二〕「誓願」，甲本作「待我」；「娘」，甲本同，當作「孃」，據文義改。
〔一三〕「好住孃」，甲本無。以下甲本均無此三字，不另出校。
〔一四〕「長」，當作「腸」，據文義改，「長」爲「腸」之借字。此句甲本作「佛道不遠迴心至」。
〔一五〕「兒憶阿孃淚千行」，甲本作「今身（生）怒（努）力猛拋看」。
〔一六〕「身」，當作「却」，據甲本改；「斷」，甲本脱。
〔一七〕「具」，當作「且」，據甲本改。甲本此句在下句後，且脱「坐」字。
〔一八〕「熟」，當作「熱」，據文義及甲本改；第二個「却」字，甲本脱。
〔一九〕「僧同」，甲本脱；「戒」，甲本作「解」，誤，「解」爲「戒」之借字。甲本此句在「捨却耶孃恩愛斷」後。
〔二〇〕「葉盞」，甲本作「椀」。甲本此句在「且須斅虎狼師子〔聲〕」後。
〔二一〕「請錫仗」，甲本作「相對」；「仗」，當作「杖」，據文義改，「仗」爲「杖」之借字。
〔二二〕甲本此句下尚有「捨卻高堂瓦舍，且須麻奄草舍」。
〔二三〕「群」，甲本無。甲本此句在「且須袈裟相對〔坐〕」後。
〔二四〕「聲」，甲本脱。
〔二五〕「却」，甲本無。
〔二六〕「亂」，甲本作「暖」；「似」，甲本無。
〔二七〕甲本另有「佛道不遠迴心至，待我成佛報孃恩」兩句。

參考文獻

《敦煌韻文集》七三至七五頁（録）；《敦煌寶藏》一一冊，二四三頁（圖）；《英藏敦煌文獻》三卷，八二頁（圖）；《敦煌文學概論》一四五至一四七頁。

斯一四九七　三　小少黄宮養讚

釋文

小少黄宮養讚

父母言〔一〕：　小小黄宮養〔二〕，　萬事未曾知。　飢不曾受〔三〕，　渴亦未之（知）〔四〕。　〔佛〕〔子〕〔五〕。

妹答：　我今隨順歌（哥）歌（哥）意〔六〕，　只恨娘娘猶未之（知）〔七〕。　放兒暫見娘娘面〔八〕，　須臾還却亦何之〔九〕。　〔佛〕〔子〕〔一〇〕。

父言：　羅睺一心成聖果〔一一〕，　莫學五逆墮阿毗（鼻）〔一二〕。　生〔生〕莫祖（做）怨家子〔一三〕，　世世長爲僥（孝）瞬（順）兒〔一四〕。　〔佛〕〔子〕〔一五〕。

父母言〔一六〕：　我今爲宿時，　不用見夫人。　夫人心體耎（軟）〔一七〕，　母子最爲親。　〔佛〕〔子〕〔一八〕。

兒答〔一九〕：　我今作何罪，　今日受衆衆苦〔二〇〕。　我是公王種〔二一〕，　須（誰）之（知）作奴婢〔二二〕。　〔佛〕〔子〕〔二三〕。

父言〔二四〕：　來日見男女，啼哭苦身（申）陳〔二五〕。我心不許見，迴却菩提恩。〔佛〕〔子〕〔二六〕。

一父言〔二七〕：　世間恩愛相纏縛〔二八〕，父兒男（妻）女（子）皆暫時〔二九〕。一似路傍逢樹著〔三〇〕，須臾不免槁分離。〔佛〕〔子〕〔三一〕。

父言：　身體黑如膝（漆）〔三二〕，面上三殊（珠）淚〔三三〕。目傷清面皺，唇咃耳屍陋〔三四〕。〔佛〕〔子〕〔三五〕。

父母言〔三六〕：　一歲二歲耶孃養〔三七〕，三歲四歲弄瓔（嬰）孩〔三八〕。五歲六歲能人言〔三九〕，七歲八歲便（辨）東西〔四〇〕。〔佛〕〔子〕〔四一〕。

父母言〔四二〕：　一切恩愛有離別〔四三〕，一切江河有苦（枯）竭〔四四〕。挈如（女）挈延（男）好〔四五〕，伏（服）士（侍）婆羅門〔四六〕，莫交（教）婆羅門一日嗔〔四七〕。〔佛〕〔子〕〔四八〕。

兒言：　烏鵲群飛爲失伴〔四九〕，男女恩愛暫時間〔五〇〕。挈女挈延（男）救（好）伏（服）士（侍）婆羅門〔五一〕，早萬（晚）却見父孃面〔五二〕。佛子〔五三〕。

説明

此件爲問答體佛教讚文，有原題。斯六九二三背有相同内容，題『須大挐太子度男女時』。以上釋文是以斯一四九七爲底本，用斯六九二三背（稱其爲甲本）參校。

校記

〔一〕甲本在「父母言」前還有「須達挐太子度男女時」。
〔二〕「小小」，甲本作「少少」，標題則作「小少」。
〔三〕「飢」，甲本作「飢亦」。
〔四〕「亦未」，甲本作「不受」；「之」，甲本作「侍」，當作「知」，《敦煌韻文集》據文義校改，「之」爲「知」之借字。
〔五〕「佛子」，據甲本補。
〔六〕「歌歌」，甲本同，當作「哥哥」，《敦煌韻文集》據文義校改，「歌」爲「哥」之借字。
〔七〕「猶」，甲本作「楢」，誤；「之」，當作「知」，據甲本改，「之」爲「知」之借字。
〔八〕「兒」，甲本作「如」，「如」爲「兒」之借字；「暫」，甲本作「潛」，疑誤。
〔九〕「却」，甲本作「去」，「去」爲「却」之借字。
〔一〇〕「佛子」，據甲本補。
〔一一〕「睺」，甲本作「侯」。
〔一二〕「五逆」，甲本作「善星五逆」，疑「善星」二字爲衍文；「毗」，當作「鼻」，據甲本改，「毗」爲「鼻」之借字。
〔一三〕「生」，據文義補；「祖」，甲本同，當作「做」，據文義改，「祖」爲「做」之借字。
〔一四〕「長」，甲本作「生」；「僥」，甲本作「澆」，當作「孝」，《敦煌韻文集》據文義校改，「僥」、「澆」均爲「孝」之借字；「瞬」，當作「順」，據文義及甲本改。
〔一五〕「佛子」，據甲本補。

〔一六〕「母」，甲本脱。
〔一七〕「耎」，當作「軟」，據文義改，「耎」爲「軟」之借字。
〔一八〕「佛子」，據甲本補。
〔一九〕「兒答」，甲本作「太子言」。
〔二〇〕「日」，甲本無；第二個「衆」字衍，當刪。甲本無「日」字，作「種種」亦通。
〔二一〕「種」，甲本作「衆」，誤。
〔二二〕「須」，甲本同，當作「誰」，據文義改，「須」爲「誰」之借字；「之」，甲本同，當作「知」，據文義改，「之」爲「知」之借字。
〔二三〕「佛子」，據甲本補。
〔二四〕「父」，甲本作「太子父」。
〔二五〕「身」，當作「申」，據甲本改。
〔二六〕「佛子」，據甲本補。
〔二七〕「一」，爲衍文，當刪。
〔二八〕「相纏縛」，甲本作「有離别」。
〔二九〕「男女」，當作「妻子」，據甲本改。
〔三〇〕「傍」，甲本作「倖」，誤；「逢樹著」，甲本作「相逢樹」。
〔三一〕「佛子」，據甲本補。
〔三二〕「膝」，當作「漆」，據文義及甲本改，「膝」爲「漆」之借字。
〔三三〕「三」，甲本脱；「殊」，甲本同，當作「珠」，據文義改，「殊」爲「珠」之借字。

〔三四〕「陋」，甲本作「醜」。
〔三五〕「佛子」，據甲本補。
〔三六〕「母」，甲本無。
〔三七〕「孃」，甲本作「娘」。
〔三八〕「瓔」，甲本作「英」，當作「嬰」，據文義改，《敦煌韻文集》逕釋作「嬰」，「瓔」、「英」均爲「嬰」之借字；「孩」，甲本作「嫕」，誤。
〔三九〕「能」，甲本作「學」。
〔四〇〕「便」，甲本同，當作「辨」，據文義改，「便」爲「辨」之借字。
〔四一〕「佛子」，據甲本補。
〔四二〕「父母言」，甲本脱。
〔四三〕「離別」，甲本作「别離」。
〔四四〕「河」，甲本作「何」，誤，「何」爲「河」之借字；「有」，甲本作「祐」，誤，「祐」爲「有」之借字；「苦」，當作「枯」，據文義及甲本改；「竭」，甲本作「竭時」。
〔四五〕「如」，當作「女」，據甲本「挐男女」改；「延」，當作「男」，據甲本「挐男女」改，「延」爲「男」之借字。甲本此句作「時挐男女好」。
〔四六〕「伏士」，甲本作「伏仕」，當作「服侍」，《敦煌韻文集》據文義校改，「伏」爲「服」之借字，「士」、「仕」爲「侍」之借字。
〔四七〕「交」，甲本同，當作「教」，《敦煌韻文集》據文義校改，「交」爲「教」之借字；「一日」，甲本作「去一日一夜」。

〔四八〕「佛子」，據甲本補。

〔四九〕「爲」，甲本作「唯」，「唯」爲「爲」之借字。

〔五〇〕「暫」，甲本作「漸」，「漸」爲「暫」之借字。

〔五一〕「挐女」，甲本作「挐延（男）」；「延」，甲本作「女」，當作「男」，「延」爲「男」之借字；「救」，甲本同，當作「好」，《敦煌韻文集》據文義校改；「伏士」，甲本作「伏仕」，當作「服侍」，《敦煌韻文集》據文義校改，「伏」爲「服」之借字，「士」、「仕」爲「侍」之借字。

〔五二〕「萬」，甲本同，當作「晚」，《敦煌韻文集》據文義校改。

〔五三〕「佛子」，甲本無。

參考文獻

《敦煌遺書總目索引》一三九頁；《敦煌韻文集》七八至七九頁（録）；《敦煌寶藏》一一冊，二四三至二四四頁（圖）；《敦煌學輯刊》一九八六年一期（總第九期），四九至五〇頁；《敦煌學園零拾》上，二六七至二七〇頁；《敦煌文學》一〇一頁；《英藏敦煌文獻》三卷，八二至八三頁（圖）；《敦煌遺書總目索引新編》四六頁。

斯一四九七　四　樂入山讚

釋文

樂入山讚〔一〕

欲去不去戀生間〔二〕，樂入山〔三〕。計時應得相令去〔四〕，樂入山。

無明闇障苦相纏，樂入山。自恨前生不修福〔五〕，樂入山。

今生果報未能圓〔六〕，樂入山。願諸善友相接引〔七〕，樂入山。

來生得免苦沉輪（淪）〔八〕，樂入山。若得居山去〔九〕，樂入山。

誓願晝夜不安眠，樂入山。五陰身中有六賊，樂入山。

誓願除蕩不留殘，樂入山。誓願專心求解脫〔一〇〕，樂入山。

誓願隨佛達無邊，樂入山。誓願專心出三界，樂入山。

誓願成佛不歸還，樂入山。

說明

此件首有原題，爲佛教讚文，每句後皆有『樂入山』三字，此三字當爲唱和語。敦煌文獻中現知保存有此件的卷子尚有伯二五六三背（首缺尾全）、斯五九六六（下殘）、伯二六五八背（上、下均殘）。

以上釋文是以斯一四九七爲底本，用斯三二八七（稱其爲甲本）、伯二五六三背（稱其爲乙本）、斯五九六六（稱其爲丙本）、伯二六五八背（稱其爲丁本）參校。

校記

〔一〕『樂入山讚』，甲本作『樂入山，樂入山』。

〔二〕『生』，丙、丁本同，《敦煌韻文集》認爲『生』當作『世』。

〔三〕『樂入山』，乙、丙、丁本同，甲本無。以下各句結尾之『樂入山』，甲本均無。

〔四〕『得相令』，甲、乙本作『合』。

〔五〕『生』，甲、乙、丙、丁本作『身』。

〔六〕『生』，甲、乙、丙、丁本作『身』；『果報』，甲本同，丙本作『種過（果）』。

〔七〕『友』，甲、丁本同，丙本作『有』，『有』爲『友』之借字。

〔八〕『生』，丙本同，甲本作『身』；『輪』，甲、丁本同，當作『淪』，據乙、丙本改，『輪』爲『淪』之借字。

〔九〕『若得居山去』，甲、乙、丙本同，此句疑脫漏二字。

〔一〇〕『脫』，乙本同，甲本作『說脫』，『說』係衍文，當刪。

參考文獻

《敦煌韻文集》一六〇至一六一頁（録）；《敦煌寶藏》一一冊，二四四頁（圖）；《敦煌民間文學》二八七至二八八頁；《英藏敦煌文獻》三卷，八三頁（圖）。

斯一四九七背　五更轉（曲子喜秋天）

釋文

曲子喜秋天〔一〕

每年七月七〔二〕，此時受夫日〔三〕。在處敷塵（陳）結交伴〔四〕，獻供數千般。今晨連天暮（露）〔五〕，一心待織女〔六〕。忽若今夜降凡間〔七〕，乞取一教（交）言〔八〕。

二更仰面碧霄天〔九〕，參以（次）衆星竿（前）〔一〇〕。月明遍周放（旋）〔一一〕，〔星〕〔裏〕〔賓〕〔星〕〔竿〕〔一二〕。會（迴）甚（心）〔看〕北斗〔一三〕，漸覺更星（深）流（久）〔一四〕。日落西山覘星流〔一五〕，將謂是牽牛〔一六〕。

三更女伴近綵樓〔一七〕，頂禮不曾休。佛前燈暗更添油〔一八〕，禮拜再三求。頻（女）女（頻）綵樓伴（畔）〔一九〕，燒取玉爐煙〔二〇〕。不知牽牛在那邊〔二一〕，望作（得）眼精（睛）穿〔二二〕。

四更換（緩）步出門聽（廳）〔二三〕，直（織）是（女）到街庭〔二四〕。今夜斗（都）未見流星〔二五〕，奔逐向前迎〔二六〕。此時難得見〔二七〕，發却千般願。無福之人莫怨天〔二八〕，皆是上（少）因緣〔二九〕。

五更敷設了〔三〇〕，取（處）分惣交（教）收〔三一〕。五個恒（姮）俄（娥）結交（綵）樓〔三二〕，那件見牽牛〔三三〕。看看東方動，來把秦箏筭（弄）〔三四〕。黄丁（針）撥鏡再梳頭〔三五〕，看看到來秋〔三六〕。

説明

此件首尾完整，所抄内容脱、誤和同音替字較多，當爲口語化文本。首題「曲子喜秋天」，而Дх. 二一四七保存有相同内容，首題「曲子名穢收天」。其内容與每年「七七」民間舉行有關牽牛、織女星的民俗活動有關。

以上釋文是以斯一四九七背爲底本，用Дх. 二一四七（稱其爲甲本）參校。

校記

〔一〕「子」，甲本作「子名」；「喜秋」，甲本作「穢收」，疑「穢收」爲「喜秋」之借字。

〔二〕「七月七」，甲本作「七月七日」。

〔三〕「此時」，甲本作「刺史」，「刺史」爲「此時」之借字；「夫」，甲本作「富」，「富」爲「夫」之借字。

〔四〕「敷」，甲本作「補」，「補」爲「敷」之借字；「塵」，甲本作「盡」，當作「陳」，《敦煌韻文集》據文義校改，「塵」、「盡」爲「陳」之借字，《敦煌歌辭總編》認爲當作「座」；「結交伴」，甲本作「乞□盤」。

〔五〕「連」，甲本同，《敦煌歌辭總編》校改作「達」；「暮」，當作「露」，據甲本改。

〔六〕「一」，甲本作「壹」；「待」，甲本作「代」，「代」爲「待」之借字；「織」，甲本作「機」，「機」爲「織」之借字。

〔七〕「若」，甲本作「然」；「降」，甲本作「誎」，「誎」爲「降」之借字。

〔八〕「乞」，甲本作「聽」；「教」，當作「交」，據甲本改。

〔九〕「二」，甲本作「貳」；「仰」，甲本作「偃」，誤；「面」，甲本作「眠」，「眠」爲「面」之借字；「碧霄」，甲本作「壁消」，「壁消」爲「碧霄」之借字。

〔一〇〕「以」，甲本同，當作「次」，據文義改；「竿」，當作「前」，《敦煌歌辭總編》據文義校改；「衆星竿」，甲本作「相交言」。

〔一一〕「月明」，甲本作「月明黄昏」；「周」，甲本作「州」，「州」爲「周」之借字；「放」，甲本作「元」，當作「旋」，《敦煌歌辭總編》據文義及韻腳校改，《敦煌韻文集》逕釋作「旋」，「元」爲「旋」之借字。

〔一二〕「星裹賓星竿」，據甲本補。《敦煌吐魯番學論稿》將「賓星」釋作「屏心」。

〔一三〕「會」，當作「迴」，據甲本改，「會」爲「迴」之借字；「甚」，當作「心」，據甲本改；「看」，據甲本補。

〔一四〕「漸覺」，甲本作「吾得」；「星流」，當作「深久」，據甲本改；「久」，《敦煌吐魯番學論稿》釋作「究」。

〔一五〕「山」，甲本作「下」；「覘星流」，甲本作「睡渾（昏）沉」；「沉」，《敦煌吐魯番學論稿》釋作「泛」。

〔一六〕「謂」，甲本作「位」，「位」爲「謂」之借字。

〔一七〕「近」，甲本作「懃」，「懃」爲「近」之借字；「綵」，甲本作「采」，「采」爲「綵」之借字。

〔一八〕「油」，甲本作「由」，「由」爲「油」之借字。

〔一九〕「頻」，甲本作「貧」，「貧」爲「頻」之借字，《敦煌韻文集》認爲當作「嬪」，《敦煌歌辭總編》校作「諸」；

〔二〇〕「頻女」，當作「女頻」，據甲本改；「伴」，當作「畔」，《敦煌韻文集》、《敦煌歌辭總編》據文義校改。

〔二一〕「燒」，甲本作「小」，疑「小」爲「燒」之借字；「取」，甲本作「盡」。

〔二二〕「知」，甲本作「之」，「之」爲「知」之借字；「牽」，甲本作「愆」，「愆」爲「牽」之借字。

〔二三〕「作」，當作「得」，據甲本改；「精」，甲本作「正」，當作「睛」，《敦煌韻文集》、《敦煌歌辭總編》據文義校改，「精」爲「睛」之借字；「穿」，甲本作「川」，「川」爲「穿」之借字。

〔二四〕「四」，甲本作「肆」；「換」，甲本作「喚」，當作「緩」，《敦煌歌辭總編》據文義校改；「步」，甲本作「氣」，誤；「聽」，甲本同，當作「廳」，據文義改，「聽」为「廳」之借字。

〔二五〕「直」，甲本作「織」，當作「織」，據文義改，「直」、「織」爲「織」之借字；「是」，當作「女」，據甲本改，《敦煌歌辭總編》校改作「走」；「街」，甲本作「皆」，「皆」爲「街」之借字。

〔二六〕「今夜」，甲本作「忽然」；「斗」，當作「都」，據甲本改；「未」，甲本作「不」。

〔二七〕「逐」，甲本作「走」。

〔二八〕「此時」，甲本作「刺所」，「刺所」爲「此時」之借字；「難得」，甲本同，《敦煌韻文集》釋作「觀得」，《敦煌歌辭總編》釋作「爲將」，均誤。

〔二九〕「莫怨天」，甲本作「業怨牽」。

〔三〇〕「皆」，甲本作「更」；「上」，甲本作「小」，當作「少」，《敦煌歌辭總編》據文義校改。

〔三一〕「敷」，甲本作「鋪」；「了」，甲本作「料」，「料」爲「了」之借字。

〔三二〕「取」，當作「處」，據甲本改；「交」，當作「教」，據甲本改，「交」爲「教」之借字。

〔三三〕「五」，甲本作「五得」；「恒俄」，甲本作「恒河」，當作「姮娥」，《敦煌韻文集》、《敦煌歌辭總編》據文義校改；「結」，甲本作「乞（起）」；「交」，當作「綵」，《敦煌歌辭總編》據文義校改。

〔三三〕「件」，甲本同，《敦煌韻文集》校改作「邊」；《敦煌歌辭總編》校改作「個」。甲本至此句止。

〔三四〕「笄」，當作「弄」，據文義改，《敦煌歌辭總編》逕釋作「弄」。

〔三五〕「黄」，《敦煌韻文集》釋作「横」，誤；「丁」，當作「針」，《敦煌歌辭總編》據文義校改，《敦煌韻文集》認爲當作「燈」。

〔三六〕「看看」，《敦煌歌辭總編》釋作「遥遥」。

參考文獻

《東方學報》三五卷，五一三至五四三頁；*Descriptive Catalogue of the Chinese Manuscripts from Tunhuang in the British Museum*, p. 193；《敦煌韻文集》四六至四七頁（録）；《敦煌寶藏》一一册，二四四頁（圖）；《敦煌論集續編》三〇五頁；《敦煌歌辭總編》下，一二二五至一二四八頁（録）；《敦煌學輯刊》一九八八年一至二期（總第十三、十四期），五七頁；《英藏敦煌文献》三卷，八三頁（圖）；《敦煌吐魯番學論稿》二二六至二二七頁（録）。

斯一四九八　某年三月曆日殘片

釋文

（前缺）

廿日丙子水成[一]　□□歲對、〔血〕忌[二]

廿一日丁丑水收　大歲對，嫁娶

廿二日戊寅土開　穀雨三月中，萍始生，天赦、歲對、天恩、血忌，拜官吉[三]。

廿三日己卯土閉

（後缺）

說明

此件是被剪裁後用於修補佛經，粘貼在《四分戒本》前端，故僅存中間一小段，從『穀雨三月中』可知爲某年三月曆日。

校記

〔一〕「丙子水成」，據其他曆日體例補。

〔二〕「血」，據其他曆日體例補。

〔三〕「吉」，據其他曆日體例補。

參考文獻

Descriptive Catalogue of the Chinese Manuscripts from Tunhuang in the British Museum, p. 208；《敦煌寶藏》一一册，二四五頁（圖）；《英藏敦煌文獻》三卷，八四頁（圖）；《敦煌天文曆法文獻輯校》六七四頁（録）；《敦煌遺書總目索引新編》四六頁。

斯一五一三　一　御製一切道經序

釋文

一切道經序　御製

蓋聞紫仙握契，括妙有而敷仁；青童贊曆，周泰無而運道〔一〕。開三元之秘檢，著跡琅函；藻八會之靈編，刊功石笥〔二〕。銀書耀彩，盈寶印於丹房；錦字流文，煥神珠於玄闕〔三〕。示迷途之歸往，拯暗壑之淪湑，廣洽譬於衢樽〔四〕，普照均於堂鏡。孝敬皇帝，前星賦象，貞列緯於乾樞；少海澄瀾，奠名區於震域；問安視膳，體恭孝以端儀；撫軍監國，服仁愛而凝範。學昭通敏，非受諭於春卿；識綜沉幾〔五〕，自含章於秋禮。今者黄離遽殞，碧題旋虚〔六〕。翔鶴可羈，奄促遊仙之駕；鳴雞載響〔七〕，無復入謁之期。瞻對肅成，慘凝煙於胄序；循臨博望，弔苦月於賓階。拂虚帳而摧心〔八〕，俯空筵而咽淚。興言鞠育，感痛難勝。故展哀情，爲寫《一切道經》卅六部。龍經寶偈，還開垂露之書；鳳籙英詞，更入飛雲之篆。九宫秘冊，罄金版而無遺；五嶽真筌，窺琳房而畢備。所願以兹妙業，式祐儲靈，憁萬福以扶維，嚴十仙而警衛。靡流星之琳旆，上星甸以遊衿；馭馳日之瓊輪，下日門而弭節。鎮昇光碧之宇，常安泰紫之庭。天地之所包含，陰陽之所播植。并乘六辯，俱出四迷。

説明

此件首題「一切道經序，御製」。以下有序文二十一行，楷書抄寫，書法精美，以下接抄《老子十方像名經》。王卡指出此序文爲武后所撰，並推測序文爲弘道元年（公元六八三年）王懸河所刻的《道藏經序碑》（參見張弓主編《敦煌典籍與唐五代歷史文化》，中國社會科學出版社，二〇〇六年版，二九一頁）。趙和平考定此件爲武則天爲亡子李弘寫一切道經所作之「序」，撰寫時間在公元六七五年（參看《武則天爲已逝父母寫經發願文及相關敦煌寫卷綜合研究》，《敦煌學輯刊》二〇〇六年三期，六頁）。

校記

〔一〕「無」，《武則天爲已逝父母寫經發願文及相關敦煌寫卷綜合研究》釋作「元」，按上文「括妙有」，對下文「周泰無」，「無」與「有」相對，似應以「無」爲是。

〔二〕「功」，《武則天爲已逝父母寫經發願文及相關敦煌寫本綜合研究》釋作「切」，按上文「著跡」，對下文「刊功」，「跡」與「功」相對，似應以「功」爲是；「笥」，《中國古代寫本識語集錄》釋作「筍」。

〔三〕「闕」，《敦煌道教文獻研究——綜述、目錄、索引》釋作「閼」，誤。

〔四〕「於」，《武則天爲已逝父母寫經發願文及相關敦煌寫本綜合研究》釋作「子」，誤。

〔五〕「幾」，《敦煌道教文獻研究——綜述、目録、索引》釋作「儿」，按原文實作「幾」。

〔六〕「旋」，《敦煌道教文獻研究——綜述、目録、索引》釋作「玄」，按「旋」與上文「遽」相對，改作「玄」非是。

〔七〕「鳴鷄」，《敦煌道教文獻研究——綜述、目録、索引》釋作「鷄鳴」，按「鳴雞」與上文「翔鶴」相對，改作「雞鳴」非是。

〔八〕「帳」，《敦煌道教文獻研究——綜述、目録、索引》釋作「悵」，按「虚帳」與下文「空筵」相對。

參考文獻

Descriptive Catalogue of the Chinese Manuscripts from Tunhuang in the British Museum, p. 217；《敦煌道經目録》八〇至八一頁；《スタイン將來大英博物館藏敦煌文獻分類目録——道教之部》二二至二三頁；《敦煌道經——圖録編》六四七頁（圖）；《敦煌道經目録編》三一六至三一九頁；《敦煌寶藏》一一冊，三〇九頁（圖）；《英藏敦煌文獻》三卷，八四頁（圖）；《中國古代寫本識語集録》二五六頁（録）；《敦煌道教文獻研究——綜述、目録、索引》二三〇至二三一頁（録）；《敦煌典籍與唐五代歷史文化》二九一頁、三一〇頁；《敦煌學輯刊》二〇〇六年三期，四頁（録）。

斯一五一三　二　老子十方像名經卷上

釋文

老子十方像名經卷上。　　四方品有二百卌名。

爾時高上老子與十方十真[一]、十部威神、無量等衆，遊歷十方無極世界之中，教化十方一切衆生。乃見十方一切衆生，以作十方百惡重罪。緣此罪故，出闇入明，一死一生，輪轉無滅，流曳十方地獄之中。或墮東方風雷地獄之中，或入南方鑪炭地獄之中[二]，或在西方金槌（鎚）地獄之中[三]，或處北方寒冰地獄之中，或落東北濩（鑊）湯地獄之中[四]，或墜東南銅柱地獄之中，或陷西南屠割地獄之中，或沒西北火車地獄之中[五]，或投上方火阬地獄之中[六]，或沉下方糞阬地獄之中[七]。種種受罪，各各不同。身首麋（縻）碎[八]，一分一張，一苦一痛，深爲悲傷，唯罪是履，極見難忍，愍之在心，無復已已。故爲説此十方天尊靈像一千一百六十名號，欲令十方無極世界之中一切衆生敬禮稱楊（揚）[九]，用爲二代存亡悔過滅惡，生福長善。故一一具之，各宜諦聽。

於是高上老子乃告東方普濟真人曰[一〇]：東方九炁無極世界之中，有九十天尊靈像名號。禮之者滅罪無量，得福無量。
至心敬禮東方普慈護國天尊。
至心敬禮大忍無礙天尊。
至心敬禮東華上相天尊。
至心敬禮青華至極天尊[一一]。
至心敬禮青靈妙寶天尊[一二]。
至心敬禮青和虛極天尊[一三]。
至心敬禮青元積善天尊[一四]。
至心敬禮皇上真老天尊。
至心敬禮金闕玉虛天尊[一五]。
至心敬禮玉華玄應天尊[一六]。
至心敬禮靈都大度天尊。
至心敬禮玄靈至德天尊。
至心敬禮高上太虛天尊。
至心敬禮圓明虛極天尊[一七]。
至心敬禮至明真相天尊[一八]。

至心敬禮寶相元和天尊〔一九〕。
至心敬禮寶藏圓極天尊〔二〇〕。
至心敬禮寶明真定天尊〔二一〕。
至心敬禮净明圓行天尊〔二二〕。
至心敬禮金華寶相天尊〔二三〕。
至心敬禮真行明華天尊〔二四〕。
至心敬禮威光真際天尊〔二五〕。
至心敬禮開度通道天尊〔二六〕。
至心敬禮慧解慧明天尊〔二七〕。
至心敬禮紫虚紫極天尊〔二八〕。
至心敬禮仙靈仙應天尊〔二九〕。
至心敬禮慧源慧寶天尊〔三〇〕。
至心敬禮真覺慧訓天尊〔三一〕。
至心敬禮真如慧明天尊〔三二〕。
至心敬禮仙度妙寶天尊。
至心敬禮紫府靈應天尊〔三三〕。

至心敬禮紫華開耀天尊〔三四〕。
至心敬禮金光善慧天尊。
至心敬禮玄虛真行天尊。
至心敬禮慧空度脱天尊。
至心敬禮慧嚴玄覺天尊〔三五〕。
至心敬禮靈感玄應天尊〔三六〕。
至心敬禮太玄虛極天尊〔三七〕。
至心敬禮虛皇靈應天尊〔三八〕。
至心敬禮虛極真皇天尊〔三九〕。
至心敬禮玄極惠明天尊〔四〇〕。
至心敬禮寶相真陽天尊。
至心敬禮安漢凝神天尊〔四一〕。
至心敬禮法雲玉潤天尊〔四二〕。
至心敬禮法明法照天尊〔四三〕。
至心敬禮法寶法相天尊〔四四〕。
至心敬禮妙相妙辨天尊〔四五〕。

至心敬禮本明本際天尊〔四六〕。
至心敬禮本玄本相天尊〔四七〕。
至心敬禮妙樂威光天尊。
至心敬禮普照普明天尊〔四八〕。
至心敬禮法緣法本天尊〔四九〕。
至心敬禮隨緣機感天尊〔五〇〕。
至心敬禮法正玄虚天尊〔五一〕。
至心敬禮精光惠日天尊〔五二〕。
至心敬禮瓊華曜日天尊〔五三〕。
至心敬禮浮香七耀天尊〔五四〕。
至心敬禮飛香四照天尊〔五五〕。
至心敬禮普度藥王天尊。
至心敬禮海空惠解天尊〔五六〕。
至心敬禮慈悲與樂天尊〔五七〕。
至心敬禮虚舟普濟天尊〔五八〕。
至心敬禮法燈惠炬天尊〔五九〕。

至心敬禮高上太虚天尊。
至心敬禮大慈拔苦天尊〔六〇〕。
至心敬禮功德慈善天尊〔六一〕。
至心敬禮安忍妙樂天尊〔六二〕。
至心敬禮玄和妙寶天尊。
至心敬禮無爲定惠天尊〔六三〕。
至心敬禮玄虚嚴净天尊。
至心敬禮慈悲法忍天尊〔六四〕。
至心敬禮惠源素德天尊〔六五〕。
至心敬禮净嚴德素天尊〔六六〕。
至心敬禮虚玄至極天尊。
至心敬禮自然虚極天尊〔六七〕。
至心敬禮慈悲救護天尊。
至心敬禮無名寶相天尊。
至心敬禮法雲慈廕天尊〔六八〕。
至心敬禮慈恩福慶天尊〔六九〕。

至心敬禮元和普潤天尊[七〇]。
至心敬禮虚和善積天尊[七一]。
至心敬禮惠凝澄湛天尊[七二]。
至心敬禮廣運慈善天尊[七三]。
至心敬禮囑累法寶天尊。
至心敬禮弘普度脱天尊[七四]。
至心敬禮崇仙開化天尊。
至心敬禮大乘正法天尊[七五]。
至心敬禮法橋普度天尊。
至心敬禮德藏福田天尊[七六]。
至心敬禮權變應見天尊。
便長跪懺悔。

高上老子曰：此天尊等，并各身作真金妙色，項負飛囍員（圓）光，頭載遠遊紫磨金冠，建籠爪煙彩華簪，佩九色雲錦華文雜色纳披，著丹霞離羅摇曳長帬[七七]，躡紫霄丹霞流彩之屐。又與天龍猛卒、神虎步兵、巨天驍將、威劍神王、啟途師子[七八]、按行摩兵，夹侍二真，各爲十部，扈從天尊。天尊於此東方九炁無極世界之中，坐天池青蓮寶花之上，凴七寶鳳文曲几，把松煙結彩風摇塵拂〔七九〕。敷説道要真經，廣度一切有罪衆生，令入樂道，各使得安。

爾時高上老子又告東方普濟真人及諸仙衆曰：卿等若能勸化東方無極世界之中一切善男子善女人，悉令送心投款。至心敬禮、稱楊（揚）此東方九炁無極世界九十天尊靈像名號者〔八〇〕，即得滅除存亡二代從來所犯傲忽三寶，不生肅敬之罪；次滅違經破誡，去善就惡之罪；次滅商略師主，攻擊非法之罪；次滅欺心負債，違理不償之罪；次滅惡口非法，祝（呪）咀（詛）罵詈之罪〔八一〕；次滅醉酒鬪酗，陵忽公私之罪；次滅潛行謀惡，陰賊害人之罪；次滅憎親密踈，瞋内喜外之罪；次滅譖毁善人，牽入鬼神之罪〔八二〕；次滅毁善長惡，面從背違之罪。有此東方十惡之罪，無量無邊不可測憶之罪。今能彈指懺悔，滅除此十罪者，則不爲東方十直之神、天帝使者録其罪目，上奏天曹。則壽終命過之後，不墜東方九炁無極世界風雷地獄之中，長免雷公霹靂苦痛之患，五體完全，六府清静，則得天衣拄體，百味充飢，後生人中，快樂無極，財食多饒。此則上賴東方九炁無極世界九十天尊之恩，下副此等男女送心投款歸命之誠。於是普濟真人及諸仙衆彈指頂禮，敬奉教言〔八三〕。

爾時高上老子又告南方普度真人及諸仙衆曰〔八四〕：南方三炁無極世界之中，乃有卅天尊靈像名號，禮之者滅罪無量，得福無量。

至心敬禮南方威德大慈天尊〔八五〕。

至心敬禮朱光靈耀天尊〔八六〕。
至心敬禮南極朱陵天尊。
至心敬禮南極嚴浄天尊〔八七〕。
至心敬禮南極長生天尊〔八八〕。
至心敬禮丹靈定惠天尊〔八九〕。
至心敬禮丹老光妙天尊〔九〇〕。
至心敬禮朱明法本天尊。
至心敬禮司命主録天尊〔九一〕。
至心敬禮威光度脱天尊。
至心敬禮玄明度世天尊〔九二〕。
至心敬禮無礙自在天尊。
至心敬禮巧説法相天尊。
至心敬禮增益惠解天尊〔九三〕
至心敬禮指掌蒙昧天尊〔九四〕。
至心敬禮善寂虚玄天尊〔九五〕。
至心敬禮無等智德天尊〔九六〕。

至心敬禮紫府太微天尊〔九七〕。
至心敬禮虛寂通微天尊〔九八〕。
至心敬禮玄鑒惠明天尊〔九九〕。
至心敬禮梵明弘教天尊。
至心敬禮洞明玄奥天尊〔一〇〇〕。
至心敬禮昇玄玄極天尊〔一〇一〕。
至心敬禮至妙妙寶天尊〔一〇二〕。
至心敬禮中和大惠天尊〔一〇三〕。
至心敬禮大乘虛極天尊〔一〇四〕。
（後缺）

說明

此件首全尾缺，首二十二行抄寫《一切道經序》，第二十三行題『老子十方像名經卷上，四方品有二百卌名』。按《老子十方像名經》，撰者不詳，王卡認爲寫於唐高宗時。經文假託高上老子説十方天尊靈像名號，勸人敬禮供養（參看《敦煌道教文獻研究——綜述、目録、索引》一九二頁）。趙和平認爲此件即上件（《一切道經序》）提到的武則天爲亡子李弘寫《一切道經》卅六部之一種，抄寫於公元六七五年李弘病逝以後，是唐代宫廷寫經（參看《武則天爲已逝父母寫經發願文及相關敦煌寫卷研究》，《敦煌學輯刊》二〇〇六年三期，六頁）。傳世《正統道藏》中有《老子像名經》十卷（原缺六至八卷），其中之一、二卷與此件所存内容略同，但文字出入較大。王卡指出《道藏》本篇幅短小，文字簡略，認爲是後人删節本（參看上引書）。但《道藏》本所記之天尊靈像名號與此件出入甚大，很難用删節或傳抄致誤解釋，推測應另有所本。

此件經文後七十行間的空白處及背面抄寫佛經疏釋。卷中不避『世』字，但避『民』諱（『愍之在心』中之『愍』字，其『民』部改作『氏』）。

以上釋文是以斯一五一三爲底本，用《中華道藏》第六册收録《老子像名經》（稱其爲甲本）參校，因兩本文字差别較多，無礙文義的文字不一一出校。

校記

〔一〕『十真』，甲本作『真人』。
〔二〕『鑪』，甲本作『爐』。
〔三〕『槌』，當作『鎚』，據甲本改，『槌』爲『鎚』之借字。
〔四〕『濩』，當作『鑊』，據甲本改，『濩』爲『鑊』之借字。
〔五〕『没』，甲本作『役』，誤。
〔六〕『阬』，甲本作『坑』。
〔七〕『阬』，甲本作『穢』。

〔八〕「麌」，當作「糜」，據甲本改，《中華道藏》逕釋作「糜」。

〔九〕「楊」，當作「揚」，據文義及甲本改，「楊」爲「揚」之借字。

〔一〇〕「曰」，甲本作「及」，誤。

〔一一〕「華至極」，甲本作「宫演化」。

〔一二〕「青」，甲本作「仙」。

〔一三〕「青」，甲本作「含」。

〔一四〕「青元」，甲本作「九天」。

〔一五〕甲本此句前還有一句「至心信禮元靈隱燿天尊」。

〔一六〕「玉華」，甲本作「疑心」。

〔一七〕「明虚」，甲本作「通妙」。

〔一八〕「至」，甲本作「開」。

〔一九〕「相」，甲本作「勝」。

〔二〇〕「寶」，甲本作「法」。

〔二一〕「寶」，甲本作「玄」。

〔二二〕「净明圓行」，甲本作「衆智成滿」。

〔二三〕「寶」，甲本作「上」。

〔二四〕「華」，甲本作「因」。

〔二五〕「真」，甲本作「實」。

〔二六〕「度通道」，甲本作「通信悟」。

〔二七〕「慧明」，甲本作「智明」。
〔二八〕「紫極」，甲本作「上極」。
〔二九〕「仙靈仙應」，甲本作「靈心普照」。
〔三〇〕「慧源」，甲本作「惠源」；「慧寶」，甲本作「廣潤」。
〔三一〕「真」，甲本作「正」；「慧」，甲本作「垂」。
〔三二〕「如慧明」，甲本作「智照極」。
〔三三〕「府」，甲本作「陽」。
〔三四〕「紫華開耀」，甲本作「妙意無邊」。
〔三五〕「慧」，甲本作「裝」。
〔三六〕「玄應」，甲本作「遍通」。
〔三七〕甲本無此句中之天尊名。
〔三八〕「靈應」，甲本作「降照」。
〔三九〕「虚」，甲本作「妙」；「皇」，甲本作「源」。
〔四〇〕「極」，甲本作「應」；「惠」，甲本作「慧」。
〔四一〕「安漢凝神」，甲本作「凝神湛照」。
〔四二〕「玉」，甲本作「普」。
〔四三〕「法明法照」，甲本作「虚明遠覽」。
〔四四〕「實法相」，甲本作「相圓滿」。
〔四五〕「相妙辨」，甲本作「意端嚴」。

〔四六〕「明本際」，甲本作「際玄微」。
〔四七〕「本玄本相」，甲本作「冲真寂照」。
〔四八〕「普明」，甲本作「幽明」。
〔四九〕「法本」，甲本作「無盡」。
〔五〇〕「緣機感」，甲本作「機赴感」。
〔五一〕「法正」，甲本作「正智」。
〔五二〕「精光惠日」，甲本作「慧日流光」。
〔五三〕「曜日」，甲本作「炳曜」。
〔五四〕「七耀」，甲本作「遠覽」。
〔五五〕「香四照」，甲本作「雲廣覆」。
〔五六〕「惠」，甲本作「慧」，「惠」通「慧」。
〔五七〕「慈」，甲本作「愍」。
〔五八〕「舟」，甲本作「皇」。
〔五九〕「惠炬」，甲本作「朗照」。
〔六〇〕「慈」，甲本作「悲」。
〔六一〕「功德慈善」，甲本作「上德慈救」。
〔六二〕「忍妙樂」，甲本作「住至樂」。
〔六三〕「惠」，甲本作「慧」，「惠」通「慧」。
〔六四〕「法忍」，甲本作「善濟」。

〔六五〕「惠源素德」，甲本作「慧量應物」。
〔六六〕「浄嚴德素」，甲本作「裝嚴素德」。
〔六七〕「自然虚極」，甲本作「妙本自然」。
〔六八〕「慈」，甲本作「垂」。
〔六九〕「福慶」，甲本作「廣化」。
〔七〇〕「元和」，甲本作「玄津」。
〔七一〕「虚」，甲本作「靈」。
〔七二〕「惠凝澄」，甲本作「大慧凝」。
〔七三〕「運慈善」，甲本作「開戒定」。
〔七四〕「弘普度脱」，甲本作「冥神洞照」。
〔七五〕「乘」，甲本作「弘」。
〔七六〕「福田」，甲本作「包含」。
〔七七〕「帬」，《中華道藏》釋作「裙」，誤。
〔七八〕「師」，《中華道藏》釋作「獅」，雖義同而字誤。
〔七九〕「風」，《中華道藏》釋作「鳳」，誤。
〔八〇〕「楊」，當作「揚」，據文義及甲本校改，「楊」爲「揚」之借字。
〔八一〕「祝咀」，當作「呪詛」，據文義及甲本改，「祝咀」爲「呪詛」之借字。
〔八二〕「鬼神」，甲本作「邪徑」。
〔八三〕甲本「敬奉教言」之後有尾題「老子像名經卷之一」。

〔八四〕甲本此句前有首題「老子像名經卷之二」。

〔八五〕「敬」，甲本作「信」；以下「至心敬禮」諸句中，甲本均作「至心信禮」，不另出校。

〔八六〕「朱」，甲本作「炎」。

〔八七〕「極」，甲本作「上」。底本此句下另有「至心敬禮南極嚴浄」，爲後人所添加，因與此件無關，未録。

〔八八〕「南極」，甲本作「無相」。

〔八九〕「惠」，甲本作「慧」，「惠」通「慧」。

〔九〇〕「老」，甲本作「元」。

〔九一〕「司命主録」，甲本作「慧命疑常」；「録」，《中華道藏》釋作「禄」，雖意可通而字誤。

〔九二〕「玄明度」，甲本作「法身出」。

〔九三〕「惠」，甲本作「慧」，「惠」通「慧」。

〔九四〕「指掌蒙味」，甲本作「善權化物」。

〔九五〕「善寂虚玄」，甲本作「至寂澄明」。

〔九六〕「無等智德」，甲本作「智德無等」。

〔九七〕「紫府太微」，甲本作「太微應號」。

〔九八〕「虚寂通微」，甲本作「玄通定相」。

〔九九〕「玄鑒惠明」，甲本作「洞鑒幽明」。

〔一〇〇〕「洞明玄奥」，甲本作「安樂勝報」。

〔一〇一〕「玄極」，甲本作「至極」。

〔一〇二〕「至妙妙寶」，甲本作「妙光寶勝」。

〔一〇三〕「惠」，甲本作「慧」，「惠」通「慧」。

〔一〇四〕「大」，甲本作「一」。

參考文獻

Descriptive Catalogue of the Chinese Manuscripts from Tunhuang in the British Museum, p. 217；《敦煌道經目録》八〇至八一頁；《スタイン將來大英博物館藏敦煌文獻分類目録——道教之部》二二至二三頁；《敦煌道經——目録編》三一六至三一九頁；《敦煌道經——圖録編》六四七至六五一頁（圖）；《敦煌寶藏》一一册，三〇九至三一三頁（圖）；《英藏敦煌文獻》三卷，八四至八七頁（圖）；《敦煌道教文獻研究——綜述、目録、索引》一九一至一九二頁；《敦煌學輯刊》二〇〇六年三期，四頁。

斯一五一五　無量壽觀經題記

釋文

大唐上元二年四月廿八日，佛弟子清信女張氏，發心敬造《無量壽觀經》一部及《觀音經》一部。願以此功德，上資天皇天后，聖化無窮。下及七代父母，并及法界倉（蒼）生，并超煩惱之門，俱登净妙國土。

説明

此件《英藏敦煌文獻》未收，現予補録。其中之『上元二年』，*Descriptive Catalogue of the Chinese Manuscripts from Tunhuang in the British Museum*、《中國古代寫本識語集録》定爲高宗上元二年（公元六七五年），《敦煌遺書總目索引》、《敦煌遺書總目索引新編》則認爲是肅宗上元二年（公元七六一年），按應以高宗上元二年爲是。

參考文獻

Giles, *BSOS*, 8.1（1935），16－17（録）®；*Descriptive Catalogue of the Chinese Manuscripts from Tunhuang in the*

British Museum, p. 101（録）；《敦煌遺書總目索引》一四〇頁（録）；《敦煌寶藏》一一册，三三四頁（圖）；《敦煌文書學》二八六頁（録）、（圖）；《中國古代寫本識語集録》二二一頁（録）；《敦煌遺書總目索引新編》四七頁（録）。

斯一五一九　一　某寺直歲諸色斛斗破歷

釋文

（前缺）

等造食及成就西院索僧政莊

上僧正（政）法律笇羊用〔一〕。又麤麵叁升〔二〕，女婦食用。又麥壹斗，與牧羊人蘇什德沽酒

喫用。廿五日麵叁斗伍升、油貳升半壹杪（抄）〔三〕。酒捌杓，造食索僧正（政）常樂到來

迎用〔四〕。

十一月一日油壹升、麵叁斗，張破勿新婦平安將用。五日酒壹角，送路曹縣令用。又麵叁

斗、麤麵壹碩叁斗〔五〕、油叁升，徒衆化麻喫用。又麥伍斗、粟伍斗，賣（買）梁祐信生鐵

并炭賈（價）點鍋用〔六〕。十七日粟壹斗，僧統東窟到來迎用。十九日麥酒壹瓮、粟酒兩瓮，

僧録、僧政節料用。更油貳升，酒戶郭沒支節料用。麵伍升、油壹抄〔七〕、酒伍升，賣（買）

紙〔八〕。粟伍升，祭拜吳和尚用。又麵柒斗、油壹升、酒半瓮，徒衆早上拜節造戒齋喫用。

廿四日麵叁斗伍升、油半升，造食供氾博士團尖子用。廿七日酒壹角，僧録壽昌到來迎用。

廿九日酒壹斗，解法律瓜州到來迎用。又麥兩碩、粟兩碩，還陳押衙墊地價用〔九〕。（押）
十二月八日麵伍升、油半升，祭拜吳和尚及靈藥食用。九日餬餅麵貳斗伍升〔一〇〕、煮油麵叁斗、油叁升、入袋麵兩碩叁斗、䵃麵壹碩捌斗、油伍升、酒壹瓮捌杓，已上油麵酒造食，東窟運砂及城内戒火徒衆造食喫用。十二日麵壹斗、粟叁斗，納大衆迎和尚用。十六日豆兩碩，買吳懷定布，納官用。同日油壹斗、豆兩碩、麥柒斗、粟柒斗，賣（買）押衙張懷通及陰家鐵團胸子用〔一一〕。又麵壹斗，牧羊人納羊腔與用。（押）
又麥貳拾肆碩貳斗、粟貳拾貳碩捌斗，還南倉司馬法律等團用。（押）

説明

此件前缺，僅存十月的一部分和十一月、十二月的支出油、麵、粟、麥、酒等的記録。因其後爲《辛亥年十二月七日直歲法勝所破油麵歷》，從筆跡看，該歷與此件爲同一人所抄，支出的物品和名目也與此件相類，故此件亦應爲某寺直歲所破油麵等歷。按當時習慣，油、麵、粟、麥、酒等物品被概稱爲「諸色斛斗」，故稱此件爲「某寺直歲諸色斛斗破歷」。因此件之支出記録止於十二月十六日，其後爲「辛亥年十二月七日以後」和「壬子年正月以後」破歷，《英藏敦煌文獻》確定此件爲「辛亥年」之上一年即「庚戌年」破歷。但「辛亥年十二月七日以後破歷」，保存的只是這所寺院十二月七日以後「諸色斛斗」支出的記録，尚缺十二月七日以前的記録，而此件雖亦有十二月七日以後的支出，但大部分爲十二月七日以前的支出，故不能排除此件爲「辛亥年」的可能性。可能是基於這樣的考慮，《敦煌社會經濟文獻真蹟釋録》將此件確定爲「辛亥年」。

校記

〔一〕「正」，當作「政」，據文義改，「正」爲「政」之借字；「竿」，《敦煌社會經濟文獻真蹟釋録》釋作「祘」，「竿」同「算」。

〔二〕「麤」，原寫作「麁」，爲「麤」之俗字，《敦煌社會經濟文獻真蹟釋録》釋作「粗」，按「麤」在此件中是取其「不精」、「麤糲」之意，釋作「粗」是意可通而字誤。

〔三〕「杪」，當作「抄」，據文義改。

〔四〕「正」，當作「政」，據文義改，《敦煌社會經濟文獻真蹟釋録》逕釋作「政」，「正」爲「政」之借字。

〔五〕「麤」，《敦煌社會經濟文獻真蹟釋録》釋作「粗」，意可通而字誤，説見校記〔二〕。

〔六〕「賣」，當作「買」，《敦煌社會經濟文獻真蹟釋録》據文義校改，「賣」爲「買」之借字；「賈」，當作「價」，《敦煌社會經濟文獻真蹟釋録》據文義校改，「賈」爲「價」之借字。

〔七〕「抄」，《敦煌社會經濟文獻真蹟釋録》釋作「杪」，誤。

〔八〕「賣」，當作「買」，《敦煌社會經濟文獻真蹟釋録》據文義校改，「賣」爲「買」之借字。

〔九〕「價」，《敦煌社會經濟文獻真蹟釋録》漏録。

〔一〇〕「餬」，《敦煌社會經濟文獻真蹟釋録》釋作「胡」。

〔一一〕「賣」，當作「買」，《敦煌社會經濟文獻真蹟釋録》據文義校改，「賣」爲「買」之借字。

參考文獻

Descriptive Catalogue of the Chinese Manuscripts from Tunhuang in the British Museum, p. 262；《支那佛教史學》二卷二期，四〇至四三頁、九八頁；《スタイン將來大英博物館藏敦煌文獻分類目録・古文書類》九八頁；《唐代社會文化史研究》三一七至三一九頁；《敦煌寶藏》一一册，三四六頁（圖）；《唐五代敦煌寺戶制度》二七五頁；《中國史研究》一九八九年三期，一二二至一二七頁；《敦煌研究》一九九〇年一期，四八頁；《敦煌社會經濟文獻真蹟釋録》三輯，一七七頁（録）、（圖）；《英藏敦煌文獻》三卷，八八頁（圖）；《西北史地》一九九四年一期，三二至三三頁；《敦煌寺院會計文書研究》二二二至二二三頁。

斯一五一九　二　辛亥年十二月七日後某寺直歲法勝所破油麵歷

釋文

辛亥年十二月七日某寺直歲法勝所破油麵歷。
麵壹斗、麤麵壹斗[一]、油半升、酒壹斗，交割直歲大因衆僧喫用[二]。又粟壹斗，都僧統東窟到來迎用。油半升[三]，蘇半升，八日靈藥食用。麵伍升，油壹抄，造吳和尚齋時用。麵柒斗、油壹升，造故王僧統戒齋用。九日麵貳斗、酒壹角、油壹抄，造食賈法律東窟到來迎用。十一日麵壹斗，牧羊人來與用。十四日酒壹斗，平法律拽椽到來迎用。廿日麵兩碩陸斗、油壹斗肆升，城上轉經供佛僧用。麤麵三斗[四]，造食女婦喫用。又麵叁斗、油壹升，孔盈德新婦產與用。又麵柒斗、油壹升、酒半瓮，大歲日拜節及戒齋用。又麵伍升，油壹抄，酒伍升，大歲夜祭吳和尚用。又酒肆瓮，諸和尚節料用。又酒壹瓮，張法師賀官用。
（押）
壬子年正月十二日麵捌斗、油叁升半、蘇叁升壹抄、酒拾伍杓，已上油麵酒等造食人夫爭（？）上看官家用。又麵貳斗、油壹合、酒壹角，兩日看造食尼闍梨用。麤麵壹斗伍升[五]，女婦喫用。十四日麵壹斗伍升、油壹抄、酒壹角，西院索僧政東窟來迎用。又酒壹斗，馬家莊上應祥將賽神用。又麵肆斗伍升、油壹升壹抄、酒半瓮，十五日東窟上燃燈及賽天王用。又粟叁斗，納大衆用。十七日麥酒壹瓮，看官家用。廿九日酒壹角，請翟水官助行像用。麵五升，油壹[抄]〔六〕，[麵伍升]〔七〕[　　　　　　　　]日

麵兩碩柒斗

（後缺）

説明

此件原題爲『辛亥年十二月七日某寺直歲法勝所破油麵歷』，而所列支出時間不限於七日，實爲十二月七日以後破歷；支出的項目不限於油麵，也包括粟、蘇、酒，按當時命名慣例，實爲『諸色斛斗破歷』。

此件之『辛亥』、『壬子』，翟理斯推斷爲公元九五一年、九五二年，方廣錩則推斷爲唐大順二年即公元八九一年和唐景福元年（公元八九二年）（參見方廣錩《敦煌佛教經録輯校》，江蘇古籍出版社，一九九七年版，五一八頁）。

校記

〔一〕『麤』，原寫作『麄』，爲『麤』之俗字，《敦煌社會經濟文獻真蹟釋録》釋作『粗』，按『麤』在此件中是取其『不

精」、「麤糲」之意，釋作「粗」是意可通而字誤。

〔二〕「大因」，《敦煌社會經濟文獻真蹟釋録》釋作「杳」，誤。

〔三〕「半」，《敦煌社會經濟文獻真蹟釋録》釋作「柒」，誤。

〔四〕「麤」，《敦煌社會經濟文獻真蹟釋録》釋作「粗」，意可通而字誤，説見校記〔一〕。

〔五〕「麤」，《敦煌社會經濟文獻真蹟釋録》釋作「粗」，意可通而字誤，説見校記〔一〕。

〔六〕「抄」，據殘筆劃及文義校補。

〔七〕「麪伍升」，據殘筆劃及文義校補。

參考文獻

Descriptive Catalogue of the Chinese Manuscripts from Tunhuang in the British Museum, p. 262；《支那佛教史學》二卷三期，四〇至四三頁、九八頁；《スタイン將來大英博物館藏敦煌文獻分類目録・古文書類》九八頁；《唐代社會文化史研究》三一七至三一九頁；《敦煌寶藏》一一冊，三四六頁（圖）；《唐五代敦煌寺戶制度》二九八至二九九頁；《中國史研究》一九八八九年三期，一二三至一二七頁；《敦煌研究》一九九〇年一期，四八頁；《敦煌社會經濟文獻真蹟釋録》三輯，一七八頁（録）、（圖）；《英藏敦煌文獻》三卷，八八頁（圖）；《西北史地》一九九四年一期，三二至三三頁；《歸義軍史研究》二八七頁；《敦煌寺院會計文書研究》二二二至二二三頁。

斯一五一九背　某寺藏經書目

釋文

（前缺）

《注觀音經》，一卷。《韋提希經》，一卷。

《一切經音義》，卷第七[一]。又《經音義》，卷第三。

《注赤（？）聞戒》[二]，一卷。《雜寶藏經》，第五。

《賢愚經》。《波斯匿王女及醜緣》，二卷。

《佛頂尊勝陀羅尼經》，一卷。

《雜寶藏經》，第二。《佛説耆婆活□經》，一卷。

《佛垂般涅槃略説教戒（誡）經》[三]，一卷。

《六門陀羅尼經》，一卷，共一帙。

《華嚴經内章門等雜記目》[四]，卷第一。

（中空二行）

《法王東流傳》，一卷，《華嚴經章門雜記目》〔五〕，第一。
《新譯大方廣佛花嚴經音義序》，一卷。
《講金剛疏文》〔六〕，一卷。《戒式□》，一卷。□方序。
《法勝破歷》。《佛八十相好》，一卷。
《維摩疏》，同一帙。
《上生經疏》，上、下兩卷。《因明疏》，第一卷。
《上生經》，一。《上生抄》，一卷。爲一帙。
《維摩天台抄》。《番字漢字經名》，一卷。
《梵字經千文》，三本。《閻羅十王變》〔七〕，一。
《彌陀念佛讚經》，一本。
《字母圖》，四本一束，同。《及□康講□》。
《百法要訣》及《橫飛》，兼《百法平觀》，同束。
《大句圖》并《因明論》〔八〕。英真。

說明

此件抄於某寺破歷背面，爲某寺直歲法勝所在者寺院的藏書目，該寺藏經以佛經爲主，但亦有變文和字母圖等，甚至法勝的「破歷」也被列入了目録。此件墨跡較淡，不易辨識，部分難認的文字核查過原件。《敦煌佛教經録輯校》對此件做過釋録。

校記

〔一〕「七」，《敦煌佛教經録輯校》釋作「十」。
〔二〕「聞」，《敦煌佛教經録輯校》釋作「開」。
〔三〕「戒」，當作「誡」，《敦煌佛教經録輯校》據歷代經録校改。
〔四〕「記」，《敦煌佛教經録輯校》釋作「孔」，誤。
〔五〕「記」，《敦煌佛教經録輯校》釋作「孔」，誤。
〔六〕「講」，《敦煌佛教經録輯校》釋作「譯」，誤。
〔七〕「閣羅十」，《敦煌佛教經録輯校》釋作「□□子」，誤。
〔八〕「句」，《敦煌佛教經録輯校》釋作「仙」，誤。

參考文獻

Mair, *Chinoperl Papers* Vol. 10, 49 Ⓡ; *Descriptive Catalogue of the Chinese Manuscripts from Tunhuang in the British Museum*, p. 262; 《スタイン將來大英博物館藏敦煌文獻分類目録・古文書類》四一頁；《敦煌寶藏》一一册，三四七至三四八頁（圖）；《英藏敦煌文獻》三卷，八九頁（圖）；《敦煌佛教經録輯校》五一八至五二一頁（録）。

斯一五二〇　法門名義集卷題記

釋文

蕃中未年三月十一日，比丘妙濟於沙州金光明〔寺〕〔一〕，三本勘訖記耳。

説明

此件《英藏敦煌文獻》未收，現予補録。據「蕃中未年」，知此題記寫於吐蕃管轄敦煌時期。

校記

〔一〕「妙」，*Descriptive Catalogue of the Chinese Manuscripts from Tunhuang in the British Museum* 釋作「行」，《敦煌遺書總目索引》、《敦煌遺書總目索引新編》釋作「□」；「寺」，《敦煌遺書總目索引》、《敦煌遺書總目索引新編》據文義校補。

參考文獻

Descriptive Catalogue of the Chinese Manuscripts from Tunhuang in the British Museum, p. 189（録）；《敦煌遺書總目索引》

一四〇頁（録）；《敦煌寶藏》一一册，三五四頁（圖）；《禪宗文獻的研究》三五〇至三五二頁；《中國古代寫本識語集録》三八四頁（録）；《敦煌遺書總目索引新編》四八頁（録）。

斯一五二二A　齋儀

釋文

（前缺）

素□□。麗藻若藩（潘）〔一〕、陸連（蓮）花〔二〕，飛筆與鍾、張比迅。　　路，兇渠孔熾，戎馬生郊寄　　朝趨損，百福詶（酬）恩者焉〔三〕。　　行逾增，□名欠（？）著，重之以仁，　　丁靡，惶惶翼翼，聞歌聞詠者　　六舟而□濟昏城霄之佇　　□踈（疎）□術，法王啟導，廣運迷　　依之地。

　　高，仁孝聞於廿齡　　家，先檢六銖，方施　　。惟願秉文住武，入　　光暉獨秀，新婦則　　婉麗淑質，妍花狀　　洛浦。四德流美，百兩言歸，永保休宜〔四〕，冀和琴瑟，去彼□□□□，仍陳清靜之延（筵）。惟願□□□衛，千聖冥加，冀益女功，彌彰婦德。

僧　惟某栖神道樹，浴想禪池。知□□之纓身，悟智舟之□□。所以凝心四諦，欽念三乘。故得解素披緇，法服舒而六天喜，神▭髮，惠刀奪而四魔驚。參勝侶於金園，廁高名於寶地。□□□□禎幹，爲品物之津梁。

尼　斯乃行業舒芳，性筠敷秀。柔襟雪暎，凝定水於心池；淑質霜□，皎禪支（枝）於意樹。故得解羅裳於寶地，披妙服以凝真。落雲髮於金闌，襲芳緣而出俗。粧臺豔粉，棄之如灰塵；花帳芳茵，厭之如□□。

像　乃金容挺照，月面圓明。如猶忉利之天，似起▭說法，未開丹果之唇。狀欲經行，猶峙蓮花之步。▭高樹侵雲，花皎七輪，光輝八達。至孝等一思□□□□□□再想溫情，千秋痛咽；雖復悲纏六府，未盡▭寧資於魂路。所以修因净境，集福良田。式▭罔極。

兄弟姊妹　熟（孰）謂盈盈同氣[五]，一旦九泉穆穆，孔懷忽▭令烏之永隔，痛花萼之長凋。光陰遽遷，於茲某▭。

奴婢　不謂報落青衣，業構黑網。身無自在，名▭恭謹之小心，愍晨昏之匪懈，故於是日，爲設清齋。□纍，永拔煩籠。生於諸佛之家，共作菩提之春（眷）屬〔六〕。至於理僧徒之寺主　惟某禪池共清泉，共潔戒珠，將皎月同圓。可謂昂藏智□，恢廓法宇。至於理僧徒之繁務，秉法紹之肅清。與僧友之□

（後缺）

說明

斯一五二二號有A、B兩片，均首尾殘缺，此件爲斯一五二二A，英藏縮微膠片和《敦煌寶藏》、《英藏敦煌文獻》均只收録了斯一五二二A正面（標號爲斯一五二二）和斯一五二二B正面（標號爲斯一五二二背面），漏收斯一五二二A背面，斯一五二二B背面無文字。

斯一五二二號A首尾殘缺，首部和下部亦有殘缺。其内容爲《齋儀》之亡文部分（關於《齋儀》，請參看郝春文《中古時期社邑研究》，新文豐出版公司，二〇〇六年版，四七一至五〇二頁），存婦、僧、尼、兄弟姊妹、奴婢和寺主等。

校記

〔一〕「藩」，當作「潘」，據文義改，「藩」爲「潘」之借字。

〔二〕「連」，當作「蓮」，據文義改，「連」爲「蓮」之借字。

〔三〕「詶」，當作「酬」，據文義改。
〔四〕「永」，據文義補。
〔五〕「熟」，當作「孰」，據文義改，「熟」爲「孰」之借字。
〔六〕「春」，當作「眷」，據文義改。

參考文獻

Descriptive Catalogue of the Chinese Manuscripts from Tunhuang in the British Museum, p. 190；《敦煌遺書總目索引》一四〇頁；《敦煌寶藏》一一册，三五五至三五六頁（圖）；《英藏敦煌文獻》三卷，八八頁（圖）；《敦煌遺書總目索引新編》四七頁。

斯一五二二A背　一　某年正月廿三日施捨疏抄

釋文

（前缺）

在何，恐墮不如意處，今投道場，請爲念誦。

正月廿三日弟子無〔名〕疏〔一〕。

說明

此件爲斯一五二二A背，英藏縮微膠片和《敦煌寶藏》、《英藏敦煌文獻》均漏收，現予補録。斯一五二二A背除抄録了此件外，尚有『齋文抄』和另外兩件『施捨疏抄』。

校記

〔一〕『名』，據其他施捨疏體例補。

斯一五二二A背　二　齋文抄

釋文

夫法身空寂，湛妙質於靈山；聖主無生，應身形於□□。[　　]而不滅，四相之所莫遷；生所未生，八苦莫之能辨。惟[　　]號爲常樂之原，解脱法身，清昇彼岸，力名堅[　　]□十力以降天魔，現六通而摧外道。大哉！牟尼尊□□□。

蓋聞惠日騰暉，轉法輪於鷲嶺，慈雲布族，灑[　　]然則拯彼昏童不二之門，斯啟赦諸雅[　　]是知法身、應身，度脱之祐，齊致前佛[　　]

夫廣大賢劫，有聖人焉，出釋氏宫，名婆伽梵，心凝大寂〔一〕，身意無邊〔二〕，慈視衆生，號之爲佛。

（中空二一行）

聖集千容，圖形萬像，或分形應跡，或乘首賜珠，從忉利以來遊，狀菩提而起座，念者尚能去垢，圖像何福不臻？一禮一瞻，福周法界。

説明

此件下殘，所抄内容都不完整，前三段分別爲三種齋文的起首部分（號頭），第三段爲『社邑印沙佛文』的起首部分，最後一段亦爲齋文的中間部分。中間有兩行空白，其後留有五行空白，再後是『施捨疏抄』。

校記

〔一〕『心凝大寂』，據伯二八四三『社邑印沙佛文』補。
〔二〕『身意無』，據伯二八四三『社邑印沙佛文』補。

斯一五二二A背　三　某年九月廿九日施捨疏抄

釋文

髮八剪，入修造；（中缺）紫□□　充乳藥。

（中缺）緣染患，經今

（中缺）捐，今投道場〔一〕，

（中缺）九月廿九日弟子無名疏。

説明

此件上缺，僅存下半部分。

校記

〔一〕『場』，據文義補。

斯一五二二A背　四　施捨疏抄

釋文

（前缺）

……

……謂東行，以爲男子

……障，早得相見，今

（後缺）

說明

此件後缺，上半部分亦缺，僅存首部下半部分。

斯一五二二B　一　涅槃經難字抄

釋文

涅槃經弟（第）一袟（帙）難字抄録如後〔一〕：

提　塘　秐　秀　稊　稗　酤　醽　俾　倪　櫓　蒜

膈　噁　譋　啞　野　炮　恒　咃　蠶　闟　洸　唎

弟（第）二袟（帙）　瘤　魁　懟　偃　瑰　玫　刻　買　皴　□

弟（第）三袟（帙）

卦　庭　撤　媔　靳　鋑　攤　抑　鑿　鬙　楯　頭

埕　烷

説明

此號英藏縮微膠片、《敦煌寶藏》、《英藏敦煌文獻》均標號爲斯一五二二背，實應爲斯一五二二B。

此件爲《涅槃經》第一、二、三帙中難字之抄録，分欄書寫，其前三行及第四行之上半部分字跡清晰，第四行下半部分及五、六行墨跡較淡，似非一次抄寫而成。此件後有「齋文摘抄」和「某寺法安破布抄」。

校記

〔一〕「弟」，當作「第」，據文義改，「弟」爲「第」之本字；「袟」，當作「帙」，據文義改，「袟」爲「帙」之借字，以下同，不另出校。

參考文獻

《敦煌遺書總目索引》一四〇頁；《敦煌寶藏》一一冊，三五六頁（圖）；《英藏敦煌文獻》三卷，九〇頁（圖）；
《敦煌遺書總目索引新編》四七頁。

斯一五二二B　二　佛事文摘抄

釋文

素緇有異，現相維摩，雖樂郡（群）生〔一〕，名不資德，謙下忍惡，摧人我山，行不二門，任佛性海，法雷時震，百福俱生，惠澤普霑，道芽憎（增）長〔二〕。十方諸佛，乘寶殿之禪棲；菩薩聖僧，蓮舟雲集遠行，蔭路霞開，雲煙不離，關河通太（泰）〔三〕，沙漠無虞，早達願所以平安。

素聞清節，操志雲謀。六親仰仁惠之風，九族賴溫和之德。加以違榮出俗，德（得）愛道之方〔四〕；蹤奉戒餐，禪繼蓮花之軌躅〔五〕。豈謂風摧道樹，月暗禪堂，掩然遊魂，邈以長行。

説明

此件與上件『涅槃經難字抄』抄於一紙，但墨色、筆跡都不一樣，應爲不同時期不同的抄寫者所爲。此件雖無殘缺，但所抄寫的内容并不完整，第一段似爲佛事文的一部分，第二段爲讚頌某位去世的僧人，

《英藏敦煌文獻》稱此件爲「頌亡人文二通」，但第一段不能確定是頌亡人，兹暫定名爲「佛事文摘抄」。

校記

〔一〕「郡」，當作「群」，據文義改。
〔二〕「憎」，當作「增」，據文義改。
〔三〕「太」，當作「泰」，據文義改，「太」爲「泰」之借字。
〔四〕「德」，當作「得」，據文義改，「德」爲「得」之借字。
〔五〕「躅」字疑爲衍文，據文義當刪。

參考文獻

《敦煌寶藏》一一一冊，三五六頁（圖）；《英藏敦煌文獻》三卷，九〇頁（圖）。

斯一五二二B　三　某寺法安布破歷

釋文

□布數：布五尺弔孝水官用。布六尺弔孝張押衙用[一]。布九尺修佛用。布二尺□□寺主用。布一丈七尺修佛破用。法安[二]。

説明

此件爲敦煌某寺僧法安支出布的記録，原無紀年，《敦煌社會經濟文獻真蹟釋録》推斷在公元九世紀後半期或十世紀前期。

校記

〔一〕『弔孝』，據殘筆劃及文義補。
〔二〕『法安』二字，爲本人簽名。

參考文獻

Descriptive Catalogue of the Chinese Manuscripts from Tunhuang in the British Museum，p. 190；《スタイン將來大英博物館藏敦煌文獻分類目錄・古文書類》九六頁；《敦煌寶藏》一一冊，三五七頁（圖）；《敦煌社會經濟文獻真蹟釋錄》三輯，一七五頁（錄）、（圖）；《英藏敦煌文獻》三卷，九〇頁（圖）。

斯一五二三+上博四〇　沙州刺史兼豆盧軍使李庭光莫高靈巖佛窟之碑并序

釋文

大唐通義（議）大夫〔一〕、使持節沙州諸軍事、沙州刺史兼豆盧軍使〔二〕、上柱國李庭光莫高靈巖佛窟之碑并序〔三〕。

詳夫乾象上陞，信寥廓而難惻（測）〔四〕；坤儀下闢，寔坱圠而無窮〔五〕。至若寒暑之期，律呂推而必兆；盈縮之節，灰琯候而可知〔六〕。雖復周、孔抽（栖）遑〔七〕，删《詩》、《書》而定禮樂；松喬變化，遊碧落而翔紫煙。道之爲物〔八〕，恍忽兮；易之爲書，廣大矣。猶昧於混成之域，未窮於太極之間。豈知夫大覺本無去無來，至真乃不生不滅。潛運慈悲之力，蜜（密）開方便之門〔九〕。標報應之二形〔一〇〕，韞推實之雙智。故能苞含萬象，影現四生。名稱昭宣，分沙紀之猶略；廣長等覆，盡墨虗而未該〔一一〕。廓十地之郊畿，覃四天之正朔〔一二〕。三千大千之境，祥吐月毫；中葉小葉之林，瑞浮花足。混三歸於一性，演百福於千光；拯庶類於愛河〔一三〕，拔群迷於火宅。惟神也，散無明而分大夜；惟妙也，觸法雨而躋下士。功成業樹，甄八會之名言；假跡真儀，圖四千之靈塔；雕金鏤玉，化迦維之不朽；分素（塑）深丹[一四]，呈現相於無限[一五]。感應之功誠遠，弘濟之力實深。巍巍乎，難可得而言者也[一六]。我國家締曾（層）構於軒上[一七]，燭遐祥樞電；撫龍圖以臨萬寓，握鳳篆而馭四方[一八]。化洽無垠，恩潭有截[一九]。澤霑行葦，仁及昆蟲。處域中之一太，崇方外之三寶。不動之教，潛泊六幽；無爲之風，光被八表。豈止四三皇之貞觀，六五帝於至道而已矣。通義（議）大夫[二〇]、使持節沙州諸軍事、沙州刺史兼豆盧軍使、上柱國隴西李府君，帝顓頊之貴胄，涼〔武〕昭王之茂族[二一]。名縣稽固[二二]，陳謩以讚康哉；柱史無爲，說經而論道德。將軍授略，崇勳傳累代之名；我後傑時[二三]，餘慶列宗盟之序[二四]。公生自〔□〕〔□〕之室[二五]，長於橋梓之門。膺五百以稱賢，苻（符）九三而表德[二六]。志高雲月，氣列風霜。奉國忠貞，安邊效節。遂得名參列嶽，任委專城。爲五等之諸侯，作九班之牧伯。至若致政調人之術，移風易俗之規[二七]，徵（懲）勸并施，德刑兼設[二八]。莫不御行有道，理□得宜[二九]。示以威恩，濟以寬猛。閭左沾其春露，豪右肅其秋霜。賤絲竹以非娛，貴名教而爲樂[三〇]。由是姦回斂跡，囹圄空虛[三一]。草偃葉而從風，葵傾心而向日。火沉官燭，獨邁於巴衹；水酌貪水（泉），有逾於吳隱。惠化光於五袴，盛德聞於兩歧；災蝗遠過於郊坰[三二]，喧鵲絕聲於里閈。停車決訟，驗朱博之高名；去職桂林，表胡威於清素。尤所謂立功立德，遺直遺愛者矣。加以翹誠慧覺，鶩想净因[三三]。思十號之玄宗，識三歸之正路。以榮姿茂實，爲無常之所吞；晟績鴻名，何有侍之應住〔三四〕。於是俗家心事，厭囂滓之恒清；物外煙霞，踐伊蘭之勝域。知僞誠朽閣之妙典，體兔角龜毛之大義。渾（混）真俗〔三五〕，忘是非，一筌蹄，齊得喪。每日每月，造尊像而靡窮；或印或模，計俱胝而不極。龍興、大雲之寺，齋堂梵宇之中，布千佛而咸周，禮六時而莫怠。又以斑條務隟〔三六〕，洗沐餘閑，戮力於三乘，息心於萬事。率諸寮屬〔三七〕，結駟連鑣。或遊鸎鵡之林，時拜芙蓉之塔。因届於莫高靈巖之伽藍，申虔謁也。公顧謂諸官曰：『萬里勝邑，地帶鳴沙，三危遠邊，境鄰昌海，爲東井之巨防，作西服之咽喉。然此山峒，功德無量。與公等敬造一窟，垂裕千齡。締良緣於□於無間之地。匪直見前俊〔三八〕，寀争〔三九〕（下缺）

説明

此件由斯一五二三和上博四〇拼接而成。馬德最早對兩件文書作了綴合、録校，他認爲此件之撰寫年代在武周末至開元初，即公元六九九至七一五年間（參見《三件莫高窟洞窟營造文書述略》，《敦煌研究》一九九四年四期，一五二至一五四頁）。

校記

〔一〕「大唐通」，《敦煌碑銘讚輯釋》、《敦煌莫高窟史研究》據文義校補；「義」，當作「議」，據文義改，「義」爲「議」之借字。

〔二〕「兼豆盧軍使」，《敦煌莫高窟史研究》據下文校補。

〔三〕「上柱國」，《敦煌莫高窟史研究》據下文校補；「庭光」，《敦煌碑銘讚輯釋》釋作「光庭」，誤。

〔四〕「惻」，當作「測」，《敦煌莫高窟史研究》據文義校改，《敦煌碑銘讚輯釋》逕釋作「測」，「惻」爲「測」之借字。

〔五〕「寔」，《敦煌碑銘讚輯釋》、《敦煌莫高窟史研究》均釋作「實」，誤；「圠」，《敦煌莫高窟史研究》釋作「圮」，誤。

〔六〕「琄」，《敦煌碑銘讚輯釋》釋作「縮」，意可通而字誤。

〔七〕「撫」，當作「栖」，據文義改，《敦煌碑銘讚輯釋》逕釋作「栖」。

〔八〕「道」，《敦煌碑銘讚輯釋》釋作「首」，誤。

〔九〕「蜜」，當作「密」，《敦煌莫高窟史研究》據文義校改，《敦煌碑銘讚輯釋》逕釋作「密」，「蜜」爲「密」之借字。

〔一〇〕「形」，《敦煌碑銘讚輯釋》釋作「刑」，誤。

〔一一〕「墨」，《敦煌莫高窟史研究》釋作「畢」，誤；「虗」，《敦煌碑銘讚輯釋》、《敦煌莫高窟史研究》釋作「虚」，「虗」同「虚」。

〔一二〕「覃」，《敦煌碑銘讚輯釋》釋作「覃」。

〔一三〕「拯」，《敦煌莫高窟史研究》釋作「極」，誤。

〔一四〕「素」，當作「塑」，《敦煌莫高窟史研究》據文義校改，「素」爲「塑」之借字。

〔一五〕「相」，《敦煌莫高窟史研究》釋作「象」，誤。

〔一六〕「得」，《敦煌碑銘讚輯釋》釋作「信」，誤。
〔一七〕「曾」，當作「層」，《敦煌莫高窟史研究》據文義校改，「曾」爲「層」之借字。
〔一八〕「鳳」，《敦煌莫高窟史研究》釋作「圓」，誤。
〔一九〕「潭」，《敦煌莫高窟史研究》釋作「覃」。
〔二〇〕「義」，當作「議」，據文義改，「義」爲「議」之借字。
〔二一〕「武」，《敦煌莫高窟史研究》據文義校補，《敦煌碑銘讚輯釋》逕釋作「武」。
〔二二〕「名」，《敦煌碑銘讚輯釋》漏録。
〔二三〕「後」，《敦煌碑銘讚輯釋》釋作「君」，誤。
〔二四〕「序」，《敦煌碑銘讚輯釋》釋作「座」，誤。
〔二五〕「〔□〕〔□〕」，原件留有二字空白，待以後或刻碑時添入。
〔二六〕「苻」，當作「符」，《敦煌莫高窟史研究》據文義校改，《敦煌碑銘讚輯釋》逕釋作「符」，「苻」爲「符」之借字。
〔二七〕斯一五二三至「移風易」止，自「俗之規」以下爲上博四〇。
〔二八〕「刑」，《敦煌莫高窟史研究》釋作「形」，誤。
〔二九〕「得」，《敦煌莫高窟史研究》釋作「同」。
〔三〇〕「名」，《敦煌莫高窟史研究》釋作「石」，誤。
〔三一〕「虗」，《敦煌莫高窟史研究》釋作「虛」，「虗」同「虛」。
〔三二〕「蝗」，《敦煌莫高窟史研究》釋作「煌」，誤。
〔三三〕「鶩」，《敦煌莫高窟史研究》釋作「鶩」。

〔三四〕「之」，底本先寫作「而」，又在其右側改爲「之」字，字體較小。

〔三五〕「渾」，當作「混」，據文義改，「渾」爲「混」之借字。

〔三六〕「斑」，《敦煌莫高窟史研究》釋作「班」。

〔三七〕「寮」，《敦煌莫高窟史研究》釋作「僚」，誤。

〔三八〕「俊」，《敦煌莫高窟史研究》釋作「後」。

〔三九〕「寀」，《敦煌莫高窟史研究》釋作「采」，誤。

參考文獻

Descriptive Catalogue of the Chinese Manuscripts from Tunhuang in the British Museum , pp. 240－241；《敦煌寶藏》一一册，三五八頁（圖）；《敦煌歌辭總編》中，八一二至八一三頁；《文獻》一九九〇年二期，八六頁；《英藏敦煌文獻》三卷，九一頁（圖）；《敦煌碑銘讚輯釋》一六至一八頁（録）；《上海博物館藏敦煌吐魯番文獻》一册，三二四頁（圖）、《敘録》八〇頁；《敦煌研究》一九九四年四期，一五二至一五四頁（録）；《敦煌莫高窟史研究》八〇至八四頁（録）；《敦煌遺書總目索引新編》四七頁。

斯一五二三背　一　雜文

釋文

（前缺）

且夫子教五常，唯傳一域。桑间遇女人之責[一]，秦邦難九曲之珠，其教無利益之好，出言有禍害之本。摇唇鼓舌，論話是非。我佛降神母胎，乘六牙之寶象，右脅誕質。蹈七步之蓮花，瑞相遍三千，及子之聞，通十方世界。四生普霑，六道俱浸。滅覺海之波濤，登涅盤（槃）之極樂。使贍部之內，皆愡得住。東變（？）西亂（？），咸遵其教。汝若傾心投向，必見勞（牢）寵（籠）[二]。儻若厭謗真宗，便入地獄。猶如箭射刹那之時，悔而無益；火急洶來，（以下原缺文）

說明

此件首缺，尾原未書完。字跡潦草，且多有塗抹痕跡。其內容是勸人信奉佛教，後爲《齋儀》摘抄。

校記

〔一〕底本「責」前另有倒書「疏五種」三字，因與正文無涉，未録。

〔二〕「勞籠」，當作「牢籠」，據文義改，「勞」爲「牢」之借字。

參考文獻

《敦煌寶藏》一一冊，三五九頁（圖）；《英藏敦煌文獻》三卷，九一頁（圖）；《敦煌遺書總目索引新編》四七頁。

斯一五二三背　二　齋儀抄（逆修等）

釋文

加以信珠久净〔一〕，心鏡先明〔二〕；知泡幻之不堅〔三〕，曉浮生而難駐〔四〕。每驚二鼠，恒懼四蛇。是知紅顔易念念之間，白髮變須臾之際。惠心内朗，壇會外施。今生植來世之勝因，即日種後身而（之）福利〔五〕。故能先開净土，預掃天門。抽摵（減）净財〔六〕，爰修某七。净人謙恭〔七〕，立性謹敬。爲心駈馳，不失於四時。辰（晨）昏唯諾〔八〕，無虧於禮節。自可克終百福，奉事三尊〔九〕。奈何九横來侵，一期終[七]〔一〇〕，[日]月流速〔一一〕，居諸不停，存沒[殊途]〔一二〕。（下缺）

説明

此件首全尾缺，無標題，從墨色和筆跡看，非一人所抄，但内容是連貫的。斯二七一七背保存了與此件所保存的文字相同的内容，該件第一段有原題『逆修』，是《齋儀》的『逆修』部分（關於《齋儀》，請參看郝春文《中古時期社邑研究》，新文豐出版公司，二〇〇六年版，四七一至四八六頁）。第二段斯二七一七背亦無標題，從内容看應爲《齋儀》的「亡婦」部分。

以上釋文是以斯一五二三背爲底本，用斯二七一七背（稱其爲甲本）參校。

校記

〔一〕「浄」，甲本同，《敦煌願文集》釋作「清」，誤。
〔二〕「先」，甲本同，《敦煌願文集》釋作「光」，誤。
〔三〕「泡」，甲本作「絕」，誤；「堅」，甲本同，《敦煌願文集》釋作「返」，誤。
〔四〕「曉」，甲本作「悟」。
〔五〕「而」，當作「之」，據文義及甲本改。
〔六〕「摵」，甲本同，當作「減」，《敦煌願文集》據文義校改。
〔七〕「人」，甲本同，《敦煌願文集》釋作「安」，誤。
〔八〕「辰」，甲本同，當作「晨」，據文義改，「辰」爲「晨」之借字。
〔九〕「三」，甲本同，《敦煌願文集》釋作「二」，誤。
〔一〇〕「一」，甲本同，《敦煌願文集》釋作「四」，誤；「七」，據甲本補。
〔一一〕「日」，據甲本補。
〔一二〕「殊途」，據甲本補。

參考文獻

《敦煌寶藏》一一册，三五九頁（圖）；《英藏敦煌文獻》三卷，九一頁（圖）；《敦煌願文集》七一一至七一七頁（録）。

斯一五二四　大方等陁羅尼經卷第一題記

釋文

正光二年十月上旬寫訖。

説明

此件《英藏敦煌文獻》未收，現予補録。卷背有蔣孝琬所書之數碼和『《大方等陀羅尼經》卷第一，正光二年十月上旬寫訖』。

參考文獻

Giles, *BSOS*, 7.4（1935）, p. 818; *Descriptive Catalogue of the Chinese Manuscripts from Tunhuang in the British Museum*, p. 109（録）;《墨美》119號，一九頁;《敦煌遺書總目索引》一四〇頁（録）;《敦煌寶藏》一一册，三七二頁（圖）;《莫高窟年表》一二七至一二八頁;《敦煌遺書漢文紀年卷編年》九頁;《敦煌石窟研究國際討論會文集·石窟考古篇》三五二頁;《中國古代寫本識語集録》一〇七頁（録）;《敦煌研究》一九九一年四期，三八頁;《敦煌書法庫》一册，一五七至一九五頁（圖）;《魏晉南北朝敦煌文獻編年》一八五頁（録）;《敦煌遺書總目索引新編》四七頁（録）。

斯一五二七　妙法蓮花經卷第一題記

釋文

張定千自手（？）〔一〕

説明

此件《英藏敦煌文獻》未收，現予補録。『張定千』見於伯五〇三二中的一組甲申年（公元九八四年）『渠人轉帖』（參看寧可、郝春文《敦煌社邑文書輯校》，江蘇古籍出版社，一九九七年版，三八四、三八六頁）。

校記

〔一〕『手』，《敦煌遺書總目索引》、《敦煌遺書總目索引新編》認爲當校作『記』；『自手』，《中國古代寫本識語集録》釋作『白之』。

參考文獻

Descriptive Catalogue of the Chinese Manuscripts from Tunhuang in the British Museum, p. 83（録）；《敦煌遺書總目索引》一四〇頁（録）；《敦煌寶藏》一一冊，三八八頁（圖）；《敦煌大藏經》四一冊，七八八至七九二頁（圖）；《中國古代寫本識語集録》五一三頁（録）；《敦煌遺書總目索引新編》四七頁（録）。

斯一五二九　華嚴經卷第卌九題記

釋文

開皇十七年四月一日〔一〕，清信優婆夷袁敬姿，謹減身口之費，敬造此經一部，永劫供養。願從今已去，災障殄滅，福慶臻萃。國界永隆，萬民安樂。七世久遠一切先靈，并願離苦獲安，無諸障累。三界六道，怨親平等〔二〕，普共含生，同昇佛地。

説明

此件《英藏敦煌文獻》未收，現予補録。袁敬姿所造之《華嚴經》在敦煌文獻中保存了九卷，每卷後都有類似題記，除此件外，其他分别是斯四五二〇、斯六六五〇、伯二一四四、上海圖書館三〇、上海圖書館三一、上海圖書館三三、大谷家二樂莊舊藏及日本書道博物館藏等。此卷背有蔣孝琬所書之數碼和「《華嚴經》第卌九，開皇十四年四月一日清信優婆夷袁敬姿敬造」。

校記

〔一〕「四月」，《敦煌遺書總目索引》、《敦煌遺書總目索引新編》釋作「九月、四月」，誤。

〔二〕『親』，《中國古代寫本識語集録》釋作『神』，誤。

參考文獻

Descriptive Catalogue of the Chinese Manuscripts from Tunhuang in the British Museum, p. 42；《敦煌寶藏》一一册，四〇〇頁（圖）；《敦煌學要籥》一〇四頁（録）；《敦煌遺書總目索引》一四〇頁（録）；《敦煌大藏經》二二册，五三八至五三九頁（圖）；《中國古代寫本識語集録》一五一頁（録）；《敦煌願文集》八五六至八五七頁（録）；《敦煌遺書總目索引新編》四七頁（録）。

斯一五三三背　残片

釋文

（前缺）

□父母旦無罪

□修恩撫未也。我教獨憂

□父母今乃刑煞無罪，無

（後缺）

（前缺）

威畏順成生□

甚可畏王□

譜（？）治□

（後缺）

（前缺）

□者何□

（後缺）

（前缺）

其且爲民□

法度 昊 天□

（後缺）

（前缺）

□已威予順□

（中空一行）

□所知無礙妙□

□種可現園林□

（後缺）

（前缺）

□得有醧面

為蜮則汝誠不

相視無有極時

（後缺）

説明

以上殘片粘貼在《維摩詰經》卷中紙背，推測是爲修補佛經而將廢紙剪爲紙條粘貼在上面的。在這幾個殘片前，尚有蔣孝琬所書數碼和『維摩詰經卷中』，以及原書寫在卷背的『毗梨』、『行五』等文字。殘片後還有兩行佛教文字。

參考文獻

《敦煌寶藏》一一册，四三九至四四一頁（圖）；《英藏敦煌文獻》三卷，九二至九三頁（圖）。

斯一五四七　誠實論卷第十四題記

釋文

用紙廿八張。

延昌元年歲次壬辰八月五日，敦煌鎮官經生劉廣周所寫論成訖。

典經帥令狐崇哲[一]。

校經道人洪儁。

說明

此件《英藏敦煌文獻》未收，現予補録。此件卷背有蔣孝琬所書數碼和『誠實論卷第十四，延昌元年八月五日敦煌鎮劉廣周寫』。

校記

〔一〕『帥』，*Descriptive Catalogue of the Chinese Manuscripts from Tunhuang in the British Museum*、《敦煌遺書總目索引》、《敦煌

遺書總目索引新編》釋作「師」。

參考文獻

《鳴沙餘韻》八九頁（圖）；《鳴沙餘韻解説》二六七至二六八頁；Giles, *BSOS*, 7.4（1935）, 816 ®; *Descriptive Catalogue of the Chinese Manuscripts from Tunhuang in the British Museum*, p. 126（録）；《墨美》119號，一五頁；《敦煌遺書總目索引》一〇四頁（録）；《新亞書院學術年刊》一二期，一七一至一七二頁；《敦煌寶藏》一一冊，五三三頁（圖）；《敦煌譯叢》三〇至三一頁；《莫高窟年表》一一四頁；《敦煌學要龠》一〇四至一〇五頁；《敦煌學》一五輯，九九頁；《敦煌吐魯番學研究論文集》一三頁；《敦煌遺書漢文紀年卷編年》六頁；《中國古代寫本識語集録》一〇二頁（録）；《敦煌文書學》一五八頁（圖）；《敦煌碎金》九六頁；《法藏敦煌書苑精華》六冊，二三六至二三八頁；《魏晉南北朝敦煌文獻編年》一七〇至一七一頁；《敦煌遺書總目索引新編》四八頁（録）；《敦煌典籍與唐五代歷史文化》一六二頁（録）。

斯一五四九　讚僧功德經一卷

釋文

（前缺）

於僧勿起憍（驕）慢心[一]，來生受苦必當悔。

如僧刹那有功德，其福不容於大地。

何況經月累歲年，堅持如來嚴禁戒。

是人持戒功德寶（報）[二]，佛於一劫說不盡[三]。

況餘凡俗知其邊，福等虛空無有量[四]。

當知功德廣莊嚴，釋迦如來僧寶衆。

是故不聽在家者，毀辱打駡出家僧。

縱見沙門犯戒相（時）[五]，當寬其意勿嫌毀[六]。

如入芳藂採妙花[七]，不應摘選枯枝葉。

廣大清浄佛法海，多有持戒精修者[八]。

其中縱有犯威儀，白衣不應生毀謗。
譬如田中新苗稼，於中亦有稗莠草〔九〕。
應可一種敬良田〔一〇〕，不應諫（揀）選生分别〔一一〕。
是以世尊制諸人〔一二〕，不聽謗毁沙門衆〔一三〕。
唯當尊重生敬心，同此受勝諸天報。
佛日滅没雖久遠，僧寶連暉傳法燈。
由（猶）如龍王降甘雨〔一四〕，大地萌芽普洽潤。
和合僧寶亦如是，雨於如來妙法雨。
滋潤枯渴諸群生〔一五〕，長養善牙（芽）功德種〔一六〕。
於多劫中宿植因〔一七〕，得爲如來第（弟）子衆〔一八〕。
處在賢聖法海中，飲妙解脱甘露味。
傳持世尊末代教，流化十方諸國土。
利益一切諸衆生，令佛法輪恒不絕。
佛法久後滅没時，伽藍精舍毁成聚。
龕塔尊像并荒梁（涼）〔一九〕，設欲供養難可得。
壁畫僧形不可見〔二〇〕，何況得聞於政（正）法〔二一〕。

人身難得生人中，佛法難逢（逢）今已遇〔二二〕。
如何於妙良福田，不種當來功德種。
冥路懸遠不可達〔二三〕，當辦資糧備前所。
善福田中不種植，當來嶮路乏資糧〔二四〕。
是故諸人應善思，聞強僧中應惠施。
依經我略讚僧寶，功德無量遍虚空。
迴施一切諸群生，願共當來槇（值）彌勒〔二五〕。
讚僧功德經一卷〔二六〕。
妙智圓明海，惠水洗塵埃。如如乏性位，覺滿是菩提。慈悲觀世物，六道遍留名。有緣皆感應，拔苦度迷津。執空將爲色，執色以爲空。了空識妄體，了妄是真宗。

説明

此件前缺，中題「讚僧功德經一卷」。據研究，此件雖名爲「經」，其實是俗講師爲俗講而根據《阿含經》意選擇編製而成，並非佛教原典，應屬講經文（參見周紹良、白化文、李鼎霞等編《敦煌變文集補編》，北京大學出版社，一九八九年版，一一四至一一六頁）。敦煌文獻中保存的《讚僧功德經》有九件，《敦煌變文集補編》最早對這批文獻進行了著録和録校，此件因僅存該文獻的後半部分，所存之内容僅能與其中的七件比勘。需要説明的是，此件在『讚僧功德經一卷』之後尚有十二句文字，每句五言。這段文字不見於其他『讚僧功德經』，應不屬於『讚僧功德經』，因未能確定其性質，暫附於該『經』之後。

以上釋文是以斯一五四九爲底本，用與此件有校勘價值的斯二四二〇（稱其爲甲本），斯二六四三（稱其爲乙本），斯五九五四（稱其爲丙本），國圖昃字七〇（稱其爲丁本）、服字六二（稱其爲戊本）、衣字二二（稱其爲己本）和生字四〇（稱其爲庚本）參校。

校記

〔一〕『憍』，甲、乙、丙、丁、戊、己、庚本同，當作『驕』，《敦煌變文集補編》據文義校改，『憍』爲『驕』之借字。

〔二〕『寶』，當作『報』，據文義及甲、乙、丙、丁、戊、己、庚本改，『寶』爲『報』之借字。

〔三〕『劫』，甲、乙、丙、丁、戊、庚本同，己本作『切』，誤。

〔四〕『等』，甲、乙、丙、丁、戊、庚本同，己本作『德』，誤。

〔五〕『相』，當作『時』，據甲、乙、丙、丁、戊、己、庚本改。

〔六〕『嫌』，諸本同，丙本作『慊』，誤。

〔七〕『花』，諸本同，丁本作『華』，『華』通『花』。

〔八〕『多』，甲、乙、丙、丁、戊、庚本同，己本作『當』。

〔九〕『亦』，諸本同，乙本脱。

〔一〇〕『種』，甲、乙、丁、庚本同，丙、戊本作『類』。

〔一一〕「諫」，丙、戊本同，當作「揀」，據文義及甲、丁、己、庚本校改，乙本作「簡」，「諫」、「簡」均爲「揀」之借字。

〔一二〕「以」，甲、乙、丙、丁、戊、庚本同，己本作「故」。

〔一三〕「謗毁」，戊本同，甲、乙、丙、丁、己、庚本作「毁謗」。

〔一四〕「由」，甲、丙、丁、戊、己本同，當作「猶」，據文義及乙、庚本改，「由」爲「猶」之借字。

〔一五〕「群」，甲、丙、丁、戊、己、庚本同，乙本作「郡」，誤。

〔一六〕「牙」，甲、乙、丙、戊、己本同，當作「芽」，據文義及丁、庚本改，「牙」爲「芽」之借字。

〔一七〕「植」，諸本同，丙本作「值」，「值」爲「植」之借字。

〔一八〕「第」，戊、己本同，當作「弟」，據文義及甲、乙、丙、丁、庚本改，「第」爲「弟」之借字。

〔一九〕「梁」，丙、戊本同，甲、乙、丁、己、庚本作「良」，當作「涼」，《敦煌變文集補編》據文義校改，「梁」、「良」爲「涼」之借字。

〔二〇〕「壁」，甲、乙、丙、丁、戊、庚本同，己本作「群」，誤。

〔二一〕「政」，當作「正」，據文義及甲、乙、丙、丁、戊、己、庚本改，「政」爲「正」之借字。

〔二二〕「逢」，甲、乙、丙、戊、己、庚本同，丁本作「聞」，當作「逢」，據文義改。

〔二三〕「冥」，諸本同，戊本作「真」，誤；「遠」，諸本同，丁本脱。

〔二四〕「乏」，甲、乙、丙、丁、戊、己本同，庚本作「之」，誤。

〔二五〕「槙」，戊本作「植」，當作「值」，據文義及諸本改。

〔二六〕「讚僧功德經一卷」，甲、乙、己本同，丙、丁、戊、庚本作「讚僧功德經」。

參考文獻

《大正新脩大藏經》八五冊，一四五六頁（録）；《敦煌遺書總目索引》一四〇頁；《敦煌寶藏》一一冊，五三七頁（圖）；《敦煌變文集補編》一〇九至一一六頁（録）；《敦煌吐魯番學研究論文集》九一至九四頁（録）；《英藏敦煌文獻》三卷，九四頁（圖）；《敦煌文學芻議及其他》一一九至一三四頁；《敦煌詩集殘卷輯考》八六三頁；《敦煌遺書總目索引新編》四八頁。

斯一五五八　舊雜譬喻經卷下題記

釋文

張良文寫。

説明

此件《英藏敦煌文獻》未收，現予補録。

參考文獻

Descriptive Catalogue of the Chinese Manuscripts from Tunhuang in the British Museum, p. 127（録）；《敦煌寶藏》一一册，五八四頁（圖）；《敦煌遺書總目索引新編》四八頁（録）。

斯一五六一A　佛説無量壽宗要經題記

釋文

令狐晏兒寫。

説明

此件《英藏敦煌文獻》未收，現予補録。

參考文獻

Descriptive Catalogue of the Chinese Manuscripts from Tunhuang in the British Museum, p. 144（録）；《敦煌遺書總目索引》一四〇頁（録）；《敦煌寶藏》一一册，六一〇頁（圖）；《敦煌遺書總目索引新編》四八頁（録）。

斯一五六一B　大乘無量壽宗要經題記

釋文

令狐晏兒寫。

説明

此件《英藏敦煌文獻》未收，現予補録。

參考文獻

Descriptive Catalogue of the Chinese Manuscripts from Tunhuang in the British Museum, p. 144（録）；《敦煌遺書總目索引》一四〇頁（録）；《敦煌寶藏》一一冊，六一〇頁（圖）；《敦煌遺書總目索引新編》四八頁（録）。

斯一五六三　　甲戌年（公元九一四年）五月十四日西漢敦煌國聖文神武王勅

釋文

西漢敦煌國聖文神武王　勅

押衙知隨軍參謀鄧傳嗣女自意，年十一歲〔一〕。

勅：　隨軍參謀鄧傳嗣女

自意，　姿容順麗，　窈

窕柔儀。　思慕空

門，　如蜂念蜜。　今因

大會齋次，　准奏，　宜許

出家，　可依前件。

甲戌年五月十四日。

說明

此件第二行、第五行及末行各鈐有『敦煌國天王印』一方。卷中的甲戌年即後梁乾化四年（公元九一四年）。西漢敦煌國是歸義軍節度使張承奉建立的一個地方割據政權，其前身是乾化元年建立的金山國。其時張承奉自稱『聖文神武白帝』、『聖文神武天子』、『金山白衣王』等。但至敦煌國時則稱『聖文神武王』、『敦煌國天王』，規格已大爲降低。此後不久即爲曹議金所取代，西漢敦煌國隨即滅亡（參見李正宇《關於金山國和敦煌國建國的幾個問題》，《西北史地》一九八七年二期，七三頁；榮新江《歸義軍史研究》一五頁；楊秀清《敦煌西漢金山國史》，甘肅人民出版社，一九九九年版，一五四至一五六頁）。

校記

〔一〕『年十一歲』，《敦煌遺書總目索引》、《敦煌社會經濟文獻真蹟釋録》、《敦煌遺書總目索引新編》漏録。

參考文獻

《東洋學報》八卷三期，三三二頁；《東亞考古學研究》三三二頁、三一一頁；*Descriptive Catalogue of the Chinese Manuscripts from Tunhuang in the British Museum*, p. 246；《敦煌遺書總目索引》一四一頁（録）；《甘肅師大學報》一九八〇年一期，七二頁；《敦煌寶藏》一一冊，六一五頁（圖）；《敦煌研究文集》三二一頁；《敦煌簡策訂存》三五至三七頁；《敦煌莫高窟供養人題記》二二六頁；《敦煌研究》一九八七年二期，一六至一七頁（録）；《西北史地》一九八七年二期，七三頁；《鄭州大學學報》一九八八年四期，一五頁；《西北師大學報》一九九〇年三期，四一頁、四七頁；《中央圖書館館刊》一九九一年一二期，一六七頁；《敦煌文史藝術論叢》八五頁；《講座敦煌》5《敦煌漢文文獻》五九一至五九二頁（録）、（圖）；《敦煌社會經濟文獻真蹟釋録》四輯，六四頁（録）、（圖）；《英藏敦煌文獻》三卷，九四頁（圖）；《唐代官文書研究》四二三至四二四頁；《敦煌史地新論》二一四至二一五頁；《甘肅社會科學》一九九六年三期，九二頁；《歸義軍史研究》一五頁、九六頁、二二八頁；《唐後期五代宋初敦煌僧尼的社會生活》八頁（録）；《敦煌西漢金山國史》一四五頁（録）；《敦煌遺書總目索引新編》四八頁（録）；《敦煌典籍與唐五代歷史文化》四六八至四六九頁。

斯一五七四　己未年四月某寺糧麻入歷

釋文

己未年四月於　官倉領得神佛料麥兩碩、黃麻壹碩貳
斗、粟肆碩，窟上作料用。麥兩碩，金光明寺索僧政施入。
粟兩碩貳斗，五月　官齋施入。粟壹拾碩、麥伍碩，於大衆
倉領入。麥伍碩、粟壹拾叁碩、黃麻肆碩捌〔斗〕[一]，於磑戶張富
昌手上領入。保定。
（後缺）

說明

此件中的『己未』年，唐耕耦、陸宏基推斷爲公元九五九年。卷末『保定』簽名，筆跡與前不同，爲另一人書寫。

校記

〔一〕『斗』，據文義補。

參考文獻

Descriptive Catalogue of the Chinese Manuscripts from Tunhuang in the British Museum, p. 262；《スタイン將來大英博物館藏敦煌文獻分類目録・古文書類》八七頁；《敦煌寶藏》一一册，六七一頁（圖）；《敦煌社會經濟文獻真蹟釋録》三輯，一二四頁（録）、（圖）；《敦煌寺院會計文書研究》三一五頁；《英藏敦煌文獻》三卷，九四頁（圖）；《敦煌遺書總目索引新編》四八頁（録）。

斯一五七五　　大般若波羅蜜多經卷第三百八十題記

釋文

張曜寫。

説明

此件《英藏敦煌文獻》未收，現予補録。

參考文獻

Descriptive Catalogue of the Chinese Manuscripts from Tunhuang in the British Museum, p. 10（録）；《敦煌寶藏》一一冊，六八三頁（圖）；《敦煌遺書總目索引新編》四八頁（録）。

斯一五七九背　大般若波羅蜜多經卷第二百八十四注記

釋文

大般若波羅蜜多經卷第二百八十四　廿九　聖

玄

説明

此件《英藏敦煌文獻》未收，現予補録。『玄』應爲此經之千字文編號，『聖』應爲敦煌『聖光寺』的簡稱。

參考文獻

Descriptive Catalogue of the Chinese Manuscripts from Tunhuang in the British Museum，p. 7（録）；《敦煌遺書總目索引》一四一頁（録）；《敦煌寶藏》一二册，二五頁（圖）。

斯一五八〇　大般若波羅蜜多經卷第二百一十二題記

釋文

比丘福智勘　　楊孝寫〔一〕。

説明

此件《英藏敦煌文獻》未收，現予補録，《中國古代寫本識語集録》推斷其時代爲九世紀前期。

校記

〔一〕『孝』，《中國古代寫本識語集録》釋作『教』。

參考文獻

Descriptive Catalogue of the Chinese Manuscripts from Tunhuang in the British Museum, p. 5（録）；《敦煌遺書總目索引》一四一頁（録）；《敦煌寶藏》一二册，三八頁（圖）；《敦煌大藏經》一二册，五九五頁（圖）；《中國古代寫本識語集

録》三六二頁（録）；《敦煌遺書總目索引新編》四九頁（録）。

斯一五八五　老子道德經序訣

釋文

堂堂乎爲神明之宗[一]。三光持以朗照[二]，天地稟以得生[三]，乾坤運以吐精[四]。高而無民[五]，貴而無位[六]，覆載無窮，是教八方諸天，普弘大道[七]。開闢以前，復下爲國師，代代不休，人莫能知之。匠成萬物，不言我爲，玄之德也。故衆聖所共尊。道尊德貴，莫之命也而常自然[八]，唯老氏乎[九]？周時復託神李母，部（剖）左腋而生[一〇]，生即皓〔晧〕然[一一]，號曰老子。老子之號，因玄而出[一二]，在天地之先，無衰老之期，故曰老子。世人謂老子當始於周代，老子之號，始於無數之劫，甚窈窈冥冥，眇邈久遠矣。世衰，大道不行，西游天下，關令尹喜曰：大道將隱乎？願爲我著書。於是作《道》、《德》二篇，五千文，上下經焉。夫五千文，宣道德之源，大無不包[一三]，細無不入，天人之自然經也。余先師有言：精進研之，則聲參太極；高上遥唱，諸天歡樂[一四]，則攜契玄人；静思期真，則衆妙感會；内觀形影[一五]，則神氣長存；體洽道德，則萬神振（震）

伏〔一六〕；禍滅九陰，福生十方。安國寧家，熟（孰）能知乎〔一七〕？無爲之文，汙之不辱〔一八〕，餝之不榮，撓之不濁；澄之不清湛〔一九〕，自然也。應道而見，傳告（下缺）

說明

此件首尾均缺，爲《老子道德經序訣》的一部分。本書第一卷斯七五號亦爲《老子道德經序訣》，該件首全尾缺，此件所存之内容均見於該件。關於《老子道德經序訣》及其在敦煌文獻中的保存情况，可參看該件說明。

以上釋文是以斯一五八五爲底本，因本書第一卷斯七五號釋文已將敦煌文獻中之《老子道德經序訣》列爲參校本，故此件僅用該件（稱其爲甲本）釋文參校。

校記

〔一〕『堂堂乎爲神明』，據甲本補。
〔二〕『三光持以朗照』，據甲本補。
〔三〕『天地稟以得生』，據甲本補。
〔四〕『乾坤』，據甲本補。
〔五〕『無民』，據甲本補。
〔六〕『貴而無位』，據甲本補。

〔七〕「弘」，據甲本補。

〔八〕「也」，甲本無。

〔九〕「唯」，甲本作「惟」。

〔一〇〕「部」，甲本作「割」，當作「剖」，本書第一卷據伯二四〇七校改。

〔一一〕第二個「皓」字，據甲本補。

〔一二〕「出」，甲本作「生」。

〔一三〕「包」，甲本作「苞」，「苞」通「包」。

〔一四〕「歡」，甲本作「懽」，均可通。

〔一五〕「形」，甲本同，本書第一卷將甲本此字釋作「行」，誤。

〔一六〕「振」，當作「震」，據甲本改，「振」爲「震」之借字。

〔一七〕「熟」，甲本同，當作「孰」，據文義改。

〔一八〕「汙」，甲本作「惡」，「惡」爲「汙」之借字。

〔一九〕「湛」，甲本無，係衍文，當刪。

參考文獻

《スタィン將來大英博物館藏敦煌文獻分類目録——道教之部》三一至三二頁；大淵忍爾《敦煌道經——目録編》二一四八頁；《敦煌寶藏》一二冊，六〇頁（圖）；《敦煌と中國道教》四一至四三頁；《世界宗教研究》一九八三年三期，一一五至一二二頁；《英藏敦煌文獻》三卷，九五頁（圖）；《英藏敦煌社會歷史文獻釋録》一卷，四四至四九頁（録）；《敦煌道教文獻研究——綜述、目録、索引》一五八頁。

斯一五八六　論語集解卷第二（里仁）

釋文

（前缺）

□王曰〔一〕：知仁爲美〔二〕，故利而行之〔三〕。□無惡也。』□不以其道得之〔四〕，不處〔五〕。

不以其道得之〔六〕，不去〔七〕。□惡乎成名？□顛沛必於是〔八〕。

惡不仁者〔九〕。好仁者〔一〇〕，□不使不仁者加乎其身〔一一〕。

有能一日用其力於仁矣乎〔一二〕？□□孔曰〔一三〕：言人無能一日用力修仁者耳〔一四〕，我未見欲爲仁而力不足者也〔一五〕。□蓋

有之矣，□□謙不欲盡誣時人言不能爲仁〔一六〕，故云爲能有耳〔一七〕，我未之見〔一八〕。

子曰：民之過也〔一九〕，各於其黨〔二〇〕。觀過〔二一〕，斯知仁矣〔二二〕。黨，黨類也〔二三〕。小人不能爲君子之行，於（非）小人之過〔二四〕，當恕而勿責之〔二五〕。觀過，使賢愚各當其所〔二六〕，則爲仁矣〔二七〕。

子曰：朝聞道〔二八〕，夕死可矣〔二九〕。言將至死〔三〇〕，不聞世之有道〔三一〕。

子曰：士志於道，而恥惡衣惡食者，未足與議也〔三二〕。

子曰〔三三〕：君子之於天下也〔三四〕，無適也〔三五〕，無莫也〔三六〕，義之與比〔三七〕。

子曰〔三八〕：君子懷德〔三九〕，孔曰：懷，安也〔四〇〕。小〔人〕懷土〔四一〕，孔曰：重遷〔四二〕。君子懷刑〔四三〕，孔曰：安於法也〔四四〕。小人懷惠，苞曰〔四五〕：惠〔四六〕，恩惠〔也〕〔四七〕。

子曰〔四八〕：放於利而行〔四九〕，孔曰：放，依也。每事依利而行〔五〇〕。〔多〕怨〔五一〕。孔曰：取怨之道。

子曰：能以禮讓爲國乎〔五二〕？何有〔五三〕？何有者〔五四〕，言不難〔五五〕。不能以禮讓爲國〔五六〕？如禮何〔五七〕？苞曰〔五八〕：如禮何者〔五九〕，言不能用禮〔六〇〕。

子曰：不患無位〔六一〕，患所以立〔六二〕。不患莫己知也〔六三〕，求爲可知也〔六四〕。苞曰：求善道而學行之，則人知己〔也〕〔六五〕。

子曰：參乎！道（吾）吾（道）一以貫之〔六六〕。曾子曰：『唯。』孔曰：直曉不問，故答曰唯〔六七〕。子出，門人問曰：『何謂也？』曾子曰：『夫子之道，忠恕而已矣。』

子曰：『君子喻於義，小人諭於利〔六八〕。』孔曰：諭〔六九〕，曉（猶）猶（曉）〔也〕〔七〇〕。

子曰：『見賢思齊焉，苞曰〔七一〕：思與賢者等。見不賢者内自省也〔七二〕。』

子曰：『事父母幾〔諫〕〔七三〕，苞曰：幾〔七四〕，微也。當微諫，納善言於父母〔七五〕。見志不從，又敬不違，勞而不怨。』苞曰：見志，見父母志，有不從已諫之色，則又當恭敬。不敢違父母意而遂己之諫〔七六〕。

子曰：『父母在，不遠遊，遊必有方。』鄭曰：防（方）猶常也〔七七〕。

子曰：『三年無改於父之道，可謂孝矣。』鄭曰：孝子〔在〕〔喪〕〔七八〕，哀慼思慕〔七九〕，無改其父之道〔八〇〕，非心所忍爲〔八一〕。

子曰：『父母之年，不可不知也〔八二〕。一則以喜，一則以懼。』孔曰：見其壽考則喜，見其衰老則懼〔八三〕。

子曰：『古者言之不出〔八四〕，恥躬之不逮〔八五〕。』苞曰：故（古）之人言不妾（安）出〔口〕者〔八六〕，爲身行之將不及〔八七〕。

子曰：『以約失之者鮮矣。』孔曰：〔俱〕〔不〕得中〔八八〕，奢則驕佚招禍〔八九〕，便（儉）約無憂患〔九〇〕。

子曰〔九一〕：『君子欲訥於言而敏於行。』苞曰：〔敏〕〔九二〕，〔疾〕〔也〕〔九三〕。訥，遲鈍也〔九四〕。言欲遲〔而〕行欲疾〔九五〕。

子曰：『德不孤〔九六〕，必有鄰。』方與（以）類聚〔九七〕，同志相求，故必有鄰，是哀（以）〔不〕孤〔九八〕。

子遊曰：『事君數，斯辱矣；朋友數，斯踈（疏）矣〔九九〕。』數，謂速數之數。

論語卷弟（第）二〔一〇〇〕。沙門竇印手札也。金光明寺學郎。

說明

此件首缺尾全，前八行上下亦缺，僅存中間部分，起「知仁爲美，」，訖尾題「論語卷弟（第）二，沙門寶印手札也，金光明寺學郎」，所存内容爲《論語集解》卷二《里仁》篇中的一部分。

據卷末題記，此件應爲沙門寶印所抄，《論語》原文用大字書寫，注釋採用雙行加注形式抄寫。李方據卷中「民」字缺筆，推定爲唐時寫本；池田溫推斷其時代大約爲九世紀後半期。又卷末題記所見的「金光明寺學」，李正宇考定其存在年代在公元七八八至一〇一九年間，在此基礎上，許建平認爲此件定在十世紀前期或許更好一些（參見許建平《敦煌經籍敘録》，中華書局，二〇〇六年版，三三二頁）。敦煌文獻中保存的《論語集解》中，對此件有校勘價值者，有伯二六七六、伯二九〇四、伯三九七二等三件。

以上釋文是以斯一五八六爲底本，用伯二六七六（稱其爲甲本）、伯二九〇四（稱其爲乙本）、伯三九七二（稱其爲丙本）和流行較廣的《十三經注疏》中之《論語注疏》（稱其爲丁本）參校。

校記

〔一〕「王曰」，據甲、乙、丙、丁本補。

〔二〕「知仁」，據甲、乙、丙、丁本補。

〔三〕「而行之」，據甲、丙、丁本補，乙本作「行之」。

〔四〕「不以其道」，據甲、乙、丙、丁本補；「得」，乙、丁本同，甲、丙本作「德」，「德」爲「得」之借字。

〔五〕「處」，據甲、乙、丙本補，丁本作「處也」。

〔六〕「不以其道」，據甲、乙、丙、丁本補；「得」，甲、丁本同，乙、丙本作「德」，「德」爲「得」之借字。

〔七〕「不去」，據甲、乙、丙本補，丁本作「不去也」。

〔八〕「是」，據甲、乙、丙、丁本補。

〔九〕「惡不」，據甲、乙、丙、丁本補。

〔一〇〕「者」，據甲、乙、丙、丁本補。

〔一一〕「不使不」、「其身」，據甲、乙、丙、丁本補。

〔一二〕「有能一日用其」、「乎」，據甲、丙、丁本補，乙本無「乎」字。

〔一三〕「孔」，據甲、丙、丁本補，乙本作「鄭」。

〔一四〕「無能一日用力修仁」，據甲、乙、丙、丁本補。

〔一五〕「仁而力不足者也」，據丙本補，甲本「者」作「之」，乙、丁本無「也」字。

〔一六〕「謙不欲盡誣」，據甲、乙、丙、丁本校補；「時人」，甲、乙、丁本同，丙本作「人時」；「仁」，丙、丁本同，甲、乙本作「人」，「人」爲「仁」之借字。

〔一七〕「有耳」，甲、乙本同，丙本作「一日用力於仁耳」，丁本作「有爾」。

〔一八〕「我未之見」，甲、乙本同，丙本作「其我未之見」，丁本作「我未之見也」。

〔一九〕「民」，乙本同，甲、丙、丁本作「人」，此當爲避「民」諱而改。

〔二〇〕「各」，甲、乙、丁本同，丙本作「冬」，誤。

〔二一〕「觀過」，據甲、乙、丙、丁本補。

〔二二〕「斯知仁矣」，據甲、乙、丙、丁本補。

〔二三〕「黨」，乙、丙、丁本同，甲本脱；「也」，乙、丙、丁本同，甲本無。

〔二四〕「於」，當作「非」，據文義及甲、乙、丙、丁本改；「過」，甲、乙、丁本同，丙本作「過也」。

〔二五〕「當」，甲、乙、丁本同，丙本作「黨」，誤；「恕」，甲、乙、丁本同，丙本作「怒」，誤；「責」，乙、丙、丁本同，甲本作「貴」，誤。

〔二六〕「各」，甲、乙、丁本同，丙本作「冬」，誤；「當」，甲、乙、丁本同，丙本作「黨」，誤。

〔二七〕「矣」，丁本同，甲本作「之矣」，丙本作「也」，乙本無。

〔二八〕「聞道」，據甲、乙、丙、丁本補。

〔二九〕「夕死可矣」，據甲、乙、丙、丁本補。

〔三〇〕「言將至死」，據甲、乙、丙、丁本補。

〔三一〕「不聞」，據甲、乙、丙、丁本補。

〔三二〕「未足與議也」，據甲、丙、丁本補，乙本無「也」字。

〔三三〕「子曰」，據甲、乙、丙、丁本補。

〔三四〕「君」，據甲、乙、丙、丁本補；「也」，丁本同，甲、乙、丙本無。

〔三五〕「也」，乙、丙、丁本同，甲本無。

〔三六〕「也」，乙、丙、丁本同，甲本無。

〔三七〕「與比」，據甲、乙、丁本補，丙本作「以比」，「以」通「與」。

〔三八〕「子曰」，據甲、乙、丙、丁本補。

〔三九〕「君子懷德」，據甲、乙、丙、丁本補。

〔四〇〕「也」，丁本同，乙、丙本無。此句注疏甲本無。

〔四一〕「人」，據甲、乙、丙、丁本補。

〔四二〕「遷」，甲、丙、丁本同，乙本作「遷也」。

〔四三〕「刑」，甲、丙、丁本同，乙本作「形」，「形」爲「刑」之借字。

〔四四〕「也」，甲、丙本同，乙、丁本無。

〔四五〕「苞」，甲、乙、丙、丁本作「包」。以下同，不另出校。

〔四六〕「惠」，據文義及甲、乙、丙、丁本補。

〔四七〕「也」，據甲、乙、丙本補，丁本無。

〔四八〕「子曰」，據甲、乙、丙、丁本補。

〔四九〕「放於利」，據甲、乙、丙、丁本補。

〔五〇〕「行」，甲、丙、丁本同，乙本作「行之」。

〔五一〕「多」，據甲、乙、丙、丁本補。

〔五二〕「乎」，據甲、乙、丙、丁本補。

〔五三〕「何有」，據甲、乙、丙、丁本補。

〔五四〕「何有者」，據甲、乙、丙、丁本補。

〔五五〕「言不難」，據乙、丙、丁本補，甲本作「言不難也」。

〔五六〕「國」，丁本同，甲、乙、丙本作「國乎」。

〔五七〕「何」，乙、丙、丁本同，甲本作「何也」。

〔五八〕「苞曰」，乙、丙、丁本同，甲本無。

〔五九〕「禮何」，甲、丙、丁本同，乙本作「何禮」，旁有倒乙符号，应乙作「禮何」。

〔六〇〕『禮』，甲、乙、丁本同，丙本作『禮也』。

〔六一〕『無位』，據甲、乙、丙、丁本補。

〔六二〕『患所以』，據乙、丙、丁本補，甲本原同，後改作『患所不』。

〔六三〕『也』，甲、乙、丙、丁本無。

〔六四〕『也』，乙、丙、丁本同，甲本無。

〔六五〕『知』，甲、乙、丁本同，丙本作『之』，『之』爲『知』之借字；『也』，據甲、丙本補，乙本作『之也』，丁本無。

〔六六〕『道吾』，當作『吾道』，據文義及甲、乙、丙、丁本改。

〔六七〕『唯』，乙、丙、丁本同，甲本作『唯也』。

〔六八〕『諭』，甲、乙、丙、丁本作『喻』。

〔六九〕『諭』，甲、乙、丙、丁本作『喻』。

〔七〇〕『曉猶』，當作『猶曉』，據文義及甲、乙、丙、丁本改；『也』，據甲、丙、丁本補，乙本無。

〔七一〕『苞』，甲、丙、丁本作『包』，乙本作『孔』，『包』通『苞』。

〔七二〕『者』，甲、乙、丙、丁本作『而』；『也』，甲、丁本同，乙、丙本無。

〔七三〕『諫』，據甲、乙、丙、丁本補。

〔七四〕『幾』，甲、乙、丙、丁本作『幾者』。

〔七五〕『母』，丁本同，甲、乙本作『母也』，丙本作『母也也』。

〔七六〕『違』，甲、丙、丁本同，乙本作『爲』，『爲』爲『違』之借字；『意』，甲、丁本同，乙本無，丙本作『之意』；『而』，甲、乙、丁本同，丙本無；『諫』，丁本同，甲、乙、丙本作『諫也』。

〔七七〕「防」，當作「方」，據文義及甲、乙、丙、丁本改；「也」，甲、丙、丁本同，乙本無。

〔七八〕「在喪」，乙本亦脱，據甲、丙、丁本校補。

〔七九〕「哀戚思慕」，乙、丁本同，甲本作「哀滅思暮」，丙本作「也哀慕」，「滅」字誤，「暮」爲「慕」之借字。

〔八〇〕「無改其」，甲本作「不改」，乙、丁本作「無所改於」，丙本作「猶若父存無所改於」。

〔八一〕「爲」，丁本同，甲、乙、丙本作「爲也」。

〔八二〕「也」，丁本同，甲、乙、丙本無。

〔八三〕「懼」，甲、乙、丁本同，丙本作「懼也」。

〔八四〕「言之」，乙、丙、丁本同，甲本作「之言」，誤。

〔八五〕「逮」，甲本作「迷」，乙、丙本作「違」，丁本作「逮也」，「迷」、「違」二字誤。

〔八六〕「故」，當作「古」，據文義及甲、乙、丙、丁本改，「故」爲「古」之借字；「妄」，當作「妄」，據甲、丙、丁本改，乙本作「忘」，「忘」爲「妄」之借字；「口」，據甲、乙、丙、丁本補；「者」，乙、丙本同，甲、丁本無。

〔八七〕「爲」，甲、乙、丁本同，丙本作「恐」；「及」，丙、丁本同，甲、乙本作「及也」。

〔八八〕「俱不」，據乙、丙、丁本補，甲本作「但不」。

〔八九〕「佚」，甲、丁本同，乙本作「溢」，丙本作「使」，「溢」爲「佚」之借字，「使」字誤；「招」，甲、丙、丁本同，乙本作「照」，「照」爲「招」之借字。

〔九〇〕「使」，當作「倹」，據文義及甲、乙、丙、丁本改；「約」，乙、丙本同，甲本作「納」，誤；又丙本「約」下另有「則」字，諸本無。

〔九一〕自「子曰」以下至注文「言欲遲行欲速」諸句，乙本脱。

〔九二〕『敏』，甲、乙、丁本亦無，據丙本補。
〔九三〕『疾也』，甲、乙、丁本亦無，據丙本補，。
〔九四〕『也』，甲、丁本同，丙本無。
〔九五〕『而』，據甲、丁本補，丙本無；『疾』，丁本同，甲、丙本作『疾也』。
〔九六〕『德』，甲、丙、丁本同，乙本作『德之』，『之』字衍。
〔九七〕『與』，當作『以』，據文義及甲、乙、丙、丁本改，『與』通『以』。
〔九八〕『哀』，當作『以』，據甲、乙、丙、丁本改；『不』，據甲、乙、丙、丁本補。
〔九九〕『踈』，甲、乙、丙本作『踈』，當作『疏』，據丁本改，『踈』爲『踈』之訛，『踈』爲『疏』之異體。
〔一〇〇〕『弟』，丙本同，當作『第』，據甲、乙本改，『弟』爲『第』之本字。

參考文獻

《孔孟學報》一期，一一七至一二一頁、一二四頁；*Descriptive Catalogue of the Chinese Manuscripts from Tunhuang in the British Museum*, p. 231；《敦煌遺書總目索引》一四一頁；Mair, Chinoperl Papers No. 10（1981），49；《敦煌寶藏》一二冊，六〇至六一頁（圖）；《敦煌學輯刊》一九八六年一期，四五頁；《敦煌學輯刊》一九八七年一期，三九頁；《英藏敦煌文獻》三卷，九六頁（圖）；《中國古代寫本識語集録》四四六頁；《唐寫本論語鄭注研究》三三至四〇頁；《敦煌社會文書導論》九〇頁；《敦煌〈論語集解〉校證》一三一至一六一頁（録）；《敦煌遺書總目索引新編》四九頁；《敦煌典籍與唐五代歷史文化》九七頁；《敦煌經籍叙録》三三一至三三二頁。

斯一五八六背　雜寫（索富郎等）

釋文

弟（第）廿八

弟（第）卅

抄寫論語

索富郎、索富通、索憨奴、索富通

金光明寺學郎張再弁

（中空數行）

三月千字文敕員外郎

社司

□　七　□

（中空數行）

君不見生鳥習

孔子曰　郎君須立身　莫

諸

説明

以上文字寫於《論語集解》卷背，爲時人隨手所寫，既非一人所寫，亦非一時所寫。除上録文字，還有兩幅駿馬白描圖。

參考文獻

Descriptive Catalogue of the Chinese Manuscripts from Tunhuang in the British Museum, p. 231; *Mair*, *Chinoperl Papers* No. 10 (1981), 49 Ⓡ;《敦煌寶藏》一二冊，六一至六二頁（圖）；《英藏敦煌文獻》三卷，九七頁（圖）；《敦煌遺書總目索引新編》四九頁；《敦煌經籍敘録》三三一頁。

斯一五八七　大般若波羅蜜多經卷第四百卌題記

釋文

尼正因。

説明

此件《英藏敦煌文獻》未收，現予補録。另，經題上鈐有『報恩寺藏經』朱印，卷尾鈐有『三界寺藏經』墨印。

參考文獻

Descriptive Catalogue of the Chinese Manuscripts from Tunhuang in the British Museum，p. 11（録）；《敦煌遺書總目索引》一四一頁（録）；《敦煌寶藏》一二冊，六三頁（圖）；《敦煌大藏經》一一冊，五一四頁（圖）；《中國古代寫本識語集録》三七一頁（録）；《敦煌遺書總目索引新編》四九頁（録）。

斯一五八八　歎百歲詩

釋文

歎百歲詩。

風〔一〕

一十一。春禾攏上苗初出。東園桃李花漸紅〔二〕。西苑垂楊更齊蜜（密）〔三〕。

風〔四〕

又曰：一十一。池上新荷行花出。珠彈近追黃雀年。玉䙰初㵳（影）青春日〔五〕。

二十二。倉（蒼）鷹出籠毛爪利〔六〕。四歲騂寒初搭鞍〔七〕。狐狸可得相逢值〔八〕。

又曰〔九〕：二十二。專爲英俠交亳（豪）貴〔一〇〕。箜篌筆（篳）篥楊柳花〔一一〕。青絲玉鐙

浮雲騎。

三十三。開筵美酒整（正）初含〔一二〕。彎弓直向單于北。拔劍仍過瀚海南〔一三〕。

又曰〔一四〕：三十三〔一五〕。武用文章陌上談〔一六〕。十月角弓鳴塞北。五花驄馬獵城南。

四十四〔一七〕。娥眉鏡裏無青翠〔一八〕。紅顏夜夜改常儀。蟬鬢朝朝不相似。

又曰：四十四〔一九〕。草木山川動煞氣〔二〇〕。風光漸漸不依依。物色那堪不憔悴〔二一〕。

五十五。林野東西遍道路〔二二〕。鬢邊白髮素（如）如（素）絲〔二三〕。頰上青顔若秋露〔二四〕。

又曰〔二五〕：五十五。前王後帝何堪數。寂寂春光愁不明，凛凛寒風來入戶〔二六〕。

七十七。壽年鄉黨無人疋（匹）〔二七〕。童僕朝扶暮坐看。眼中冷淚連珠出。

又曰：七十七。舉頭斜望西山日。皇王縱有金馬迎。傴僂（僂）那堪玉堂出〔二八〕。

八十八。力弱形枯垂鶴髮。骨瘦窮秋怯夜風。身老霜天愁盡日〔二九〕。

又曰：八十八。筋瘦力盡如枯札〔三〇〕。氈褥從君坐萬裹（重）〔三一〕。還如獨臥寒霜雪〔三二〕。

九十九。臨崖摧殘一株柳。新生白髮身（頭）上無〔三三〕。應（舊）日紅顔更何有〔三四〕。

又曰〔三五〕：九十九。萬歲垂藤掛枯柳〔三六〕。百年之事俄爾間。金玉滿堂非我有。

一百終。寂寂泉臺掩夜空。閉骨不知寒暑變。月（明）明（月）長照壠頭松〔三七〕。

又曰〔三八〕：一百終。墳前幾樹淩霜松。千秋不見俄（娥）眉態〔三九〕。萬歲空留狐兔蹤。

説明

此件有原題，尾部略殘，中間亦有殘破處，正背連續抄寫。其後有時人隨手所書之文字。伯三三六一背亦有題目、内容相同的文本。

以上釋文是以斯一五八八及背爲底本，用伯三三六一背（稱其爲甲本）參校。

校記

〔一〕「風」字原寫於「園桃」二字右側，甲本無。
〔二〕「花」字之上有一個横寫的「有」字，甲本無，未録。
〔三〕「蜜」，甲本同，當作「密」，據文義改，「蜜」爲「密」之借字。
〔四〕「風」字原寫於「春日」二字右側，甲本無。
〔五〕「潩」，當作「影」，據文義及甲本改。
〔六〕「倉」，甲本同，當作「蒼」，據文義改，「倉」爲「蒼」之借字。
〔七〕「騂」，甲本同，《敦煌歌辭總編》釋作「駭」。
〔八〕「可」，《敦煌歌辭總編》釋作「並」。
〔九〕「又曰」，甲本無。
〔一〇〕「毫」，當作「豪」，據文義及甲本改，「毫」爲「豪」之借字。
〔一一〕「筆」，當作「箪」，據文義及甲本改。
〔一二〕「整」，甲本同，當作「正」，《敦煌歌辭總編》據文義校改。
〔一三〕「拔」，甲本同，《敦煌歌辭總編》校改作「仗」。
〔一四〕「又曰」，甲本無。
〔一五〕「三十」，甲本作「卅」。
〔一六〕「用」，甲本作「周」，《敦煌歌辭總編》校改作「略」。

〔一七〕「四十」，甲本作「卌」。

〔一八〕「娥」，《敦煌歌辭總編》校改作「蛾」，按「娥」、「蛾」均可通，可不改。

〔一九〕「四十」，甲本作「卌」。

〔二〇〕「草」，甲本作「花」；「煞」，甲本同，《敦煌歌辭總編》釋作「殺」。

〔二一〕「不」，甲本同，《敦煌歌辭總編》校改作「太」。

〔二二〕「遍」，甲本同，《敦煌歌辭總編》釋作「徧」。

〔二三〕「素」，甲本作「垂」；「素如」，當作「如素」，《敦煌歌辭總編》據文義校改。

〔二四〕「煩」，甲本作「剌」。

〔二五〕「又曰」，甲本無。

〔二六〕「風」，甲本作「光」。底本此句下脱「六十六。寒暑無端來逼逐。妻兒男女伴愁容。怨家肯教寡情育（欲）。又曰：六十六。日月迅走如奔逐。鬢邊白髮競相催。手中拄杖仍嫌曲」。

〔二七〕「疋」，甲本同，當作「匹」，《敦煌歌辭總編》據文義校改，「疋」爲「匹」之借字。

〔二八〕「膢」，甲本同，當作「僂」，《敦煌歌辭總編》據文義校改。

〔二九〕「身」，甲本作草書。

〔三〇〕「瘦」，甲本同，《敦煌歌辭總編》校改作「疲」。

〔三一〕「裹」，當作「重」，據文義及甲本改。

〔三二〕「霜」，據甲本補。

〔三三〕「身」，甲本同，當作「頭」，《敦煌歌辭總編》據文義校改；「上無」，據甲本補。

〔三四〕「舊」字底本殘，甲本作「應」，《敦煌曲》據文義校補。

〔三五〕「又曰」，甲本無。

〔三六〕「萬歲」，《敦煌歌辭總編》校改作「臨崖」；底本「篠」以下文字接抄於卷背；「掛枯柳」，據甲本補。

〔三七〕「月明」，當作「明月」，據甲本改。

〔三八〕「又曰」，甲本無。

〔三九〕「俄」，當作「娥」，據甲本改，《敦煌歌辭總編》校改作「蛾」，按「娥」、「蛾」均可通，可不改。

參考文獻

Descriptive Catalogue of the Chinese Manuscripts from Tunhuang in the British Museum, p. 237；《敦煌曲》三〇五頁；《敦煌學海探珠》上，一七九至一八二頁；《東方學報》三五卷，五三七至五三九頁；《敦煌寶藏》一二冊，六四頁（圖）；《敦煌歌辭總編》下，一二二四至一二二五頁（録）；《敦煌論集續編》三一〇頁；《木鐸》一一期，二六三至二七四頁；《英藏敦煌文獻》三卷，九八頁（圖）；《敦煌文獻與文學》一五五至一七〇頁；《全敦煌詩》一二冊，五三四九至五三六四頁。

斯一五八八背　雜寫（子順子等）

釋文

子順子
善男子
菩薩是須以空只念障定
菩薩是須以空只念障定
（藏經印）

説明

以上文字爲時人隨手所寫於《歎百歲詩》後，字體較小，筆跡與《歎百歲詩》明顯不同。此件後隔數行處，有蔣孝琬所書數碼及『歎百歲詩』。

參考文獻

《敦煌寶藏》一二冊，六四頁（圖）；《英藏敦煌文獻》三卷，九八頁（圖）。

斯一五八九背　一　十六阿羅漢圖榜題抄

釋文

耽沒羅洲第六尊者跋陀羅大阿羅漢，與自眷屬九百阿羅漢敬奉佛敕，不入涅槃，久住世間，作大利益。

頌曰：

如來既向雙林滅，聲聞化火盡燒身〔一〕。
象王既去象子隨〔二〕，住王歸源住子從。
唯流（留）尊者常居世〔三〕，爲救衆生出苦輪。
我今潔志欲歸依，願降威光垂（隨）赴會〔四〕。

西瞿陀尼洲第一尊者賓度羅跋羅墮闍大阿羅漢，與自眷屬一千阿羅漢敬奉〔佛〕敕〔五〕，不入涅槃，久住世間，作大利益。

頌曰：

惟願不忘如來敕〔六〕，愍赴群生勸請心。

暫興哀念出諸禪〔七〕，遠降慈悲來此會。
依佛昔時於（大）願力〔八〕，願度今朝供養心〔九〕。
提攜九品至涅槃〔一〇〕，早證菩提清净果。
松巖隱跡經千劫，苔壁棲真廊（廓）四維〔一一〕。
現身應供福人天，密縱威神周法界。
迦濕彌羅國第二尊者迦諾迦大阿羅漢，與自眷屬五百阿羅漢敬奉佛敕，不入涅槃，久住世間，作大利益。
頌曰：
慈悲海內無阿黨〔一二〕，解脱門中絕愛憎。
隨機赴感運神通，如響應聲來救度。
一炷香燈充供養〔一三〕，千生業障願消除。
我人山碎息貪瞋〔一四〕，誓願聖賢爲眷屬。
東勝身洲第三尊者跋釐墮闍大阿羅漢，與自眷屬六百阿羅漢敬奉佛敕，不入涅槃，久住世間，作大利益。
頌曰：
悲心廣大隨機化，受諸（請）三千世界中〔一五〕。

衆生三業若歸依，尊者六通隨鑒照。
香雲起處災消散，磬韶收時福漸生〔一六〕。
欲將歸敬勝因緣〔一七〕，得入涅槃清净會〔一八〕。

北俱盧洲第四尊者蘇頻陀大阿羅漢，與自眷屬七百阿羅漢敬奉佛敕，不入涅槃，久住世間，作大利益。

頌曰：

我聞昔奉如來敕，不令化火以焚身。
垂形六道度衆生，遊涉十方濟群品。
我今各辦香花供，尊者潛生隨喜心。
擁徒振錫降斯筵〔一九〕，使我生生羅（罪）消滅〔二〇〕。

南贍部洲第五尊者諾矩羅大阿羅漢，與自眷屬八百阿羅漢敬奉佛敕，不入涅槃，久住世間，作大利益。

〔頌〕〔曰〕〔二一〕：

跋提河畔佛將滅，故留尊者住人間〔二二〕。
棲禪雖則住山林，行化每常隨處所。
儻能虔肅求加護〔二三〕，必降慈悲賜愍傷。

哀憐攝授此時心，願我生生枯業海。

僧伽（迦）恭（荼）洲第八尊者伐闍羅弗多羅大阿羅漢[二四]，與自眷屬千百阿羅漢敬奉佛敕，不入涅槃，久住世間，大（作）作（大）利益[二五]。

頌曰：

我知尊者常居世，處處垂恩度有情。

業深不得面慈尊，薄福無由窮禮足。

圖形數數祈明鑒，設供披肝望照知。

身三口四並消除，永侍瓶盂離煩惱。

說明

此件抄於《妙法蓮華經玄讚》卷第七背，除此件外，尚有《十王經》摘抄和曲子摘抄。從筆跡看，卷背所有文字爲一人所抄。此件分條抄寫各羅漢簡介和該羅漢之七言讚頌。但並非按各羅漢次序抄寫，其抄寫次序是六、一、二、三、四、五、八，《英藏敦煌文獻》漏收六、一、二、三、四之圖版，只收録了五、八和其後的內容。《英藏敦煌文獻》將此件定名爲《十六大阿羅漢頌》。王惠民考出此件及伯三五〇四背、國圖服字二七背、皇字五〇背與莫高窟第九七窟十六羅漢圖榜題相同（參見王惠民《敦煌壁畫〈十六羅漢圖〉榜題研究》，《敦煌研究》一九九三年一期，二六頁）。在此基礎上，《敦煌遺書總目索引新編》定名爲《莫高窟第九七窟壁畫榜書底稿》。案此件所抄内容雖與莫高窟第九七窟《十六羅漢榜題》相同，但既未抄全十六羅漢，亦非按十六羅漢的順序抄寫，屬於摘抄性質。而其所抄内容作爲壁畫榜題，既可用於莫高窟第九七窟，也可用作其他洞窟的羅漢榜題。基於以上認識，我們將此件定名爲「十六羅漢圖榜題抄」。

以上釋文是以斯一五八九背爲底本，用與此件有校勘價值的伯三五〇四背（稱其爲甲本）、國圖皇字五〇號背（稱其爲乙本）、莫高窟第九七窟《十六羅漢圖榜題》（稱其爲丙本）參校。

校記

〔一〕「燒」，丙本作「焚」。
〔二〕「隨」，《敦煌壁畫〈十六羅漢圖〉榜題研究》釋作「墜」，誤。
〔三〕「流」，當作「留」，《敦煌壁畫〈十六羅漢圖〉榜題研究》據文義校改，「流」爲「留」之借字。
〔四〕「垂」，當作「隨」，據丙本改，「垂」爲「隨」之借字。
〔五〕「佛」，據甲、丙本補。
〔六〕「惟」，丙本作「唯」，甲本作「情」，甲本誤。
〔七〕「興」，甲本同，《敦煌壁畫〈十六羅漢圖〉榜題研究》釋作「與」，誤。
〔八〕「於」，甲本作「悲」，當作「大」，據丙本改。
〔九〕「願」，甲本同，《敦煌壁畫〈十六羅漢圖〉榜題研究》據丙本釋作「濟」。
〔一〇〕「提攜」，甲本同，丙本作「攜提」。

〔一一〕「廊」，當作「廓」，據甲本改。
〔一二〕「黨」，甲本同，《敦煌壁畫〈十六羅漢圖〉榜題研究》釋作「覺」，誤。
〔一三〕「炷香燈」，甲本同，丙本作「住香花」，誤。
〔一四〕「瞋」，甲本同，《敦煌壁畫〈十六羅漢圖〉榜題研究》釋作「嗔」，誤。
〔一五〕「諸」，丙本同，當作「請」，據甲本改。
〔一六〕「韶」，甲、丙本作「韻」。
〔一七〕「欲」，丙本同，甲本作「願」。
〔一八〕「入」，甲本同，丙本作「大」，誤。
〔一九〕「斯筵」，甲本同，乙本作「筵斯」，誤。
〔二〇〕「羅」，當作「罪」，據甲、丙本改。
〔二一〕「頌曰」，據甲、丙本補。
〔二二〕「留」，甲本同，丙本作「流」，「流」爲「留」之借字。
〔二三〕丙本無此句以下四句，其文字與第一羅漢之最後四句「頌」同。
〔二四〕「伽恭」，當作「迦荼」，據乙、丙本改。《敦煌壁畫〈十六羅漢圖〉榜題研究》認爲「僧迦荼洲」應爲第七羅漢道場，而第八羅漢應在「鉢刺拿洲」。
〔二五〕「大作」，當作「作大」，據文例及乙、丙本改。

參考文獻

Descriptive Catalogue of the Chinese Manuscripts from Tunhuang in the British Museum, p. 171；《敦煌寶藏》一一冊，六八至

六九頁（圖）；《英藏敦煌文獻》三卷，九九頁（圖）；《敦煌研究》一九九三年一期，二五至三四頁。

斯一五八九背　二　十王齋摘抄

釋文

第一七日過秦廣王，第二七日過初江王。第三七日過宋帝王[一]，第八百日〔過〕平等王[二]。第〔九〕一年過都市王[三]，第十三年過五道轉輪王。

說明

此件抄於《十六羅漢圖榜題》後，僅抄三行，此前出版的相關目録和圖版均未定名。其内容爲《佛說十王經》中『十王齋』所過諸王之標題的摘抄，只摘抄了十齋中的六齋，四七至七七所過之王未抄。

校記

〔一〕據伯二八七〇《佛說十王經》，其後尚有『第四七日過五官王，第五七日過閻羅王，第六七日過變成王，第七七日過泰山王』。

〔二〕『過』，據文義及伯二八七〇《佛說十王經》補。

〔三〕『九』，據文義及伯二八七〇《佛說十王經》補。

參考文獻

《敦煌寶藏》一二冊，六九頁（圖）；《敦煌本〈佛説十王經〉校録研究》一四六頁；《英藏敦煌文獻》三卷，九九頁（圖）；《敦煌研究》一九九三年一期，二六頁；《麥積山石窟藝術文化論文集》下冊，一四五頁（録）。

斯一五八九背　　三　詠月婆羅門曲子摘抄

釋文

望月在邊州。江東海北頭。自從親向月中遊。隨佛逍垂（遥）登上界[一]。端坐寶花樓。

千秋萬萬秋[二]。

望月曲彎彎。初生似玉環。漸漸團圓在東邊[三]。（以下原缺文）

説明

此件無題，原未抄完，斯四五七八背題『詠月婆羅門曲子四首』，其正面正文包括此件全部，據該件可知此件第二首尚有三句未抄。

以上釋文是以斯一五八九背爲底本，以斯四五七八（稱其爲甲本）參校。

校記

[一]『垂』，當作『遥』，據文義及甲本改。

〔二〕『萬萬』，甲本作『次萬』。

〔三〕甲本此後尚有『銀城周迴星流遍，錫杖奪天門，明珠四畔懸』。

參考文獻

《敦煌寶藏》一二冊，六九頁（圖）；《敦煌曲》二八六頁；《敦煌歌辭總編》中，八二四頁（録）；《英藏敦煌文獻》三卷，九九頁（圖）。

釋文

新菩薩經一卷〔一〕

賈耽〔二〕，頒下諸州，衆生每日念阿彌陁佛一千口〔三〕，斷惡行善。今年大熟，無人收莳〔四〕。有數種病死：第一虐病死〔五〕，第二天行病死，第三卒死〔六〕，第四腫病死〔七〕，第五産生病死〔八〕，第六患腹病死〔九〕，第七血痢病死〔一〇〕，第八黄病死〔一一〕，第九水溺死〔一二〕，第十患眼〔病〕死〔一三〕。〔令〕勸諸衆生〔一四〕，寫〔此〕〔經〕一本〔一五〕，免一身〔難〕〔一六〕；寫兩本，免一門善（難）〔一七〕。若〔見〕〔此〕〔經〕寫（不）不（寫）者〔一八〕，〔滅〕門〔一九〕。寫寫者門上傍（牓）之〔二〇〕，得過此難。但看七八月三家使一牛〔二一〕，五男同一婦，僧尼巡門，勸寫此經〔二二〕。其西涼州正月二日城中〔二三〕，時雷鳴雨聲，有一石下，大如斗等，石遂兩片，即見此經，報諸衆生，今載饒患。

新菩薩勸善經一卷

亥年五月五日寫了。

説明

此件首題《新菩薩經》，尾題《新菩薩勸善經》，但其内容是以預言災害將至的形式，勸世俗百姓抄寫此經弭災，故收入本書。敦煌文獻中保存的《勸善經》抄本甚多，本書第四卷和第五卷已收録斯九一二和斯一一八五等《勸善經》。此件的時代，池田溫先生推斷爲九世紀前期。

以上釋文是以斯一五九二爲底本，因各校本之異同已見於斯九一二《勸善經》校記，故此件僅以斯九一二爲校本（稱其爲甲本）。

校記

〔一〕「新菩薩」，甲本作「勸善」。
〔二〕「耽」，甲本作「伉」，「伉」爲「耽」之借字。甲本「賈耽」前有「敕左丞相」。
〔三〕「衆生」，甲本作「勸善諸衆生」。
〔四〕「苅」，甲本作「刈」。
〔五〕「第」，甲本作「弟」，「弟」爲「第」之本字。以下甲本「第」均作「弟」，不另出校。
〔六〕「卒」，甲本作「赤白痢病」。
〔七〕「腫」，甲本作「赤眼」。
〔八〕「産生」，甲本作「女人産生」。
〔九〕「患腹」，甲本作「水痢」。

〔一〇〕『血痢』，甲本作『風』。

〔一一〕此句甲本無。

〔一二〕此句甲本無。

〔一三〕『病』，據文義補。此句甲本無。

〔一四〕『今』，據甲本補；『諸』，甲本無。

〔一五〕『此經』，據甲本補。

〔一六〕『身』，甲本作『門』；『難』，據甲本補。

〔一七〕『一門』，甲本作『六親』；『善』，當作『難』，據甲本改。

〔一八〕『若』，甲本無；『見此經』，據甲本補；『寫不』，當作『不寫』，據甲本改。

〔一九〕『滅』，據甲本補。

〔二〇〕『寫者』，甲本無。

〔二一〕『七八月』，甲本作『四月一日』。甲本此句前有『無福者不可德（得）見此經，其經從南來。正月八日雷電霹靂，空中有一童子，年四歲。又見一老人，在路中見一蛇，身長萬萬尺，人頭鳥足，遂呼老人曰：爲太山崩，要女人萬萬衆，須牛萬萬頭，著病者難差，寫此經者德（得）免此難。不信者』等一段。

〔二二〕『此經』，甲本作『此經流傳』。

〔二三〕甲本此句以下與底本不同，其文字爲『若被卒風吹却，不免此難。聖人流傳真言，報諸衆生，莫信邪師。見聞者，遞相勸念阿彌陁佛，不久即見太平時』。

參考文獻

Descriptive Catalogue of the Chinese Manuscripts from Tunhuang in the British Museum, p. 159（録）；《敦煌遺書總目索引》一四一頁（録）；《敦煌寶藏》一二册，七三頁（圖）；《中國古代寫本識語集録》三八七頁（録）；《敦煌遺書總目索引新編》四九頁（録）。

斯一五九四　大般若波羅蜜多經題記

釋文

惠澤

靈秀一校。第二校義泉。

説明

此件抄於《大般若波羅蜜多經》卷第二百一十六之後，但字體與經文不同。其抄寫時代，池田溫推斷爲九世紀前期。《英藏敦煌文獻》未收，現予補録。

參考文獻

Descriptive Catalogue of the Chinese Manuscripts from Tunhuang in the British Museum, p. 6（録）；《敦煌遺書總目索引》一四一頁（録）；《敦煌寶藏》一二冊，九六頁（圖）；《敦煌大藏经》五册，四二六頁（圖）；《中國古代寫本識語集録》三六三頁（録）；《敦煌遺書總目索引新編》四九頁（録）。

斯一六〇〇　一　庚申至癸亥年（公元九六〇至九六三年）靈修寺招提司諸色斛斗入破歷算會稿

釋文

靈修寺招提司
净明、典座願真、真（直）歲願[一]
庚申年十二月十一日已後[二]，至癸亥年十二月　日前[三]
中間首尾三年，應入諸渠廚田、兼諸家散
施，及官倉、佛食、闍梨手上領入[四]、常住倉頓設
料，承前案迴殘，逐載樑顆（課）[五]，麥、粟、油、麵、豆、
麻等前領後破，謹具分析如後：
　　麵貳拾伍碩，麥一十五石，粟九石
三斗，麻九石三斗五升，油柒

斗八升，前案迴殘入。（以下原缺文）

説明

此件首殘，原未書完，應爲稿或抄件。從内容來看，與同卷另一紙「辛酉年靈修寺諸色斛斗入歷」及背面「壬戌年四月至癸亥年二月靈修寺濤麥碾麵斛斗抄」均屬靈修寺，係該寺招提司自庚申年十二月至癸亥年十二月（公元九六〇至九六三年）三個年度的收支帳目稿或抄件（參見姜伯勤《唐五代敦煌寺戶制度》一八二頁）。

校記

〔一〕「真」，當作「直」，據文義改，《敦煌社會經濟文獻真蹟釋録》逕釋作「直」。
〔二〕「庚」，據下文「中間首尾三年」推補，《敦煌社會經濟文獻真蹟釋録》逕釋作「庚」。
〔三〕「月」、「日」，據文義校補；「前」，《敦煌社會經濟文獻真蹟釋録》漏録。
〔四〕「闍」，《敦煌社會經濟文獻真蹟釋録》釋作「闌」，誤。
〔五〕「顆」，當作「課」，據文義改，「顆」爲「課」之借字。

參考文獻

Descriptive Catalogue of the Chinese Manuscripts from Tunhuang in the British Museum，p. 262；《敦煌寶藏》一二冊，一一四

頁（圖）；《唐五代敦煌寺戶制度》一八一頁（録）；《中南民族學院學報》一九八九年一期，八二頁；《英藏敦煌文獻》三卷，九九頁（圖）；《敦煌社會經濟文獻真蹟釋録》三輯，五二七頁（録）、（圖）。

斯一六〇〇　二　辛酉年（公元九六一年）靈修寺諸色斛斗入歷

釋文

辛酉年諸渠廚田及散施入：　麥十石，城南張
判官廚田入；　麥肆碩，劉生廚田入；　麥叁
石三斗，氾判官廚田入；　麥兩石，史家廚田
入；　麥肆石貳斗，麻四斗，春佛食入；　粟
十五石，城北三處廚田入；　麥四碩二斗[一]，
麻肆斗，秋佛食入；　麥四石 □斗[二]，二月八日
梁[三]

（後缺）

説明

此件書於另紙，與上件間有數行空白。參照上件，辛酉當爲公元九六一年。

校記

〔一〕『碩』，《敦煌社會經濟文獻真蹟釋録》釋作『石』，誤。

〔二〕『麥四石』，據殘筆劃補。

〔三〕『梁』，《敦煌社會經濟文獻真蹟釋録》漏録。

參考文獻

Descriptive Catalogue of the Chinese Manuscripts from Tunhuang in the British Museum, p. 262；《スタイン將來大英博物館藏敦煌文獻分類目録・古文書類》八七至八八頁；《敦煌寶藏》一二冊，一二四頁（圖）；《唐五代敦煌寺戶制度》一八一頁（録）；《中南民族學院學報》一九八九年一期，八二頁；《英藏敦煌文獻》三卷，九九頁（圖）；《敦煌社會經濟文獻真蹟釋録》三輯，五二八頁（録）、（圖）。

斯一六〇〇背　壬戌年（公元九六二年）四月至癸亥年（公元九六三年）二月靈修寺𣹳麥𧂇䴬斛斗抄

釋文

壬戌年四月三日𣹳麥拾伍碩，秋𣹳拾柒碩，乾麥肆碩，𧂇䴬粟兩碩。癸亥年二月十四日，春𣹳麥拾柒碩〔一〕，乾麥兩石伍斗，秋𣹳麥叁拾貳碩。

說明

此件當亦屬靈修寺，可與正面兩件文書相參照。卷末有蔣孝琬倒寫的數碼及『麥粮帳』三字。

校記

〔一〕『𣹳』，底本原作『𣹳𣹳』，分別抄於行末和下一行之首，這是敦煌文獻中比較常見的一種提行重寫的抄寫習慣，其中第二個『濤』字應不讀。

參考文獻

Descriptive Catalogue of the Chinese Manuscripts from Tunhuang in the British Museum , p. 262；《敦煌寶藏》一二册，一二五頁（圖）；《中南民族學院學報》一九八九年一期，八二頁；《英藏敦煌文獻》三卷，一〇〇頁（圖）；《敦煌社會經濟文獻真蹟釋録》三輯，五二八頁（録）、（圖）。

釋文

（前缺）

故不以毀譽經心也〔一〕。□吾服也恒服也〔二〕，服者，容行之謂也〔三〕。不以毀譽自殃〔四〕，故能不變其容也〔五〕。吾非以服有服也〔六〕。有爲爲之，則不能恒服也〔七〕。

士成綺鴈行避影，履行遂進而問：修身若何？老子曰：而容崖然，進趣不安之貌〔八〕。而目衝然，充（衝）出之貌〔九〕。而顙顯（頯）然〔一〇〕，高露髮美之貌。而口闞若（然）〔一一〕，虓豁之貌〔一二〕。而狀義若（然）〔一三〕，踶跂自持之貌。似繫馬而止也。志在奔馳者〔一四〕。動而持，不能自舒放也。發也機，趣舍速也〔一五〕。察而審，明是非也。知巧而覩於泰〔一六〕，泰者，多於本性之謂也。巧於見泰，則拙於抱朴矣〔一七〕。凡以爲不信，凡此十事，以爲不信性命而蕩夫毀譽，皆非修身之道者也〔一八〕。邊境有人焉〔一九〕，其名爲竊。亦如汝所行，非正人〔二〇〕。

夫子曰：夫道，於大不終，於小不遺，故萬物備。廣廣乎其無不容也，淵乎其不可測也。刑德仁義，神之末（末）也〔二一〕，非至人孰能定之。夫至人有世，不亦大乎。而不足以爲之累。因（用）世〔二二〕，故不患其大也。天下奮棅而不與之偕，靜而順之耳〔二三〕。審乎無假而不與利遷，任真而直往也。極物之真，能守其本者也〔二四〕，故外天地，遺萬物，而神未嘗有所困者也〔二五〕。通乎道，合乎德，退仁義，進道德也。賓禮樂，以情性爲主也。至人之心有所定之矣〔二六〕。定於無爲〔二七〕。

世之所貴〔道〕者〔二八〕，書〔也〕〔二九〕。書不過語，語有貴也。語之所貴者，意也。意有所隨。意之所隨者，不可以言傳也。而世因貴言傳書。世雖貴之哉，猶不貴（足）足（貴）〔也〕〔三〇〕，爲其〔貴〕非其貴者也〔三一〕。其貴恒在言意之表〔三二〕。故視而可見者，形與色也；聽而可聞者，名與聲也。悲夫，世人以形色名聲，爲足以得彼之情。夫形色聲名果不足以得彼之情〔三三〕，得彼情，〔唯〕忘言遺書〔者〕耳〔三四〕。則知者不言，言者不知也〔三五〕，而世豈識之乎哉〔三六〕！此經學去尚（知）之意也〔三七〕。

桓公讀書〔於〕堂上〔三八〕。輪扁鄧（斲）輪〔於〕堂下〔三九〕，釋推（椎）鑿而上〔四〇〕，門（問）桓公曰〔四一〕：敢問，公之所讀者何言耶〔四二〕？公曰：聖人之言也。曰：聖人在乎？公曰：已死矣。曰：然則君之所讀者，古人之糟魄已夫（矣）〔四三〕。桓公曰：寡人讀書，輪人安得議〔乎〕〔四四〕！有說則可，無說則死。輪扁曰：臣也以臣之事觀之。斵（斲）輪〔四五〕，徐則甘而不固，疾則苦而不入。不徐不疾，得〔之〕於手而應於心〔四六〕，口不能言也〔四七〕，有數存乎其閒（間）〔四八〕。臣不能以喻臣之子，臣之子亦不能受之於臣，是以行年七十而老斵（斲）輪〔四九〕。此言物各有性，教學之無益也。古之人與其不可傳者死矣〔五〇〕，然則君之所讀者，古人之糟魄也已矣〔五一〕。當古今之事〔五二〕，已滅於古矣。雖或傳之，豈能傳古在今哉〔五三〕。古不在今，今事已變，故絕學任性，與時變化而後至焉。

說明

此件首缺尾全，起『心也』，訖『與時變化而後至焉』，爲《莊子郭象注》『天道篇』第十三的一部分。背面爲佛經『辨中邊論卷第二』，首題『世親菩薩造，三藏法師玄奘奉詔譯』。

此件書法精美，抄寫工整，大小字相間，《莊子》原文大字書寫，郭象注則用雙行小字夾注形式。又此件『虎』、『淵』字缺筆，但不避『世』字，推測當是唐初高祖時寫本。

此件卷末後空兩行處有蔣孝琬所書數碼和『辯經備品論，玄奘譯』，未録。

以上釋文是以斯一六〇三爲底本，用《中華道藏》第一三冊〇〇二號《南華真經注疏》（稱其爲甲本）參校。

校記

〔一〕『故不以毀譽經』，據甲本補。
〔二〕句末的『也』字，甲本無。
〔三〕『行之謂也』，據甲本補。
〔四〕『不』，據甲本補。
〔五〕『也』，甲本無。
〔六〕『也』，甲本無。
〔七〕『也』，甲本無。
〔八〕『趣』，甲本作『趨』，均可通。

〔九〕「充」，當作「衝」，據甲本改，「充」爲「衝」之借字。
〔一〇〕「顯」，當作「頽」，據甲本改。
〔一一〕「若」，當作「然」，據甲本改，疑「若」爲「然」之借字。
〔一二〕「豁」，底本寫作「豁」，爲受上文影響而成的俗字，據甲本改。
〔一三〕「若」，當作「然」，據甲本改，疑「若」爲「然」之借字。
〔一四〕「者」，甲、乙、丙本無。
〔一五〕「趣」，甲本同，《莊子集釋》作「趨」，均可通；「舍」，甲本同，《莊子集釋》作「捨」。
〔一六〕「泰」，甲本作「秦」，誤。
〔一七〕「矣」，甲本無。
〔一八〕「者」，甲本無。
〔一九〕「境」，甲本同，《莊子集釋》作「竟」。
〔二〇〕「人」，甲本作「人也」。
〔二一〕「未」，當作「末」，據文義及甲本改。
〔二二〕「因」，當作「用」，據甲本改。
〔二三〕「耳」，甲本無。
〔二四〕「者也」，甲本無。
〔二五〕「者」，甲本無。
〔二六〕「之」，甲本無。
〔二七〕「爲」，甲本作「爲也」。

〔二八〕『道』，據甲本補。
〔二九〕『也』，據甲本補。
〔三〇〕『貴足』，當作『足貴』，據文義及甲本改；『也』，據甲本補。
〔三一〕『貴』，據甲本補；『者』，甲本無。
〔三二〕『言意』，甲本作『意言』。
〔三三〕『聲名』，甲本作『名聲』。
〔三四〕『唯』、『者』，據甲本補。
〔三五〕『也』，甲本無。
〔三六〕『乎』，甲本無。
〔三七〕『尚』，當作『知』，據甲本改。
〔三八〕『於』，據甲本補。
〔三九〕『鄧』，當作『斲』，據文義及甲本改；『於』，據甲本補。
〔四〇〕『推』，當作『椎』，據文義及甲本改。
〔四一〕『門』，當作『問』，據文義及甲本改。
〔四二〕『耶』，甲本作『邪』，均可通。
〔四三〕『夫』，當作『矣』，據甲本改。
〔四四〕『乎』，據甲本補。
〔四五〕『斱』，當作『斲』，據文義及甲本改。
〔四六〕『之』，據甲本補。

〔四七〕「也」，甲本無。

〔四八〕「乎」，甲本作「焉於」；「聞」，當作「間」，據文義及甲本改。

〔四九〕「𨔸」，當作「斵」，據文義及甲本改。

〔五〇〕「者」，甲本作「也」。

〔五一〕「也」，甲本無。

〔五二〕「今」，甲本無，「古今」二字，當有一字爲衍文。

〔五三〕「傳」，甲本作「使」。

參考文獻

Descriptive Catalogue of the Chinese Manuscripts from Tunhuang in the British Museum, p. 218；《敦煌古籍敘録》二五〇至二五三頁；《敦煌本郭象注莊子南華真經輯影》二一至二六頁（圖）；《敦煌本郭象注莊子南華真經校勘記》四〇至五二頁；《敦煌本郭象注莊子南華真經研究總論》五三至五五頁、一〇八至一一一頁、一四九至二三七頁；《敦煌古籍敘録新編》一三冊，二二〇至二二三頁；《敦煌寶藏》一二冊，一四九至一五〇頁（圖）；《英藏敦煌文獻》三卷，一〇〇至一〇一頁（圖）；《敦煌道教文獻研究——綜述、目録、索引》一八一頁；《敦煌本〈莊子〉殘卷敘録》，《敦煌研究》二〇〇七年一期，九九至一〇六頁。

斯一六〇四　一　天復二年（公元九〇二年）沙州節度使張承奉帖都僧統等

釋文

使　　帖都僧統等

右奉處分，蓋緣城煌（隍）或有役（疫）疾[一]，不免
五根[二]。所以時起禍患，皆是僧徒不律定心[三]，不
虔經力，不愛貳行[四]。若不興佛教，何戲乎
哉[五]！從今已往，每月朔日前夜、十五日夜，大僧
寺及尼僧寺燃一盞燈，當寺僧衆[六]，不得
欠少一人，仍須念一卷《佛名經》，與滅狡猾[七]，
嘉延人輪（倫）[八]，豈不於是然乎！仍其僧統
一一鈐鍺[九]，他皆放（倣）此者[一〇]，四月廿八日　帖[一一]。

使　※　一十

說明

此件鈐有「沙州節度使印」三方，爲歸義軍官府實用文書。其首、尾之「使」字體較大，墨跡較濃。此帖之年代，據其後的《都僧統賢照帖諸僧尼寺綱管徒衆等》，知爲天復二年（公元九〇二年）。

校記

〔一〕「緣」，《敦煌遺書總目索引新編》釋作「緣震」，誤；「煌」，當作「隍」，據文義改，「煌」爲「隍」之借字；「役」，《敦煌社會經濟文獻真蹟釋録》、《歸義軍史研究》釋作「數」，當作「疫」，《唐後期五代宋初敦煌僧尼的社會生活》據文義校改，「役」爲「疫」之借字。

〔二〕「免」，《歸義軍史研究》釋作「净」。

〔三〕「皆」，《敦煌遺書總目索引新編》釋作「綈」，誤；「律」，《敦煌社會經濟文獻真蹟釋録》、《歸義軍史研究》釋作「持」，《敦煌遺書總目索引新編》釋作「結」。

〔四〕「行」，《敦煌遺書總目索引新編》釋作「門」。

〔五〕「戲」，《唐後期五代宋初敦煌僧尼的社會生活》釋作「虧」，誤。

〔六〕「衆」，《唐後期五代宋初敦煌僧尼的社會生活》釋作「徒」，誤。

〔七〕「與」，《唐後期五代宋初敦煌僧尼的社會生活》、《敦煌遺書總目索引新編》釋作「興」。

〔八〕「輪」，當作「倫」，《敦煌遺書總目索引新編》據文義校改，《唐後期五代宋初敦煌僧尼的社會生活》逕釋作「倫」，「輪」爲「倫」之借字。

〔九〕「鈐鎋」，《唐後期五代宋初敦煌僧尼的社會生活》釋作「鉗轄」，誤。

〔一〇〕『放』，當作『倣』，據文義改，『放』爲『倣』之借字。

〔一一〕『日』，《敦煌遺書總目索引新編》漏録。

參考文獻

Giles，*BSOS*，10.2（1940），318；《敦煌的僧官制度》三四六至三四八頁；*Descriptive Catalogue of the Chinese Manuscripts from Tunhuang in the British Museum*，p. 248；《敦煌遺書總目索引》一四一頁；《敦煌寶藏》一二册，一五二頁（圖）；《英藏敦煌文獻》三卷，一〇一頁（圖）；《敦煌碑銘讚輯釋》三五六頁（録）；《敦煌社會經濟文獻真蹟釋録》四輯，一二五頁（録）、（圖）；《歸義軍史研究》二四三頁；《敦煌歸義軍史專題研究》四四五頁（録）；《唐後期五代宋初敦煌僧尼的社會生活》二〇三至二〇四頁（録）；《敦煌遺書總目索引新編》四九頁（録）。

斯一六〇四　二　天復二年（公元九〇二年）河西都僧統賢照帖諸僧尼寺綱管徒衆等

釋文

都僧統　　帖諸僧尼寺綱管徒衆等。

奉

尚書處分，令諸寺禮懺不絕，每夜禮《大佛名經》壹卷。僧尼夏中則合勤加事業[一]，懈怠慢爛，故令使主嗔責[二]，僧徒盡皆受耻，大家惣有心識。從今已後，不得取次。若有故違，先罰所由綱管，後科本身。一一點檢，每夜燃燈壹盞[三]。准式，僧尼每夜不得欠少一人。

仰判官等每夜巡檢，判官若怠
慢公事〔四〕，亦招科罰。其帖仰諸寺
晝時分付〔五〕，不得違時者。天復
二年四月廿八日帖〔六〕。
都僧統　賢照。

説明

此件鈐有『河西都僧統印』兩方，是河西都僧統接到上件『使帖』後，亦以『帖』的形式向諸僧尼寺綱管徒衆等傳達落實使主意旨。此件與上件粘在一起，從『其帖仰諸寺晝時分付，不得違時者』來看，都僧統似乎是用各寺輪流傳閲的方式傳遞使主和都司公文的。

校記

〔一〕『合』，《唐後期五代宋初敦煌僧尼的社會生活》釋作『令』，誤，《敦煌遺書總目索引新編》漏録。
〔二〕『使』，《唐後期五代宋初敦煌僧尼的社會生活》釋作『釋』，誤。
〔三〕『壹』，《敦煌遺書總目索引》、《敦煌遺書總目索引新編》釋作『一』，誤。
〔四〕『若』，《唐後期五代宋初敦煌僧尼的社會生活》、《敦煌社會經濟文獻真蹟釋録》釋作『若有』，誤。
〔五〕『分付』，《敦煌遺書總目索引新編》釋作『吩咐』。

〔六〕『日』，《敦煌遺書總目索引新編》漏録。

參考文獻

Giles, *BSOS*, 10.2（1940），318 Ⓡ；《敦煌的僧官制度》三四六至三四八頁；*Descriptive Catalogue of the Chinese Manuscripts from Tunhuang in the British Museum*, p. 248；《スタイン將來大英博物館藏敦煌文獻分類目録·古文書類》一七頁；《敦煌寶藏》一二冊，一五三頁（圖）；《敦煌遺書總目索引》一四一頁（録）；《莫高窟年表》四六二頁（録）；《敦煌碑銘讚輯釋》三五六至三五七頁（録）；《敦煌社會經濟文獻真蹟釋録》四輯，一二七頁（録）、（圖）；《敦煌文獻研究》一〇二頁（録）；《歸義軍史研究》九三頁；《唐後期五代宋初敦煌僧尼的社會生活》二〇四至二〇五頁（録）；《敦煌遺書總目索引新編》四九頁（録）。

斯一六〇五＋斯一九〇六　太上洞玄靈寶真一勸戒法輪妙經

釋文

（前缺）

此一篇出虛無正真皇上丈人[一]，歷觀來生行業行罪[二]，有負逆之對，勸戒入真[三]，行大慈之心[四]。頌此篇，令知宿命之根也。

太上玄一真人曰：吾昔受無極太上大道君無上八門開度法輪勸戒經頌[五]，脩行道成[六]，位加真人。此文與元始同生，苞含天地[七]，億劫長存。廣度一切，爲諸津梁。輪轉勸戒[八]，以教導三乘，廣覆無外，開死度生，其福無量，諸天所崇[九]，學者所憑也。其文妙重，皆授宿有縣（玄）名帝圖[一〇]，緑（録）字三清[一一]，應爲仙公之人，自非其質，不得妄宣。見其篇句，皆由宿福積行所鍾。能盡心供養，依法脩行[一二]，宿根自滅，與善結緣，世亨福慶[一三]，家門興隆，身受開度，永得入無爲之場，剋成真人也[一四]。輕傳漏慢，考滅爾身。

太上玄一第二真人光妙音説三徒（塗）五苦生死命根勸戒上經[一五]。

道言：吾於混沌無形之中，歷觀諸天梵炁，無鞅數量，天地成敗，生死報應，莫不有對，莫不有歸。天地運轉，四時交謝，亦有盛衰。日月光耀，一滅一生，亦有盈虧。人稟炁而生[一六]，志有精麤，行有是非。心願如是，形造（跡）亦是[一七]。功過相藉[一八]，纖豪（毫）不失[一九]，皆明於天地，其理甚分。故人死無數，生亦不止，皆以輪轉魂神，往反相加[二〇]，莫非先身，以之無極。吾故於虛無無形之中，爲諸來生，上開八門，以爲法輪，教化愚矇[二一]，勸戒因緣，開度萬生。令（今）治道行[二二]，得入無爲，知其宿命，成於至真。而今見八門無極世界恒沙如來百姓子男[二三]、女人，學與不學，不顧宿命，違科犯戒，死嬰痛毒，流曳三塗五苦之中[二四]，非復人形，皆受其前身所行惡對，收（致）今之報[二五]。見之悲傷，爲之不言，責之在形，愍之在心。今故開法輪，以度其身，來者明慎，詳而奉焉。

道言：吾嘗歷觀諸天，出遊東門，見有百姓子男、女人，口面膿爛，血臭流出。頸如布綖[二六]，腸（腹）如懸鼓[二七]。身有鐵錐，口中銜火。大小相牽，流曳塗炭[二八]，無復人形。足踐三刃之上[二九]，身負鐵杖。痛不可負，毒不可忍。爲之悲傷，哀愍無已。道曰：其人何辜，宿命何緣，所行何犯，積何罪過，以致斯報，苦毒如此。

東極世界飛天人曰：斯罪人也，其前身所行，惡口赤舌，評論道德，攻伐師主[三〇]，更相讒擊。或煞害無道〔三一〕，不念衆生，酷虐爲行，心懷陰惡。誅戮無度，嫉妬勝己，抑絕賢明，致招今對，諸苦備經。萬劫當還生非人之道，其因如此。

道曰：可令斯人念其前行，令思爲善〔三二〕，度著法輪，授以勸戒，使得更生，還在人中。脩吾此道〔三三〕，以解宿對，思作道行，廣開法門，建立福田，功滿德就，昇入東門之中，見其宿命之根，更受滅度，以致飛仙也。

道言：吾嘗歷觀諸天，出遊西門，見有百姓子男、女人，牛頭狩（獸）身〔三四〕，拔出其舌，以鐵錐刺之，臣（巨）天力士鐵杖亂考〔三五〕，無有限數〔三六〕，身體膿壞，無復人形，足立刀山之上，痛不可堪，毒不可忍，見之悲傷。道哀之無已〔三七〕。道曰：其人何辜，緣何宿命，行何元逆，以致斯報，楚毒如此。

西極世界飛天人曰：斯罪人也，其人前身所行不道，違負師命，輕忽三寶，口是心非，攻根（師）伐主〔三八〕，罵詈呪誓，叫喚神鬼，飲酒過量，貪慾無已。或毀善譽惡，謗擊賢人，諂害中（忠）良〔三九〕，滅人之命，怨魂彌訴，斯罪深重，致招今對，諸苦備經。萬劫當還生邊夷之國，有人之形，無人之情，其因如此。

道曰：可令斯人思其宿行，念其所犯，改之爲善。內著法輪，授以勸戒，使得還生中國。脩吾此道〔四〇〕，解其宿對，思念作善，廣建福田，更受開度，入吾西門，見諸天人受其先功之業〔四一〕，永亨無量之報也〔四二〕。

道言〔四三〕：吾嘗歷觀諸天，出遊南門，見有百姓子男、女人，裸身無衣，吞火食炭，爲火所燒，頭面燋燎〔四四〕，舉體爛壞，無復人形，頭戴鐵鑊，足倚火山。痛非可忍，考不可擔〔四五〕。見之悲傷，慜之在心。道曰：其人從何而生，生從何來，宿命何緣，犯何非法，而招此對，楚毒乃爾。

南極世界飛天人曰：此之罪人，前生之時，歧咽兩舌〔四六〕，評論道士，攻擊賢人。不慈不孝，不仁不忠，罵辱父母，六親相殘。或亨煞六畜〔四七〕，殘害狩（獸）命〔四八〕，炎爊（炙）噉食〔四九〕，取一時之美，不顧宿命。或爲屠賣，割剔無數。斯罪元逆，致招今對，苦痛備更。萬劫當還生六畜之中〔五〇〕，以酬昔怨，其因如此。

道曰：可令斯人改往之行，思念作善，度入法輪，得還生人中，授其勸戒〔五一〕，使行慈心，廣建功德，更受開度，入吾南門，得見諸天〔人〕〔五二〕，受善功之福，與善結緣也。

道言：吾嘗歷觀諸天，出遊北門，見有百姓子男、女人，裸形赤身，無大無小，相牽流电（曳）〔五三〕，入爟（鑊）湯之中〔五四〕，身被景（煮）清（漬）〔五五〕，百毒之汁，以灌其上，五體爛壞，非可得忍。然後又入丘寒之池〔五六〕，或入北獄之中，頸腳鏁械〔五七〕，身負考掠，幽閉重檻，不覩三光。道曰：此人從何而來，生出何門，與何結緣，犯何神明，人雖有對，其酷如斯，甚可哀傷。

北極世界飛天人曰：此之罪人，前生所行，手煞君父〔五八〕，謀反師主，賊害人命。或持（恃）强抑弱〔五九〕，中傷朋友〔六〇〕，攻擊善人，告語懸（縣）官〔六一〕，横羅無辜，枉者稱訴，怨對彌天。或裸露三光，穢慢北君；或敗壞静舍，仙道神堂〔六二〕；或盜取經書，無盟而傳；或疑毁正文，訾壞寶章；或燒敗天經，輕慢靈真〔六三〕。斯罪深重，致招今對，萬楚備經。萬劫當生六畜之中，或爲賤人，聾盲六疾，不人之形〔六四〕，其因如此〔六五〕。

道曰：可令斯人，思念先行，改心爲善，内著法輪，授以勸戒〔六六〕，使得〔還〕生人道〔六七〕，伏從禁戒〔六八〕，於今更治道行，受於開度，入吾北門，見其宿命，令知至真也。

道言：吾嘗歷觀諸天，出遊東北門，見有百姓子男、女人，身形髡截，狼（鋃）鐺鏁械〔六九〕，負山擔石，往反鐵針之上〔七〇〕，食息不得，不捨晝夜，大小相牽〔七一〕，無復數量，艱辛徒（塗）炭〔七二〕，非可忍視。道曰：此人緣何而生，受生誰門，積何罪過，犯何神明，嬰負斯對，乃至如此，身充考楚，何當得脱。

東北世界飛天人曰：斯罪人也，其前生富貴，凌虐貧賤〔七三〕，强奪人物，煞害人命〔七四〕，或爲劫賊，更相攻伐，或奪人所愛，姧人妻妾〔七五〕，離人母子，或六親相姧〔七六〕，淫犯骨肉，斯罪深重，致招今對。身經三掠〔七七〕，乃得還生牛馬之中，其因如此。

道見之悲傷，哀念在心，告飛天人曰：可令斯人思念宿命，前身所犯，於今改更，與善結緣，得脱此厄〔七八〕。當念作功德，廣建福田，以贖往愆。當授其勸戒〔七九〕，度入東北之門，令見衆善，知其命根，轉輪不滅，乃可得入無量之場也。

道言：吾嘗歷觀諸天，出遊西南門，見有百姓子男、女人，裸形赤身，身抱銅柱，太（柱）山（上）火針〔八〇〕，針其腹背〔八一〕，太山之獸，啖食其肉〔八二〕，足立鐵鏘之上〔八三〕，大小流电（曳）〔八四〕，無復人形，楚痛徒（塗）炭〔八五〕，非可忍見。道曰：斯人何犯，宿命何緣，行何元逆，罪乃至此。負考幾年，當得解免（脱）〔八六〕？

西南世界飛天人曰：此之罪人，前生之時，身行強奪人食，割之（乏）人命〔八七〕，換借不還，欺誘萬物，或以強凌弱〔八八〕，求取不厭〔八九〕，得輒歡喜〔九〇〕，不得忿恨，伺便擊人，泄其惡心，或輕慢尊長，笑薄窮病，或裸身露出〔九一〕，犓忤三光〔九二〕，不敬天地，不畏鬼神，斯罪至重〔九三〕，致招今對，以報宿怨。萬劫當得還生下人之中。身作僕使，其因如此。

道見之悲傷，哀念無已，告飛天人曰：可令斯人，思念宿命，改心爲善，更治道行，廣建功德，以拔昔怨，當授其勸戒〔九四〕，度入西南之門，令見衆善，知有罪福，轉輪不滅，乃得入無爲之道也。

道言：吾嘗歷觀諸天，出遊東南門，見有百姓子男、女人，身被髡鉗，幽閉重檻，不覩三光，在五獄之中〔九五〕，一日三掠，鐵杖亂考，無復數量，罪定方謫死魂，榑諸山土石填塞河海，大小流电（曳）〔九六〕，五苦備嬰，徒（塗）炭艱毒〔九七〕，非可忍見。道曰：斯人有何緣對，宿命所由，犯何神明，誰生無罪，其獨如此。

東南世界飛天人曰：此之罪人，前身煞生淫祀[九八]，祭飴巫鬼[九九]，誹笑道士，呰（訾）毁真人[一〇〇]，棄法入僞，背師叛道，呪咀（詛）善人[一〇一]，被頭散髮[一〇二]，仰天叫神，厭禱無道，趣（輒）欲煞人[一〇三]。或輕慢日月，駡詈星晨（辰）[一〇四]，自作一法，不信宿命。或破山塞源，斷遏神道。或掘人冢埒（槨）[一〇五]，取人衣物，爆（暴）露白骨[一〇六]，捐放草野。笑人作善，自言其是，嫉妬勝己，心懷陰惡，其罪深重，致招今對。萬劫當得還生賤人之中，身嬰六極，或抱殘病，或生棄疾[一〇七]，以報宿怨，其因如此。

道見之悲傷，哀念在心，告飛天人曰：可令斯人革往之行，思念宿命，於今脩善[一〇八]，建立功德，廣開福田，使精誠苦厲，以拔昔咎，與道結緣，度其東南之門[一〇九]，授其勸戒。令更脩善行[一一〇]，還生人中。學度一切，得與道爲因也。

道言：吾嘗歷觀諸天，出遊西北門，見有百姓子男、女人，身被髡截，循上劍樹，八達交風，吹樹底（低）昂[一一一]，下則足履刀山，往反無數[一一二]。手足傷爛，膿血流出，不可得見，痛不可忍。道曰：斯人何辜，宿命何值，違何經教，犯何科律，以致斯酷。

西北世界飛天人曰：學（此）之罪人也[一一三]，其前身浮好，心慕榮利，形假上學，愛惜珍寶，不受經法，齎信奉受，心追吝惜[一一四]，受經未備，強欲作師，不依年限，傳授弟子，或不關天地[一一五]，無有盟約，更相傳付，得者不恭，付者不精，唱露秘（祕）文[一一六]，流布俗間，致令愚俗，毁名（咎）道真[一一七]，呰毁寶經[一一八]。或受經穢慢，輕忽三寶，不承師訓，自用一意。或齋戒不精，思念不專，其罪深重，致招今對。萬劫當得還生下愚之中，與道長隔，或嬰六疾，龍（聾）盲不聰〔一一九〕，其因如此。

道見之悲傷，哀念在心，告飛天人曰：斯人雖犯科律，當（嘗）經法門〔一二〇〕，可令思念先身所行之罪〔一二一〕，令更思善，廣建功德，伏從師宗，度其西北之門，授其勸戒，令得還生人中，更受寶經，懃行大業〔一二二〕，功滿德普，當得昇入至真之場也。

道言：吾開八門，以遥觀衆生，見有百姓子男、女人，學與不學，不顧宿命。所行元惡，翻天倒地，無所不作，罪滿結竟，死魂充責（謫）〔一二三〕，三徒（塗）吾（五）苦八難之中〔一二四〕，考掠楚撻，痛毒無極，大小流电（曳）〔一二五〕，相牽荼炭〔一二六〕，歷劫不解，哀念悲傷，不能已已〔一二七〕。故爲開度，授其勸戒，令自思善，念其宿命所行罪惡，於是改行，内著法輪，令早得更生，還於人中，大作功德，施惠布散，廣建福田，奉宗師寶，供養孝心，令功成德滿，解拔昔怨，身受福慶，乃入道場，知有宿命，以成至真。此法弘普，功加一切，得見其文，宿根自拔，五苦不經，三徒（塗）解脱〔一二八〕，長離八難，見世安康，世世富貴，家門興隆，思念前生，興善因緣〔一二九〕。若能長齋，燒香禮拜，廣救萬物，〔功〕濟衆生〔一三〇〕，損身布施，行人所不能行，爲人所不能爲，懷人所不能懷，忍人所不能忍，衆行合法，剋得上仙。坐降雲龍，飛行太空也。

三徒（塗）五苦無善命根偈頌〔一三一〕：

出遊八門，歷觀諸天。無極世界，洞覩諸緣。

見有百姓，男女之人。窮魂號咷，流电（曳）八難〔一三二〕。

吞火食炭，負石榩山。循履劍樹，風刀往還。

五體爛壞，無復形身。見之悲傷〔一三三〕，不覺悲纏〔一三四〕。

問之何辜，宿命何緣。鍾嬰斯對，不識命根。

迷不知革，沈淪罪田〔一三五〕。念汝歷劫，諸苦備辛。

三光長閉，幽痛可言。望吾八門，甚爲泯泯。

妙覺輪化宿命偈頌：

妙覺來去慧〔一三六〕，魂神無蹔（暫）滅〔一三七〕。一生一死中，形魂不蹉跌。

天地罪福門，緣對各歸一。熟覺前身行，三徒（塗）永難脫〔一三八〕。

飛天說勸戒，轉輪八門出。思念宿命根，積善以自拔。

今（令）化生人中〔一三九〕，始悟運不絕。建立開福田，廣救加一切。

功滿德亦普，超度無群延（匹）〔一四〇〕。身亭無量數〔一四一〕，神歡形亦悅。

放浪隨運遷，逍遥無爲室。顧看罪門臭〔一四二〕，與爾長離別。

法輪拔度命根昇玄偈頌：

八觀因緣門，罪福從中生。時見有心者，思悟感天情。
吾我（今）爲爾故〔一四三〕，開門説妙經。如是經中言，億劫皆受榮。
伏從受勸戒，以經度我形。思念宿命根，拔出先身嬰。
超越過三羅，八難於是冥。魂反入定質〔一四四〕，神操從是榮。
滅度如脱胞〔一四五〕，曠朗覩八清。轉輪得神仙，緣我改心精。
受報無窮量，志定入福門〔一四六〕。三十二相好〔一四七〕，皆從身中明。
項負七寶光，照曜諸天形〔一四八〕。雲迅八景與〔一四九〕，迴風椗緣輧〔一五〇〕。
昇入玄玄門，斯慶樂未央。

道言：此三篇偈頌，出元始之先，無數之劫。道成天地，功濟萬物。其説微妙，弘廣無極，皆授高仙大聖，十方至真已得佛（真）道〔一五一〕，不授中仙。得見其文，供養宗奉，生死獲慶，不更三徒（塗）〔一五二〕，不履八難，見世富貴，合門安寧，世生賢才，男女聰明〔一五三〕，聲色端偉，智慧儒仁，萬惡消伏，千哭（災）不干〔一五四〕，死離地獄，不經太山〔一五五〕，逕昇福堂〔一五六〕，衣飯自然〔一五七〕，輪轉不滅，與善因緣。若能長齋，修行思真，奉法承戒〔一五八〕，虚心注玄，開張廣救，極（拯）厄度窮〔一五九〕，施惠散德，供事師宗，承顔悦色，形同苦寒，功滿德就，身獲神仙〔一六〇〕，逍遥太空，昇入八門之中也。

太上玄一真人真錠光説無量妙通轉神入定妙經〔一六一〕。

道言：夫轉輪不滅，得還生人中，才智明達，心和情柔，篤好三寶，志慕神仙，當思念善功，廣建福田，功滿德備，施行妙通，轉神入定，以成至真。道行不備，仙亦不成。自從無數劫來，〔積〕學已成真人高仙〔一六二〕，自然十方道者〔一六三〕，莫不從業行所致，制身定志〔一六四〕，坐禪思微〔一六五〕，舉動行止，念作轉神，已得高仙也〔一六六〕。其思其（甚）微〔一六七〕，其念甚廣，弘普無量，行備入定，剋得神仙也〔一六八〕。子當懃行〔一六九〕，必合道心也。

道言：若學神仙，思念無量，普得長生〔一七〇〕，身與我神，入定妙通。

若奉師宗，思念無量，普得訓厲，身與我神，同受制度。

若奉經教〔一七一〕，思念無量，普得聰慧〔一七二〕，身與我神，同得昇仙〔一七三〕。

若見講説，思念無量，普得瞻聽，身與我神，了解玄義。

若見齋戒〔一七四〕，思念無量，普入法門〔一七五〕，身與我神，内外清肅。

若見行香，思念無量，普入芳盛，身與我神，不履穢塵。

若見三光，思念無量，闇寘（冥）普消〔一七六〕，身與我神，長處光明。

若見行雲，思念無量，普得癃覆，身與我神，同入雲輪。

若見兩（雨）注〔一七七〕，思念無量，普得灑潤，身與我神，得天癃流（澤）〔一七八〕。

若見素雪，思念無量，普居潔白，身與我神，凝炁成真〔一七九〕。

若見霜露，思念無量，保貞不落，身與我神，無不剬伏〔一八〇〕。

若見净水，思念無量，普得沐浴，身與我神，洗垢除穢。

若見大江，思念無量，普注淵澤，身與我神，無不苞容〔一八一〕。

若見大山，思念無量，普得鄣遏〔一八二〕，身與我神，栖託巖穴〔一八三〕。

若見樹木，思念無量，普無彫悴〔一八四〕，身與我神，鬱然茂林〔一八五〕。

若見種殖〔一八六〕，思念無量，普得滋長，身與我神，學（與）日成生〔一八七〕。

若見菓林〔一八八〕，思念無量，普得成就，身與[我]神〔一八九〕，結實生根。

若見飛鳥，思念無量，普得空行，身與我神，時生羽翮。

若見禽獸〔一九〇〕，思念無量，不生害心，身與我神，隱學幽林。

若見宫闕，思念無量，[普]得瞻仰〔一九一〕，身與我神，轉輪國王。

若見城社，思念無量，普得入朝，身與我神，修惣嚴餝〔一九二〕。

若見臺館（觀）〔一九三〕，思念無量，普瞻八極，身與我神，洞見幽微。

若見觀（靈）舍（壇）〔一九四〕，思念無量，普履法門，身與我神，得道無爲。

若見沙門〔一九五〕，思念無量，普得出身，身與我神，同得仙真〔一九六〕。

若見道士，思念無量，普棄榮累，身與我神，早得飛仙。
若見賢人，思念無量，普推貞義，身與我神，教化齊同。
若見聖人，思念無量，普得其道，身與我神，通真達靈。
若見盛年，思念無量，普不衰老，身與我神，長保劫年。
若見美女，思念無量，轉身爲男，身與我神，守貞入真。
若見妓樂，思念無量，普無哀憂，身與我神，靜默宮商〔一九七〕。
若見王子，思念無量，普得縱（從）容〔一九八〕，身與我神，輪轉王家。
若見富貴，思念無量，普得溫足，身與我神，愉（博）散功德〔一九九〕。
若見貧人〔二〇〇〕，思念無量，普離窮厄，身與我神，轉入歡泰〔二〇一〕。
若見廚食，思念無量，普得飽足，身與我神，口無爽味。
若見平地，思念無量，普得安立，身與我神，種殖普生〔二〇二〕。
若見屋舍，思念無量，普得癃薄（覆）〔二〇三〕，身與我神，宮宅愸勑（飭）〔二〇四〕。
若身暮臥〔二〇五〕，思念無量，普得安寧，身與我神，同靜虛空。
若朝起居，思念無量，普得曉明，身與我神，同光太陽。
若冠衣裳，思念無量，普得冠帶〔二〇六〕，身與我神，同生羽服。
若著巾帽〔二〇七〕，思念無量，普得冠賀（帽）〔二〇八〕，身與我神，同戴華蓋。

若著屐履，思念無量，普得乘鳳，身與我神，足躡紫雲。

若見乘舩（船）〔二〇九〕，思念無量〔二一〇〕，普得濟度〔二一一〕，身與我神，不拘橋梁。

若見乘車〔二一二〕，思念無量〔二一三〕，普不步行，身與我神，同榮飛軿〔二一四〕。

若見乘馬〔二一五〕，思念無量〔二一六〕，普得飛步，身與我神，乘雲駕龍〔二一七〕。

若見太清〔二一八〕，思念無量，普蒙虛泊，身與我神〔二一九〕，飛昇金闕〔二二〇〕。

卌五念〔二二一〕，功齊天地，數法自然。福履無量〔二二二〕，轉神入妙〔二二三〕。通微究玄，同體道真。思念既定〔二二四〕，則坐降雲龍八量（景）玉輿〔二二五〕，飛升上清宮也〔二二六〕。

無量妙通思念轉神偈頌〔二二七〕：

妙通轉我神，弘普無量功。道成天地劫，輪化發九重〔二二八〕。

滅度更死生，緣對各有宗。孰悟去來辛（因）〔二二九〕，形魂無始終〔二三〇〕。

精（積）慶藉福基〔二三一〕，身拔五難峰。脱離三惡道，蕭蕭入閑空〔二三二〕。

念度無邊境，思定感神通。法輪三度場，輔（轉）成高仙公〔二三三〕。

迴我大椿步，飄昇太極宮。

道言：無量妙通轉神入定經頌，皆治道行，思念一切〔二三四〕，形與神同，普入至真。虚皇太上大道君所受，高上大聖十方至真已得仙道，皆脩行此法〔二三五〕，以廣度無量，其福弘普，莫不加惠，功齊天地〔二三六〕，勳彰日月〔二三七〕。學無此法，道行不足，仙何從成。但太上所重，不行於世，世鮮有其文〔二三八〕，脫有得者，仙道自成也。皆當齎金寶之信〔二三九〕，詣師請受，道貴法重，非信不行，輕傳則爲非寶，空脩則爲賤道〔二四〇〕，此皆有風刀之考，明各慎之焉。

道言：吾法輪妙經，從無鞅數中來，有如恒沙之劫〔二四一〕，不足爲譬。天地成敗，非可勝數〔二四二〕，衆經盡消，而吾經不滅，隨運輪轉，開化日隆，廣度無極，經中之尊，猶如諸天開化，無有是經，其法不行。如是一切開張法教，此經㝡爲其元〔二四三〕。如是衆星普耀，此經如月盛光，㝡爲其明〔二四四〕，照耀十方。猶如三界，闇冥不消〔二四五〕，是經如日之出，普照諸天，無不朗清〔二四六〕。猶如萬川之流，是經如湯谷之淵，爲臣（巨）海之源〔二四七〕，無不歸宗。猶如須彌之高〔二四八〕，是經如玉京之山，無不苞藏〔二四九〕。此經微妙，與天地長存，諸天元王，高仙上真，無億數量，莫不奉命此經。如是普濟衆生，學與不學，教導三乘，廣開法門，上理三光，中調陰陽，下開萬生，皆從受覆癊，拔度七祖，開輪（轉）窮魂〔二五〇〕，生死傷敗，莫不成就，輪轉不滅，如舩（船）度人〔二五一〕。脩行是經〔二五二〕，精心不惓〔二五三〕，立致龍駕，白日飛行，安居端坐。存念是經，家門隆盛，百福如山，男女才智，富貴日昌。國主侯王〔二五四〕，供奉是經，位至無極，世出賢明。女子閑寂，思念是經，得轉身爲男。若在闇冥之中〔二五五〕，思念是經，即得披散，朗覩八清。若獨宿恐怖，思念是經，妖魅消亡，如萬人同宗（室）〔二五六〕。若在窮山，毒獸相逢（逢）〔二五七〕，思念是經，獸自閉眼〔二五八〕，不傷爾身。若度大江，遭風遇浪，思念是經，河海静波，蛟龍出迎。若入火中，思念是經，身不被燒，火自滅光。若入時病萬鬼之中，思念是經，鬼消毒滅，病者自康。若抱厄疾，思念是經，災厄即脱，永保長生。若在窮之（乏）絶糧之地〔二五九〕，思念是經，咽炁服御，便得飽滿。若在囹圄，幽閉重檻，思念是經，罪閉釋散，不充罰刑。若逢（逢）縣官〔二六〇〕，吏司所録，思念是經，結縛即解，吏皆歡然〔二六一〕。若有怨家〔二六二〕，思念是經，心歡意解〔二六三〕，反成至親。若逢（逢）寇賊〔二六四〕，白刃之中，思念是經，賊自却退，刃不加身。斯經普爲三界〔二六五〕，護度衆生危厄之難，度脱三徒（塗）〔二六六〕，離勉（免）八難〔二六七〕，五苦之中，皆所不經，廣覆無外，福量難稱，有宗是經，可謂無量之門也〔二六八〕。

太上玄一真人告仙公曰：吾受太上命〔二六九〕，使授子勸戒妙經〔二七〇〕，演法説教，事妙極此。其文秘於太上紫微宫中〔二七一〕，自非仙公之任，其文弗可得見乎〔二七二〕。今説其戒〔二七三〕，以成子仙，子宜寶祕〔二七四〕，勤行道成〔二七五〕，當更迎子於大（太）極宫也〔二七六〕。仙公稽首受誡〔二七七〕，奉辭而去也〔二七八〕。

太上洞玄靈寶真一勸戒法輪妙經[二七九]。

說明

此件由斯一六〇五和斯一九〇六綴合而成，正楷抄寫，書法精美。斯一六〇五首部略殘，起「出虛無正真」，訖「妙覺輪化宿命偈頌」中之「逍遥無爲定」。中有標題「太上玄一第二真人光妙音說三徒五苦生死命根勸戒上經」，然其經文與正統《道藏》所收《太上洞玄靈寶真一勸戒法輪妙經》多有不同；斯一九〇六起「與爾長離別」，終於尾題「太上洞玄靈寶真一勸戒法輪妙經」，中間和尾部略有殘缺。除前十行「法輪拔度命根昇玄偈頌」外，其他經文皆見於《道藏》所收《太上玄一真人說妙通轉神入定經》中。

此件「愍」字缺筆，但不避「世」、「治」之諱，推測爲初唐寫本。

據王卡統計，敦煌文獻中保存的《太上洞玄靈寶真一勸戒法輪妙經》尚有伯四六一八、伯二四二六、伯二八四二和Ch. 77. x. 6（IOL. C. 102V）四件。伯四六一八首尾均缺，存經文七四行，起「先功之業，永享[無量之報也]」，訖「土石[填塞]河海，大小流[曳]」；伯二四二六首尾均缺，存經文三一行，起「道言：吾嘗歷觀諸天」，訖「聾盲六疾，不人之形，其因」；伯二八四二首尾均缺，存經文一二八行，起「滅度如脱胞」，訖「[功]濟天地，勳[彰日月]」，中有標題「太上玄一真人真錠光說無量妙通轉神入定妙經」，卷中「世」字缺筆；Ch. 77. x. 6（IOL. C. 102V）首尾均缺，存經文二五行，起「[攻伐師]主，更相讒擊，或煞害無道』，訖「無量之報也」。

以上釋文是以斯一六〇五+斯一九〇六爲底本，用伯四六一八（稱其爲甲本）、伯二四二六（稱其爲乙本）、伯二八四二（稱其爲丙本）、Ch. 77. x. 6（IOL. C. 102V）（稱其爲丁本）以及《中華道藏》第三册所收〇二五號《太上洞玄靈寶真一勸戒法輪妙經》（稱其爲戊本）參校。

校記

〔一〕「此一篇」、「皇上丈人」，據戊本補。
〔二〕「歷觀來生行業行罪」，據戊本補。
〔三〕「戒」，戊本作「誡」，均可通；「真」，據戊本補。
〔四〕「行大慈之心」，據戊本補。
〔五〕「君」，據戊本補；「戒」，戊本作「誡」，均可通。
〔六〕「脩」，戊本作「修」，均可通。
〔七〕「苞」，戊本作「包」，均可通。
〔八〕「戒」，戊本作「誡」，均可通。
〔九〕「崇」，戊本作「宗」。
〔一〇〕「縣」，當作「玄」，據戊本改，「縣」爲「玄」之借字。
〔一一〕「緑」，當作「録」，據戊本改。
〔一二〕「脩」，戊本作「修」，均可通。

〔一三〕「亨」，戊本作「享」，「亨」同「享」。
〔一四〕「剋」，己本作「尅」，「尅」通「剋」。
〔一五〕「第二」、「光妙音」，戊本無；「徒」，當作「塗」，據戊本改，「徒」爲「塗」之借字；「生死命根」，戊本無；「戒」，戊本作「誡」，均可通；「上」，戊本無。
〔一六〕「而」，戊本無。
〔一七〕「造」，疑當作「跡」，據戊本改。
〔一八〕「藉」，戊本作「籍」，均可通。
〔一九〕「豪」，當作「毫」，據文義及戊本改，「豪」爲「毫」之借字。
〔二〇〕「反」，戊本作「返」，均可通。
〔二一〕「曚」，戊本作「蒙」，均可通。
〔二二〕「令」，當作「今」，據戊本改。
〔二三〕「恒」，戊本作「塵」；「如」，戊本作「而」，「而」通「如」。
〔二四〕「塗」，戊本作「途」，均可通。
〔二五〕「收」，當作「致」，據戊本改。
〔二六〕「布縱」，戊本作「垂線」。
〔二七〕「賜」，當作「腹」，據戊本改。
〔二八〕「塗」，戊本作「途」，均可通。
〔二九〕「三」，戊本作「刀」。
〔三〇〕丁本始於此。

〔三一〕「煞」，丁本同，戊本作「殺」，均可通。
〔三二〕「令思」，丁本同，戊本作「思念」。
〔三三〕「脩」，戊本作「修」，均可通。
〔三四〕「狩」，當作「獸」，據文義及丁、戊本改，「狩」爲「獸」之借字。
〔三五〕「臣」，丁本同，當作「巨」，據文義及戊本改。
〔三六〕「無」，丁本同，戊本作「不」。
〔三七〕「道」，丁本同，戊本無。
〔三八〕「根」，戊本同，當作「師」，據丁本改。
〔三九〕「中」，當作「忠」，據文義及丁、戊本改，「中」爲「忠」之借字。
〔四〇〕「脩」，戊本作「修」，均可通。
〔四一〕「先」，甲本同，戊本作「行」。
〔四二〕「亨」，甲本同，丁、戊本作「享」，「亨」同「享」。甲本始於此句，丁本止於此句。
〔四三〕乙本始於此句。
〔四四〕「燋」，甲、乙本同，戊本作「焦」，均可通。
〔四五〕「擔」，甲、乙本同，戊本作「瞻」。
〔四六〕「歧」，甲、戊本同，乙本作「吱」，誤。
〔四七〕「亨」，乙本同，甲、戊本作「烹」，均可通；「煞」，乙本同，戊本作「殺」，均可通。
〔四八〕「狩」，甲本同，當作「獸」，據文義及乙、戊本改，「狩」爲「獸」之借字。
〔四九〕「爊」，當作「炙」，據乙、戊本改，中古時吳地「炙」寫作「爊」。

〔五〇〕「之」，乙本同，戊本無。
〔五一〕「戒」，乙、戊本同，甲本作「誡」，均可通。
〔五二〕「人」，據甲、乙、戊本補。
〔五三〕「电」，當作「曳」，據甲、乙、戊本改。
〔五四〕「燿」，乙本同，當作「鑊」，據文義及甲、戊本改。
〔五五〕「景」，當作「煮」，據文義及甲、乙、戊本改；「清」，當作「漬」，據文義及甲、乙、戊本改。
〔五六〕「丘寒」，甲、乙本同，戊本作「寒泉」。
〔五七〕「鏁」，甲本同，乙、戊本作「鎖」，「鏁」同「鎖」。
〔五八〕「煞」，甲、乙本同，戊本作「弑」。
〔五九〕「持」，甲本同，當作「恃」，據文義及乙、戊本改。
〔六〇〕「朋」，乙、戊本同，甲本作「物」，誤。
〔六一〕「懸」，戊本作「官」，當作「縣」，據甲、乙本改；「官」，甲、乙本同，戊本作「司」。
〔六二〕「仙道」，甲、乙本作「靈圖」，戊本作「靈觀」；「神」，甲、乙本同，戊本作「治」，疑誤。
〔六三〕「輕」，乙、戊本同，甲本作「穢」。
〔六四〕「不」，甲、乙本同，戊本作「非」。
〔六五〕乙本止於此句。
〔六六〕「戒」，戊本同，甲本作「誡」，均可通。
〔六七〕「還」，據甲、戊本補。
〔六八〕「戒」，戊本同，甲本作「誡」，均可通。

〔六九〕「狼」，甲本同，當作「鋃」，據文義及戊本改，「狼」爲「鋃」之借字；「鏁」，甲本同，戊本作「鎖」，「鏁」同「鎖」。
〔七〇〕「反」，甲本同，戊本作「返」，均可通。
〔七一〕「牽」，甲本同，戊本作「率」。
〔七二〕「徒」，當作「塗」，據文義及甲、戊本改，「徒」爲「塗」之借字。
〔七三〕「凌」，戊本同，甲本作「陵」，均可通。
〔七四〕「煞」，甲本同，戊本作「殺」，均可通。
〔七五〕「姧」，甲本同，戊本作「姦」，均可通。
〔七六〕「姧」，甲本同，戊本作「姦」，均可通。
〔七七〕「身」，戊本同，甲本脱。
〔七八〕「厄」，甲本同，戊本作「戹」。
〔七九〕「戒」，戊本同，甲本作「誡」，均可通。
〔八〇〕「太山」，甲本同，當作「柱上」，據戊本改。
〔八一〕「針」，戊本同，甲本作「鍼」，「鍼」同「針」。
〔八二〕「啖」，甲本同，戊本作「噉」，均可通。
〔八三〕「鐦」，甲本同，戊本作「勒」，「鐦」爲「勒」之俗體字。
〔八四〕「电」，當作「曳」，據甲、戊本改。
〔八五〕「徒」，當作「塗」，據文義及甲、戊本改，「徒」爲「塗」之借字。
〔八六〕「免」，當作「脱」，據甲、戊本改。

〔八七〕「之」，當作「乏」，據甲、戊本改。

〔八八〕「強」，戊本同，甲本作「彊」，爲「強」之俗寫；「凌」，戊本同，甲本作「陵」，均可通。

〔八九〕「不」，甲、戊本作「無」；「懕」，甲本同，戊本作「厭」，均可通。

〔九〇〕「歡喜」，戊本同，甲本作「懽憘」，均可通。

〔九一〕「出」，甲本同，戊本作「形」。

〔九二〕「觕」，甲本同，戊本作「觸」，「觕」同「觸」。

〔九三〕「至」，戊本同，甲本作「深」。

〔九四〕「戒」，戊本同，甲本作「誡」，均可通。

〔九五〕「獄」，甲本同，戊本作「嶽」，疑誤。

〔九六〕「电」，當作「曳」，據戊本改。甲本止於此句。

〔九七〕「徒」，當作「塗」，據文義及戊本改，「徒」爲「塗」之借字。

〔九八〕「煞」，戊本作「殺」，均可通。

〔九九〕「飴」，甲本作「飼」，均可通。

〔一〇〇〕「呰」，戊本作「訾」，均可通。

〔一〇一〕「咀」，當作「詛」，據戊本改，「咀」爲「詛」之借字。

〔一〇二〕「被」，戊本作「披」，均可通。

〔一〇三〕「趣」，當作「輒」，據文義及戊本改；「煞」，戊本作「殺」，均可通。

〔一〇四〕「晨」，當作「辰」，據文義及戊本改，「晨」爲「辰」之借字。

〔一〇五〕「𨜳」，當作「槨」，據戊本改。

〔一〇六〕「爆」，當作「暴」，據戊本改。
〔一〇七〕「棄」，戊本作「業」。
〔一〇八〕「脩」，戊本作「修」，均可通。
〔一〇九〕「其」，戊本作「入」。
〔一一〇〕「脩」，戊本作「修」，均可通。
〔一一一〕「底」，當作「低」，據戊本改。
〔一一二〕「反」，戊本作「返」，均可通。
〔一一三〕「學」，當作「此」，據文義及戊本改。
〔一一四〕「吝」，戊本作「悋」。
〔一一五〕「或」，戊本無。
〔一一六〕「秘」，當作「祕」，據戊本改，「秘」爲「祕」之俗字。
〔一一七〕「名」，當作「咎」，據戊本改。
〔一一八〕「呰」，戊本作「訾」，均可通。
〔一一九〕「龍」，當作「聾」，據文義及戊本改，「龍」爲「聾」之借字；「聡」，戊本作「聰」，「聡」同「聰」。
〔一二〇〕「當」，當作「嘗」，據文義及戊本改。
〔一二一〕「罪」，戊本作「惡」。
〔一二二〕「懃」，戊本作「勤」，均可通。
〔一二三〕「責」，當作「謫」，據戊本改。
〔一二四〕「徒」，當作「途」，據文義及戊本改，「徒」爲「途」之借字；「吾」，當作「五」，據文義及戊本改。

〔一二五〕「电」，當作「曳」，據甲、乙、戊本改。
〔一二六〕「荼」，戊本作「塗」，均可通。
〔一二七〕「已已」，戊本作「已矣」。
〔一二八〕「徒」，當作「塗」，據文義及戊本改，「徒」爲「塗」之借字。
〔一二九〕「興」，戊本作「與」，疑誤。
〔一三〇〕「功」，據戊本補。
〔一三一〕「徒」，當作「塗」，據文義及戊本改，「徒」爲「塗」之借字。
〔一三二〕「电」，當作「曳」，據甲、乙、戊本改。
〔一三三〕「傷」，戊本作「哀」。
〔一三四〕「纒」，戊本作「傷」。
〔一三五〕「田」，戊本作「因」。
〔一三六〕「慧」，戊本作「惠」，「惠」通「慧」。
〔一三七〕「塹」，當作「暫」，據戊本改。
〔一三八〕「徒」，當作「塗」，據文義及戊本改，「徒」爲「塗」之借字。
〔一三九〕「今」，當作「令」，據文義及戊本改。
〔一四〇〕「延」，當作「匹」，據戊本改。
〔一四一〕「亨」，戊本作「享」，「亨」同「享」。
〔一四二〕此句斯一六〇五和斯一九〇六各存一半，以下爲斯一九〇六。
〔一四三〕「我」，當作「今」，據戊本改。

〔一四四〕「反」，戊本作「返」，均可通。

〔一四五〕丙本始於此句。

〔一四六〕「門」，丙、戊本作「庭」。

〔一四七〕「三」，戊本同，丙本作「七」。

〔一四八〕「曜」，丙本同，戊本作「燿」，均可通。

〔一四九〕「與」，丙本同，戊本作「輿」。

〔一五〇〕「椗」，丙本作「柱」，戊本作「捷」；「緣」，丙本同，戊本作「綠」。

〔一五一〕「佛」，當作「真」，據丙本改，戊本作「仙」，亦可通。

〔一五二〕「徒」，丙本同，當作「塗」，據文義及戊本改，「徒」爲「塗」之借字。

〔一五三〕「聡」，丙本同，戊本作「聽」，「聡」同「聰」。

〔一五四〕「哭」，當作「災」，據文義及丙、戊本改。

〔一五五〕「太」，丙本同，戊本作「泰」，「太」通「泰」。

〔一五六〕「逕」，丙本同，戊本作「徑」。

〔一五七〕「飯」，丙本同，戊本作「食」。

〔一五八〕「戒」，戊本同，丙本作「誡」，均可通。

〔一五九〕「極」，當作「拯」，據丙、戊本改。

〔一六〇〕「獲」，丙本同，戊本作「後」，誤。

〔一六一〕「太上玄一真人真錠光說無量妙通轉神入定妙經」，丙本同，戊本作「太上玄一真人說妙通轉神入定經」。

〔一六二〕「積」，丙本亦脱，據戊本補。

〔一六三〕「道」，戊本同，丙本作「尊」。

〔一六四〕「身」，丙本同，戊本作「心」，「心」爲「身」之借字。

〔一六五〕「禪」，丙、戊本作「念」。

〔一六六〕「已」，丙本脱，戊本作「以」。

〔一六七〕「其」，當作「甚」，據文義及丙、戊本改。

〔一六八〕「剋」，丙本同，戊本作「尅」，「剋」同「尅」；「也」，戊本同，丙本無。

〔一六九〕「懃」，丙本同，戊本作「勤」，均可通。

〔一七〇〕「普得」，據丙、戊本補。

〔一七一〕「奉」，丙本同，戊本作「見」，誤。

〔一七二〕「聡」，丙本同，戊本作「聰」，「聡」同「聰」；「慧」，戊本同，丙本作「惠」，「惠」通「慧」。

〔一七三〕「昇」，戊本同，丙本作「神」。

〔一七四〕「戒」，丙本同，戊本作「誡」，均可通。丙本「若見齋戒」等全句在「若見行香」句後。

〔一七五〕「入法門」，丙本同，戊本作「得入法」。

〔一七六〕「闇」，丙本同，戊本作「晻」，均可通；「寘」，當作「冥」，據戊本改，丙本作「瞑」，亦可通。

〔一七七〕「兩」，當作「雨」，據文義及丙、戊本改。

〔一七八〕「流」，丙本同，當作「澤」，據戊本改。

〔一七九〕「炁」，戊本同，丙本作「氣」，均可通。

〔一八〇〕「剬」，丙本同，戊本作「制」，按「剬」有「制」意，均可通。

〔一八一〕「苞」，丙本同，戊本作「包」，「苞」通「包」。

〔一八二〕「鄣」，丙本同，戊本作「障」，「鄣」通「障」。
〔一八三〕「栖」，丙本同，戊本作「棲」，均可通。
〔一八四〕「彫」，丙本同，戊本作「凋」，「凋」同「彫」。
〔一八五〕「然茂林」，丙本作「然成林」，戊本作「成茂林」。
〔一八六〕「殖」，丙、戊本作「植」，均可通。
〔一八七〕「學」，丙本同，當作「與」，據文義及戊本改。
〔一八八〕「菓」，丙本同，戊本作「果」，均可通。
〔一八九〕「我」，據文義及丙、戊本補。
〔一九〇〕「禽」，戊本同，丙本作「狩」，誤。
〔一九一〕「普」，據文義及丙、戊本補。
〔一九二〕「鎊」，丙本同，戊本作「飭」，均可通。
〔一九三〕「館」，丙本同，當作「觀」，據文義及戊本改。
〔一九四〕「觀舍」，疑當作「靈壇」，據戊本改，丙本作「治壇」。
〔一九五〕「沙門」，丙、戊本作「童子」。
〔一九六〕「仙」，丙本作「至」，戊本作「道」。
〔一九七〕「默」，丙、戊本作「嘿」，「嘿」同「默」。
〔一九八〕「縱」，丙本同，當作「從」，據文義及戊本改。
〔一九九〕「憎」，丙本同，當作「博」，據文義及戊本改。
〔二〇〇〕「人」，丙本同，戊本作「兒」。

〔二〇一〕「歡」，丙本同，戊本作「懽」，均可通。
〔二〇二〕「殖」，戊本作「植」，均可通；「普」，戊本作「並」，疑誤。
〔二〇三〕「薄」，當作「覆」，據文義及戊本改。
〔二〇四〕「勑」，丙本作「理」，戊本作「肅」，當作「飭」，據文義改，「勑」爲「飭」之借字。
〔二〇五〕「身」，丙本同，戊本作「見」；「暮」，戊本同，丙本作「慕」，「慕」爲「暮」之借字。
〔二〇六〕「冠帶」，丙本同，戊本作「嚴飾」。
〔二〇七〕「著」，戊本同，丙本作「見」，誤。
〔二〇八〕「貿」，當作「帽」，「貿」爲「帽」之借字，丙、戊本作「冕」，亦可通。
〔二〇九〕「舩」，丙本作「船」，當作「船」，據文義及戊本改，「船」爲「船」之俗字，「舩」爲「舩」之訛。
〔二一〇〕「無」，據文義及丙、戊本補。
〔二一一〕「普得」，據文義及丙、戊本補。
〔二一二〕「乘車」，據丙、戊本補。
〔二一三〕「思念無量」，據丙、戊本補。
〔二一四〕「軿」，據丙、戊本補。
〔二一五〕「若見乘馬」，據丙、戊本補。
〔二一六〕「思」，據丙、戊本補。
〔二一七〕「雲駕龍」，據丙、戊本補。
〔二一八〕「若見」，據丙、戊本補。
〔二一九〕「我神」，據丙、戊本補。

〔二二〇〕「飛昇金」，據丙、戊本補。
〔二二一〕「卌」，丙、戊本作「四十」。
〔二二二〕「福履無量」，據丙、戊本補。
〔二二三〕「轉」，據丙、戊本補。
〔二二四〕「思念既定」，據丙、戊本補。
〔二二五〕「則坐」，據丙、戊本補；「量」，當作「景」，據丙、戊本改。
〔二二六〕「宮也」，據丙、戊本補。
〔二二七〕「頌」，丙本同，戊本作「頌曰」。
〔二二八〕「輪化發九重」，據丙、戊本補。
〔二二九〕「辛」，丙本同，當作「因」，據戊本改。
〔二三〇〕「形魂無始終」，據丙、戊本補。
〔二三一〕「精」，當作「積」，據文義及丙、戊本改。
〔二三二〕「蕭蕭入閑空」，據丙、戊本補。
〔二三三〕「輔」，丙本同，當作「轉」，據戊本改；「成高仙公」，據丙、戊本補。
〔二三四〕「思」，據文義及戊本補；「切」，丙本同，戊本作「言」。
〔二三五〕「脩」，戊本作「修」，均可通。
〔二三六〕「齊」，戊本同，丙本作「濟」。
〔二三七〕丙本至此句止。
〔二三八〕「鮮」，戊本作「尠」，「尠」同「鮮」。

〔二三九〕「寶」，戊本作「尠」。
〔二四〇〕「脩」，戊本作「修」，均可通。
〔二四一〕「有」，戊本無；「恒」，戊本作「洹」，疑誤。
〔二四二〕「勝」，戊本作「稱」。
〔二四三〕「冣」，戊本作「最」，均可通。
〔二四四〕「冣」，戊本作「最」，均可通。
〔二四五〕「闇」，戊本作「晻」，均可通
〔二四六〕「清」，戊本作「徹」。
〔二四七〕「臣」，當作「巨」，據文義及戊本改。
〔二四八〕「須彌」，戊本作「崑崙」。
〔二四九〕「苞」，戊本作「包」，「苞」通「包」。
〔二五〇〕「輪」，當作「轉」，據文義及戊本改。
〔二五一〕「舩」，丙本作「舡」，當作「船」，據文義及戊本改，「舡」爲「船」之俗字，「舩」爲「舡」之訛。
〔二五二〕「脩」，戊本作「修」，均可通。
〔二五三〕「惓」，戊本作「倦」，「惓」通「倦」。
〔二五四〕「侯王」，戊本作「王侯」。
〔二五五〕「闇」，戊本作「晻」，均可通。
〔二五六〕「宗」，當作「室」，據文義及戊本改。
〔二五七〕「逢」，當作「逢」，據戊本改。

〔二五八〕「閉眼」，戊本作「潛退」。
〔二五九〕「之」，當作「乏」，據文義及戊本改。
〔二六〇〕「逢」，當作「逢」，據戊本改；「縣」，戊本作「宰」。
〔二六一〕「歡」，戊本作「懽」，均可通。
〔二六二〕「怨」，戊本作「冤」。
〔二六三〕「歡」，戊本作「懽」，均可通。
〔二六四〕「逢」，當作「逢」，據戊本改。
〔二六五〕「普」，戊本作「並」。
〔二六六〕「徒」，當作「塗」，據文義及戊本改，「徒」爲「塗」之借字。
〔二六七〕「勉」，當作「免」，據戊本改，「勉」爲「免」之借字。
〔二六八〕「也」，據戊本補。
〔二六九〕「命」，據戊本補。
〔二七〇〕「使授」，據戊本補；「戒」，戊本作「誡」，均可通。
〔二七一〕「其文秘於」，據戊本補。
〔二七二〕「其文弗可得見」，據戊本補；「乎」，戊本無。
〔二七三〕「戒」，戊本作「誡」，均可通。
〔二七四〕「寶祕」，據戊本補。
〔二七五〕「勤行道成」，據戊本補。
〔二七六〕「大」，當作「太」，據文義及戊本改，「大」通「太」。

〔二七七〕『公稽首受誡』，據戊本補。

〔二七八〕『奉辭而』，據戊本補；『也』，戊本無。

〔二七九〕『戒』，戊本作『誡』，均可通。

參考文獻

Descriptive Catalogue of the Chinese Manuscripts from Tunhuang in the British Museum, p. 219；《敦煌道經目録》六至八頁；《スタイン將來大英博物館藏敦煌文獻分類目録——道教之部》一四至一九頁；《敦煌道經——目録編》四六至四八頁；《敦煌道經——圖録編》五六至五九頁（圖）；《敦煌寶藏》一二册，一五四至一五九頁（圖）；一四册，四三一至四三五頁（圖）；《道藏》六册，一七〇至一七五頁；《英藏敦煌文獻》三卷，一〇二至一〇六頁（圖）、一七四至一七七頁（圖）；《英藏敦煌文獻》一四卷，二六八頁（圖）；《法藏敦煌西域文獻》一三册，三四〇頁（圖）；一九册，七六至七八頁（圖）；三二册，一八四至一八六頁（圖）；《中華道藏》三册，三一七至三二四頁；《敦煌道教文獻研究——綜述、目録、索引》九九頁。

斯一六〇七背　一　殘片（解僧正開七齋僧數）

釋文

解僧正開七齋僧數

壹角闍闍梨寶酒

押金功道員男升

（後缺）

説明

此件是修補正面《妙法蓮華經》時粘貼的殘片，僅存三殘行文字。

參考文獻

《敦煌寶藏》一二册，一七九頁（圖）；《英藏敦煌文獻》三卷，一〇六頁（圖）。

斯一六〇七背　　二　雜寫（金光明寺僧願教迴）

釋文

金光明寺僧願教迴

妙法蓮華經觀世

說明

上録文字爲時人隨手所寫，寫於《妙法蓮華經》卷背。

參考文獻

《敦煌寶藏》一二冊，一七九頁（圖）；《英藏敦煌文獻》三卷，一〇七頁（圖）。

斯一六〇八　大方廣佛華嚴經卷第卅三題記

釋文

比丘僧道祥供養。

説明

此件王素、李方定爲北朝寫本，其抄寫年代應在公元五八一年以前（參見《魏晉南北朝敦煌文獻編年》，新文豐出版公司，一九九七年版，二七一頁）。《英藏敦煌文獻》未收，现予補録。

參考文獻

Descriptive Catalogue of the Chinese Manuscripts from Tunhuang in the British Museum, p. 41（録）；《敦煌遺書總目索引》一四一頁（録）；《敦煌寶藏》一二册，一八八頁（圖）；《敦煌大藏經》二一册，三五七至三六五頁（圖）；《中國古代寫本識語集録》一五七頁（録）；《魏晉南北朝敦煌文獻編年》二七一頁（録）；《敦煌遺書總目索引新編》四九頁（録）。

斯一六一一　歷代法寶記抄（第三祖璨禪師傳）

釋文

（前缺）

隨（隋）朝第三祖璨禪師[一]，不知何處人。初遇可大師，璨示見大風疾，於衆中見。大師問：『從何處來，令（今）有何事[二]？』僧璨對曰：『故投和尚事[三]。』可大師語曰：『〔汝〕大風患人[四]，見我何益？』璨對曰：『身雖爲患[五]，患人心與和尚心無有則（別）處[六]。』可大師〔知〕璨是悲（非）常人[七]，便付囑法及信迦（袈）裟與僧璨。可大師曰：『汝善自保愛，吾有難，汝須避之。』璨大師亦常佯狂市肆[八]，後隱舒州〔司〕空山[九]。遭周武常（帝）滅佛法[一〇]，隱峴公山十二年[一一]。此山比多足獸[一二]，常損居人。自璨大師至，并移出境。付法并迦（袈）裟與道信後，時有峴禪師、月禪師、定禪師、巖禪師來至璨大師所云：『達摩祖師付囑後，此璨公真神璨也。定惠（慧）齊用[一三]，深不思議也。』璨大師遂共諸禪〔師〕住隱羅浮山[一四]。隱三年[一五]，後至大會齊（齋）[一六]，出告衆生曰[一七]：『吾今欲食。』諸弟子奉飲食。大師〔食〕畢[一八]，告衆人曰：『諸人歎言，坐終爲奇，唯〔吾〕生死自由〔一九〕。』語已，一手攀會中樹枝，掩然立化，亦不知年幾。塔廟在峴山寺側。弟子甚多，唯道信大師傳衣得法承後。薛道衡撰碑文〔二〇〕。

信禪師於璨師承法受迦（袈）裟時〔二一〕。峴山比於十二年，多足禽獸，常損居人，璨大師至，并移出境。

（後缺）

說明

此件首尾均缺，所存内容爲《歷代法寶記》中之第三祖璨禪師傳。榮新江指出此件與斯一七七六《唐朝第五祖弘忍禪師碑、唐朝第六祖惠能禪師碑》字體相同，形式相類，當出同一書手，年代在歸義軍曹氏時期（榮新江《敦煌本禪宗燈史殘卷拾遺》，《周紹良先生欣開九秩慶壽文集》，中華書局，一九九七年版，二三五至二三六頁）。

《歷代法寶記》是研究早期禪宗歷史的重要著作，現知敦煌文獻中保存的相關寫本計有斯五一六、斯一六一一、斯一七七六、斯五九一六、伯二一二五、伯三七一七、伯三七二七、Φ二六一及日本石井光雄藏精編本等九種。本書第二卷曾以斯五一六爲底本，參酌其他寫本對《歷代法寶記》作了校録工作。因各本之異同多已見於本書第二卷之斯五一六校記，故以上釋文以斯一六一一爲底本，僅用斯五一六（稱其爲甲本）參校。

校記

〔一〕『隨』，甲本同，當作『隋』，據文義改，『隨』爲『隋』之借字。

〔二〕『令』，當作『今』，據文義及甲本改。

〔三〕『尚』，甲本作『上』，均可通；『事』，甲本無。

〔四〕『汝』，據甲本補。

〔五〕『爲』，甲本作『有』。

〔六〕『尚』，甲本作『上』，均可通；『則』，當作『别』，據文義及甲本改。

〔七〕『知』，據甲本補；『悲』，當作『非』，據文義及甲本改。

〔八〕『常』，甲本脱。

〔九〕『司』，據甲本補。

〔一〇〕『常』，當作『帝』，據文義及甲本改。

〔一一〕『二』，甲本作『餘』。

〔一二〕『獸』，甲本作『猛獸』。

〔一三〕『惠』，甲本同，當作『慧』，據文義改，『惠』爲『慧』之借字。

〔一四〕『師』，據甲本補。

〔一五〕『隱』，甲本脱。

〔一六〕『齊』，當作『齋』，據文義改。

〔一七〕『生』，甲本作『人』。

〔一八〕『食』，據文義及甲本補。

〔一九〕『吾』，據文義及甲本補。

〔二〇〕『碑』，《大正新脩大藏經》、《英藏敦煌社會歷史文獻釋録》釋作『牌』，誤。

〔二一〕『信』，當指『道信』禪師。按其後本應抄寫第四祖道信禪師傳，但實際卻是隨手摘録已抄過的璨大師傳中之内容。

參考文獻

《大正新脩大藏經》五一冊，一八一頁（録）；*Descriptive Catalogue of the Chinese Manuscripts from Tunhuang in the British Museum*，p. 233；《初期の禪史》Ⅱ，《禪の語録》3，八二至八三頁（録）（R）；《初期禪宗史書の研究》（R）；《敦煌禪宗文獻の研究》六二五頁（R）；《敦煌寶藏》一二冊，二〇六頁（圖）；《英藏敦煌文獻》一卷，二二五至二二六頁（圖）；三卷，一〇七頁（圖）；《法藏敦煌西域文獻》一六冊，一四九頁（圖）；《周紹良先生欣開九秩慶壽文集》二三五至二三六頁；《英藏敦煌社會歷史文獻釋録》二卷，四六七至五六四頁（録）；《敦煌學輯刊》二〇〇六年三期，一五八頁。

斯一六一一背　雜寫（璨大師付法并袈裟與道信時）

釋文

璨大師付法并袈裟與道信時

（中空兩行）

隨（隋）朝

（中空數行）

隨

說明

此件之第一行應爲道信禪師傳的標題，筆跡與正面相同，爲同一人抄寫，但以下未抄正文，其後之文字爲隨手所寫，字體較大。

參考文獻

《敦煌寶藏》一二二册，二〇六頁（圖）；《英藏敦煌文獻》三卷，一〇八頁（圖）。

斯一六一二　丙午年十月廿七日比丘願榮轉經歷

釋文

丙午年十月廿七日[一]，比丘願榮報四恩三有，敬發心所轉得經抄數如後：

《佛說救護身命濟人疾病苦厄經》，一卷。《佛說長者女菴提遮師子吼了義經》[二]，一卷。《月燈經要略》，一卷。《阿彌陀》，一卷。《證明經》，一卷。《大陀羅尼集經》。《佛說要行捨身經》。《大慈教經》，一卷。《佛說大吉祥天女經》，一卷。《佛說報恩奉瓮（盆）經》[三]，一卷。《佛說父母恩重經》，一卷。《諸星母陁羅尼經》。《須摩提長者經》，一卷。《佛說彌勒下生成佛經》。《讚僧功德經》。《佛說齋法清浄經》。《佛說法句經》，一卷。《佛說禪門經》，一卷。《佛說大辯邪正經》，一卷。《佛垂般涅槃略說教誡經》，一卷。《佛說觀無量壽經》，一卷。《大方廣華嚴十惡品經》，一卷。《十一面觀世音神呪經》，一卷。《十一面神呪經》，一卷。《佛說像法決疑經》。《佛說普門品經》，一卷。《佛說國王波斯匿十夢經》。《佛說救拔焰口餓鬼陀羅尼經》，一卷。

説明

此件首尾完整，爲敦煌比丘願榮所轉經目録。所列經典既有敦煌地區特有的經典，甚至還包括一批疑僞經，對瞭解敦煌佛教具有一定價值（參見方廣錩《敦煌佛教經録輯校》，江蘇古籍出版社，一九九七年版，八二六頁）。

此件中之「丙午」，李正宇認爲是後晉開運三年即公元九四六年（參見李正宇《敦煌佛教研究的得失》，《南京師範大學學報》二〇〇八年五期，五二至五三頁）。

校記

〔一〕「廿」，《敦煌佛教經録輯校》釋作「二十」。

〔二〕「菴」，《敦煌佛教經録輯校》釋作「庵」，按「菴」本有「庵」意；「師」，《敦煌佛教經録輯校》釋作「獅」，誤。

〔三〕「瓮」，當作「盆」，《敦煌佛教經録輯校》據歷代經録校改。

參考文獻

Mair, *Chinoperl Papers* Vol, 10, 50 頁; *Descriptive Catalogue of the Chinese Manuscripts from Tunhuang in the British Museum*, p. 255;《スタイン敦煌文獻及び研究文獻に引用紹介せられたる西域出土漢文文獻分類目録初稿——非佛教文獻之部·古文書録Ⅱ》三九頁；《敦煌寶藏》一二冊，二〇七頁（圖）；《英藏敦煌文獻》三卷，一〇八頁（圖）；《敦煌佛教經録輯校》八二六至八二九頁（録）；《南京師範大學學報》二〇〇八年五期，四九至五五頁。

斯一六一二背　比丘願榮轉經歷

釋文

《維摩經》〔一〕，三卷，一部。《大般涅槃經》，一部，四袟（帙）〔二〕，四十二卷。《佛藏經》一部，四卷。《大寶積經》，一部，十二袟（帙）〔三〕，計百二十卷。《大乘蜜（密）嚴經》，一部〔四〕，上、中、下三卷。

說明

此件筆跡與正面相同，當亦爲願榮轉經目（參見《敦煌佛教經録輯校》八二六頁）。卷末有蔣孝琬所書數碼及『抄寫持經數目』等。

校記

〔一〕此行前有『昔日結義由來，願榮近日□□□人情』等文字一行，已塗抹，疑爲書信草稿的一部分。

〔二〕『袟』，當作『帙』，據文義改，『袟』爲『帙』之借字，《敦煌佛教經録輯校》逕釋作『帙』。

〔三〕『袟』，當作『帙』，據文義改，『袟』爲『帙』之借字，《敦煌佛教經録輯校》逕釋作『帙』。

〔四〕『蜜』，當作『密』，《敦煌佛教經録輯校》據歷代經録校改。

參考文獻

《敦煌寶藏》一二册，二〇七頁（圖）；《英藏敦煌文獻》三卷，一〇九頁（圖）；《敦煌佛教經録輯校》八二九頁（録）。

斯一六一九背　習字

釋文

（前缺）

若　若若若若若若若若若若若若若若

若　若若若若若若若若若若若若若若

合　合合合合合合合合合合合合合合合合合合合

合　合合合合合合合合合合合合合合合合合

一　一一一一一一一一一一一一一一一一一一一一一一一一一一一一一一一一一一一

一　一一一一一一一一一一一一一一一一一一一一一一一一一一一一一諸大德我

契　契契契契契契契契契契契契契

契　契契契契契契契契契契契契契

未　未未未未未未未未未未未未未

未　未未未未未未未未未未未未未

嘗　嘗嘗嘗嘗嘗嘗嘗嘗嘗嘗
嘗　嘗嘗嘗嘗嘗嘗嘗嘗嘗嘗
不　不不不不不不不不不不不不不不不
不　不不不不不不不不不不不不不不不
臨　臨臨臨臨臨臨臨臨臨臨臨臨臨
臨　臨臨臨臨臨臨臨臨臨臨臨臨臨
（後缺）

説明

此件抄寫於佛經疏釋背面，前後均缺，存一六行，抄有『若』、『合』、『一』、『契』、『未』、『嘗』、『不』、『臨』等八字，每字抄寫兩行，是學童識字時爲鞏固記憶所爲，對瞭解當時的啟蒙教育具有一定意義。

參考文獻

Descriptive Catalogue of the Chinese Manuscripts from Tunhuang in the British Museum, p. 190；《敦煌寶藏》一一冊，一三九頁（圖）；《英藏敦煌文獻》三卷，一〇九頁（圖）。

斯一六二四+斯一七七六（2）背　僧傳摘抄（惠能禪師、僧伽大師、萬迴和尚等）

釋文

唐朝第六祖　韶州漕（曹）溪能禪師，俗姓盧，范陽人也。隨父官嶺外[一]，居新州。年廿二，來至馮茂山，禮忍大師。初見，大師問：『汝從何來？』答：『從新州來，唯求作佛。』忍大師曰：『汝新州是獦獠，若爲作佛？』惠能答曰：『獦獠佛姓（性）[二]，豈汝別[三]？』大師深知其能，〔再〕〔欲〕共語[四]，爲衆人在左右。令能隨衆踏碓八個月，碓聲相似不異。忍大師就碓上，密說直了見性。於夜間潛喚入房，三日三夜共語了。付囑法及袈裟：『汝爲此世界大師。』即念（令）急去[五]。大師自送過九江驛。看渡大江已，却迴歸。諸門徒并不知付法〔及〕袈裟與惠能[六]。去三日，大師告知（諸）門徒[七]：『汝等散去，吾此間無有佛〔法〕[八]，〔佛〕〔法〕〔流〕過嶺〔南〕[九]。』衆人咸驚，遞相問曰[一〇]：『嶺南有誰？』潞州法如師對曰：『惠能在彼。』〔衆〕皆奔湊[一一]，衆中有一四品官將，（以下原缺文）

（中空兩行）

謹按《唐泗州僧伽大師寔（實）録》云[一二]：大師年八十三，暮春三月入滅。萬乘輟朝，兆民罷業。帝令漆身起塔，便設長安。師靈欲歸泗濱，忽現臭氣滿城，惡風遍塞宫内。皇帝驚訝，群臣奏言，疑　大師化緣在於普光寺，身願還本處。帝聞斯奏，心便許之。猶未發，異香滿國。帝備威儀，津送香花。千里駢填，正當炎熱之時，一向清源之景，五月五日達於淮甸。入塔，天演光於金（？）。今過往禮瞻，咸降感通覆祐。

謹按《傳記》：唐中宗皇帝時，萬迴和尚者，虢州閿鄉縣人也。俗姓張，父乃轅門別校也。時兄從軍在塞外，乃家中設齋。兄好喫羔麋，因見羔麋思兄，遂先母曰：『送少許與兄去。』母曰：『真狂癡人也，此去五十（千）餘里[一三]，如何得到？』堅切覓之，母遂與去，傾刻便歸，家内齋猶未散。衆人不信，乃將出兄迴信。去時汗衫，母因認得縫緶，訝極異事，徒來萬里程途，故以萬迴爲號。尋乃爲僧，帝請於内道場供養。帝感夢，云是觀音化身，敕遣二宫官扶侍。至遷化時，唯要本鄉河水，指堦下令掘[一四]，忽然河水湧出爲井，飲畢而終。坊曲井水皆醎，唯此井水甘美，因敕名醴泉坊焉，仍令所司邈真供養。

真容而福至，聞尊號以災消。福利昭彰今日，當時慈悲不替。觀〔音〕到此土[一五]，存歿三十六化，具載傳記。辭帝歸鍾山入滅矣。昔泗州大師懺悔，却復本形，重歸大内，且化緣畢，十二面觀音菩薩形相，僧謡（繇）乃哀求[一六]，謡（繇）變容謟言[一七]，和尚乃以爪鳌（剺）面〔一八〕，開示下筆。和尚或其形貌，莫能得定。僧　真和尚曰：『可與吾寫真否？』僧謡（繇）聖者〔一九〕，僧寶意處見供奉張僧謡（繇）邈〔真〕〔二〇〕，入山遠迎，請入内殿道場供養。因詣賢，銜花巌神獻果。梁武帝遣使并寶轝人家供敬，分形赴齋，尋隱鍾山，百獸者遊於楊（揚）州〔二一〕，擎杖每懸剪刀尺拂（紼）〔二二〕。

謹按《三寶感通録》曰：『宋末沙門寶志』（以下原缺文）

説明

此件由斯一六二四正面和斯一七七六（2）背拼接而成，其内容爲僧傳摘抄，有惠能禪師、僧伽大師、萬迴和尚、張僧謡（繇）和沙門寶志等。所抄惠能禪師的有關文字與《歷代法寶記》相關記載大致相同，但只抄寫了其前半部分。僧伽大師和萬迴和尚的事跡，抄者稱抄自『實録』和『傳記』，其内容與《宋高僧傳》不同，且都是只抄了這兩位僧人生平的一部分。卷末有濃筆大字書寫的『感通』二字，至少自僧伽大師以後，所抄寫的多是有關『感通』的内容。

此件另一面抄寫的是《天福七年大乘寺交割常住什物點檢歷》，是正式實用文書，原應爲正面。時人是用已經廢棄的『常住什物點檢歷』來摘抄僧傳。故此件的抄寫年代當在天福七年之後。

英藏縮微膠片、《敦煌寶藏》和《英藏敦煌文獻》圖版均誤將斯一六二四『僧傳摘抄』所在的一面標爲正面，而在斯一七七六（2），又將《天福七年大乘寺交割常住什物點檢歷》標爲正面。爲避免引起新的混亂，這裡仍沿用過去錯誤的正、背標號。

校記

〔一〕「官」，斯五一六《歷代法寶記》作「宦」。

〔二〕「姓」，當作「性」，據文義及斯五一六《歷代法寶記》改，「姓」爲「性」之借字。斯五一六《歷代法寶記》「姓」字後尚有「與和尚佛性」。

〔三〕「豈汝别」，斯五一六《歷代法寶記》作「豈異别否」。

〔四〕「再欲」，據斯五一六《歷代法寶記》補。

〔五〕「念」，當作「令」，據文義及斯五一六《歷代法寶記》改。

〔六〕「及」，據斯五一六《歷代法寶記》補。

〔七〕「知」，當作「諸」，據文義及斯五一六《歷代法寶記》改，「知」爲「諸」之借字。

〔八〕「法」，據文義及斯五一六《歷代法寶記》補。

〔九〕「佛法流」、「南」，據文義及斯五一六《歷代法寶記》補。

〔一〇〕「曰」，斯五一六《歷代法寶記》無。

〔一一〕「衆」，據斯五一六《歷代法寶記》補。

〔一二〕「寔」，當作「實」，據文義改，或謂「寔」通「實」。此句以上爲斯一七七六（2）背，自此句始爲斯一六二四。

〔一三〕「十」，當作「千」，據文義改。

〔一四〕「堦」，義同「階」。

〔一五〕「音」，據文義補。

〔一六〕「謡」，當作「繇」，據文義改，「謡」爲「繇」之借字。

〔一七〕「謡」，當作「繇」，據文義改，「謡」爲「繇」之借字。

〔一八〕「謡」，當作「繇」，據文義改，「謡」爲「繇」之借字。

〔一九〕「釐」，當作「嫠」，據文義改，「釐」爲「嫠」之借字。

〔二〇〕「謡」，當作「繇」，據文義改，「謡」爲「繇」之借字；「真」，據文義補。

〔二一〕「楊」，當作「揚」，據文義改，「楊」爲「揚」之借字。

〔二二〕「拂」，當作「紼」，據文義改。

參考文獻

Descriptive Catalogue of the Chinese Manuscripts from Tunhuang in the British Museum, p. 276, p. 212；《初期の禪史》Ⅱ，《禪の語録》3，八二至八三頁（録）（R）；《初期禪宗史書の研究》（R）；《敦煌禪宗文獻の研究》六二五頁（R）；《敦煌寶藏》一二冊，二八二頁（圖）；《敦煌寶藏》一三冊，四〇六頁（圖）；《英藏敦煌文獻》一卷，二二五至二二六頁（圖）；《英藏敦煌文獻》三卷，一一〇頁（圖）、一四七頁（圖）；《法藏敦煌西域文獻》六冊，一四九頁（圖）；《周紹良先生欣開九秩壽慶文集》二三五至二三六頁；《法藏敦煌西域文獻》二七冊，八二頁（圖）；《英藏敦煌社會歷史文獻釋録》二卷，四六七至五六四頁（録）；《敦煌學輯刊》二〇〇六年三期，一五八頁；《敦煌研究》二〇〇六年五期，一〇〇頁。

斯一六二四背+斯一七七六（2）　天福七年（公元九四二年）大乘寺交割常住什物點檢歷

釋文

（前缺）

在櫃[一]。新著香楪子貳[二]。銅鈴壹并鐸。銅

佛印壹。經藏壹，在殿。黑石枕叁。摩睺羅

壹[三]，在櫃。大經案壹，在殿。小桉架貳，在北倉。

木燈樹壹。司馬錦經〔巾〕壹[四]，在櫃。金油師子壹，

在櫃。《大佛名經》壹部，壹拾八卷并函[五]。黄布經〔巾〕

壹條[六]。又程闍梨入黄布經巾壹，在櫃。黄項菩薩幡

貳拾口，在櫃。小菩薩幡貳拾捌口，在櫃。畫

絹幡陸口。故破幡額壹條。銅楪子壹，在櫃。

千佛經巾壹。青繡盤龍傘壹副，并骨。兼
帛綿綾裏，裙帶具全。官施銀泥幡柒口，
在櫃。大銀泥幡壹口。銅鈴〔壹〕[七]，在幡干（竿）上[八]。大
銅鈴肆，在殿四角，內貳在櫃。

家具：中台盤子貳。小樏子叁枚。花鐏盛壹。黃
花盛子壹。花木盛子壹。黃花團盤貳，故破。
破黑團盤壹。小黑牙盤子壹，無連蹄。赤
心競（擎）盤壹[九]。五尺花牙盤壹，無連蹄。黑木
盛子貳，在櫃。箱壹葉，在櫃。斗壹量。木盆大
小五，內壹在嚴護。五斗木盆貳。漆競（擎）腳貳[一〇]。
壁牙壹。隔子壹片，在北倉。桉板肆，內貳破。
木火爐貳。叁尺牙盤壹面。踏牀壹張。新
花團盤肆，在櫃。木合子壹，在櫃。花競（擎）盤貳[一一]。
朱裏樏子陸枚。黑木樏子拾枚，內五枚在前
所由延定真等不過，又五枚在智定等不過。花
樏子肆枚，在櫃。銀鏤杭子壹，在櫃。漆樏子

貳，在櫃。四尺花牙盤子壹。花盤子壹，在櫃。叁
腳牀子壹。黑木盛子壹。鐏子壹，在櫃。花
烈盛子壹。小黄花楪子貳，在櫃。大木杓壹〔一二〕。
新漆椀壹，在櫃。花椀拾枚，在櫃。花盤子壹，
在櫃。黑木樏子貳，在櫃。花鐏子貳，内壹破。
花楪子貳，在櫃。鑾樏子壹，在櫃。箱壹合，在
櫃。小牙盤子壹。競（擎）盤壹面〔一三〕。四尺花牙盤壹
面。白牙盤壹面。黑木槐子壹。花牙盤一面。
緑浄牙盤壹面。又桉架壹，在北倉。花牙盤
壹面，在程闍梨。踏牀壹張，在北倉。白花團
盤壹面，在櫃。四尺花牙盤壹面。朱裹椀
子五枚，在櫃。朱裹楪子玖枚，在櫃。桉枷
壹量，在北倉。踏牀一張〔一四〕。木盆壹隻，三斗。黄
花競（擎）盤壹〔一五〕，在櫃。朱裹椀子、楪子拾枚，在
櫃。黄花鐏子壹。漆筯兩雙，在櫃。

銅鐵器：銅悉羅壹〔一六〕，在櫃。鐵鐺離壹。銅楪子

壹，在櫃。鎖叁具并鑰匙。四斗鐺壹口，
有烈（裂）〔一七〕。三斗方耳鐺壹，全。壹尺八寸鏉壹面。
壹尺貳寸鏉壹面，頂破。八斗釜子壹口，有烈（裂）〔一八〕。
貳尺烈鏉壹面。鍖鐘壹副。又烈（裂）鏉壹面〔一九〕。
壹斗八升圓耳鐺壹口，壹脚短。又壹斗八升方
耳鐺壹口〔二〇〕。

函櫃：櫃大小壹拾貳口，內貳無象鼻，三口象鼻，胡
戌具全。四尺新踏牀一張。古破踏牀壹張，除。
大牀肆張，內壹在妙喜。牀梯壹，除。拓壁兩條，
內壹破。又五石櫃壹口。員定經函壹，破。赤
椀壹。程闍梨施兩石櫃壹口，故。

瓦器：瓮大小拾壹口，內三口在北倉。瓫大小肆口，內兩口
有烈（裂）〔二一〕。細項瓶子壹口。肆斗瓦盛壹口。嚴忍入
瓫兩口，內壹破，內壹在智定伴。曹法律入乾
盛瓫兩口，內壹在鄧闍梨。瓦盛壹口。程闍梨施入
瓦盛壹口，瓫壹口。

氈褥：貳色氍毹兩條，内壹條在櫃。新白方氈五領。新白氈五條。舊白氈兩領。故花氈壹領。繡褥壹條，在櫃。王都維施入褥壹條。蕃褥壹條。黑氈條貳，内壹在北倉。使君入花氈壹領。妙惠花氈壹領。張闍梨蕃褥壹條。羖羊氈兩條，除。青花氈兩領。白氈條壹。白方氈壹領。程闍梨白氈壹領。政修白氈一領〔二二〕。真如白氈壹領。陰家善來入白氈壹領。磑户康義盈、李粉埴二人折債各入白方氈兩領。

常住什物等〔二三〕，對徒衆一一

（後缺）

説明

此件由斯一六二四背和斯一七七六（2）綴合而成（參見金瀅坤《敦煌社會經濟文獻綴合拾遺》，《敦煌研究》二〇〇六年二期，八九至九〇頁）。唐耕耦、陸宏基先生指出此件與斯一七七四《天福七年某寺判官與法律智定等常住什物交割歷》筆鋒、形式相同，所記部分物品基本相同，推斷兩件爲同一年之交割歷，一爲底本，一爲抄本，因而將此件時代定爲天福七年（《敦煌社會經濟文獻真蹟釋録》三輯，二一一頁）。以後唐耕耦又推定斯一七七四爲大乘寺文書（《敦煌寺院會計文書研究》，新文豐出版公司，一九九七版，四頁）。在此基礎上，郝春文進一步確定此件爲《天福七年（公元九四二年）大乘寺交割常住什物點檢歷》（參見《唐後期五代宋初敦煌僧尼的社會生活》，中國社會科學出版社，一九九八年版，一二九頁）。經比勘，斯一七七四與此件差異不少，并非底本與抄本的關係，但確屬大乘寺不同時期之點檢、交割歷無疑。斯一七七六亦爲大乘寺之點檢、交割歷。以上三件雖屬不同時期，但所記物品與數量多同，故可互相比勘。因三件是不同時間同一寺院什物之記録，所以，其區别有的屬於錯漏，有的則是因記録方式不同導致的文字差異，還有的是物品本身已發生了變化（如已被勾銷等）。

校記

〔一〕「在櫃」，據斯一七七四《天福七年（公元九四二年）十二月大乘寺法律智定等一伴交割歷》補。

〔二〕「新著香」，據斯一七七四《天福七年（公元九四二年）十二月大乘寺法律智定等一伴交割歷》補。

〔三〕「睺」，《敦煌社會經濟文獻真蹟釋録》釋作「候」，誤。

〔四〕「巾」，據斯一七七四《天福七年（公元九四二年）十二月大乘寺法律智定等一伴交割歷》補。

〔五〕「八」，《敦煌社會經濟文獻真蹟釋録》釋作「捌」，誤。

〔六〕「巾」，據斯一七七四《天福七年（公元九四二年）十二月大乘寺法律智定等一伴交割歷》補。

〔七〕「壹」，據斯一七七四《天福七年（公元九四二年）十二月大乘寺法律智定等一伴交割歷》補。

〔八〕「干」，當作「竿」，據斯一七七四《天福七年（公元九四二年）十二月大乘寺法律智定等一件交割歷》改，「干」爲「竿」之借字。

〔九〕「競」，當作「擎」，據斯一七七六《顯德五年大乘寺判官與法律尼戒性等一件交割歷》改，「競」爲「擎」之借字。

〔一〇〕「競」，當作「擎」，據斯一七七六《顯德五年大乘寺判官與法律尼戒性等一件交割歷》改，「競」爲「擎」之借字。

〔一一〕「競」，當作「擎」，據斯一七七六《顯德五年大乘寺判官與法律尼戒性等一件交割歷》改，「競」爲「擎」之借字。

〔一二〕「木」，《敦煌社會經濟文獻真蹟釋録》釋作「水」，誤。

〔一三〕「競」，當作「擎」，據文義改，「競」爲「擎」之借字。

〔一四〕「一」，《敦煌社會經濟文獻真蹟釋録》釋作「壹」。

〔一五〕「競」，當作「擎」，據文義改，「競」爲「擎」之借字。

〔一六〕「銅」，《敦煌社會經濟文獻真蹟釋録》據文義校補。

〔一七〕「烈」，當作「裂」，據文義改，「烈」爲「裂」之借字。

〔一八〕「烈」，當作「裂」，據文義改，「烈」爲「裂」之借字。

〔一九〕「烈」，當作「裂」，據文義改，「烈」爲「裂」之借字。

〔二〇〕此句爲斯一六二四與斯一七七六（2）拼接處。

〔二一〕「烈」，當作「裂」，據文義改，「烈」爲「裂」之借字。

〔二二〕「一」，《敦煌社會經濟文獻真蹟釋録》釋作「壹」。

〔二三〕「常住」，據殘存筆劃及文義補。

參考文獻

Descriptive Catalogue of the Chinese Manuscripts from Tunhuang in the British Museum, p. 212, p. 276；《スタイン敦煌文獻及び研究文獻に引用紹介せられたる西域出土漢文文獻分類目録初稿——非佛教文獻之部・古文書録》Ⅱ，六一頁；《敦煌寶藏》一二冊，二八三至二八四頁（圖）；《敦煌社會經濟文獻真蹟釋録》三輯，一九至二一頁（録）、（圖），二四至二五頁（録）、（圖）；《英藏敦煌文獻》三卷，一一一頁（圖）、一四五頁（圖）；《敦煌寺院會計文書研究》四至六頁；《唐後期五代宋初敦煌僧尼的社會生活》一二九頁、一五六頁；《敦煌研究》二〇〇六年二期，八九至九〇頁。

斯一六二五　天福叁年（公元九三八年）十二月六日大乘寺諸色斛斗入破歷算會牒

釋文

（前缺）

□入[一]，□捌碩
肆斗[二]，春秋貳季佛食入。麥兩碩，粟捌斗，自年煙火賈（價）入[三]。
戊戌年麥壹拾肆碩，又麥伍碩，粟壹拾肆碩，黃麻四石七斗[四]，自年磑
粿（課）入[五]。麥兩碩三斗，粟兩碩貳斗，自年磑粿（課）入[六]。麥捌碩，廚
田李粉堆入。麥兩碩，粟兩碩，廚田李通子入。麥壹碩捌〔斗〕[七]，
廚田石安慶入。麥壹碩，石賢者廚田入。麥兩碩，粟捌
斗，自年煙火賈（價）入[八]。麥貳拾柒碩陸斗，粟叁拾貳碩壹
斗，自年沿磑外支入。麥肆碩，自年二月八日設料入。黃麻

壹碩伍升，自年二月八日設料入。

麥壹伯（佰）陸拾壹碩捌斗[九]，粟壹伯（佰）伍碩捌斗，黄麻壹拾肆碩肆斗伍升。上件貳年中間應入斛斗油麵

穄（䵚）褐等[一〇]，計貳伯捌拾壹碩玖斗伍升，內

丁酉、戊戌貳年中間，沿寺諸處修飾用

得麵壹伯伍碩，用得粟玖拾伍碩叁斗，

用得油兩碩柒升半[一一]。

麥、粟陸拾叁碩貳斗伍升，內丁酉、戊戌貳年中

間，沿河下白刺買木打磑掄（輪）雇釧四大口水

官馬料煙火賈（價）綢鷹人飯馬圈口佛盆

等用[一二]。通前破除外，合管迴殘

麵粟肆碩肆斗。

右通前件斛斗油麵粟等，破

除及見存，一一詣實如前，謹録

文案，與（以）充後筭爲憑[一三]。

天福叁年戊戌歲十二月六日法律最勝真等牒。

徒衆真意
徒衆修果
徒衆妙惠
徒衆承因
徒衆真如〔一四〕

（後缺）

説明

此件首尾均缺，部分文字用朱筆書寫，唐耕耦、陸宏基先生確定其爲大乘寺諸色斛斗入破歷算會牒（《敦煌社會經濟文獻真蹟釋録》三輯，三九八頁）。

校記

〔一〕「入」，《敦煌社會經濟文獻真蹟釋録》漏録。
〔二〕「捌碩」，《敦煌社會經濟文獻真蹟釋録》漏録。
〔三〕「賈」，當作「價」，據文義改，「賈」爲「價」之借字。
〔四〕「四石七斗」，《敦煌社會經濟文獻真蹟釋録》漏録。
〔五〕「粿」，當作「課」，據文義改，「粿」爲「課」之借字。

〔六〕「粿」，當作「課」，據文義改，《敦煌社會經濟文獻真蹟釋録》逕釋作「課」，「粿」爲「課」之借字。
〔七〕「捌」，《敦煌社會經濟文獻真蹟釋録》漏録；「斗」，據文義補。
〔八〕「賈」，當作「價」，據文義改。
〔九〕「陸」，《敦煌社會經濟文獻真蹟釋録》釋作「伍」，誤。
〔一〇〕「㮡」，據文義當爲「緤」之俗字。
〔一一〕「升」，《敦煌社會經濟文獻真蹟釋録》釋作「升五」，誤。
〔一二〕「掄」，當作「輪」，據文義改，「掄」爲「輪」之借字；「賈」，當作「價」，據文義改，「賈」爲「價」之借字。
〔一三〕「與」，當作「以」，據文義改，「與」爲「以」之借字；「箄」，《敦煌社會經濟文獻真蹟釋録》釋作「硃」，雖義可通而字誤。
〔一四〕「如」，《敦煌社會經濟文獻真蹟釋録》釋作「妙」。

參考文獻

Giles, *BSOS*, 10.2（1940），p337；*Descriptive Catalogue of the Chinese Manuscripts from Tunhuang in the British Museum*, p.262；《スタイン敦煌文獻及び研究文獻に引用紹介せられたる西域出土漢文文獻分類目録初稿——非佛教文獻之部・古文書録》Ⅱ，一二三頁；《敦煌寶藏》一二冊，二八四至二八五頁（圖）；《文獻》一九八八年一期，一八三頁；《敦煌社會經濟文獻真蹟釋録》三輯，三九八至三九九頁（録）、（圖）；《英藏敦煌文獻》三卷一一二頁（圖）；《敦煌寺院會計文書研究》五九至六一頁。

斯一六二五背　一　佛圖澄和尚因緣

釋文

佛圖澄和尚因緣

佛圖澄和尚者，中天竺人也。幼年入道而求出家，誦經數百言，善解文義。雖未誦此土儒史，論辯而無疑滯。若志弘大法，善誦神呪，能役鬼神。以麻油塗掌，千里〔外〕事徹由掌中〔一〕，如對面焉。又聽聆音，便知萬事。石勒、石虎尊之甚重。虎詔曰：和尚國之大寶，榮爵不加，高位不受，何以旌得（德）〔二〕？〔從〕此已往〔三〕，宜衣以綾羅，乘以雕輦。朝會之日，和尚昇殿。

澄身長八尺，風姿詳雅。妙解心經，須菩提數十明（名）僧詣澄講説矣〔四〕。〔澄〕左乳傍先有一孔〔五〕，圓（圍）四〔六〕、五寸，或時脹（腸）中出〔七〕，以絮塞之。夜欲誦經，拔去其絮，則一室洞明。

澄死之日，有人見在流沙南行竺國。人開棺驗之，全無屍也。

說明

此件首尾完整，共一二行，首題「佛圖澄和尚因緣」，後接「唐京師大莊嚴寺僧釋智興判」。卷中所記佛圖澄故事均極簡略，但皆見於《高僧傳》卷九《晋鄴中天竺佛圖澄傳》。又正面爲天福三年十二月六日大乘寺諸色斛斗入破歷，故此件應抄於天福三年（公元九三八年）以後。

校記

〔一〕「外」，據文義及《高僧傳》卷九《晋鄴中天竺佛圖澄傳》中之「千里外事」句補。

〔二〕「得」，當作「德」，據文義及《高僧傳》卷九《晋鄴中天竺佛圖澄傳》中之「何以旌德」句改，「得」爲「德」之借字。

〔三〕「從」，據文義及《高僧傳》卷九《晋鄴中天竺佛圖澄傳》中之「從此已往」句補。

〔四〕「明」，當作「名」，據文義及《高僧傳》卷九《晋鄴中天竺佛圖澄傳》中之「佛調、須菩提等數十名僧」句改，「明」爲「名」之借字。

〔五〕「澄」，據文義及《高僧傳》卷九《晋鄴中天竺佛圖澄傳》中之「澄左乳傍有一孔」句補。

〔六〕「圓」，當作「圍」，據文義及《高僧傳》卷九《晋鄴中天竺佛圖澄傳》中之「圍四、五寸」句改。

〔七〕「脹」，當作「腸」，據文義及《高僧傳》卷九《晋鄴中天竺佛圖澄傳》中之「有時腸從中出」句改。

參考文獻

Giles, *BSOS*, 10.2（1940）, p337; *Descriptive Catalogue of the Chinese Manuscripts from Tunhuang in the British Museum*,

p. 262.；《變文因緣類研究》二一九至二二〇頁、二四九至二五〇頁；《敦煌寶藏》一二册，二八五頁（圖）；《英藏敦煌文獻》三卷，一一二頁（圖）。

斯一六二五背　二　唐京師大莊嚴寺僧釋智興判

釋文

唐京師大莊嚴寺僧釋智興　判。

智興者，謙約成務，勵行堅名（明）〔一〕。悲心動徹，樂行無諍。仲冬之月，次掌維那。時有人初死，忽通夢其妻曰：『比在地獄，備經衆苦。賴以今月（日）初曉〔二〕，蒙禪定寺僧智興，鳴鍾（鐘）發聲〔三〕，響振地獄，同受苦者，一時解脱。今生樂處，思報其恩，可持絹拾疋奉之。』妻驚覺，初不信之，尋又感夢前説〔四〕。明旦，乃奉絹共（供）之〔五〕，而興陳無得〔六〕，并施大衆。或問何緣感此，〔答〕〔曰〕〔七〕：『余見《付法藏傳》，罽膩吒王劍論（輪）停事〔八〕，及《增〔一〕阿含》鍾（鐘）聲功德〔九〕，敬遵此徹，苦力行之。每至登樓，寒風切骨，露手捉杵，肉烈（裂）血疑（凝）〔一〇〕，勵意無怠。初願諸賢，同入道場〔一一〕，後願惡趣，俱時解脱。』

鳴鍾（鐘）偈〔一二〕：

供（洪）鍾（鐘）振響覺群迷〔一三〕，聲振十方無量土〔一四〕。

一切含識并知聞〔一五〕，救拔衆生長夜苦〔一六〕。

説明

此件首尾完整，有標題，其另一抄本見於斯三八一，本書第二卷已有説明和校録，可參看。此件的性質雖命名爲『判』，但實爲釋智興鳴鐘之感應記。其故事原型見於《續高僧傳》卷二九《唐京師大莊嚴寺釋智興傳》。此件與『佛圖澄和尚因緣』抄於一紙，且爲同一人連續所寫，故此件亦抄寫於天福三年以後。又卷末有一行倒寫小字：『佛圖澄因緣敘□，寺僧糧石（食）帳□，天福三年事』。從筆跡看，似爲蔣孝琬所書。

以上釋文是以斯一六二二五背为底本，以斯三八一（稱其爲甲本）參校。

校記

〔一〕『名』，當作『明』，據文義及甲本改，『名』爲『明』之借字。
〔二〕『月』，甲本同，當作『日』，據文義改。
〔三〕『鍾』，當作『鐘』，據文義改，『鍾』爲『鐘』之借字。
〔四〕甲本『感』下另有一『咸』字，據文義當衍。
〔五〕『共』，當作『供』，據文義及甲本改，『共』爲『供』之借字。
〔六〕『得』，甲本作『德』。

〔七〕『答曰』，據文義及甲本補。
〔八〕『論』，當作『輪』，據文義及甲本改，『論』爲『輪』之借字。
〔九〕『一』，甲本亦脱，據文義及《續高僧傳》卷二九《唐京師大莊嚴寺釋智興傳》中之『《增一阿含》』補；『鍾』，當作『鐘』，據文義改，『鍾』爲『鐘』之借字；『聲』，甲本無。
〔一〇〕『烈』，甲本作『列』，當作『裂』，據文義改，『烈』、『列』均爲『裂』之借字；『疑』，當作『凝』，據文義及甲本改。
〔一一〕『人』，甲本脱。
〔一二〕『鳴鍾偈』，甲本無。此下偈文甲本抄於同卷《龍興寺毗沙門天王靈驗記》之後。
〔一三〕『供』，甲本作『鳴』，當作『洪』，據文義改，『供』爲『洪』之借字；『鍾』，當作『鐘』，據文義改，『鍾』爲『鐘』之借字。
〔一四〕『土』，甲本作『度』。
〔一五〕『含識并知聞』，甲本作『地獄得停酸（？）』。
〔一六〕甲本此句下還有偈語四句：『聞鐘臥不起，護法善神嗔。現世福德薄，來世受蛇身』。

參考文獻

Giles, *BSOS*, 10.2（1940），337 Ⓡ; *Descriptive Catalogue of the Chinese Manuscripts from Tunhuang in the British Museum*, p. 262；《敦煌學海探珠》下册，三三四至三三五頁；《中國佛教史研究》一卷，一三至一七頁；《敦煌寶藏》一二册，二八五至二八六頁（圖）；《東洋文化論集》九五九至九六一頁；《敦煌文學作品選》一八七頁；《敦煌文學》二八一頁；《英藏敦煌文獻》三卷，一一二頁（圖）；《西域文史論稿》五一二頁；《中國敦煌吐魯番學會研究通訊》一九九一年二期，三九至四〇頁；《敦煌文學概論》三三八頁；《九州學刊》六卷，四期，三二至四二頁；《敦煌詩集殘卷輯考》八五一頁；《英藏敦煌社會歷史文獻釋録》二卷，二一一至二一二頁（録）。

斯一六三一　一　名數彙集名抄

釋文

四大。地大、水大、火大、風大。　六賊。眼賊、耳賊、鼻賊、舌賊、身賊、意賊。　六識。眼識、耳識、鼻識、舌識、身識、意識。是名十八界。　五蘊。色、受、想、行、識。

五蓋。睡眠蓋、貪愛蓋、嗔恚蓋、愚癡蓋、導誨蓋。　善惡是名二境。　八風。讚、譽、諱、衰、稱、譏、苦、樂。　十二因緣。無明緣、行緣、識識緣、名色名色緣、六入六入緣、觸觸緣、受受緣、愛愛緣、取取緣、有有緣、生生緣、老老緣、死憂悲苦惱。

大乘四念。觀苦無生是名集諦，知滅是名滅是名聖諦，以無所得是名道聖諦。　小乘四諦。苦、集、滅、道是名道聖諦。　觀身性想同於虛空，觀受內外空，觀心但有名字，觀法善惡俱不可得，是名大乘四諦。　四禪。凡夫愚夫禪、觀察義想禪、攀緣真如禪，諸佛如來清浄禪。

波頭摩深儉悉墮於外道見。　五乘。天乘及梵乘、聲聞緣乘、諸佛如來清浄乘，爲彼心流故爲說如是乘、汝彼心流盡無乘及乘者，是名爲大乘。　於無心中強氣心分別萬法，耶離心分別萬法，離有離無自性離，故因緣所生義，是義非生滅，滅諸生滅義，是義滅非生。

諸行無常。念中無念，心中無心，但陽豈耳，誑汝眼根，彼人聞已。熱渴心醒，名亦如是，凡夫無智，爲乎有實，妄繼種種煩惱，是以我今教汝親近，令斷諸惑，是故今日值於如來，得聞深法。

忝羅及萬像一法之所，即云何一法中而生，生種種見，一亦不爲一，爲欲破諸數淺智之所聞見，一以爲一。

説明

此件原無題，其内容爲佛教基本名詞及解釋，正文大字書寫，注文則用雙行小字，後有定意定識定心難詩一首。卷背有標題『名數彙集名抄』，劉銘恕、黄永武及《英藏敦煌文獻》據此定名。但施萍婷認爲，此標題爲蔣孝琬當年替斯坦因整理劫經時所定，是否準確，尚待進一步考證（《敦煌遺書總目索引新編》五〇頁）。

參考文獻

《敦煌遺書總目索引》一四二頁；《敦煌寶藏》一一冊，三二三頁（圖）；《文藝研究》一九八三年一期，七四頁；《英藏敦煌文獻》三卷，一一三頁（圖）；《敦煌遺書總目索引新編》五〇頁。

斯一六三一　　二　定意定識定心難詩一首

釋文

定意定識定心難，款款迴意向心看。
恣（仔）細尋思無一物[一]，只爲無物是心安。

校記

[一]『恣』，當作『仔』，《敦煌遺書總目索引》據文義校改。

參考文獻

《敦煌簡冊訂存》一九八頁（圖）；《敦煌遺書總目索引》一四二頁（録）；《敦煌寶藏》一二冊，三二三頁（圖）；《英藏敦煌文獻》三卷，一一三頁（圖）；《敦煌詩集殘卷輯考》八六三至八六四頁（録）；《敦煌遺書總目索引新編》五〇頁（録）。

斯一六三五　泉州千佛新著諸祖師頌并僧慧觀序

釋文

泉州千佛新著諸祖師頌。終南山僧慧觀　撰序。

南嶽泰公著五讚十頌，當時稱之以美談。及樂浦香嚴，尤長厥頌，斯則助道之端耳。自祖燈相囑，始迦葉終漕（曹）溪[一]，凡三十三祖，信衣之後迨數人[二]。先賢之所未讚者，愚且病焉。雖寶林祖述其事，閱而可委，柰（奈）河（何）忘機[三]，尚懶者或陋其繫遠殘秋之歹（夕）[四]，愚得以前意請於　千佛僜禪師[五]，雖罕讓而弗獲免[六]。未信宿而成，蓋辭理生　千佛之筆。當時問答奇句，或糅其間，約字雖則未多，然識者歷觀諸聖之作[七]，於是乎在矣。亦猶納須彌於芥子[八]，其橙（證）一也[九]。是以命牋染翰爲之序云。

西國二十八代祖師及　唐土六祖師。

後招慶明覺大師述。

初祖大迦葉尊者

偉哉迦葉，蜜（密）傳佛心〔一〇〕。身衣一納（衲）〔一一〕，江海千尋〔一二〕。
威儀庠序，化道幽深〔一三〕。未逢慈氏〔一四〕，且定鷄岑。

弟（第）二祖阿難尊者〔一五〕

多聞慶喜，高建法幢。傳佛金偈，繼祖銀釭。
慈悲弟（第）一，智惠（慧）無雙〔一六〕。飲光後躅〔一七〕，月印秋江。

弟（第）二（三）祖商那和修尊者〔一八〕

胎衣尊者，暗室明燈。人天耳目，佛法股肱。
非心非色，無減無增〔一九〕。良哉至聖〔二〇〕，覺海大鵬。

弟（第）四祖優波毱（鞠）多尊者〔二一〕

優波鞠多，辯瀉玄河。法山峭崪〔二二〕，道樹波（婆）娑〔二三〕。
籌盈石室，屍繫天魔。性非十七，悟在剎那。

弟（第）五祖提多迦尊者

多迦大士〔二四〕，無我出家。了根達境，兔月空花〔二五〕。

體非刑（形）相〔二六〕，聖出齒牙〔二七〕。隨方利物，豈有爮瓜〔二八〕。（薄交反，似瓠可爲飲器〔二九〕，又音雹，瓜雹也〔三〇〕。）

弟（第）六祖彌遮迦

彌遮迦祖〔三一〕，習五通仙。遇師正法〔三二〕，看我心偏〔三三〕。

悟如未悟〔三四〕，玄之又玄。神通示滅，八部潛然。

弟（第）七祖婆須蜜尊者〔三五〕

祖婆須蜜〔三六〕，入彌遮室。迷悟本如，物我冥一。

手携酒器〔三七〕，項擎佛日〔三八〕。奚是奚非，誰得誰失。

弟（第）八祖佛陀難提尊者

佛陀難提，大化群迷。心無内外〔三九〕，法聖高位〔四〇〕。

五天論將，三界雲梯。卓然真氣，南北東西。

弟（第）九祖伏陀蜜多尊者[四一]

伏陀蜜多[四二]，大器晚成。五十不語，五十不行。

俄逢達士[四三]，倏契無生。崖松有操，秋鶚無程[四四]。

弟（第）十祖脇尊者

脇大尊者，愛增（憎）網擣[四五]。量等虚空，道唯簫灑[四六]。

真體自然，因真舒瀉[四七]。幻世蒼杧（茫）[四八]，奔騰意馬。

弟（第）十一祖富那夜奢尊者

富那夜奢[四九]，智若須彌。心捐法住[五〇]，身外榮衰。

明暗隱顯，視聽希夷。現前提住[五一]，更不參差[五二]。

弟（第）十二祖馬鳴菩薩尊者

尊者馬鳴，化花氏成（城）[五三]。魔宮霧卷，釋苑風清。

我欲識佛，不識者明[五四]。莫非玄解，動足塵生。

弟（第）十三祖迦毗羅尊者[五五]

毗羅尊聖[五六]，因地魔王。憑師指教，豁證真常[五七]。

胡爲愚智，誰是矩（短）長[五八]。德馨性浄[五九]，蘭蕙冰霜[六〇]。

弟（第）十四祖龍樹菩薩尊者

菩薩龍樹，化龍是務[六一]。心曉佛心，住而靡住[六二]。

身現圓了[六三]，法流膏雨。提婆機投[六四]，孰（熟）暗（諳）旨趣[六五]。

弟（第）十五祖迦那提婆尊者

迦那提婆，德岸彌高。迴旋香象，欠𣢾金毛[六六]。

機通啚雷[六七]，辯瀉秋濤。始終絕證，匆（勿）惧王刀[六八]。

弟（第）十六祖羅睺羅多尊者

羅睺道德，在口寧論。因師說耳，尋得人（入）門[六九]。

高提日了（月）[七〇]，大照乾坤。不取不捨[七一]，傳乎子孫。

弟（第）十七祖僧伽難提尊者
僧迦難提，莊嚴王子。逾城九重〔七二〕，入山千里。
定喻井金〔七三〕，義乖終始〔七四〕。理屈於師，忽窮自己。

弟（第）十八祖迦耶舍多尊者
迦耶舍多〔七五〕，幼會佛機。手携寶鏡〔七六〕，面難提師。
内外絕翳，眉目無虧。風飄鐸韻，非我而誰〔七七〕。

弟（第）十九祖鳩摩羅多尊者
鳩摩羅多，大常止簷〔七八〕。蒙師爲決〔七九〕，委父無厭。
本非鍛鍊〔八〇〕，肯藉鎚鉗〔八一〕。一榻孤坐，人天禮瞻〔八二〕。

弟（第）二十祖闍夜多尊者
闍夜多祖，格高貌古。錫有六環〔八三〕，田無半畝。
言下不生，何處不普。垂手入鄽〔八四〕，他方此土。

弟（第）二十一祖婆修盤頭尊者

婆修盤頭，修行不臥。雖歷辛懃，䨇成懶墮[八五]。

因指見見（月）[八六]，逢歌拍和。泡幻元（無）真[八七]，攄情無過[八八]。

弟（第）二十二祖摩拏羅尊者[八九]

辯塔降象[九〇]，自在王子。雷震蟄門[九一]，邪師失齒。

神運六通，道風千里。聲色恒真，何須瞶耳[九二]。

弟（第）二十三祖鶴勒尊者

尊者鶴勒，上德不得[九三]。任性縱横，發言奇特。

功高二義（儀）[九四]，名喧萬國[九五]。稽首皈依[九六]，祖林瞻葡[九七]。

弟（第）二十四祖師子尊者

師子尊者，人天仰譽。雪裹案青[九八]，雲間鶴翥。

論鼓纔聲，法輪高御[九九]。挫拉邪徒[一〇〇]，梧（悟）真去處[一〇一]。

弟（第）二十五祖婆舍斯多尊者

婆舍斯多，久離攀沿（緣）[一〇二]。未逢作者，終不開拳[一〇三]。

傳師衣缽，度物橋船[一〇四]。當心妙見，豈假言宜（宣）[一〇五]。

弟（第）二十六祖不如蜜多〔尊〕者[一〇六]

不如蜜多[一〇七]，勝王誕慶。高遠宮嬪[一〇八]，迥敦道行[一〇九]。

佛法棟樑[一一〇]，王臣瞻敬[一一一]。洞鑒媸研（妍）[一一二]，祖堂金鏡。

弟（第）二十七祖般若多羅尊者

般若多羅，幼名纓珞[一一三]。父母淪亡，東西盤泊。

一曉龜毛，恒嗟水涸。果滿菩提，道源遼廓。

弟（第）二十八祖唐土六代祖師

弟（第）一達摩祖師

菩提達摩，道化無爲[一一四]。九年少室，六葉宗師。

示滅熊耳〔一一五〕，隻履西歸〔一一六〕。梁天不薦〔一一七〕，惠可傳衣。

弟（第）二祖惠可大師

二祖碩學，操爲堅確。心貫三乘，項奇五嶽〔一一八〕。

天上麒麟，人間鸑鷟。斷臂立靈（雪）〔一一九〕，混而不濁。

弟（第）三祖僧璨大師

三祖大師，法王真子〔一二〇〕。語出幽微，心無彼此。

或處山林，或居鄽市〔一二一〕。因地花（化）生，栴檀旖旎。

弟（第）四祖道信大師

四祖十四，因師解脱。處世道孤〔一二二〕，興慈量闊〔一二三〕。

永絕彫熒，迥法始末〔一二四〕。果少花多，忍傳衣鉢。

弟（第）五祖弘忍大師

五祖七歲，洞達言前。石牛吐霧，木馬含咽（煙）〔一二五〕。

身心恒寂，理事俱玄。無情無種，千年萬年。

弟（第）六祖惠能大師

師造黄梅，得旨南來。爰因幡義〔一二六〕，大震法雷。

道明遭過（遇）〔一二七〕，神秀遲迴〔一二八〕。衣雖不付，天下花開。

南嶽讓和尚法祖嗣六祖〔一二九〕。

觀音和尚，厥名懷讓。般若栖神，禪門宗匠〔一三〇〕。

五嶽德高，四溟心量。法嗣六人，馬祖興王。

吉州行司（思）和尚〔一三一〕法嗣六祖。

吉水真人，出世廬陵。唯提一脈，迴出三乘。

瀛中月燭〔一三二〕，火裏片冰〔一三三〕。許君妙會〔一三四〕，説底相應〔一三五〕。

國師惠忠和尚〔一三六〕法嗣司（思）和尚〔一三七〕。

唐朝國師，大播鴻猷。漕（曹）溪探月〔一三八〕，渭水乘舟。

二天請問〔一三九〕，四衆抛籌〔一四〇〕。法才極贍〔一四一〕，大耳慙羞〔一四二〕。

石頭和尚法嗣〔思〕和尚〔一四三〕。

南嶽石頭，吉水分流。庵栖碧洞，車駕白牛。

學成麟角，譽滿神舟〔一四四〕。僧問净土，不垢何求。

江西馬和尚法嗣讓和尚。

馬師道一，行全金石。悟本超然，尋枝勞役。

久定身心，一時抛擲。大化南昌，寒松千尺。

沙州三界寺沙門道真記〔一四五〕。

説明

此件首尾完整，爲後招慶明觉覺大師著、終南山僧慧觀撰序、沙州三界寺沙门道真抄録的西土二十八祖、唐土六祖和怀讓、行思、慧忠、石頭、马祖等禪宗祖師的頌讃，《大正新脩大藏經》八五册《古逸部》、《敦煌韻文集》對此做過校録。

據研究，『泉州千佛』即泉州開元寺千佛院僧省僜（『僜』或作『登』），其撰《諸祖師頌》係録自

《祖堂集》，《祖堂集》爲南唐保大十年（公元九五二年）編著。又省僜任後招慶院第一世主持爲南唐保大四年（公元九四六年），後晉開運初（公元九四四至九四六年）受賜明覺大師，北宋太祖初年（公元九六〇年）受賜真覺大師法號，故慧觀序撰於南唐保大四年省僜爲後招慶院主持到北宋初賜真覺大師號之前，而沙州三界寺沙門道真抄録《祖師頌》當在後周顯德六年（公元九五九年）前后（參見李玉昆《敦煌遺書〈泉州千佛新著諸祖師頌〉研究》，《敦煌學輯刊》二〇〇五年一期，二九至三三頁）。

向德珍認爲此頌撰於泉州千佛省僜受「明覺大師」之後，《祖堂集》成書之前（公元九四六至九五二年），與《祖堂集》差不多同時，略在《祖堂集》之前（參見《〈泉州千佛新著諸祖師頌〉與〈祖堂集〉「净修禪師讚」校録》，《九州學林》二〇〇五年冬季三卷，四期，復旦大學出版社，二〇〇六年版，一八二至一八三頁）。

校記

〔一〕「漕」，當作「曹」，《敦煌韻文集》據相關典籍校改，《大正新脩大藏經》（以下簡稱《大正藏》）逕釋作「曹」。

〔二〕「之」，《大正藏》漏録。

〔三〕「柰河」，當作「奈何」，《〈泉州千佛新著諸祖師頌〉與〈祖堂集〉「净修禪師讚」校録》據文義校改，《大正藏》、《敦煌韻文集》、《敦煌遺書〈泉州千佛新著諸祖師頌〉研究》逕釋作「奈何」。

〔四〕「歹」，當作「夕」，《〈泉州千佛新著諸祖師頌〉與〈祖堂集〉「净修禪師讚」校録》據文義校改，《敦煌韻文集》逕釋作「夕」，《敦煌遺書〈泉州千佛新著諸祖師頌〉研究》、《大正藏》釋作「可」，誤。

〔五〕「僜」，《大正藏》釋作「燈」，《敦煌韻文集》認爲「僜」當作「燈」，《敦煌遺書〈泉州千佛新著諸祖師頌〉研究》

釋作「登」。

〔六〕「雖」，《大正藏》漏録；「罕」，《〈泉州千佛新著諸祖師頌〉與〈祖堂集〉「净修禪師讚」校録》釋作「牢」；「讓」，《敦煌遺書〈泉州千佛新著諸祖師頌〉研究》漏録；「免」，《敦煌遺書〈泉州千佛新著諸祖師頌〉研究》釋作「兑」，誤。

〔七〕「然」，《大正藏》漏録，《敦煌遺書〈泉州千佛新著諸祖師頌〉研究》釋作「此」，誤。

〔八〕「於」，《敦煌遺書〈泉州千佛新著諸祖師頌〉研究》漏録。

〔九〕「橙」，當作「證」，據文義改，《敦煌韻文集》校作「揆」。

〔一〇〕「蜜」，當作「密」，《大正藏》、《敦煌韻文集》逕釋作「密」，「蜜」爲「密」之借字。

〔一一〕「衣」，《大正藏》釋作「依」，誤；「納」，當作「衲」，《敦煌韻文集》據文義校改，「納」爲「衲」之借字。

〔一二〕「江」，《大正藏》、《敦煌遺書〈泉州千佛新著諸祖師頌〉研究》、《〈泉州千佛新著諸祖師頌〉與〈祖堂集〉「净修禪師讚」校録》釋作「□」。

〔一三〕「道」，《敦煌遺書〈泉州千佛新著諸祖師頌〉研究》釋作「導」，誤。

〔一四〕「氏」，《敦煌韻文集》釋作「力」。

〔一五〕「弟」，當作「第」，據文義改，《大正藏》、《敦煌韻文集》、《敦煌遺書〈泉州千佛新著諸祖師頌〉研究》、《〈泉州千佛新著諸祖師頌〉與〈祖堂集〉「净修禪師讚」校録》逕釋作「第」，「弟」爲「第」之本字。以下同，不另出校。

〔一六〕「惠」，當作「慧」，《敦煌遺書〈泉州千佛新著諸祖師頌〉研究》據相關典籍校改，《大正藏》、《敦煌韻文集》逕釋作「慧」，「惠」通「慧」。

〔一七〕「蠲」，《敦煌遺書〈泉州千佛新著諸祖師頌〉研究》釋作「蠲」，「蠲」同「蠲」。

〔一八〕「二」，當作「三」，據文義改，《大正藏》、《敦煌韻文集》、《敦煌遺書〈泉州千佛新著諸祖師頌〉研究》、《〈泉州千佛新著諸祖師頌〉與〈祖堂集〉「净修禪師讚」校録》逕釋作「三」；「商」，《敦煌韻文集》釋作「商」。

〔一九〕「無」，《敦煌遺書〈泉州千佛新著諸祖師頌〉研究》校作「不」。

〔二〇〕「聖」，《大正藏》釋作「理」，誤。

〔二一〕「鞠」，當作「鞠」，據文義改，《敦煌韻文集》逕釋作「鞠」，「鞠」爲「鞠」之借字。

〔二二〕「峭」，《敦煌遺書〈泉州千佛新著諸祖師頌〉研究》校作「峥」。

〔二三〕「波」，當作「婆」，《敦煌韻文集》據文義校改，《大正藏》、《敦煌遺書〈泉州千佛新著諸祖師頌〉研究》逕釋作「婆」，「波」爲「婆」之借字。

〔二四〕「士」，《敦煌遺書〈泉州千佛新著諸祖師頌〉研究》釋作「師」，誤。

〔二五〕「月」，《敦煌遺書〈泉州千佛新著諸祖師頌〉研究》校作「卻」。

〔二六〕「刑」，當作「形」，《敦煌韻文集》、《敦煌遺書〈泉州千佛新著諸祖師頌〉研究》據文義校改，《大正藏》逕釋作「形」，「刑」爲「形」之借字。

〔二七〕「聖」，《大正藏》釋作「理」。

〔二八〕「爬」，《敦煌韻文集》、《敦煌遺書〈泉州千佛新著諸祖師頌〉研究》據文義校改作「瓠」，據小字注釋底本不誤。

〔二九〕「似」，《大正藏》、《敦煌遺書〈泉州千佛新著諸祖師頌〉研究》釋作「以」，誤；「器」，《大正藏》釋作「瓜亦」，《敦煌遺書〈泉州千佛新著諸祖師頌〉研究》釋作「瓜品」，均誤。

〔三〇〕「雹」，《〈泉州千佛新著諸祖師頌〉與〈祖堂集〉「净修禪師讚」校録》校作「爬」。

〔三一〕「迦」，《大正藏》釋作「加」，誤。

〔三二〕「正法」，《敦煌遺書〈泉州千佛新著諸祖師頌〉研究》校作「法正」。

〔三三〕「看」，《敦煌遺書〈泉州千佛新著諸祖師頌〉研究》校作「省」。

〔三四〕「未」，《敦煌韻文集》釋作「來」，誤。

〔三五〕「蜜」，《敦煌韻文集》釋作「密」，《敦煌遺書〈泉州千佛新著諸祖師頌〉研究》認爲「蜜」當作「密」，「蜜」通「密」。

〔三六〕「蜜」，《敦煌韻文集》釋作「密」，《敦煌遺書〈泉州千佛新著諸祖師頌〉研究》認爲「蜜」當作「密」，「蜜」通「密」。

〔三七〕「手」，《大正藏》釋作「平」，誤。

〔三八〕「項」，《敦煌遺書〈泉州千佛新著諸祖師頌〉研究》校作「頂」；「日」，《大正藏》釋作「曰」，誤。

〔三九〕「内」，《大正藏》釋作「心」。

〔四〇〕「聖」，《大正藏》釋作「理」，《敦煌遺書〈泉州千佛新著諸祖師頌〉研究》校作「離」；「位」，《〈泉州千佛新著諸祖師頌〉與〈祖堂集〉「净修禪師讚」校録》校作「低」。

〔四一〕「蜜」，《敦煌遺書〈泉州千佛新著諸祖師頌〉研究》釋作「密」。

〔四二〕「陀」，《敦煌遺書〈泉州千佛新著諸祖師頌〉研究》校作「馱」；「蜜」，《敦煌遺書〈泉州千佛新著諸祖師頌〉研究》校作「密」。

〔四三〕「達」，《敦煌遺書〈泉州千佛新著諸祖師頌〉研究》校作「大」。

〔四四〕「秋」，《敦煌遺書〈泉州千佛新著諸祖師頌〉研究》校作「鶖」；「鶚」，《大正藏》釋作「鷄」，誤。

〔四五〕「增」，當作「憎」，《敦煌韻文集》、《敦煌遺書〈泉州千佛新著諸祖師頌〉研究》、《〈泉州千佛新著諸祖師頌〉與〈祖堂集〉「净修禪師讚」校録》據文義校改，《大正藏》逕釋作「憎」；「網」，《敦煌遺書〈泉州千佛新著諸祖師頌〉研究》釋作「綱」，誤；「搖」，《敦煌韻文集》校作「捨」，《大正藏》、《敦煌遺書〈泉州千佛新著諸祖師頌〉研究》釋作「樁」。

[四六]「唯」，《大正藏》釋作「准」。

[四七]「瀉」，《大正藏》釋作「憑」。

[四八]「幻」，《大正藏》、《〈泉州千佛新著諸祖師頌〉與〈祖堂集〉「净修禪師讚」校録》釋作「幼」，《敦煌遺書〈泉州千佛新著諸祖師頌〉研究》釋作「幻」，校作「約」；「杧」，當作「茫」，《敦煌韻文集》據文義校改，《敦煌遺書〈泉州千佛新著諸祖師頌〉研究》校作「芒」，「杧」爲「茫」之借字。

[四九]「奢」，《敦煌遺書〈泉州千佛新著諸祖師頌〉研究》校作「師」。

[五〇]「捐」，《大正藏》釋作「指」，誤；「法」，《敦煌遺書〈泉州千佛新著諸祖師頌〉研究》校作「去」。

[五一]「住」，《敦煌遺書〈泉州千佛新著諸祖師頌〉研究》校作「取」。

[五二]「不」，《敦煌遺書〈泉州千佛新著諸祖師頌〉研究》校作「莫」。

[五三]「成」，當作「城」，據文義改，《敦煌韻文集》、《敦煌遺書〈泉州千佛新著諸祖師頌〉研究》逕釋作「城」，「成」爲「城」之借字。

[五四]「明」，《大正藏》釋作「朋」，誤。

[五五]「毗」，《大正藏》釋作「昆」。

[五六]「毗」，《大正藏》釋作「昆」，誤；「尊」，《敦煌遺書〈泉州千佛新著諸祖師頌〉研究》校作「大」；「聖」，《敦煌韻文集》釋作「者」，誤。

[五七]「豁」，《大正藏》釋作「殺」，誤。

[五八]「誰」，《敦煌遺書〈泉州千佛新著諸祖師頌〉研究》釋作「詎」，誤；「矩」，當作「短」，據文義改，《敦煌韻文集》逕釋作「短」，《敦煌遺書〈泉州千佛新著諸祖師頌〉研究》釋作「詎」，誤。

〔五九〕「性净」，《敦煌遺書〈泉州千佛新著諸祖師頌〉研究》校作「蘭慧」。
〔六〇〕「蘭蕙」，《敦煌遺書〈泉州千佛新著諸祖師頌〉研究》校作「性净」。
〔六一〕「務」，《大正藏》、《敦煌遺書〈泉州千佛新著諸祖師頌〉研究》釋作「霧」，誤。
〔六二〕「靡」，《敦煌遺書〈泉州千佛新著諸祖師頌〉研究》校作「非」。
〔六三〕「現」，《敦煌遺書〈泉州千佛新著諸祖師頌〉研究》校作「顯」；「了」，《敦煌遺書〈泉州千佛新著諸祖師頌〉研究》校作「月」。
〔六四〕「機投」，《敦煌遺書〈泉州千佛新著諸祖師頌〉研究》校作「投機」。
〔六五〕「孰」，當作「熟」，《敦煌韻文集》據文義校改，「孰」爲「熟」之借字；「暗」，當作「諳」，《敦煌韻文集》據文義校改，「暗」爲「諳」之借字。
〔六六〕「欠」，《敦煌韻文集》校作「氣」，《敦煌遺書〈泉州千佛新著諸祖師頌〉研究》校作「吹」；「㰦」，《敦煌韻文集》校作「却」。
〔六七〕「通」，《敦煌遺書〈泉州千佛新著諸祖師頌〉研究》校作「迅」；「嵒」，《敦煌遺書〈泉州千佛新著諸祖師頌〉研究》、《〈泉州千佛新著諸祖師頌〉與〈祖堂集〉「净修禪師讚」校録》校作「巖」，「嵒」通「巖」；「雷」，《敦煌遺書〈泉州千佛新著諸祖師頌〉研究》校作「電」。
〔六八〕「匆」，當作「匆」，《敦煌韻文集》、《敦煌遺書〈泉州千佛新著諸祖師頌〉研究》據文義校改，《大正藏》逕釋作「匆」；「悮」，《大正藏》、《〈泉州千佛新著諸祖師頌〉與〈祖堂集〉「净修禪師讚」校録》釋作「誤」，「悮」同「誤」。
〔六九〕「人」，當作「入」，《敦煌韻文集》、《敦煌遺書〈泉州千佛新著諸祖師頌〉研究》據文義校改。
〔七〇〕「了」，當作「月」，《敦煌遺書〈泉州千佛新著諸祖師頌〉研究》、《〈泉州千佛新著諸祖師頌〉與〈祖堂集〉「净修禪師讚」校録》據文義校改。

〔七一〕「取」，《敦煌遺書〈泉州千佛新著諸祖師頌〉研究》釋作「敢」，誤。

〔七二〕「城」，《大正藏》釋作「域」，誤。

〔七三〕「喻」，《敦煌遺書〈泉州千佛新著諸祖師頌〉研究》校作「俞」。

〔七四〕「乖」，《敦煌遺書〈泉州千佛新著諸祖師頌〉研究》校作「班」。

〔七五〕「迦」，《敦煌遺書〈泉州千佛新著諸祖師頌〉研究》校作「伽」。

〔七六〕「携」，《敦煌遺書〈泉州千佛新著諸祖師頌〉研究》校作「執」。

〔七七〕「而」，《敦煌遺書〈泉州千佛新著諸祖師頌〉研究》校作「是」。

〔七八〕「簷」，《敦煌遺書〈泉州千佛新著諸祖師頌〉研究》釋作「檐」，雖義同而字誤。

〔七九〕「決」，《大正藏》釋作「澤」，誤，《敦煌遺書〈泉州千佛新著諸祖師頌〉研究》校作「訣」。

〔八〇〕「鍊」，《敦煌遺書〈泉州千佛新著諸祖師頌〉研究》、《〈泉州千佛新著諸祖師頌〉與〈祖堂集〉「浄修禪師讚」校録》釋作「煉」，義可通而字誤。

〔八一〕「鎚」，《敦煌遺書〈泉州千佛新著諸祖師頌〉研究》釋作「錐」，誤，《〈泉州千佛新著諸祖師頌〉與〈祖堂集〉「浄修禪師讚」校録》釋作「錘」，義可通而字亦誤。

〔八二〕「天」，《敦煌遺書〈泉州千佛新著諸祖師頌〉研究》釋作「無」，誤。

〔八三〕「環」，《敦煌遺書〈泉州千佛新著諸祖師頌〉研究》校作「鐶」。

〔八四〕「鄽」，《敦煌韻文集》據文義校改作「廛」，《敦煌遺書〈泉州千佛新著諸祖師頌〉研究》逕釋作「廛」，按「廛」亦作「鄽」。

〔八五〕「毻」，《敦煌韻文集》校作「反」；「墮」，《敦煌遺書〈泉州千佛新著諸祖師頌〉研究》據文義校改作「惰」，

《敦煌韻文集》逕釋作「惰」，按「墮」通「惰」。

〔八六〕第二個「見」字，當作「月」，《敦煌韻文集》、《敦煌遺書〈泉州千佛新著諸祖師頌〉研究》、《〈泉州千佛新著諸祖師頌〉與〈祖堂集〉「净修禪師讚」校録》據文義校改。

〔八七〕「元」，當作「無」，《大正藏》、《敦煌遺書〈泉州千佛新著諸祖師頌〉研究》逕釋作「無」。

〔八八〕「擄」，《大正藏》釋作「聽」，《敦煌遺書〈泉州千佛新著諸祖師頌〉研究》釋作「虚」。

〔八九〕「拏」，《敦煌遺書〈泉州千佛新著諸祖師頌〉研究》釋作「拿」，誤。

〔九〇〕「辯」，《大正藏》釋作「辨」，誤；「象」，《大正藏》釋作「勇」，誤。

〔九一〕「門」，《大正藏》釋作「行」。

〔九二〕「瞶」，《敦煌韻文集》釋作「瞶」，誤。

〔九三〕「得」，《敦煌韻文集》、《敦煌遺書〈泉州千佛新著諸祖師頌〉研究》校改作「德」。

〔九四〕「義」，當作「儀」，《敦煌遺書〈泉州千佛新著諸祖師頌〉研究》據文義校改。

〔九五〕「喧」，《大正藏》釋作「宜」，誤。

〔九六〕「皈」，《大正藏》釋作「歸」，雖義可通而字誤，《敦煌遺書〈泉州千佛新著諸祖師頌〉研究》校作「歸」。

〔九七〕「瞻」，《大正藏》釋作「瞻」，《敦煌遺書〈泉州千佛新著諸祖師頌〉研究》釋作「瞻」，校作「薝」；「葡」，《敦煌韻文集》校作「謁」，《〈泉州千佛新著諸祖師頌〉與〈祖堂集〉「净修禪師讚」校録》釋作「卜」。

〔九八〕「雪」，《大正藏》釋作「空」；「青」，《敦煌韻文集》釋作「書」。

〔九九〕「高」，《敦煌韻文集》釋作「方」；「御」，《敦煌遺書〈泉州千佛新著諸祖師頌〉研究》校作「馭」。

〔一〇〇〕「拉」，《大正藏》釋作「柆」。

〔一〇一〕「梧」，當作「悟」，《敦煌韻文集》、《敦煌遺書〈泉州千佛新著諸祖師頌〉研究》據文義校改，「梧」爲「悟」

之借字；「去」，《敦煌韻文集》釋作「玄」，誤。
〔一〇二〕「沿」，當作「緣」，《敦煌韻文集》、《敦煌遺書〈泉州千佛新著諸祖師頌〉研究》據文義校改。
〔一〇三〕「開」，《大正藏》釋作「聞」，誤。
〔一〇四〕「船」，《敦煌遺書〈泉州千佛新著諸祖師頌〉研究》校作「般」，誤。
〔一〇五〕「宜」，當作「宣」，《敦煌韻文集》、《〈泉州千佛新著諸祖師頌〉與〈祖堂集〉「净修禪師讚」校録》據文義校改。
〔一〇六〕「蜜」，《敦煌遺書〈泉州千佛新著諸祖師頌〉研究》校作「密」；「尊」，據文義補。
〔一〇七〕「蜜」，《敦煌遺書〈泉州千佛新著諸祖師頌〉研究》校作「密」。
〔一〇八〕「宫」，《大正藏》釋作「空」，誤。
〔一〇九〕「迥」，《敦煌韻文集》校作「迴」；「敦」，《大正藏》釋作「就」，《敦煌遺書〈泉州千佛新著諸祖師頌〉研究》校作「悖」，均誤。
〔一一〇〕「棟」，《大正藏》釋作「梗」，誤。
〔一一一〕「臣」，《大正藏》、《敦煌韻文集》釋作「以」，誤。
〔一一二〕「娾」，《大正藏》釋作「如」，誤；「研」，當作「妍」，據文義改，《敦煌韻文集》、《敦煌遺書〈泉州千佛新著諸祖師頌〉研究》逕釋作「妍」，「研」爲「妍」之借字。
〔一一三〕「纓」，《大正藏》、《敦煌遺書〈泉州千佛新著諸祖師頌〉研究》釋作「瓔」，雖義可通而字誤。
〔一一四〕「道化」，《敦煌遺書〈泉州千佛新著諸祖師頌〉研究》校作「化道」。
〔一一五〕「熊」，《大正藏》、《敦煌韻文集》釋作「能」，誤；「耳」，《敦煌韻文集》釋作「身」。
〔一一六〕「隻」，《敦煌韻文集》釋作「支」，誤。

〔一一七〕「薦」，《敦煌韻文集》校作「鑒」。
〔一一八〕「項」，《敦煌遺書〈泉州千佛新著諸祖師頌〉研究》校作「頂」；「奇」，《大正藏》釋作「寄」，疑誤。
〔一一九〕「靈」，當作「雪」，據文義改。
〔一二〇〕「法」，《大正藏》釋作「諸」。
〔一二一〕「鄜」，《敦煌遺書〈泉州千佛新著諸祖師頌〉研究》校作「廓」，誤；「市」，《大正藏》釋作「示」，誤。
〔一二二〕「孤」，《敦煌遺書〈泉州千佛新著諸祖師頌〉研究》校作「流」。
〔一二三〕「興」，《大正藏》釋作「與」，疑誤。
〔一二四〕「法」，《敦煌遺書〈泉州千佛新著諸祖師頌〉研究》、《〈泉州千佛新著諸祖師頌〉與〈祖堂集〉「浄修禪師讚」校録》校作「法」。
〔一二五〕「咽」，當作「煙」，《敦煌韻文集》、《敦煌遺書〈泉州千佛新著諸祖師頌〉研究》、《〈泉州千佛新著諸祖師頌〉與〈祖堂集〉「浄修禪師讚」校録》據文義校改，「咽」爲「煙」之借字。
〔一二六〕「爰」，《敦煌遺書〈泉州千佛新著諸祖師頌〉研究》校作「奚」，誤。
〔一二七〕「過」，當作「遇」，《〈泉州千佛新著諸祖師頌〉與〈祖堂集〉「浄修禪師讚」校録》據文義校改，《敦煌韻文集》逕釋作「遇」。
〔一二八〕「遲」，《大正藏》釋作「逢」。
〔一二九〕第一個「祖」字，《敦煌韻文集》疑爲衍文。
〔一三〇〕「宗」，《大正藏》釋作「呆」，誤。
〔一三一〕「司」，當作「思」，《敦煌韻文集》據相關典籍校改，「司」爲「思」之借字。
〔一三二〕「瀛」，《敦煌韻文集》校作「海」，《敦煌遺書〈泉州千佛新著諸祖師頌〉研究》校作「澤」，《〈泉州千佛新著諸祖師頌〉與〈祖堂集〉「净修禪師讚」校録》釋作「潭」；「月」，《敦煌韻文集》校作「點」，《敦煌遺書〈泉州千佛新著諸祖師頌〉研究》校作「孤」。

〔一三三〕「片」，《大正藏》釋作「行」，誤；「冰」，《大正藏》釋作「水」，誤。

〔一三四〕「許」，《大正藏》、《〈泉州千佛新著諸祖師頌〉與〈祖堂集〉「净修禪師讚」校録》釋作「訐」。

〔一三五〕「底」，《大正藏》釋作「衣」，誤；「相」，《大正藏》釋作「想」，誤。

〔一三六〕「惠」，《敦煌韻文集》校作「慧」。

〔一三七〕「司」，當作「思」，《敦煌韻文集》據文義校改，「司」爲「思」之借字。

〔一三八〕「漕」，當作「曹」，《敦煌韻文集》據相關典籍校改，《大正藏》、《敦煌遺書〈泉州千佛新著諸祖師頌〉研究》逕釋作「曹」，「漕」爲「曹」之借字。

〔一三九〕「問」，《敦煌遺書〈泉州千佛新著諸祖師頌〉研究》校作「偈」。

〔一四〇〕「籌」，《大正藏》釋作「等」，誤。

〔一四一〕「瞻」，《大正藏》釋作「瞻」。

〔一四二〕「慚」，《大正藏》釋作「慚」，「慚」同「慚」。

〔一四三〕「思」，《敦煌韻文集》據文義校補，《〈泉州千佛新著諸祖師頌〉與〈祖堂集〉「净修禪師讚」校録》補作「司」。

〔一四四〕「满」，《大正藏》釋作「漏」，誤；「舟」，《敦煌韻文集》釋作「州」，義可通而字誤。

〔一四五〕此句係用朱筆書寫，在黑白圖版很難辨識。

參考文獻

《大正新脩大藏經》八五册，一三二一至一三二二頁（録）；《敦煌遺書總目索引》一四二頁；*Descriptive Catalogue of the Chinese Manuscripts from Tunhuang in the British Museum*, p. 193；《敦煌韻文集》一三六至一四七頁（録）；《敦煌寶藏》一二册，三三五至三三六頁（圖）；《敦煌禪宗文獻の研究》六三五頁；《敦煌研究》一九九四年一期，一一頁；《敦煌學輯刊》一九九五年一期，二九至三一頁、三三至三五頁下轉第八頁（録）；《英藏敦煌文獻》三卷，一一五頁（圖）；《敦煌遺書總目索引新編》五〇頁；《九州學林》二〇〇五年冬季三卷，四期（總第十期），一六二至一八〇頁（録）。

斯一六三五背　　道真名銜

釋文

釋門僧正京城内外臨壇供奉大德闡揚三教大法師賜〔紫〕沙門道真〔一〕

説明

道真爲沙州三界寺僧，從敦煌發現的三界寺授戒牒來看，最遲至乾德二年（公元九六四年）正月十五日，道真已獲『釋門僧正講論大法師賜紫沙門』稱號（伯二九九四《沙州三界寺授李憨兒八關齋戒牒》），乾德三年正月廿八日又署『釋門僧正臨壇賜紫沙門』（斯三四七《沙州三界寺授小娘子張氏八關齋戒牒》），雍熙四年五月則爲『都僧録大師賜紫沙門』（斯四九一五《沙州三界寺授智惠花菩薩戒牒》），則此件所署道真名銜應在乾德二年至雍熙四年間（公元九六四至九八七年）。

校記

〔一〕『紫』，據斯三四七《沙州三界寺授小娘子張氏八關齋戒牒》補。

參考文獻

Descriptive Catalogue of the Chinese Manuscripts from Tunhuang in the British Museum, p. 193；《敦煌遺書總目索引》一四二頁；《敦煌寶藏》一一二冊，三三六頁（圖）；《英藏敦煌文獻》三卷，一一五頁（圖）；《敦煌遺書總目索引新編》五〇頁（録）；《敦煌學輯刊》一九九五年一期，八頁（録）。

斯一六四四背　一　早出纏

釋文

早出纏，早出纏，榮華富貴暫時間〔一〕。早出纏〔二〕。

三界無安如火宅〔三〕，早出纏。忙忙六道未曾閑。早出纏。

曠劫輪迴受生死，〔早〕〔出〕〔纏〕〔四〕。良由不遇善因緣。〔早〕〔出〕〔纏〕〔五〕。

人身難得今已得〔六〕，〔早〕〔出〕〔纏〕〔七〕。云何不種未來因。〔早〕〔出〕〔纏〕〔八〕。

出息雖存入難報（保）〔九〕，〔早〕〔出〕〔纏〕〔一〇〕。無常忽值（至）入黃泉〔一一〕。〔早〕〔出〕〔纏〕〔一二〕。

世間因緣不可說，〔早〕〔出〕〔纏〕〔一三〕。如蛾赴火自燋燃〔一四〕。〔早〕〔出〕〔纏〕〔一五〕。

佛道不遠迴心至〔一六〕，〔早〕〔出〕〔纏〕〔一七〕。今身努力猛抛看〔一八〕。〔早〕〔出〕〔纏〕〔一九〕。

因修不能舍利得〔二〇〕，〔早〕〔出〕〔纏〕〔二一〕。菩提路上斷因緣〔二二〕。〔早〕〔出〕〔纏〕〔二三〕。

説明

此件抄寫於《大寶積經》卷背，首尾完整，是佛教讚文，起首兩句和每句後之『早出纏』爲和聲詞。現知敦煌文獻中保存的此讚除此件外尚有斯三二八七和斯五九六六（有殘缺），這兩件的内容與底本基本相同，但各句的先後順序與底本略有不同。

以上釋文是以斯一六四四背爲底本，以斯三二八七（稱其爲甲本）和斯五九六六（稱其爲乙本）參校。

校記

〔一〕『暫』，甲、乙本作『蹔』，『蹔』同『暫』。
〔二〕此句乙本同，甲本無。
〔三〕此句及下一句，甲、乙本無。
〔四〕『早出纏』，據文例補。
〔五〕『早出纏』，據乙本及文例補。
〔六〕『身』，甲、乙本同，《敦煌韻文集》釋作『生』，誤；『今』，甲本作『金』，『金』爲『今』之借字。
〔七〕『早出纏』，據文例補。
〔八〕『早出纏』，據乙本及文例補。
〔九〕『雖』，乙本同，甲本作『數』；『報』，當作『保』，據甲本改，『報』爲『保』之借字。
〔一〇〕『早出纏』，據文例補。

〔一一〕「值」，當作「至」，據文義及甲、乙本改，「值」爲「至」之借字。

〔一二〕「早出纏」，據乙本及文例補。

〔一三〕「早出纏」，據文例補。

〔一四〕「燋」，乙本同，甲本作「焦」，均可通；「燃」，甲、乙本作「然」，均可通。

〔一五〕「早出纏」，據乙本及文例補。

〔一六〕此句及下一句，甲、乙本抄於文末。

〔一七〕「早出纏」，據文例補。

〔一八〕「努」，甲本同，乙本作「怒」，誤。

〔一九〕「早出纏」，據乙本及文例補。

〔二〇〕「舍利」，甲本作「捨離」，「捨離」爲「舍利」之借字。

〔二一〕「早出纏」，據文例補。

〔二二〕「路上」，甲本作「道路」，乙本作「路絶」。

〔二三〕「早出纏」，據乙本及文例補。

參考文獻

《敦煌韻文集》一五八至一五九頁（録）；《敦煌寶藏》一二冊，三九〇頁（圖）；《敦煌簡策訂存》一四五頁、一九五頁；《英藏敦煌文獻》三卷，一一五頁（圖）；《敦煌文學概論》二二四至二二五頁。

斯一六四四背　二　雜寫（衆生善根等）

釋文

衆生善根安住高廣大悲是菩薩（倒寫）

是善男子，善女人，是善男子，善女人，佛　如是我（倒寫）

説明

以上文字是時人在佛經背面隨手所寫。

參考文獻

《敦煌寶藏》一二冊，三九〇頁（圖）；《英藏敦煌文獻》三卷，一一五頁（圖）。

斯一六四五＋斯九七六四背　太上業報因緣經

釋文

（前缺）

中，以用供養。

西南國土威範天王[一]，造十二曾（層）玄都寶盤一百廿枚[二]，悉以紅珠紅玉[三]、紅金紅寶、紅紋紅錦、紅紗紅縠[四]、紅羅紅綺[五]、紅花紅菓[六]、紅香紅綱，乃至旛幢寶蓋[七]、衣服帳輿、飲食器物，皆同一色。飛雲綵鶴、祥鸞舞鳳[八]、金翅朱鳥、飛仙伎樂，填滿西南[九]，來到會中[一〇]，以用供養。

西方國土義讓天王[一一]，造七曾（層）玄都寶盤七百枚，悉以皓珠皓玉、皓金皓寶、皓紋皓錦、皓紗皓縠、皓羅皓綺、皓花皓菓、皓香皓綱，乃至旛幢寶蓋、衣服帳輿、飲食器物，皆同一色。飛雲綵鶴、祥鸞舞鳳[一二]、金翅朱鳥、音聲伎樂[一三]，填滿西方，來到會中，以用供養。

西北國土成化天王，造十二曾（層）玄都寶盤一百廿枚[一四]，悉以縹珠縹玉、縹金縹寶、縹紋縹錦、縹紗縹縠、縹羅縹綺、縹花縹菓、縹香縹綱，乃至旛幢寶蓋、衣服帳輿、飲食器物，皆同一色。飛雲綵鶴、祥鸞舞鳳[一五]、金翅朱鳥、天鈞伎樂，填滿西北，來到會中，以用供養。

北方國土智德天王，造五曾（層）玄都寶盤五百枚，悉以玄珠玄玉、玄金玄寶、玄紋玄錦、玄紗玄縠、玄羅玄綺、玄花玄菓、玄香玄綱，乃至旛幢寶蓋、衣服帳輿、飲食器物，皆同一色。飛雲綵鶴、祥鸞舞鳳[一六]、金翅朱鳥、神仙伎樂，填滿北方，來到會中，以用供養。

東北國土智積天王，造十二曾（層）玄都寶蓋一百廿枚[一七]，悉以緑珠緑玉、緑金緑寶、緑紋緑錦、緑紗緑縠、緑羅緑綺、緑花緑菓、緑香録（緑）綱，乃至旛幢〔寶〕蓋[一八]、衣服帳輿、飲食器物，皆同一色。飛雲綵鶴、祥鸞舞鳳[一九]、金翅朱鳥、天仙伎樂[二〇]，填滿東北[二一]，來到會中，以用供養[二二]。

（後缺）

説明

此件由斯一六四五和斯九七六四背殘片拼接而成，王卡先生首先發現此兩文書可以綴合，并指出此件爲《太上洞玄靈寶業報因緣經》卷九《弘救品第二十》中的一部分（參見王卡《敦煌道教文獻研究——綜述、目録、索引》一二六至一二七頁）。斯一六四五起「中以用供養」，訖「填滿東北，來到會中」，共二十八行，其首部六行下半已殘。斯九七六四存文字六行，殘存内容可與斯一六四五前六行下半部分相拼合，但仍有個別文字已殘失。

以上釋文是以斯一六四五+斯九七六四背爲底本，用流行較廣的《中華道藏》第五册〇一三號《太上洞玄靈寶業報因緣經·弘救品第二十》（稱其爲甲本）參校。

校記

〔一〕「西南國土威範」，據甲本補。
〔二〕「曾」，當作「層」，據文義及甲本改，下同，不另出校；「廿枚」，據文義及下文補，甲本作「二十枚」。
〔三〕「悉以紅」，據文例及甲本補。
〔四〕「紗紅縠」，據文例及甲本補。
〔五〕「紅」，據文例及甲本補。
〔六〕「花」，甲本作「華」，「華」通「花」；「菓」，甲本作「果」，「菓」同「果」。下同，不另出校。
〔七〕「幢寶蓋」，據文例及甲本補。
〔八〕「祥」，甲本作「翔」。
〔九〕「西南」，據甲本補。
〔一〇〕「來到」，據甲本補。

〔一一〕「讓」，甲本作「議」。

〔一二〕「祥」，甲本作「翔」。

〔一三〕「伎」，甲本作「使」，疑誤。

〔一四〕「廿」，甲本作「二十」。

〔一五〕「祥」，甲本作「翔」。

〔一六〕「祥」，甲本作「翔」。

〔一七〕「廿」，甲本作「二十」。

〔一八〕「寶」，據文義及甲本補。

〔一九〕「祥」，甲本作「翔」。

〔二〇〕「天仙」，甲本作「神龍」。

〔二一〕「填滿東北」，甲本作「遍滿虚空」。

〔二二〕「以用供養」，據文例及甲本補。

參考文獻

《敦煌道經——目録編》九九頁；《敦煌道經——圖録編》一七一頁（圖）；《敦煌寶藏》一二冊，三九二頁（圖）；《道藏》六冊，一二二一頁；《英藏敦煌文獻》三卷，一一六頁（圖），一三卷，二七七頁（圖）；《中華道藏》五冊，二〇〇頁；《敦煌道教文獻研究——綜述、目録、索引》一二六至一二七頁。

斯一六四九　勝鬘夫人經卷上題記

釋文

《勝鬘夫人經》卷上，弟子曇受可敦所供養。

説明

此件《英藏敦煌文獻》未收，現予補録。其抄寫時代，翟理斯、池田溫推斷爲公元六世紀。

參考文獻

《鳴沙餘韻》一二頁（圖）；《鳴沙餘韻解説》五三頁；*Descriptive Catalogue of the Chinese Manuscripts from Tunhuang in the British Museum*, p. 171（録）；《敦煌遺書總目索引》一四二頁（録）；《敦煌寶藏》一二册，四〇五頁（圖）；《中國古代寫本識語集録》一六二頁（録）；《敦煌遺書總目索引新編》五一頁（録）。

斯一六五三背　一　某寺付麵歷

釋文

付麵歷

䴵餅　福性麵四斗，足。願惠麵四斗。善勝付麵四斗，足。願護麵四斗〔一〕，欠一。智端麵四斗，足。賓住麵四斗，欠一。

䭔餅　閻闍梨付麵三斗七升，餅足。妙忍付麵三斗七升，欠餅十二個。

餬餅　文進麵三斗五升。智惠三斗五升，足。信智三斗五升，足。

餪餅　惠永麵四斗〔二〕。智榮麵四斗。福定麵四斗。唐彦富麵四斗〔三〕。弘辰麵四斗。

說明

此件書於《佛說庵提遮女經》卷背，其前有蔣孝琬所書數碼和《佛說庵提遮女經》一行（未録），其後有雜寫兩行。

校記

〔一〕「麪」，《敦煌社會經濟文獻真蹟釋録》釋作「麨」。
〔二〕「永」，《敦煌社會經濟文獻真蹟釋録》釋作「承」。
〔三〕「彦」，《敦煌社會經濟文獻真蹟釋録》釋作「平」。

參考文獻

Descriptive Catalogue of the Chinese Manuscripts from Tunhuang in the British Museum, p. 108；《スタイン將來大英博物館藏敦煌文獻分類目録・古文書類》一〇七頁；《敦煌寶藏》一二册，四一四頁（圖）；《敦煌社會經濟文獻真蹟釋録》三輯，二四九頁（録）、（圖）；《英藏敦煌文獻》三卷，一一六頁（圖）。

斯一六五三背　二　雜寫（惟願以慈）

釋文

惟願以慈

説明

以上文字爲時人隨手所寫，其後尚有《佛説庵提遮女經》一行，未録。

參考文獻

《敦煌寶藏》一二冊，四一四頁（圖）；《英藏敦煌文獻》三卷，一一六頁（圖）。

斯一六五五背　白鷹呈祥詩二首并序

釋文

蓋聞君臣道泰，所感異瑞呈祥。尚書秉節龍沙，潛膺數彰，多現理人安邊之術，萬張（章）卒不盡言[一]。且說目下靈通，自古不聞者矣[二]。時當無射之月[三]，感得素潔白鷹。設僧俗中筵，齊聲賀之寶樣（祥）[四]。自從五使（史）[五]，世上相傳，只是耳聞。我尚書道亞先賢[六]，現得白鷹眼見。太初小吏，瑣劣不材，奉命駈馳[七]，倍增戰汗，謹上《白鷹詩》一首[八]。

奇哉白昌（晶）靈聖峰[九]，所感逞（呈）祥世不同[一〇]。
尚書德備三邊静，八方四海盡歸從。
白鷹異俊今來現，雪羽新成力更雄。
平源（原）狡兔深藏影[一一]，争能路上出其蹤[一二]。

又一首：

白鷹玉爪膺靈祇[一三]，筆盡難成聖所稀。

遠眺碧霄鵬鳥動，擭羽搊落雪花飛。

説明

此件抄於《妙法蓮華經》卷七之背，從序文「太初小吏，瑣劣不材」可知爲晚唐五代敦煌詩人杜太初撰寫。詩文創作的年代，榮新江推測作於公元九一九年前後，所稱頌的「尚書」應即曹議金（《歸義軍史研究》九八頁）。李正宇認爲此詩文應作於金山國建立以前，是爲張承奉稱白衣天子而做的應時之作。

校記

〔一〕「張」，當作「章」，《歸義軍史研究》、《敦煌詩集殘卷輯考》據文義校改，「張」爲「章」之借字。
〔二〕「聞」，《敦煌遺書總目索引》、《敦煌遺書總目索引新編》釋作「同」，誤。
〔三〕「當」，《敦煌詩歌導論》漏録。
〔四〕「樣」，當作「祥」，《歸義軍史研究》據文義校改，疑「樣」爲「祥」之借字。
〔五〕「使」，當作「史」，《敦煌詩歌導論》、《敦煌詩集殘卷輯考》據文義校改，「使」爲「史」之借字。
〔六〕「先」，《敦煌遺書總目索引新編》釋作「光」，誤。
〔七〕「駈」，《歸義軍史研究》、《敦煌遺書總目索引新編》、《敦煌詩歌導論》釋作「驅」，「駈」同「驅」。
〔八〕「一」，《歸義軍史研究》據文義校改作「二」。
〔九〕「昌」，當作「晶」，《敦煌詩集殘卷輯考》據文義校改，《敦煌詩歌導論》校作「皛」。
〔一〇〕「逞」，當作「呈」，《敦煌詩集殘卷輯考》、《敦煌詩歌導論》據文義校改，《敦煌遺書總目索引新編》逕釋作

「呈」。

〔一一〕「源」，當作「原」，《敦煌詩集殘卷輯考》、《敦煌詩歌導論》據文義校改，「源」爲「原」之借字。

〔一二〕「能」，《敦煌遺書總目索引新編》釋作「龍」，誤。

〔一三〕「膺」，《敦煌遺書總目索引新編》釋作「鷹」，誤。

參考文獻

《敦煌遺書總目索引》一四二頁（録）；《敦煌韻文集》三〇至三一頁（録）；《敦煌寶藏》一二冊，四二〇頁（圖）；《敦煌俗文學研究》二一九至二二四頁（録）；《敦煌民俗學》三三七頁（録）；《敦煌學輯刊》一九八九年二期，一〇頁；《英藏敦煌文獻》三卷，一一七頁（圖）；《敦煌文學》一五四至一五五頁；《敦煌學述論》二五二頁；《敦煌碑銘讚輯釋》二九六頁（録）；《敦煌學》一九輯，三六頁；《敦煌文學概説》一五五至一五七頁；《歸義軍史研究》九八頁；《敦煌遺書總目索引新編》五一頁（録）；《敦煌詩集殘卷輯考》八六四頁（録）；《敦煌詩歌導論》二六八至二六九頁。

斯一六六一　大乘無量壽經題記

釋文

汜子昇。

說明

此題名題於該經尾題之後，《英藏敦煌文獻》未收，現予補録。

參考文獻

Descriptive Catalogue of the Chinese Manuscripts from Tunhuang in the British Museum, p. 144（録）；《敦煌寶藏》一二册，四五四頁（圖）。

斯一六六二　　佛説無量壽宗要經題記

釋文

裴達。

説明

此題名題於佛經尾題之後，《英藏敦煌文獻》未收，現予補録。

參考文獻

Descriptive Catalogue of the Chinese Manuscripts from Tunhuang in the British Museum, p. 144（録）；《敦煌寶藏》一二册，四五七頁（圖）。

斯一六七四　雜抄（三種三寶、金剛五禮文、五陰山詩）

釋文

三種三寶。住持三寶。泥龕素像名爲佛寶，紙素竹帛名爲法寶，見前比丘名〔僧〕寶〔一〕。別想三寶。丈六化身名爲佛寶，所説法教名爲法寶，大乘十信已上、小乘初過（果）已下名爲僧寶。一體三寶。妙覺名爲佛寶，妙範名爲法寶，離爲争事名爲僧寶。

一心敬禮清净真如，無去無來，不生不滅，寂然常住〔二〕，但（湛）意恒然（安）〔三〕，千佛共遵（尊）〔四〕，十方同行（敬）〔五〕，恒沙功德，非色非心，南無法身本師釋迦牟尼佛〔六〕。

一心敬禮毗盧遮那佛〔七〕，千葉蓮花〔八〕，四智珍寶〔九〕，得（德）山無極〔一〇〕，湧（願）海無邊〔一一〕，積行三祇〔一二〕，壘（累）功十地〔一三〕，光（廣）充（超）法界〔一四〕，體滿虚空〔一五〕，南無寶（報）身本師釋迦牟尼佛〔一六〕。

一心敬禮如來生地，雪山之北〔一七〕，香山之東〔一八〕，成（城）號加（迦）維〔一九〕，性（姓）釋迦氏〔二〇〕，父名净飯〔二一〕，母越（曰）摩耶〔二二〕，十九出家，卅成道〔二三〕，南無化身本師釋迦牟尼佛〔二四〕。

一心敬禮微妙金剛般若〔二五〕，生諸佛身，滅凡夫罪〔二六〕，無人無我〔二七〕，聲空色空〔二八〕，苦惱蓋纏〔二九〕，因茲永息〔三〇〕，南無般若波羅蜜多甚深法藏〔三一〕。

一心敬禮舍衛城南〔三二〕，須達園中〔三三〕，祇陀林下，如來精舍，聖衆禪房〔三四〕，於彼伽藍〔三五〕，說思（斯）般若〔三六〕，我今共（恭）敬〔三七〕，追念世尊〔三八〕，南無般若波羅蜜多甚深法藏〔三九〕。

志（至）心懺悔〔四〇〕：南無歸懺十方佛，表知我浄無翳〔四一〕。前世所造三業罪，願得今身常了畢。從此世世遇明師，如法修行得成佛。

至〔心〕發願〔四二〕：願我刹土超三界，殊勝功德量無邊，諸有緣者悉同聞，皆悉速成牟尼智燈照，一念更無餘。玷智惠（慧）之明燈，照衆生之闇室。

發願已，歸命禮三寶。

清浄智。

至心懺悔：我等自從無量劫，恒被六賊欺。於一相之中〔四三〕，而強生分別〔四四〕。眼根常愛色，耳分別音聲，鼻或臭餘香〔四五〕，舌鎮貪諸味，身常樂受觸，意想遍攀緣〔四六〕。由斯顛倒心〔四七〕，故沉淪生〔死〕海〔四八〕。願我等從今日乃至證菩提，六賊翻爲成六通〔四九〕，三毒變爲三解脫，同一真如平等性〔五〇〕，不捨生死證涅槃，恒於六趣濟群生，共登如來無上道〔五一〕。

懺悔已，歸命禮三寶。

至心發願[五二]：我願眼中常見十方佛[五三]，願耳恒聞解脱音[五四]，願鼻不嗅一餘香[五五]，願口常説波羅蜜[五六]。願身不染邪思境[五七]，願意〔不〕緣（攀）有相緣[五八]，願心恒除煩惱賊[五九]，願足恒踏涅槃城[六〇]。我願六道莫爲親[六一]，我願三塗無一人[六二]，我願衆生盡成佛[六三]，我願普證涅槃因[六四]。

登（發）願已[六五]，歸命〔禮〕〔三〕〔寶〕[六六]。

五蔭山中三佛堂，智者於中坐道場。

愚人歇狂漫覓佛，終日竟夜想西方。

不知己身是真佛，倍身求佛不相當。

縱使千端引經數，不免六賊腸中藏。

渾渾常不濁，澄澄復不清，合與不合，故號生無生。

尸陀林中玄寶鎖，光明藏裏覓明珠。

（後缺）

説明

此件首尾均缺，爲佛教雜抄，可分爲三部分。第一部分是對『三種三寶』的簡單解釋；第二部分是

『金剛五禮文』抄；第三部分是『五陰山詩』。其中之『金剛五禮文』部分及相關抄本，汪娟曾做過校録和研究（參看《敦煌禮懺文研究》，法鼓文化事業股份有限公司，一九九八年版，二〇一至二一七頁）。

已上釋文是以斯一六七四爲底本，『金剛五禮文』部分用伯四五九七（稱其爲甲本）、斯四一七三（稱其爲乙本）、伯二九一一（稱其爲丙本）、伯二九七五（稱其爲丁本）、斯二三五四（稱其爲戊本）參校。

校記

〔一〕『僧』，據文義補。
〔二〕『寂』，乙、丁本同，丙本作『蒳』，甲本『寂』抄於『無去無來』、『不生不滅』之間；『住』，乙、丙、丁本同，甲本作『信』。
〔三〕『但』，丙本同，當作『湛』，據甲、乙、丁本改；『意』，甲、乙、丁本同，丙本作『已』；『恒』，甲、乙、丁本同，丙本作『桓』，誤；『然』，當作『安』，據甲、乙、丙、丁本改。
〔四〕『遵』，丙本同，當作『尊』，據甲、乙、丁本改，『遵』爲『尊』之借字。
〔五〕『行』，當作『敬』，據文義及甲、丙、丁本改，乙本作『境』。
〔六〕『南無』，甲、乙、丙本同，丁本作『南無清净』；『本師』，丙本同，甲、乙本無，丙本作『同名』；『迦』，甲、乙本同，丙、丁本作『伽』，『迦』同『伽』。
〔七〕『遮』，乙、丙、丁本同，甲本作『庶』，誤；『佛』，甲、乙、丙、丁本無。
〔八〕『葉』，甲、乙、丙本同，丁本作『業』，『業』爲『葉』之借字；『蓮』，甲、乙本同，丙、丁本作『連』，『連』爲

「蓮」之借字。

〔九〕「寶」，甲、乙、丁本同，丙本作「保」，「保」爲「寶」之借字。

〔一〇〕「得」，丙本同，當作「德」，據文義及甲、乙、丁本改，「得」爲「德」之借字；「極」，乙、丙本同，甲本作「遊」，丁本作「敬」。

〔一一〕「湧」，當作「願」，據甲、乙、丙、丁本改。

〔一二〕「行」，甲、乙、丁本同，丙本作「下」，誤；「祇」，甲、乙、丙本同，丁本作「歸」。

〔一三〕「壘」，當作「累」，據文義及甲、乙、丙本改，丁本作「敬禮」，「壘」爲「累」之借字；「功」，甲、乙、丙本同，丁本作「剛」。

〔一四〕「光」，丙、丁本同，當作「廣」，據甲、乙本改；「充」，丙本同，當作「超」，據甲、乙本改，丁本作「胎」；「界」，甲、乙、丁本同，丙本作「戒」。

〔一五〕「體」，甲、乙、丁本同，丙本作「替」，「替」爲「體」之借字。

〔一六〕「南無」，甲、丙本同，乙本作「南無圓滿」，丁本作「南無員滿」；「寶」，丁本同，當作「報」，據文義及甲、乙本改，「寶」爲「報」之借字；「本師」，丙本同，甲本無，乙、丁本作「同名」；「迦」，甲、乙本同，丙、丁本作「伽」，「迦」同「伽」。

〔一七〕「之」，甲、丙、丁本同，乙本作「至」，誤。

〔一八〕「之」，甲、丙、丁本同，乙本作「至」，誤。

〔一九〕「成」，丙本同，當作「城」，據甲、乙、丁本改，「成」爲「城」之借字；「加」，丁本同，當作「迦」，據甲、乙本改，丙本作「家」，「加」、「家」均爲「迦」之借字；「維」，甲、乙、丙本同，丁本作「爲」，「爲」爲「維」之借字。

〔二〇〕「性」，丙本同，當作「姓」，據文義改，「性」爲「姓」之借字。此句甲、乙、丁本無。

〔二一〕「净飯」，甲、乙本同，丙本作「靖犯」，丁本作「净梵」，「靖犯」爲「净飯」之借字，「梵」爲「飯」之借字。

〔二二〕「越」，當作「曰」，據文義及丙本改，甲、乙、丁本作「號」；「摩」，甲、乙、丁本同，丙本作「磨」，「磨」爲「摩」之借字。

〔二三〕「卅」，甲、乙、丙、丁本作「三十」；「成」，甲、乙、丙本同，丁本作「城」，「城」爲「成」之借字。

〔二四〕「南無」，甲、乙、丙本同，丁本作「南無千百」；「化」，甲、丙、丁本同，乙本作「佛」；「本師」，丙本同，丁本作「同名」，甲、乙本無；「迦」，甲、乙本同，丙、丁本作「伽」。

〔二五〕「微妙金剛般若」，甲、乙、丁本作「金剛般若，微妙甚深」，丙本作「微妙金剛波若，不可思議」。

〔二六〕「凡」，甲、乙、丁本同，丙本作「氾」，誤。

〔二七〕「人」，甲、乙、丁本同，丙本作「仁」，「仁」爲「人」之借字。

〔二八〕「色空」，甲、乙、丙本同，丁本脱。

〔二九〕「蓋」，甲、乙、丁本同，丙本作「改」，誤。

〔三〇〕「茲」，甲、乙本同，丙本作「次」，丁本作「慈」，「次」、「慈」均爲「茲」之借字；「永」，甲、乙、丙本同，丁本作「如」，誤；「息」，丙本同，甲、乙本作「寂」，丁本作「誦」。

〔三一〕「南無」，丙本同，甲、乙、丁本作「南無金剛」；「般」，甲、乙、丁本同，丙本作「波」；「蜜」，甲、乙、丁本同，丙本作「密」，「蜜」通「密」。

〔三二〕「南」，乙、丙本同，丁本作「男」，「男」爲「南」之借字。

〔三三〕「須」，甲、乙、丙本同，丁本作「失」。

〔三四〕「聖衆」，甲本同，乙、丁本作「衆聖」，丙本作「聖主」。

〔三五〕「於彼伽藍」，甲本作「如來於此」，乙本作「於此」，丙本作「於此伽藍」，丁本作「如來因此」。
〔三六〕「說」，甲、乙、丁本同，丙本作「雪」，誤；「思」，丙本同，當作「斯」，據文義及甲、乙、丁本改，「思」爲「斯」之借字；「般」，甲、乙、丁本同，丙本作「波」，「波」爲「般」之借字。
〔三七〕「今」，甲、乙、丁本同，丙本作「金」，「金」爲「今」之借字；「共」，丙本同，當作「恭」，據文義及甲、乙、丁本改，「共」爲「恭」之借字。
〔三八〕「追」，丙本同，甲、乙、丁本作「憶」。
〔三九〕「南無」，丙本同，甲、乙本作「南無金剛」，丁本作「南無金光」；「般」，甲、乙、丁本同，丙本作「波」，「波」爲「般」之借字；「甚」，乙、丙、丁本同，甲本作「其」。
〔四〇〕「志」，當作「至」，據下文「至心懺悔」改，「志」爲「至」之借字。此句以下諸本無，丁本雖有内容，但與底本不同。
〔四一〕疑此句脱一字。
〔四二〕「心」，據文義補。
〔四三〕「於」，戊本作「居」，「居」爲「於」之借字。
〔四四〕「強」，戊本作「共」。
〔四五〕「臭」，戊本作「著」。
〔四六〕「想」，戊本作「相」，「相」爲「想」之借字。
〔四七〕「由」，戊本作「猶」，「猶」爲「由」之借字。
〔四八〕「故」，戊本作「固」，「固」爲「故」之借字；「死」，據文義及戊本補。此句補一「死」字，似當删「故」字。
〔四九〕「䰎」，戊本作「恒」。

〔五〇〕「性」，戊本作「惺」。

〔五一〕「登」，戊本作「證」。

〔五二〕「至」，丙本同，戊本作「志」，「志」爲「至」之借字。

〔五三〕「我願」，丙、戊本作「願我」；「中」，丙本同，戊本作「根」；「十方」，丙、戊本無。

〔五四〕「聞」，戊本同，丙本作「文」，「文」爲「聞」之借字；「解脱音」，丙、戊本作「説法聲」。

〔五五〕「嗅」，戊本同，丙本作「休」，「休」爲「嗅」之借字。

〔五六〕「口」，戊本同，丙本作「舌」；「説」，丙、戊本作「誦」；「蜜」，戊本同，丙本作「密」，「密」通「蜜」。

〔五七〕「邪思境」，丙本作「邪淫景」，戊本作「諸邪境」。

〔五八〕「不」，據文義及丙、戊本補；第一個「緣」字，當作「攀」，據文義及丙、戊本改；第二個「緣」字，戊本同，丙本作「形」。

〔五九〕「恒」，丙、戊本作「能」。

〔六〇〕「足恒踏」，丙本作「腳行到」，戊本作「我恒到」；「槃」，丙本作「般」，戊本作「盤」，「般」、「盤」均爲「槃」之借字。

〔六一〕「莫爲」，丙本作「秦無」。戊本無此句。

〔六二〕「塗」，丙本作「除」，誤。戊本無此句。

〔六三〕「成」，戊本同，丙本作「城」，「城」爲「成」之借字。

〔六四〕「槃」，丙本作「般」，戊本作「盤」，「般」、「盤」均爲「槃」之借字。

〔六五〕「登」，當作「發」，據文義及戊本改。丙本此句作「已此發願」。

〔六六〕「禮三寶」，據戊本補，丙本作「諸善根唯願速見彌陀佛。發願已，至心歸命，禮阿彌陀佛」。

參考文獻

《敦煌寶藏》一二冊，五二二至五二三頁（圖）；《英藏敦煌文獻》三卷，一一八頁（圖）、六七頁（圖），五卷，二六二頁（圖）；《敦煌學》二〇輯，六九至八七頁（録）；《法藏敦煌西域文獻》二〇冊，三一至三二頁（圖）、二九七頁（圖），三二冊，一三三至一三四頁（圖）；《敦煌禮懺文研究》二〇一至二一七頁。

斯一六八三　瑜伽師地論卷第廿七勘經題記

釋文

第一勘。弁政第二勘。

說明

上録文字書於《瑜伽師地論》寫卷尾題之後，係勘經人所作之標記，《英藏敦煌文獻》未收，現予補録。其抄寫時代，池田溫推斷爲公元九世紀中期。

參考文獻

Descriptive Catalogue of the Chinese Manuscripts from Tunhuang in the British Museum, p. 123（録）；《敦煌遺書總目索引》一四三頁（録）；《敦煌寶藏》一二冊，五七一頁（圖）；《中國古代寫本識語集録》四二二頁（録）；《敦煌遺書總目索引新編》五一頁（録）。

斯一六八三背　寺名

釋文

瑜伽師地論卷第廿七　　三　　開

説明

上録文字書寫於《瑜伽師地論》卷背，『三』應爲經帙號，『開』應爲敦煌開元寺之略寫，表明此經屬開元寺。《英藏敦煌文獻》未收，現予補録。

參考文獻

《敦煌寶藏》一二冊，五七二頁（圖）。

斯一六八六　　吐蕃時期某齋文稿

釋文

大蕃歲次辛丑五月丙申朔二日丁未[一]，沙州釋門都教授和尚道引群迷[二]，敬畫釋迦牟尼如來一代行化，無始已來，布施國城妻子、頭目髓腦，或爲求半偈捨金身，本行集變。佛殿内畫功德一鋪足，清信佛弟子就通子謹堤（題）[三]。

厥投誠梵宇，渴仰慈門，敬捨珍財，披肝虔敬者，資益已躬之所建也。

雍儀叔（淑）質[四]，并天上之仙娥；玉貌逶迤，實人間之莫比。故得名傳狼岫[五]，譽播燕山。求千載之良姻，結萬年之玉眷。今則榮爲（位）已就[六]，發日逼臨，慮路上之災非，伏聞三寶能濟厄危[七]，諸佛如來有求必遂[八]，是以來投寶地，親詣金田。爐焚百和之香，財施七珍之服。

三尊衛護，寶體無危，八部加威，行呈（程）安泰[九]，人馬平善，早達上州。遂稱其心[一〇]，以和琴瑟。然後先亡玉葉，咸沐良緣[一一]，見在金枝，俱霑勝益。

說明

此件首尾完整，以往被命名爲「吐蕃辛丑年沙州都教授和尚畫功德佛像記」。細審其内容，實爲齋文稿，在設齋的場所（石窟寺或寺院）有「辛丑年沙州都教授和尚」所畫的釋迦牟尼像和「本行集變」，佛殿内則有就通子題記的「功德一鋪」。因是文稿，此齋會的主人被省略了，但在「厥投誠梵宇」和「雍儀叔（淑）質」兩句前，原件都有三個字的空格，應該是留待填入齋主的名諱。雖然齋主的名諱被省略，但齋文中描繪齋主爲「天上之仙娥，玉貌逶迤」，可知其爲女性。而且，這位女性經過「求千載之良姻」，已經與他人「結萬年之玉眷」。因「發日逼臨，慮路上之災非」，纔設齋祈福的。設齋的主要目的是祈求「行呈（程）安泰，人馬平善，早達上州，遂稱其心，以和琴瑟」。所以，這是一件在出嫁前所設的祈求出嫁路上平安的齋會上使用的文稿。

此件中的「辛丑」，翟理斯、池田溫均推斷爲公元八二一年（*Descriptive Catalogue of the Chinese Manuscripts from Tunhuang in the British Museum*, p. 214；《中国古代寫本識語集録》，三三八頁）。「都教授」，鄭炳林認爲是靈圖寺僧宋正勤，他在八二一年前後昇爲都教授（《敦煌碑銘讚輯釋》，甘肅教育出版社，一九九二年版，三五五頁）。此件之時代，當然應該在公元八二一年之後，具體時間待考。

校記

〔一〕「丑」，《敦煌遺書總目索引新編》釋作「醜」，誤。

〔二〕「都教授」，《敦煌遺書總目索引新編》釋作「都僧統□教授」；「道」，《敦煌遺書總目索引新編》釋作「導」，義可通而字誤，按「道」本有導引之義。

〔三〕「堤」，當作「題」，《中國古代寫本識語集録》據文義校改，「堤」爲「題」之借字。

〔四〕「叔」，當作「淑」，《敦煌遺書總目索引新編》據文義校改，「叔」爲「淑」之借字。

〔五〕「得」，《敦煌遺書總目索引新編》釋作「行」，誤。

〔六〕「爲」，當作「位」，據文義改。

〔七〕「危」，《敦煌遺書總目索引新編》漏録。

〔八〕「諸」，《敦煌遺書總目索引新編》釋作「詣」，誤。

〔九〕「呈」，當作「程」，《敦煌遺書總目索引新編》據文義校改。

〔一〇〕「遂稱」，底本原作「稱遂」，旁有倒乙符號，故逕改之，《敦煌遺書總目索引新編》釋作「稱遂」。

〔一一〕「沐」，《敦煌遺書總目索引新編》釋作「灑」。

參考文獻

Descriptive Catalogue of the Chinese Manuscripts from Tunhuang in the British Museum, p. 214；《东方學報》四五卷，三八七頁；《敦煌寶藏》一二冊，五九五頁（圖）；《中國佛教社會史研究》三六二頁；《中國古代寫本識語集録》三三八頁；《英藏敦煌文獻》三卷，一一八頁（圖）；《敦煌碑銘讚輯釋》三五五頁；《敦煌遺書總目索引新編》五一頁（録）。

斯一六八六背　　雜寫

釋文

（前缺）

有是□義及如是　　如是我聞　於是我□

及是导義　菩薩纓珞　分乃召故名　及及外

　　及及及及及道

奉請黄隨求　奉金剛　四律乃何以故，以何因緣

奉請定除災金剛

如來應供正遍知明禪定　　如是　　奉請定除災

及滅　延及以　及及　如　是我說彼亦如是

　及常設　變說彼乃乃及滅　道　道之　道　菩薩

夜夢不祥護門大吉，所有口舌遠跡他方

門來善述定納吉祥，北方大聖毗沙門天王

成來
夜夢不祥有門大吉。所有口舌遠迸，北方聖[一]
　及滅外
及及及及及及及及及及及及
道　　於是及滅　滅及僧殘
遠來他方有名來佛國。　仲夏盛熱，伏惟和尚
是諸佛諸本原，行菩薩道諸根本
升合玄欠　音頭錯子去返[二]
（後缺）

說明

此件爲時人隨手所寫，後又在行間及空行中雜寫其他文字，從筆跡來看，前後當有三人在此紙上書寫。

校記

[一] 原卷在『北方聖』之上又雜寫『法律三十』四字，字體較大，顯爲另一種筆跡。

〔二〕此行爲倒書。

參考文獻

《敦煌寶藏》一二冊，五九六頁（圖）；《英藏敦煌文獻》三卷，一一九頁（圖）。

斯一六八七背　殘片（契約）

釋文

（前缺）

空地一院子

地兼不坊里（？）

不敢請（？）價

（中缺）

地主楊文成（押）

保人楊文勝（押）

見人龍再宜

見人李再（押）

說明

此件書寫於修補《金剛般若波羅蜜經》的廢紙之上，這幾塊廢紙粘貼在該經背面，以上文字抄寫在兩塊殘片上，第一片似爲宅舍買賣契約的一部分，第二片則爲契約的尾部，其中有『地主楊文成』及其簽押，從筆跡看，兩件筆體亦相似，有可能是同一契約被剪爲殘片的。

參考文獻

《敦煌寶藏》一二册，五九七頁（圖）；《英藏敦煌文獻》三卷，一一九頁（圖）。

釋文

新菩薩經一卷〔一〕
敕　賈耽〔二〕，頒下諸州衆生〔三〕，每日念阿彌陁佛一千口，斷惡行善。今年大熟，無人收
苅〔四〕。有數種病死：第一虐病死〔五〕，第二天行病死，第三卒死〔六〕，第四腫病死〔七〕，第五
産生病死〔八〕，第六患腹死〔九〕，第七血癰死〔一〇〕，第八風黄病死〔一一〕，第九水李（溺）
死〔一二〕，第十患眼（病）死〔一三〕。今勸諸衆生〔一四〕，寫（此）（經）一本〔一五〕，免一身
（難）〔一六〕；寫兩本，免一門（難）〔一七〕；寫三本〔一八〕，免一村〔一九〕。若不信者〔二〇〕，則滅
門〔二一〕。門上傍（膀）之〔二二〕，得過此難。但看七八月三家使一牛〔二三〕，五男同一婦，僧尼
巡門，勸寫此經〔二四〕。其經西涼州正月二日〔二五〕，城中時雷鳴雨聲，有一石下，大而（如）
斗，石遂兩片，即見此經，報諸衆生，今載大熟饒患。
新菩薩經一卷
敕　賈耽〔二六〕，頒下諸州衆生〔二七〕，每日念阿彌陁佛一千口，斷惡行善。今年大熟，無人收

苅[二八]。有數種病死：第一虐病死[二九]，第二天行病死，第三卒死[三〇]，第四腫病死[三一]，第五産生死[三二]，第六患腹死[三三]，第七血癰死[三四]，第八風黄病死[三五]，第九水李（溺）死[三六]，第十患眼（病）死[三七]。今勸諸衆生[三八]，寫（此）（經）一本[三九]，免一身（難）[四〇]；寫兩本，免一門（難）[四一]；寫三本[四二]，寫（免）一村[四三]。若不信者[四四]，則滅門[四五]。門上牓之，得過此難。但看七八月三家使一牛[四六]，五男同一婦，僧尼巡門，勸寫此經[四七]。其經西涼州正月二日[四八]，城中時雷明（鳴）雨聲[四九]，有一石下，大而（如）斗，石遂兩片，即見此經，報諸衆生，今載大熟饒患。

新菩薩經一本

説明

此件首題《新菩薩經》，但其内容是以預言災害將至的形式，勸世俗百姓抄寫此經弭災，故收入本書。《新菩薩經》又名《勸善經》、《新菩薩勸善經》，敦煌文獻中保存的相關抄本甚多，本書第四卷和第五卷已收録斯九一二和斯一一八五等《勸善經》。

此件連抄兩通，此依次釋録，釋文以斯一六八九爲底本，因各校本之異同已見於斯九一二《勸善經》校記，故此件僅以斯九一二爲校本（稱其爲甲本）。

校記

〔一〕「新菩薩」，甲本作「勸善」。
〔二〕「耽」，甲本作「伉」，「伉」爲「耽」之借字。甲本「賈耽」前有「左丞相」。
〔三〕「衆生」，甲本作「勸善諸衆生」。
〔四〕「苅」，甲本作「刈」。
〔五〕「第」，甲本作「弟」，「弟」爲「第」之本字。以下甲本「第」均作「弟」，不另出校。
〔六〕「卒」，甲本作「赤白痢病」。
〔七〕「腫」，甲本作「赤眼」。
〔八〕「產生」，甲本作「女人產生」。
〔九〕「患腹」，甲本作「水痢」。
〔一〇〕「血癰」，甲本作「風」。
〔一一〕此句甲本無。
〔一二〕「李」，當作「溺」，據文義改，「李」爲「溺」之借字。此句甲本無。
〔一三〕「病」，據文義補。此句甲本無。
〔一四〕「諸」，甲本無。
〔一五〕「此經」，據甲本補。
〔一六〕「身」，甲本作「門」；「難」，據甲本補。
〔一七〕「一門」，甲本作「六親」；「難」，據甲本補。
〔一八〕「寫三本」，甲本無。

〔一九〕「免一村」，甲本無。

〔二〇〕「若不信」，甲本作「見此經不寫」。

〔二一〕「則」，甲本無。

〔二二〕「傍」，當作「膀」，據甲本改。

〔二三〕「七八月」，甲本作「四月一日」。甲本此句前有「無福者不可德（得）見此經，其經從南來。正月八日雷電霹靂，空中有一童子，年四歲。又見一老人，在路中見一蛇，身長萬萬尺，人頭烏足，遂呼老人曰：爲太山崩，要女人萬萬衆，須牛萬萬頭，著病者難差，寫此經者德（得）免此難。不信者」等一段。

〔二四〕「此經」，甲本作「此經流傳」。

〔二五〕甲本此句以下與底本不同，其文字爲「若被卒風吹却，不免此難。聖人流傳真言，報諸衆生，莫信邪師。見聞者，遞相勸念阿彌陁佛，不久即見太平時」。

〔二六〕甲本「賈耽」前有「左丞相」。

〔二七〕「衆生」，甲本作「勸善諸衆生」。

〔二八〕「苅」，甲本作「刈」。

〔二九〕「第」，甲本作「弟」，「弟」爲「第」之本字。以下甲本「第」均作「弟」，不另出校。

〔三〇〕「卒」，甲本作「赤白痢病」。

〔三一〕「腫」，甲本作「赤眼」。

〔三二〕「産生」，甲本作「女人産生」。

〔三三〕「患腹」，甲本作「水痢」。

〔三四〕「血癰」，甲本作「風」。

〔三五〕此句甲本無。
〔三六〕「李」，當作「溺」，據文義改，「李」爲「溺」之借字。此句甲本無。
〔三七〕「病」，據文義補。此句甲本無。
〔三八〕「諸」，甲本無。
〔三九〕「此經」，據甲本補。
〔四〇〕「身」，甲本作「門」；「難」，據甲本補。
〔四一〕「一門」，甲本作「六親」；「難」，據甲本補。
〔四二〕「寫三本」，甲本無。
〔四三〕「寫」，當作「免」，據此件第一通改。此句甲本無。
〔四四〕「若不信」，甲本作「見此經不寫」。
〔四五〕「則」，甲本無。
〔四六〕「七八月」，甲本作「四月一日」。甲本此句前有「無福者不可德（得）見此經，其經從南來。正月八日雷電霹靂，空中有一童子，年四歲。又見一老人，在路中見一蛇，身長萬萬尺，人頭鳥足，遂呼老人曰：爲太山崩，要女人萬萬衆，須牛萬萬頭，著病者難差，寫此經者德（得）免此難。不信者」等一段。
〔四七〕「此經」，甲本作「此經流傳」。
〔四八〕甲本此句以下與底本不同，其文字爲「若被卒風吹却，不免此難。聖人流傳真言，報諸衆生，莫信邪師。見聞者，遞相勸念阿彌陁佛，不久即見太平時」。
〔四九〕「明」，當作「鳴」，據此件中之第一通改，「明」爲「鳴」之借字。

參考文獻

《敦煌遺書總目索引》一四一頁（録）；《敦煌寶藏》一一一冊，五九九頁（圖）。

斯一六九一　大般若波羅蜜多經卷第三百五十一題名

釋文

索福安。

説明

此題名題於『大般若波羅蜜多經卷第三百五十一』尾題之後，《英藏敦煌文獻》未收，現予補録。其抄寫時代，池田溫推斷爲公元九世紀前期。

參考文獻

Descriptive Catalogue of the Chinese Manuscripts from Tunhuang in the British Museum, p. 9（録）；《敦煌寶藏》一二册，六一〇頁（圖）；《中國古代寫本識語集録》三六九頁（録）；《敦煌遺書總目索引新編》五一頁（録）。

斯一六九七　大般若波羅蜜多經卷第四百卌一題名

釋文

恒信。

説明

此題名題於《大般若波羅蜜多經》卷第四百卌一尾題下方，《英藏敦煌文獻》未收，現予補録。其抄寫時代，池田溫推斷爲公元九世紀前期。

參考文獻

Descriptive Catalogue of the Chinese Manuscripts from Tunhuang in the British Museum, p. 10（録）；《敦煌寶藏》一二册，六五七頁（圖）；《中國古代寫本識語集録》三七一頁（録）。

斯一七一一　大乘無量壽經題名

釋文

鄧吳。

説明

此題名題於《大乘無量壽經》尾題下方，《英藏敦煌文獻》未收，現予補録。

參考文獻

Descriptive Catalogue of the Chinese Manuscripts from Tunhuang in the British Museum, p. 144（録）；《敦煌寶藏》一三册，三五頁（圖）；《敦煌遺書總目索引新編》五二頁（録）。

斯一七一四　佛說無量壽宗要經題名

釋文

劉法子。

說明

此題名題於《佛說無量壽宗要經》尾題下方，《英藏敦煌文獻》未收，現予補錄。

參考文獻

Descriptive Catalogue of the Chinese Manuscripts from Tunhuang in the British Museum, p. 144（録）；《敦煌寶藏》一三冊，四四頁（圖）。

斯一七一五　佛說無量壽宗要經題名

釋文

呂日興[一]。

說明

此題名題於《佛說無量壽宗要經》尾題下方，《英藏敦煌文獻》未收，現予補録。

校記

〔一〕『呂日興』，《敦煌遺書總目索引新編》釋作『呂興』。

參考文獻

Descriptive Catalogue of the Chinese Manuscripts from Tunhuang in the British Museum, p. 149（録）；《敦煌寶藏》一三冊，四六頁（圖）；《敦煌遺書總目索引新編》五二頁（録）。

斯一七一六　佛説無量壽宗要經題名

釋文

田廣談。

説明

此題名題於《佛説無量壽宗要經》尾題之後，《英藏敦煌文獻》未收，現予補録。

參考文獻

Descriptive Catalogue of the Chinese Manuscripts from Tunhuang in the British Museum，p. 149（録）；《敦煌寶藏》一三册，五〇頁（圖）；《敦煌遺書總目索引新編》五二頁（録）。

斯一七一九　佛説無量壽宗要經題名

釋文

裴文達。

説明

此題名題於《佛説無量壽宗要經》尾題下方，《英藏敦煌文獻》未收，現予補録。

參考文獻

Descriptive Catalogue of the Chinese Manuscripts from Tunhuang in the British Museum, p. 144（録）；《敦煌寶藏》一三册，五九頁（圖）。

斯一七一九背　學郎題記

釋文

學郎。

説明

此題記題於《佛説無量壽宗要經》卷背，當爲學郎所寫，《英藏敦煌文獻》未收，現予補録。此卷背尚有蔣孝琬所書數碼及經名，未録。

參考文獻

《敦煌寶藏》一三冊，六〇頁（圖）。

斯一七二〇　佛說無量壽宗要經題名

釋文

宋昇。

說明

此題名題於『《佛說無量壽宗要經》一卷』尾題之後，《英藏敦煌文獻》未收，現予補録。此件背面有『大明（？）洪化四年戌（戊）戊（戌）冬月季』一行。又隔數行處，另抄有『佛說無量壽宗要經』及『大乘無量壽經一卷』兩行，後兩行疑爲蔣孝琬所書，未録。

參考文獻

Descriptive Catalogue of the Chinese Manuscripts from Tunhuang in the British Museum, p. 144（録）；《敦煌寶藏》一三冊，六三頁（圖）；《敦煌研究》一九八五年三期，九六頁；《敦煌遺書總目索引新編》五二頁（録）。

伯二五七三+斯一七二二　一　兔園冊府卷第一、第二

釋文

兔園策府卷第一并序，　杜嗣先奉　敕撰。

《易》曰：利用賓於王。《書》曰：明試以功，議事以制。斯則昇賢之大執，辨政之嘉謀[一]。採其奧則薪楢之詠興[二]，選其精則桂林之嚮發[三]。

自周徵造仕（士）[四]，漢辟賢良，擢高第以登庸，懸甲科而入仕[五]。劉君詔問，吐河洛之詞[六]；仲舒抗答，引陰陽之義。孫弘則約文而切理[七]，杜欽則指事以陳謨[八]，魯平（丕）以雅素中規[九]，馬融以儒宗獻可。斯乃對問之大體，詢考之良圖。求之者期於濟時，言之者期於適務，使文不滯理，理必會文，削腴（諛）論以正辭[一〇]，剪浮言而體要。非夫宏才博古，達政通機，無以登入室之科，徒用踐高門之地。

自魏晉之後[一一]，藻麗漸繁[一二]；齊梁以還，文華競軼。構虛詞而餝巧[一三]，穿異辨（辯）以邀能[一四]，文皆理外之言，理失文中之意。將陳正道[一五]，掩巢燧於豪（毫）

端〔一六〕；欲敘昇平，擯唐虞於字末。境繞臻於九服，遠述幽冥之荒〔一七〕；德未靜於一戎〔一八〕，先動雲雷之氣。奏諛言而竊位〔一九〕，假繁論以豐詞〔二〇〕，匪窮理之大猷，乖得賢之雅訓。

大唐奮庸庶績，翼亮鴻基，拂連蓮兆於滋川〔二一〕，納蘭圖於滎浦。淹中碩藝，并列三雍之官〔二二〕；平府遺編，咸歸七門之史。執禹麾而進善，坐坐堯衢以訪賢〔二三〕。故事則南宮之賓〔二四〕，待詔則東館之客〔二五〕。秀異之薦，并躡長途之龍〔二六〕；孝廉之徵，俱振充庭之鷺。故得能官同於濟巨，多士茂於基邦，草澤無遺〔二七〕，英奇必進。

伏惟　大王分華星樹，毓慶雲柯，固盤石以開基〔二八〕，列維城而作鎮。山中文梓〔二九〕，獨振盤龍之詞〔三〇〕；淮岫芳叢，先鶩騰嘉之韻〔三一〕。立奏金箱之典〔三二〕，停日轡於昆吾；坐陳丹轂之篇〔三三〕，下月輪於清夜。膠（驂）駕駟馬〔三四〕，禮盛〔於〕從梁〔三五〕；面試銅臺，文高於入魏。東平倉（蒼）之雅望〔三六〕，北海靖之英聲〔三七〕，湛楚醞於芳筵，餝燕金於駿骨。由是徐陳並列，沐梟沼以趨歡；牧馬爭歸，望鴻臺而漸翼。

顧惟虛賤〔三八〕，謬奉恩光，昔恩（因）耕鑿之勤〔三九〕，頗覽詩書之訓，登學山而覆簣〔四〇〕，鼓文何（河）以濫觴〔四一〕。爰從羈貫之年，肇應揚庭之問，以茲下隸〔四二〕，來陪上藩，整赴長裾之門〔四三〕，更對脩篁之宛（苑）〔四四〕。璿灰屢變，緹襲空珍，忝遊梁之一斑〔四五〕，同背淮之千里〔四六〕。忽垂恩教，令修新策，今乃勒成一部〔四七〕，名曰《兔園策府》〔四八〕，并引經史，爲之訓注。雖則膠（謬）言斐論〔四九〕，無取貴於緗油（紬）〔五〇〕。然而野識蒭詞〔五一〕，理難周於翰墨〔五二〕。傳之君子，有慙安國之言；懸之市人，深乖呂韋之旨。所定篇目，題之如左〔五三〕。

兔園策府卷第一〔五四〕

辨天地〔五五〕。

問：氣象初構，形質始萌，倚仵（杵）分高下之容〔五六〕，回輪表運行之數。然則駕雲甄海，練（煉）石補維〔五七〕，徒聞夸父之林，空紀大章之筭。至若玄黄定體，珠壁（璧）連暉〔五八〕；列九野於躔房〔五九〕，疏五潢於清淺。窺其正色，有或於蒙莊〔六〇〕；覽其要終，多疑於鄭竈〔六一〕。子既獵華彫篆，採懿緗油（紬）〔六二〕，對宵景以弛芳，概秋旻而發譽。登科入璧〔六三〕，必俟英賢。賾秘鉤深，理宜昭晰。

對〔六四〕：竊以玄儀未闢，九變混其萌牙（芽）〔六五〕；素質爰分，四遊定其昇降。然則十端虚廓，九道交迴；仰之者莫測其源，言之者罕詳其要〔六六〕。或明其載水，或説以浮空，地若卵中之黄，天如山外之色。杨泉覆繖之諭〔六七〕，未窮廣大之容；仲任倚蓋之談，詎識周流之象〔六八〕。

當今握璿衡而臨極，運玉斗以司辰。上括乾樞，旁吞地絡，陽光抱珥，陰採重輪〔六九〕。

星披五老之圖，雪映四神之轍。抗天臺於南極，闢玄殿於北荒〔七〇〕。西越繞蛇之丘，東逾抃鰲之谿（壑）〔七一〕。珠囊靡失，玉燭咸調；傃風律以來庭，皓雲歌而入贄〔七二〕。猶復窮精四術，覽奧三家；欲明甄曜之篇〔七三〕，思聞《考靈》之說。旁羅大象〔七四〕，側訪庸才〔七五〕；雖異談天，聊陳管見。

夫以玄黄質判，偃伏刑（形）殊〔七六〕，元氣輕而上騰，陰氣凝而下薄。方之若火，則煙颺而灰沉；譬之若舟，則外行而内静。天綱既位〔七七〕，坤道方成。八極以之肇分，五材因而并運。至若曦光散彩，稟陽氣以成形；娥魄凝暉〔七八〕，感陰靈而爲質。星昭（照）白榆之影〔七九〕，憑於萬物之精。河疏析木之津，假以百川之氣。至若金臺混極，靈山降英，鏤芳桂以飛輪，拂若華而逗景。真人〔負〕笈〔八〇〕，遠造天關；海客乘查，遥依星渚。補維立極，化杖〔成〕〔林〕〔八一〕。理懵探賾之端，事隱言（名）名（言）之際〔八二〕。嗽乳遊鈞之説，唯聞託夢之人。懸鈎破鏡之談，空傳捴詞之客。夫以東遊天縱，終迷對日之言；西蜀含章，竟詘蓋天之論。前賢往哲，猶且爲疑，末學庸能〔八三〕，良難備述。謹對。

正曆數

問：出震開元，皇雄標合緯之首〔八四〕；繞樞提象，容成著命曆之初。五德遞遷，三微驟變。寅餞之職〔八五〕，分散於疇人；吐納之儀，參差於銅史。月絃（弦）日繞之法〔八六〕，課校而難詳〔八七〕；洛下陵渠之言，推尋而罕究〔八八〕。今欲别徵杓建，改正攝提，必使璧彩交躔〔八九〕，珠光叶緯。登臺候朔，瞻（占）五雲而不差〔九〇〕；入幕窺灰，應四氣而無爽〔九一〕。欲致斯道，有懵厥由〔九二〕。宜陳推步之方〔九三〕，以廣詢求之路。

對〔九四〕：竊以立天立地，四遊與六氣交馳〔九五〕；爲帝爲王，五德與三微遞運。若不精窮數象〔九六〕，推步陰陽，則龍蛇有易度之妖〔九七〕，水火成相珍（沴）之變〔九八〕。由是黄神馭禹（宇）〔九九〕，既命曆於容成；丹陵應（膺）圖〔一〇〇〕，亦欽象〔於〕羲仲〔一〇一〕。自疇人輟務，日御廢官，胤后承〔亂〕紀之誅〔一〇二〕，齊詩興到（倒）裳之刺〔一〇三〕。端餘莫辨（辨）〔一〇四〕，晦朔不分，九章之要罕傳，六曆之流競作〔一〇五〕，遂使張蒼首制，尚興壺遂之言〔一〇六〕，〔鄧〕平創規〔一〇七〕，猶煩壽王之奏。

聖上以欽明履運，曆數在躬，踐翼承基〔一〇八〕，函元孕象，帝德崇矣〔一〇九〕，天文粲然。故得珠緯編囊，璿光艷燭，采雲垂慶〔一一〇〕，溽露懸甘〔一一一〕。蓂薦影於宵輪，蓧（條）輟響於風緒〔一一二〕。若乃統三正，播六虚，翠嫣浮（符）籙之祥〔一一三〕，黄樞降靈之運〔一一四〕，故可漂蕩馳驟之跡〔一一五〕，陶甄巢燧之初。猶復發斂陰陽〔一一六〕，宣考天地，窮十端之昇降，覈五紀之循環。若使懸炭窺衡，瞻緹候管，明推三十（乘）乘（十）之變〔一一七〕，得損一會九之宜〔一一八〕。然後刻箭金壺〔一一九〕，回杓玉斗，正太初之曆，窮大衍之數。唐都獻法，採之而勿遺；劉氏定譜，存之而取則。自然清臺有准，黄道無差，珠璧連七曜之文〔一二〇〕，金木叶五行之次。〔謹〕〔對〕〔一二一〕。

議封禪〔一二二〕

問：省方戒典，昇中紀號〔一二三〕，遜聽前古，空覽夷吾之詞；發揮中葉，唯傳茂陵之札。然則君臨大寶，駕馭黎元，混車書而惣八方，會玉帛而朝萬國。莫不崇大禮，登介丘，鑾移駕象之巖，蓋轉常龍之岫。當今風淳化洽〔一二四〕，道穆時邕，方欲肅棌仙閭〔一二五〕，揚徽日觀，玄虬警路〔一二六〕，蒼龍順時。斑（班）瑞諸侯〔一二七〕，告成山嶽。討論圖籍，須叶禮經。當陳摛掞之〔詞〕〔一二八〕，用補飛英之略。

對〔一二九〕：竊聞肆覲群后〔一三〇〕，俯曦觀以時巡〔一三一〕，告成方嶽，陵天樞而紀號。是知探玉冊〔一三二〕，結金繩，蒲駕登丘，芝泥封檢，眇觀列辟〔一三三〕，擬議者多人，遜覽前王〔一三四〕，成功者罕就。良以政途未廣〔一三五〕，天位猶艱，徒想宏儀〔一三六〕，空陳大禮〔一三七〕。由是齊桓有問，恥符瑞之未臻；秦帝將昇，困風雨之爲弊〔一三八〕。雖復仁翔清鳳〔一三九〕，覽張奏以爲疑；運啟譙龍，對蔣書而流汗。

我國家之創曆也，統天正，紐地鈐，駕號（昊）騰英〔一四〇〕，飛軒踐籙。御龍圖而承景命，握麟璽而惣禎符。聲陶混氣之鄉，教漸無明之國。朗三光於乾蓋，飛五色於雲柯。麥鷩馴素之翬〔一四一〕，蘆引翻珠之鴈〔一四二〕。榮漪湛潤〔一四三〕，膏露凝華〔一四四〕，鳳棲雙殖之桐〔一四五〕，龍遊五花之樹。仁犧薦骼，瑞牒（鰈）呈鱗〔一四六〕。鬯黍合其一稃〔一四七〕，靈茅藉其三脊〔一四八〕。協風搖扇〔一四九〕，景化潛流，榮鏡八荒，才（財）成萬有〔一五〇〕。夫以軒皇駕象，惣〔會〕百靈〔一五一〕，夏禹登山，朝宗萬國。若使觀風展彩〔一五二〕，鳴鸞珠獸之巖；發號楊（揚）輝〔一五三〕，瘞玉金雞之岫。翠華西轉，蒼駕東巡，創射牛之儀〔一五四〕，起訛麌（麟）之癸（祭）〔一五五〕。祇肅天地，允答神人。開封中之白雲，望嶺側之青氣。作範前古，垂裕後昆。千年之慶既瑧（臻）〔一五六〕，萬歲之音可發。謹對〔一五七〕。

征東夷

問：風郊未清〔一五八〕，月營頻偃。明組之俗，長纓罕羈。雖挫遊魂，未除殘孽。今欲重飛雲鳥，再動環龜，横行遺玉之鄉，拓地捐琴之壑。將使占蹄之俗〔一五九〕，革化而内遷；負羽之軍，稜威而外蕩〔一六〇〕。奇正之術，應有二權〔一六一〕，攻取之方，佇聞三略。

對〔一六二〕：竊聞風夷〔一六三〕，畎〔夷〕之地〔一六四〕，獷俗難逃（陶）〔一六五〕；辰韓、弁韓之鄉，狼心易擾。綿歷既久，職貢靡修。成其旅拒之心〔一六六〕，熾其飛走之路。遂使荒城狡兔〔一六七〕，未掛良弓。絕島奔鯨，屢迷踈（疎）網〔一六八〕。觀其向背之趣，議其姦宄之由，良以前王無懷遠之威，歷伐（代）寡牢籠之略〔一六九〕。雖窮豎亥之筭〔一七〇〕，未越青兵（丘）〔一七一〕；空問海人之衣，唯臨滄沼〔一七二〕。若使聲馳日域，化浹天崖（涯）〔一七三〕，則落隼之貢可徵，獻狐之賓自至。伏惟聖上以飛天御曆，括地開家〔一七四〕，風清執象之君，化軼繞樞之帝。懸玉鏡，席蘿圖〔一七五〕，踐三英，登九望。操環把〔纓〕之俗〔一七六〕，乘蠡卷轂之鄉，一臂一目之酋〔一七七〕，毛人羽人之國。莫不踐珠澤，跨桑津，響（嚮）仁義之風〔一七八〕，盡梯航之獻。頋茲遼碣，獨阻荒隅，未戢五兵，猶勞再駕。

夫以九黎虐政，猶興中冀之誅；三黄（苗）不龔〔一七九〕，爰動姚墟之伐。今既兵承廟略，將稟神謀；黄鳥降旗，玄狐授籙〔一八〇〕。命渡遼之將，興轉石之師。地陣籠山〔一八一〕，天船蓋海；蒙輪萬隊，俗（絡）鐵千群〔一八二〕。旆插雲心〔一八三〕，鼓鳴雷骨，翻日車於糅雪，縱烈火於秋原。鼇山無作固之基，鯨海息群飛之浪。鼷頭既截，龍膝方迴。先除衛滿之凶，却掃孫淵之孽。静（靖）帶方之氛祲〔一八四〕，安肅慎之黎元。不勞荀奏（彘）之謀〔一八五〕，詎待涉河之説。然後置南部之尉，朝東海之君。掛弓狀（扶）桑〔一八六〕，洗兵海島。文馬既放，琱戈復韜〔一八七〕。刊不耐之城，勒丸都之岫。視六合其如指掌，何一隅之足介哉〔一八八〕！謹對。

均州壤

問：庶土交正，垂範前經；地利必分，騰規往訓。由是張衡摛賦，辨沃埆於二景（京）〔一八九〕；裴秀制圖，審高卑於六體。然則竄隆異等，勞逸不同；將均貢篚之差，寔在（表）京坻之積〔一九〇〕。至乃人稀土曠〔一九一〕，滄瀛有彌望之郊；揮汗駕肩，汾晉無立錐之地。今欲均其土宇，任以遷居，使户割膏腴，家豐菽粟。〔猶〕恐首丘難變〔一九二〕，懷土易安；食水多怨讟之谣〔一九三〕，涉河無率從之誥。可否之理，應有令圖〔一九四〕；勸導之宜，咸敷厥旨。

對〔一九五〕：竊聞人唯邦本〔一九六〕，本固邦寧，務本必於安人，基邦在於弘衆。譬潭深於魚集〔一九七〕，林茂鳥歸，山海不厭於高深，家國必資於富實。曩者隨（隋）網（綱）紊緒〔一九八〕，天下分崩；荊棘旅於階庭〔一九九〕，狐兔踐於城邑。

我國家纂期應（膺）曆〔二〇〇〕，攝運受終；逢五老而授圖書〔二〇一〕，獵雙童而基霸主。澄清六合，榮鏡八荒；再讓而天下自歸，一戎而兵戈已偃。聖上以大明統極，提象御辰；景化溢於幽遐，神功暢於動殖〔二〇二〕。駕雲甄海，益地開圖；義里恒空，閑田莫競。猶恐州如馬齒，踈（疎）蜜（密）不同〔二〇三〕；地若龍鱗，膏腴兼倍。將欲均平土宇，申畫郊圻，以爲汾晉黎甿，邑居湫隘；滄瀛郊野，耕墾未周。五土之利尚荒，四人之務猶褊〔二〇四〕。若夫體國經野，訓俗濟時，擇利而行，應權而動。若使廣開敦論〔二〇五〕，各任遷居，咸遵樂土之詩，共解薰風之愠。使其環桑起宅，荷插（鍤）趨疇〔二〇六〕，龍梭曳蠶妾之機，鳳粟滿田夫之積。然後崇禮節，務耕耘，政令絕蒼鷹之威，聚斂無餓犲之暴〔二〇七〕。即可千倉起詠，九賦咸均〔二〇八〕；襁負滿於康〔莊〕〔二〇九〕，雞犬聞於郊境。謹對〔二一〇〕。

兔園策府卷第二。

說明

此件由伯二五七三和斯一七二二綴合而成（參見《觀堂集林》四册，中華書局，一九五九年版，一〇一四至一〇一五頁；王重民《敦煌古籍叙録》，中華書局，一九七九年版，二〇五頁），保存了《兔園策府》之序及卷一的完整内容，卷二只有標題，而無具體内容。伯二五七三首題「兔園策府卷第一并序」，訖「德未静於」。其後接抄「毛詩周南關雎訓詁傳」。卷中所見篇目，「既與類書之部類相符合，又恰恰集中了太宗時期煌煌治世的文治武功」，「足以反映太宗、高宗朝廷之重大國策及迫切問題之所在」（參見張弓主編《敦煌典籍與唐五代歷史文化》，中國社會科學出版社，二〇〇六年版，一三三頁）。

敦煌文獻中，《兔園策府》抄本除此件外，還有斯六一四、斯一〇八六和Дx·五四三八三個卷子，有關前兩個寫本的内容及抄寫特點，本書第三卷和第五卷已有釋録和説明（本書第三卷三四二至三五三頁、第五卷八〇至一一一頁，社會科學文獻出版社，二〇〇三年、二〇〇六年），可以參看；Дx·五四三八首尾殘缺，存文字一二行，首起「[飛五色於]雲柯，麥警馴素[之暈]」，終於「[負羽]之軍」，中有標題「征東夷」。

以上的釋文是以伯二五七三+斯一七二二爲底本，以斯六一四（稱其爲甲本）、斯一〇八六（稱其爲乙本）和Дx·五四三八（稱其爲丙本）參校。

校記

〔一〕「政之」，據殘筆劃及文義補，《敦煌類書》逕釋作「政之」。

〔二〕「栖之」，據殘筆劃及文義補，《敦煌類書》逕釋作「栖之」。
〔三〕「嚮」，甲本作「響」，「嚮」有「響」義，均可通。
〔四〕「仕」，當作「士」，據文義及甲本改，《敦煌類書》逕釋作「士」，「仕」爲「士」之借字。
〔五〕「仕」，甲本作「士」。
〔六〕「河洛」，據甲本補。
〔七〕「而」，據甲本補。
〔八〕「陳謨」，據甲本補。
〔九〕「平」，甲本同，當作「丕」，據文義改，《敦煌類書》逕釋作「丕」。
〔一〇〕「腴」，當作「諛」，據文義改，《敦煌類書》逕釋作「諛」，「腴」爲「諛」之借字；「正」，甲本作「政政」，前一「政」字當作「正」，後一「政」字爲衍文。
〔一一〕「之」，甲本同，《敦煌類書》釋作「以」，誤。
〔一二〕「繁」，甲本作「煩」。
〔一三〕「舫」，甲本同，《敦煌類書》釋作「設」，誤。
〔一四〕「辨」，當作「辯」，據甲本改。
〔一五〕「正」，甲本作「政」，時「政」、「正」可互代。
〔一六〕「豪」，甲本同，當作「毫」，《英藏敦煌社會歷史文獻釋録》第三卷據文義校改，《敦煌類書》逕釋作「毫」，「豪」爲「毫」之借字。
〔一七〕「述」，甲本作「術」。
〔一八〕伯二五七三抄至「德未静於」，此下爲斯一七二二。

〔一九〕「諛」，甲本作「腴」。

〔二〇〕「詞」，甲本作「辭」。

〔二一〕「連」，甲本無，據文義當刪。

〔二二〕「雍」，甲本作「邕」。

〔二三〕第二個「坐」字據文義及甲本爲衍文，當刪。

〔二四〕「則」，甲本作「有」。

〔二五〕「則」，甲本作「即」；「館」，甲本作「方」。

〔二六〕「途」，甲本作「塗」，「塗」通「途」。

〔二七〕「無」，甲本作「靡」。

〔二八〕「盤」，《敦煌類書》釋作「磐」，「盤」通「磐」。

〔二九〕「山中」，甲本作「中山」。

〔三〇〕「盤」，甲本作「蟠」，「盤」通「蟠」。

〔三一〕「驚」，甲本作「警」。

〔三二〕「立」，甲本作「遂」。

〔三三〕「轂」，甲本作「聲」。

〔三四〕「滲」，當作「驂」，據文義及甲本改。

〔三五〕「於」，據甲本補。

〔三六〕「倉」，甲本作「蒼」，當作「蒼」，據文義改，《敦煌類書》逕釋作「蒼」，「倉」爲「蒼」之借字。

〔三七〕「靖」，甲本作「静」。

〔三八〕「顧」，甲本作「願」，誤。

〔三九〕「恩」，當作「因」，據甲本改。

〔四〇〕「簣」，甲本作「遺」，誤。

〔四一〕「何」，甲本同，當作「河」，《英藏敦煌社會歷史文獻釋録》第三卷據文義校改，《敦煌類書》逕釋作「河」，「何」爲「河」之借字。

〔四二〕「玆」，甲本作「滋」，「滋」爲「玆」之借字。

〔四三〕「裾」，甲本作「居」，「居」爲「裾」之借字。

〔四四〕「脩」，甲本作「修」，均可通；「篁」，甲本作「皇」，「皇」爲「篁」之借字；「宛」，當作「苑」，據甲本改。

〔四五〕「斑」，甲本同，本書第三卷、《敦煌類書》釋作「班」。

〔四六〕「淮」，甲本作「懷」。

〔四七〕「一部」，甲本作「十卷」。

〔四八〕「兔」，甲本作「菟」，「菟」通「兔」。

〔四九〕「膠」，甲本同，當作「謬」，本書第三卷據文義校改，《敦煌類書》逕釋作「謬」。

〔五〇〕「油」，甲本同，當作「紬」，本書第三卷據文義校改，《敦煌類書》逕釋作「紬」。「細油（紬）」，甲本作「油（紬）細」。

〔五一〕「詞」，甲本作「辭」。

〔五二〕「周」，甲本作「同」。

〔五三〕甲本此後有「辨天地」、「正曆數」、「議封禪」、「征東夷」、「均州壤」等篇目。

〔五四〕「兔園策府卷第一」，甲本無。

〔五五〕「辨天地」，甲本無。
〔五六〕「仵」，當作「杵」，據文義及甲本改。
〔五七〕「練」，當作「煉」，據文義改，甲本作「鍊」，亦可通，「練」爲「煉」之借字。
〔五八〕「壁」，當作「璧」，據文義及甲本改，「壁」爲「璧」之借字；「連」，甲本作「聰」；「暉」，甲本作「輝」。
〔五九〕「矘」，甲本作「纏」。
〔六〇〕「或」，甲本作「惑」，「或」通「惑」。
〔六一〕「多」，甲本作「則多」。
〔六二〕「油」，當作「紬」，據文義及甲本改；「緗油」，甲本作「紬緗」。
〔六三〕「壁」，甲本作「辟」。
〔六四〕「對」，甲本無，本書第三卷校補作「謹對」。
〔六五〕「牙」，甲本同，當作「芽」，本書第三卷據文義校改，《敦煌類書》逕釋作「芽」，「牙」爲「芽」之借字。
〔六六〕「詳」，甲本作「祥」，「祥」爲「詳」之借字。
〔六七〕「繖」，甲本作「散」，「散」爲「繖」之借字。
〔六八〕「詎」，甲本同，《敦煌類書》釋作「距」，誤。
〔六九〕「採」，甲本作「彩」，「彩」爲「採」之借字。
〔七〇〕「殿」，甲本作「闕」。
〔七一〕「逾」，甲本作「踰」，均可通；「豁」，當作「壑」，據甲本改。
〔七二〕「贊」，甲本作「質」。
〔七三〕「曜」，甲本作「耀」。

〔七四〕「旁」，甲本作「傍」，「傍」通「旁」。
〔七五〕「才」，甲本作「材」。
〔七六〕「刑」，當作「形」，據甲本改，「刑」爲「形」之借字。
〔七七〕「綱」，甲本作「網」。
〔七八〕「暉」，甲本作「輝」。
〔七九〕「昭」，當作「照」，據甲本改。
〔八〇〕「負」，據甲本補。
〔八一〕「成林」，據甲本補。
〔八二〕「言名」，當作「名言」，據甲本改。
〔八三〕「末」，甲本作「不」，《敦煌類書》釋作「後」，誤。
〔八四〕「皇」，甲本作「黄」。
〔八五〕「餞」，甲本作「賤」，「賤」爲「餞」之借字。
〔八六〕「絃」，當作「弦」，據文義及甲本改，「絃」爲「弦」之借字。
〔八七〕「詳」，甲本作「祥」，「祥」爲「詳」之借字。
〔八八〕「究」，甲、乙本同，《敦煌類書》釋作「就」，誤。
〔八九〕「躔」，甲、乙本作「纏」。
〔九〇〕「瞻」，當作「占」，據甲、乙本改。
〔九一〕「無」，據殘筆劃及甲、乙本補。
〔九二〕「厥」，甲、乙本同，《敦煌類書》釋作「其」，誤。

〔九三〕「宜」，乙本同，甲本作「已」。
〔九四〕「對」，乙本同，甲本無。
〔九五〕「四」，甲本同，乙本作「肆」。
〔九六〕「精窮」，乙本同，甲本作「窮精」。
〔九七〕「有」，甲、乙本同，《敦煌類書》釋作「有有」，誤。
〔九八〕「珍」，當作「沴」，據文義及甲、乙本改。
〔九九〕「禹」，當作「宇」，據文義及甲、乙本改，「禹」爲「宇」之借字。
〔一〇〇〕「應」，當作「膺」，據文義及甲、乙本改。
〔一〇一〕「於」，據文義及甲、乙本補。
〔一〇二〕「承」，甲本同，乙本作「繩」；「亂」，據文義及甲、乙本補。
〔一〇三〕「到」，乙本同，當作「倒」，據文義及甲本改。
〔一〇四〕「辨」，甲本作「辯」，乙本作「也辯」，當作「辨」，據文義改，《敦煌類書》逕釋作「辨」，「辨」、「辯」均爲「辨」之借字。
〔一〇五〕「六」，甲本同，乙本作「陸」。
〔一〇六〕「壺」，乙本同，甲本作「臺」，誤；「言」，甲本同，乙本脱。
〔一〇七〕「鄧」，據文義及甲、乙本補。
〔一〇八〕「翼」，甲、乙本同，《敦煌類書》釋作「異」，誤。
〔一〇九〕「德」，乙本同，甲本作「得」，「得」爲「德」之借字。
〔一一〇〕「采」，甲本作「彩」，乙本作「綵」。

〔一一一〕「懸」，乙本同，甲本原寫作「懸」，後塗去，改作「凝」字。

〔一一二〕「蓧」，當作「條」，據甲、乙本改，「蓧」爲「條」之借字。

〔一一三〕「浮」，甲、乙本同，當作「符」，本書第三卷據文義校改。

〔一一四〕「靈」，甲本同，乙本作「露」。

〔一一五〕「故」，甲、乙本作「固」。

〔一一六〕「發斂陰陽」，甲本同，乙本作「遂斂陽」。

〔一一七〕「十乘」，乙本同，當作「乘十」，據文義及甲本改。

〔一一八〕「得」，甲、乙本同，底本原作「得得」，後一「得」字當爲衍文，此字似有朱筆廢除符號，未録。

〔一一九〕「刻」，乙本同，甲本作「尅」，「尅」通「剋」，「剋」通「刻」。

〔一二〇〕「曜」，甲、乙本作「耀」。

〔一二一〕「謹對」，據文例及乙本補。

〔一二二〕「禪」，甲、乙本同，乙本「禪」後還有一字，疑作「璘」，但字體與正文差別較大，當爲後人隨意所寫。

〔一二三〕「紀」，乙本同，甲本作「既」，「既」爲「紀」之借字。

〔一二四〕「今」，乙本同，甲本作「金」，「金」爲「今」之借字；「風淳」，乙本同，甲本作「淳風」，誤。

〔一二五〕「棌」，甲本作「彩」，乙本作「采」，《敦煌類書》釋作「彩」。

〔一二六〕「虬」，甲、乙本同，《敦煌類書》釋作「蚪」。

〔一二七〕「斑」，甲本同，當作「班」，據文義及乙本改，「斑」爲「班」之借字。

〔一二八〕「詞」，據文義及甲、乙本補。

〔一二九〕「對」，乙本同，甲本作「謹對」。

〔一三〇〕「閆」，甲、乙本作「以」；「群」，甲本同，乙本脱。
〔一三一〕「俯」，甲、乙本作「府」，「府」爲「俯」之借字；「觀以」，甲本同，乙本作「以觀」。
〔一三二〕「冊」，甲、乙本作「策」。
〔一三三〕「辟」，乙本同，甲本作「壁」。
〔一三四〕「逖」，甲本同，乙本作「逖也」，「也」爲衍字。
〔一三五〕「途」，甲、乙本作「塗」，「塗」通「途」。
〔一三六〕「儀」，甲本同，乙本作「議」。
〔一三七〕「陳」，甲本同，乙本作「塵」，「塵」爲「陳」之借字；「大」，甲本同，乙本作「天」，誤。
〔一三八〕「困」，乙本同，甲本作「因」。
〔一三九〕「清」，甲、乙本作「濟」。
〔一四〇〕「號」，乙本作「吳」，當作「昊」，據甲本改，「吳」爲「昊」之誤，「號」爲「昊」之借字。
〔一四一〕「驚」，乙本同，甲、丙本作「警」。
〔一四二〕「珠」，甲、乙本作「朱」，「朱」爲「珠」之借字。
〔一四三〕「潤」，乙本同，甲本作「閏」，「閏」爲「潤」之借字。
〔一四四〕「露」，乙本同，甲、丙本作「路」，「路」爲「露」之借字。
〔一四五〕「殖」，乙本同，甲、丙本作「植」，均可通。
〔一四六〕「牒」，當作「鰈」，據甲、乙本改。
〔一四七〕「粰」，甲、乙、丙本同，《敦煌類書》釋作「稃」，誤。
〔一四八〕「藉」，甲本同，乙本作「籍」。

〔一四九〕「摇」，甲、乙本作「遥」，「遥」爲「摇」之借字。

〔一五〇〕「才」，當作「財」，據文義及甲、乙、丙本改。

〔一五一〕「會」，據甲、乙本補。

〔一五二〕「彩」，甲本同，乙本作「采」。

〔一五三〕「楊」，乙、丙本同，當作「揚」，據文義及甲本改，「楊」爲「揚」之借字。

〔一五四〕「牛」，甲、乙本同，《敦煌類書》釋作「牛斗」，誤。

〔一五五〕「麐」，乙本作「隣」，當作「麟」，據文義及甲、丙本改；「癸」，當作「祭」，據文義及甲、乙、丙本改。

〔一五六〕「瑧」，當作「臻」，據文義及甲、乙本改，「瑧」爲「臻」之借字。

〔一五七〕「謹對」，甲、乙本同，丙本無。

〔一五八〕「郊」，乙本同，甲本作「交」，「交」爲「郊」之借字。

〔一五九〕「將」，甲本同，乙本脱。

〔一六〇〕「棱」，甲、乙本同，本書第三卷釋作「棱」，誤。

〔一六一〕「二」，甲本同，乙本作「貳」。

〔一六二〕「對」，乙本同，甲本作「謹對」。

〔一六三〕「聞」，甲本作「以聞」，當有一字爲衍文，乙本作「以」。

〔一六四〕「夷」，據文義及甲、乙本補。

〔一六五〕「逃」，當作「陶」，據文義及甲、乙本改。

〔一六六〕「拒」，甲、乙本作「距」，「距」爲「拒」之借字。

〔一六七〕「使」，甲本同，乙本作「使也」；「兔」，乙本同，甲本作「菟」，「菟」爲「兔」之借字。

〔一六八〕「踈」，甲、乙本作「疏」，「踈」爲「疎」之訛，「疎」同「疏」；「網」，甲本同，乙本作「納」。
〔一六九〕「伐」，乙本同，當作「代」，據文義及甲本改。
〔一七〇〕「亥」，乙本同，甲本作「彥」，誤。
〔一七一〕「越」，甲本同，乙本作「趣」，誤；「兵」，當作「丘」，據文義及甲、乙本改。
〔一七二〕「唯」，甲本同，乙本作「惟」，「唯」同「惟」。
〔一七三〕「浹」，甲本同，乙本作「挍」，誤；「崖」，甲、乙本同，當作「涯」，本書第三卷據文義校改，《敦煌類書》逕釋作「涯」，「崖」爲「涯」之借字。
〔一七四〕「括地開家」，乙本抄至此。
〔一七五〕「蘿」，甲本作「羅」。
〔一七六〕「纓」，據甲本補。
〔一七七〕「臂」，甲本作「辟」，誤。
〔一七八〕「響」，當作「嚮」，據文義及甲本改，「響」爲「嚮」之借字。
〔一七九〕「黃」，當作「苗」，據文義及甲本改。
〔一八〇〕「授」，甲本同，《敦煌類書》釋作「受」，誤。
〔一八一〕「陣」，甲本作「陳」。
〔一八二〕「俗」，當作「絡」，據文義及甲本改。
〔一八三〕「插」，甲本作「搖」。
〔一八四〕「静」，甲本同，當作「靖」，本書第三卷據文義校改，《敦煌類書》逕釋作「靖」，「静」爲「靖」之借字；「浸」，甲本作「侵」。

〔一八五〕「奏」，當作「堯」，據文義及甲本改。
〔一八六〕「狀」，當作「扶」，據文義及甲本改。
〔一八七〕「戈」，甲本同，《敦煌類書》釋作「弓」，誤。
〔一八八〕「介」，甲本作「芥」，均可通。
〔一八九〕「辨」，甲本作「辯」，本書第三卷釋作「辨」，「辯」爲「辨」之借字；「景」，當作「京」，據文義及甲本改。
〔一九〇〕「寔」，甲本同，《敦煌類書》釋作「實」，誤；「在」，當作「表」，據文義及甲本改。
〔一九一〕「曠」，甲本同，本書第三卷釋作「壙」，誤。
〔一九二〕「猶」，據文義及甲本補。
〔一九三〕「讟」，甲本作「讀」，「讀」爲「讟」之借字。
〔一九四〕「應」，甲本作「當」。
〔一九五〕「對」，甲本無，本書第三卷校補作「謹對」。
〔一九六〕「唯」，甲本作「惟」，「唯」同「惟」。
〔一九七〕「於」，甲本無，係衍文，當删。
〔一九八〕「隨」，甲本同，當作「隋」，本書第三卷據文義校改，《敦煌類書》逕釋作「隋」，「隨」爲「隋」之借字；「綱」，甲本同，當作「綱」，據文義改。
〔一九九〕「階」，甲本作「皆」，「皆」爲「階」之借字。
〔二〇〇〕「應」，當作「膺」，據文義及甲本改，「應」爲「膺」之借字。
〔二〇一〕「授」，甲本作「受」。
〔二〇二〕「殖」，甲本作「植」，均可通。

〔二〇三〕「踈」，甲本同，「踈」爲「疎」之訛，據文義改，「疎」同「疏」；「蜜」，當作「密」，據文義及甲本改，「蜜」爲「密」之借字。
〔二〇四〕「務」，甲本同，《敦煌類書》釋作「利」，誤。
〔二〇五〕「諭」，甲本作「喻」，「喻」爲「諭」之借字。
〔二〇六〕「插」，當作「鍤」，據文義及甲本改，「插」爲「鍤」之借字。
〔二〇七〕「犲」，甲本同，《敦煌類書》釋作「豺」，「豺」爲「犲」之本字。
〔二〇八〕「九」，甲本作「萬」。
〔二〇九〕「繦」，甲本作「緼」，均可通；「莊」，據甲本補。
〔二一〇〕「謹對」，甲本無。

參考文獻

《觀堂集林》四册，一〇一四至一〇一五頁；*Descriptive Catalogue of the Chinese Manuscripts from Tunhuang in the British Museum*, p. 243；《敦煌古籍敘録》二〇五頁；《敦煌寶藏》一二三册，七七至八二頁（圖）；《敦煌寶藏》一二二册，一六八頁（圖）；《敦煌古籍敘録新編》一一册，一頁、二至四頁（圖）、七至八頁；《敦煌學》八輯，四七至六二頁；《英藏敦煌文獻》二卷，八五至八八頁（圖）、二二六至二三三頁（圖），三卷，一二〇至一二三頁（圖）；《敦煌類書》一一七至一一九頁、五一九至五三六頁（録）、一四〇一至一四一二頁（圖）；《敦煌學輯刊》一九九四年二期，一七至二九頁；《敦煌文獻研究》一四二至一六五頁（録）；《敦煌研究》一九九八年一期，一一一至一一六頁；《俄藏敦煌文獻》一二册，一三九頁（圖）；《敦煌研究》二〇〇一年三期，一二六至一二九頁；《法藏敦煌西域文獻》一六册，四四頁（圖）；《英藏敦煌社會歷史文獻釋録》三卷，三四二至三五三頁（録）；《敦煌典籍與唐五代歷史文化》一三二至一三五頁；《英藏敦煌社會歷史文獻釋録》五卷，八〇至一一一頁（録）。

伯二五七三＋斯一七二二　二　毛詩詁訓傳卷第一（周南關雎）

釋文

周南關雎詁訓傳第一[一]　毛詩國風

《關雎》，后妃之德也。《風》之始也，所以風化天下而正夫婦焉[二]。故用之鄉人焉，用之邦國焉。《風》，風也，教教也[三]。風以動之，教以化之。詩者，志之所之也。在心爲志，發言爲詩。情動於中，而形於言；言之不足，故嗟歎之；嗟歎之不足，故詠歌之[四]；詠歌之不足[五]，不知手之舞之足之蹈之〔也〕[六]。情發於聲，聲成文謂之音。治世之音安以樂，其政和；亂世之音怨以怒，〔其〕政乖[七]；亡國之音哀以思，其民因（困）[八]。故政得失[九]，動天地，感鬼神，莫近於詩。先王以是經夫婦，成孝敬，厚人倫，美教化，移風俗。故《詩》有六義焉：一曰風，二曰賦，三曰比，四曰興，五曰雅，六曰頌。上以風化下，下以風刺上，主文而譎諫，言之者無罪，聞之者足以自戒[一〇]，故曰《風》。至于王道衰，禮義廢，政教失，國異政，家殊俗，而《變風》、《變雅》作矣。國史明乎得失之跡，傷人倫之廢，哀刑政之苛（苛）[一一]，吟詠情性，以諷其上。達於事變，而懷其舊俗者也。故《變風》發乎情，止乎禮義。發乎情，民之性也，止乎禮義，先王之澤也。是以一國之事，擊（繫）一人之本〔一二〕，謂之《風》。言天下之事，刑（形）四方之風〔一三〕，謂之《雅》。雅者，正也，言王政之所由廢興也〔一四〕。政有小大，故有《小雅》焉，有《大雅》焉。《頌》者，美盛德之刑（形）容，以其成功，告於神明者也。是謂四始，《詩》之至也。然則《關雎》、《麟趾》之化，王者之風，故繫之周公。南，言化自北而南〔也〕〔一五〕。《鵲巢》、《騶虞》之德〔一六〕，諸侯之風〔也〕〔一七〕，先王之所以教，故繫之召公。《周南》、《召南》，正始之道，王化之基，是以《關雎》樂得淑女以配君子，憂在進賢〔一八〕，不淫其色。哀窈窕，思賢才，而無傷善之心焉，是《關雎》之義也。

關關雎鳩，在河之洲。窈窕淑女，君子好逑。　參差荇菜，左右流之。窈窕淑女，寤寐求之。　求之不得，寤寐思服。悠哉悠哉，展轉反側〔一九〕。　參差荇菜，左右采之。窈窕淑女，琴瑟友之。　參差荇采（菜）〔二〇〕，左右毛之〔二一〕。窈窕淑女，鍾（鐘）鼓樂之。

《關雎》五章，章四句〔二二〕。

《葛覃》，后妃之本也。后妃在父母之家〔二三〕，則志在於女功之事。躬儉節用，服澣濯之衣。尊敬師傅，則可以歸安父母，化天下以成婦道也〔二四〕。

葛之覃兮，施于中谷。維葉萋（萋）萋（萋）〔二五〕，黃鳥于飛。集于灌木，其鳴喈喈。

葛之覃之覃兮〔二六〕，施于中谷。維葉莫莫，是刈是獲〔二七〕。爲絺爲紘（綌）〔二八〕，服之無斁。

言告師氏，言告言歸。薄汙我私，薄澣我衣。害澣害否，歸寧父母。

《葛覃》三章，章六句。

《卷耳》，后妃之志也。又當輔佐君子，求賢審官，知臣下〔之〕勤勞〔二九〕。內有進賢之志，而無險詖私謁之心。朝夕思念，至於憂勤也。

采采卷耳，不盈傾筐〔三〇〕。嗟我懷人，寘彼周行。陟彼崔嵬，我馬虺隤。我姑酌彼金罍，維以不永懷。陟彼高岡，我馬玄黃。我姑酌彼兕觥，維以不〔永〕傷〔三一〕。陟彼砠矣，我馬瘏矣。我僕痡矣，云何吁矣。

《卷耳》四章，章四句。

《樛木》，后妃逮下也。言能逮下而無嫉妬之心〔三二〕。

南有樛木，葛藟（藟）纍之〔三三〕。樂只君子，福履綏之。南有樛木，葛藟（藟）荒之。樂只君子，福履將之。南有樛木，葛藟（藟）縈之〔三四〕。樂只君子，福履成之。

《樛木》三章，章四句。

《螽斯》，后妃子孫衆多也。言若衆（螽）斯不妬忌〔三五〕，則子孫衆多也〔三六〕。

衆（螽）斯羽〔三七〕，詵詵兮，宜爾子孫，振振兮。衆（螽）斯羽，薨薨兮，宜爾子孫，繩繩兮。衆（螽）斯羽，揖揖兮，宜爾子孫，蟄蟄兮。

《衆（螽）斯》三章。章四句。

《桃夭》，后妃之所致也。不妬忌，則男女以正，婚姻以時〔三八〕，國無鰥民焉〔三九〕。

桃之夭夭〔四〇〕，灼灼其華〔四一〕。之子于歸，宜其室家。桃之夭夭，有蕡其實。之子于歸，宜〔其〕家室〔四二〕。桃之夭夭，其葉蓁蓁。之子于歸，宜其家人。

《桃夭》三章，章四句。

《菟罝》〔四三〕，后妃之化也〔四四〕。《關雎》之化行，則莫不好德，賢人衆多也。

肅肅菟罝〔四五〕，椓之丁丁。赳赳武夫，公侯干城。肅肅菟罝〔四六〕，施于中逵。赳赳武夫，公侯好仇。肅肅菟罝〔四七〕，施于中林。赳赳武夫，公侯腹心。

《菟罝》三章〔四八〕，章四句。

《芣苢》，后妃之美也。和平則婦人樂有子矣〔四九〕。

菜（采）菜（采）芣苢〔五〇〕，薄言采之。采采芣苢，薄言有之。采采芣苢，薄言掇之。采采芣苢，薄言將（捋）之〔五一〕。采采芣苢，薄言袺之〔五二〕。采采芣苢，薄言擷之〔五三〕。

《芣苢》三章，章四句。

《漢廣》，德廣所及也。文王之道被于南國〔五四〕，美化行乎江漢之域，無思犯禮，求而不得者也〔五五〕。

南有橋（喬）木[五六]，不可休息。漢有游女，不可求思。漢之廣矣，不可泳思。江之永矣，不可方思[五七]。翹翹錯薪，言刈其楚。之子于歸，言秣其馬。漢之廣矣，不〔可〕泳思[五八]。江之永矣，不可方思[五九]。翹翹錯薪，言刈其蔞。之子于歸，言秣其駒。漢之廣矣，不可泳思。江之永矣，不可方思[六〇]。

《漢廣》三章，章八句。

《汝墳》，道化行也[六一]。文王之化行乎汝墳之國，婦人能閔其君子，猶勉之以正也。

遵彼汝墳，伐其條收（枚）[六二]。未見君子，惄如調飢[六三]。遵彼汝墳，伐其條肆[六四]。既見君子，不我遐棄。魴魚頳尾，王室如燬。雖則如燬，父母孔爾[六五]。

《汝墳》三章，章四句[六六]。

《麟之趾》，《關雎》之應也[六七]。《關雎》之化行[六八]，則天下無犯非禮。雖衰世之公子，皆信厚如麟趾之時也[六九]。

麟之趾，振振公子，于嗟麟兮。麟之定[七〇]，振振公姓，于嗟麟兮。麟之角，振振公挨（族）[七一]，于嗟麟兮[七二]。

周南之國十有一篇[七三]，凡三千九百六十三字[七四]。

説明

此件抄於『《兔園策府》卷第二』之後，首尾完整，起『周南關雎詁訓傳第一』，訖『周南之國十有一篇，凡三千九百六十三字』。從筆跡來看，與其同卷之《兔園策府》應爲同一人書寫。又此件第三八、三九、六二行『葉』字中之『世』部，均寫作『云』，當是避『世』字之諱而改（參見許建平《敦煌經籍叙録》，中華書局，二〇〇六年版，一三九頁）。

敦煌文獻中保存的『毛詩詁訓傳』頗多，雖多數與此件一樣，僅抄録小序和經文，未抄録傳箋，但其經文和小序均抄自鄭氏本，如斯七八九和伯四六三四B標題中均保留了『鄭氏箋』。其中與此件有校勘價值的有Дx・一六四〇（起《詩序》『止乎禮義』之『義』，訖『鵲巢騶虞之德』）、斯三九五一+伯二五二九（起《周南・卷耳》『陟彼砠矣』之『砠』，訖《陳風・宛丘》『無冬無夏，值其鷺羽』）、伯二六六〇（存《周南・樛木》至《桃夭》篇内容及傳箋）、斯七八九（存《周南・漢廣》至《鄘風・干旄》篇内容，本書第四卷已作了校録）、Дx・一一九三三B+Дx・一一九三七+Дx・一二七五〇+Дx・一二七五九（許建平指出，此四殘片原爲一卷割裂而來，中間亦有殘缺，不能直接綴合，存周南《卷耳》至《桃夭》篇内容）、伯四六三四B（亦由若干殘片組成，首題『周南關雎詁訓傳第□』，存《周南・關雎》至《召南・采蘩》篇内容），有關這些寫本的文字異同及抄寫情況，可參看許建平《敦煌經籍叙録》（中華書局，二〇〇六年版，一三八至一四九頁、一五七頁、一八九至一九四頁）和《敦煌經部文獻合集》（中華書局，二〇〇八年版，二册，四二一至四九七頁）。

以上釋文是以斯一七二二爲底本，用伯四六三四B（稱其爲甲本）、Дx・一六四〇（稱其爲乙本）、斯三九五一+伯二五二九（稱其爲丙本）、伯二六六〇（稱其爲丁本）、斯七八九（稱其爲戊本）、Дx・一一九三三B+Дx・一一九三七+Дx・一二七五〇+Дx・一二七五九（稱其爲己本）及通行的《十三經注疏》中之《毛詩正義》（中華書局，一九八〇年版）（称其爲庚本）參校。

校記

〔一〕甲本標題下有「鄭氏箋」，説明此本爲鄭箋本，然未抄録箋證文字。
〔二〕「化」，庚本無；「焉」，庚本作「也」。
〔三〕「教教」，甲本同，第二個「教」字衍，據庚本當刪。
〔四〕「詠」，甲本同，庚本作「永」，當以「詠」爲是。
〔五〕「詠」，庚本作「永」，當以「詠」爲是。
〔六〕「也」，據庚本補。
〔七〕「其」，據文義及庚本補。
〔八〕「因」，當作「困」，據文義及庚本改。
〔九〕「政」，庚本作「正」，「政」爲「正」之借字。
〔一〇〕「自」，庚本無。
〔一一〕「荷」，當作「苛」，據文義及甲、庚本改，「荷」爲「苛」之借字。
〔一二〕「擊」，當作「繫」，據文義及乙、庚本改。
〔一三〕「刑」，當作「形」，據文義及庚本改，「刑」爲「形」之借字。以下同，不另出校。

〔一四〕「之」，庚本同，甲、乙本脱。
〔一五〕「也」，據甲、乙、庚本補。
〔一六〕乙本抄至此句之「之」字。
〔一七〕「也」，據甲、庚本補。
〔一八〕「憂」，甲、庚本作「愛」。
〔一九〕「展」，甲本同，庚本作「輾」。
〔二〇〕「采」，當作「菜」，據庚本改。
〔二一〕「毛」，庚本作「芼」，「毛」通「芼」。
〔二二〕「關雎五章，章四句」，甲本同，庚本作「關雎五章章四句，故言三章，一章章四句，二章章八句」。
〔二三〕「之」，庚本無。
〔二四〕「成」，庚本無。
〔二五〕「妻妻」，當作「萋萋」，據甲、庚本改，「妻」爲「萋」之借字。
〔二六〕「覃之覃兮」中之「之覃」二字爲衍文，據庚本當刪。
〔二七〕「獲」，甲、庚本作「濩」。
〔二八〕「絃」，甲本同，當作「綌」，據庚本改。
〔二九〕「之」，據庚本補。
〔三〇〕「傾」，甲、己本同，庚本作「頃」。
〔三一〕「永」，據庚本補。
〔三二〕「心」，丙本同，庚本作「心焉」。

〔三三〕「壘」，當作「藟」，據甲、丙、己、庚本改，「壘」爲「藟」之借字，以下同，不另出校。

〔三四〕「帑」，甲、丁本同，丙、庚本作「縈」，均可通。

〔三五〕「衆」，當作「螽」，據丙、丁、庚本改。

〔三六〕「也」，庚本同，丙、丁、己本無。

〔三七〕「衆」，當作「螽」，據丙、丁、己、庚本改。本篇中之「衆」均當作「螽」，不另出校。

〔三八〕「婚」，丙、庚本同，丁本作「昏」，「昏」爲「婚」之借字。

〔三九〕「國無鰥民」，丁本抄至此；「焉」，丙、己本同，庚本作「也」。

〔四〇〕「之」，丙、己、庚本同，底本原作「之之」，分别抄於行末和下一行之首，其中第二個「之」字應不讀，這是敦煌唐人常見的一種抄寫習慣。

〔四一〕「灼灼其華」，丙、庚本同，己本抄至此句之「其」字。

〔四二〕「其」，據丙、庚本補。

〔四三〕「菟」，丙、庚本作「兔」，「菟」通「兔」。

〔四四〕「也」，庚本同，丙本作「行」。

〔四五〕「菟」，丙、庚本作「兔」，「菟」通「兔」。

〔四六〕「菟」，甲、丙、庚本作「兔」，「菟」通「兔」。

〔四七〕「菟」，丙、庚本作「兔」，「菟」通「兔」。

〔四八〕「菟」，丙、庚本作「兔」，「菟」通「兔」。

〔四九〕「和平」，庚本同，丙本作「天下和平」；「子」，庚本同，丙本脱。

〔五〇〕「菜」，當作「采」，據文義及甲、丙、庚本改，「菜」爲「采」之借字。

〔五一〕「將」，當作「捋」，據丙、庚本改。
〔五二〕「袺」，庚本同，丙本作「拮」，「拮」爲「袺」之借字。
〔五三〕「擷」，丙本同，庚本作「襭」，均可通。
〔五四〕「于」，庚本同，丙本作「乎」。
〔五五〕「求而不得者也」，丙、庚本作「求而不可得也」，戊本作「求不可得者也」。
〔五六〕「橋」，戊本同，當作「喬」，據丙、庚本改，「橋」爲「喬」之借字。
〔五七〕「方」，戊、庚本同，丙本作「舫」。
〔五八〕「可」，據文義及丙、戊、庚本補；「泳」，甲、丙、庚本同，戊本作「詠」。
〔五九〕「方」，戊、庚本同，丙本作「舫」。
〔六〇〕「方」，戊、庚本同，丙本作「舫」。
〔六一〕「也」，丙、庚本同，戊本無。
〔六二〕「收」，當作「枚」，據丙、戊、庚本改。
〔六三〕「調」，戊、庚本同，丙本作「輖」，誤；此句之下，丙本還有「既見君子，悠悠我思」兩句，爲衍文。
〔六四〕「肆」，庚本同，丙、戊本作「肆」，本書第四卷釋作「肄」，「肆」爲「肄」之借字。
〔六五〕「爾」，丙、戊本同，庚本作「邇」。
〔六六〕「汝墳三章，章四句」，戊、庚本同，丙本作「汝墳三章，上一章章六句，下章四句」，誤。
〔六七〕「也」，據丙、戊、庚本補。
〔六八〕「關」，據甲、丙、戊、庚本補。
〔六九〕「趾」，丙、庚本同，戊本脱。

〔七〇〕「定」，丙、庚本同，戊本作「奠」，「奠」通「定」。

〔七一〕「挨」，戊本同，當作「族」，據文義及丙、庚本改。

〔七二〕據丙、庚本，底本此句下漏抄「麟之趾三章，章三句」，戊本作「麟之趾三章，章」。

〔七三〕「周南之國十有一篇」，丙本作「周南之什有一篇」，戊本無，庚本作「周南之國十一篇」。

〔七四〕「凡三千九百六十三字」，丙本作「卅六章百五十九句，第一」，戊本無，庚本作「三十六章百五十九句」。

參考文獻

Descriptive Catalogue of the Chinese Manuscripts from Tunhuang in the British Museum，p. 243；《孔孟學報》一七期，一七二頁；《華岡學報》六期，九頁；《敦煌詩經卷子研究論文集》一三五至一三六頁、一六八至一七三頁（圖）；《敦煌寶藏》一三冊，八二至八五頁（圖）；《十三經注疏》一六九至一八三頁；《講座敦煌》五冊《敦煌漢文文獻》二四八頁；《英藏敦煌文獻》二卷，一六五頁（圖），三卷，一二三至一二五頁（圖），四卷，二二〇至二二一頁（圖），五卷，二一六頁（圖）；《俄藏敦煌文獻》八冊，二七二頁（圖）；《第三屆詩經國際學術研討會論文集》三六七頁；《俄藏敦煌文獻》一六冊，六至七頁（圖）、一六六頁（圖）；《法藏敦煌西域文獻》一五冊，一五四頁（圖），一七冊，一二三頁（圖）；《南京師範大學文學院學報》二〇〇四年二期，四四頁；《法藏敦煌西域文獻》三二冊，二一八至二一九頁（圖）；《敦煌典籍與唐五代歷史文化》三九頁、五四至五五頁；《英藏敦煌社會歷史文獻釋録》四卷，一七六至二〇五頁（録）；《敦煌經籍叙録》一三八至一四〇頁；《敦煌經部文獻合集》二冊，四二一至四九七頁。

斯一七二五　唐吉凶書儀摘抄

釋文

（前缺）

斬衰三年，服廿五月。□□□□練祥〔一〕。廿五月大祥。禫□朞十三月〔二〕。

不杖朞十三月正月。大功服九月，大功長殤九月。中殤七月，下殤入小功五月。

斬衰第一。七種。子爲父斬衰三年。諸侯爲天子斬衰三年。父爲長子斬衰三年。長子亦〔爲〕

己之長〔子〕斬衰三年〔三〕。凡□□□子以上立長。繼人後者亦服斬衰三年。

妻妾爲夫并斬衰三年。女出嫁在他家□所遺（遣）還爲父母斬衰三年〔四〕。

婦爲姑妐齊衰三年者〔五〕。父死母爲長子亦同齊衰三年。長子者十一以上子〔六〕、嫡子承胤之

重，是以母爲三年。

服第二。廿種。

父在爲母齊衰朞，出妻之子爲齊衰朞，出妻之子所以追服，母子無絕道，是以故朞。繼母出嫁爲服齊衰朞，與父在服同。姪爲伯

叔父母齊衰朞〔七〕，夫爲妻齊衰朞，父爲衆子齊衰朞，孫爲祖父母齊衰朞，祖〔父〕母爲嫡孫服大功〔八〕，庶孫服則小功。兄弟相爲齊衰朞，繼人後者爲本生父母同居者齊衰朞，姑婦（姊）妹出適人無喪主者爲服齊衰朞〔九〕，出嫁應九月，以其無子，故朞服。妾爲女君齊衰朞，女君爲妾無服。女服祖父母齊衰服〔一〇〕，出嫁亦不降。族人爲宗子齊衰三月，庶人爲天子、國官〔爲〕國君并齊衰三月〔一一〕，孫爲高祖曾〔祖〕同居合爨者齊衰三月〔一二〕，孫爲高祖曾祖齊衰三月，女子出嫁未出嫁者皆爲曾祖齊衰同。

大功殤服爲未成〔年〕者〔一三〕，凡死年十九至十六已上爲上殤，十五至十二爲中殤，十一〔至〕八歲爲下殤〔一四〕，七歲已下皆爲無服之殤。哭之始，以凡無服者以日易月，子生一月，哭之一日；子生一歲，哭之十二日。推之及至七歲〔一五〕。

男女不問嫡庶，長殤、中〔殤〕皆爲服大功九月〔一六〕。唯天子無齊衰，諸侯無大功以下之服。

大功服第三。十三種。

姑姊妹及適人者爲服大功九月報〔一七〕，從父兄弟爲服大功九月報，從父兄弟，同堂兄弟是。繼人後者還爲本生兄弟及在室姑姊妹大功九月，爲嫡夫（婦）大功九月〔一八〕，婦爲夫之祖父母大功九月，女既出嫁爲姑大功九月，出嫁姑姊妹大功九月報。

小功五月殤報：爲嫡子、孫下殤五月，兄弟姊妹下殤小功五月，爲男女下殤小功五月，婦爲夫之伯叔長殤小功五月〔一九〕，繼他人後者爲本生兄弟長殤、中殤小功七（五）月〔二〇〕，爲同堂兄弟姊妹長殤小功五月。報、報。

小功五月第四。七種。

爲從祖父母小功五月報。從祖父母者，祖之兄弟。爲〔從〕祖兄弟小功五月報〔二一〕。從祖兄〔弟〕者〔二二〕，三從兄弟是。爲再從兄弟小功五月報。爲從父姊妹出嫁小功七（五）月〔二三〕。從父姊妹者，伯叔之女。繼人後者爲本生姑姊妹適人者小功五月。外孫爲外祖父母小功五月。爲從母〔姊〕〔妹〕小功五月〔二四〕。從母姊妹者，姨之女〔二五〕。

緦麻三月第五。十種。

孫爲族宗祖父母緦麻三月，從母〔二六〕族宗者，祖之同堂兄弟。爲族兄弟緦麻三〔月〕報〔二七〕，族兄弟者，三從叔〔兄〕兄〔弟〕〔二八〕。庶孫之中殤緦〔麻〕三月〔二九〕，爲從母長殤緦麻三月，從母從〔兄〕〔弟〕亦如之〔三〇〕；妾子立爲父後者〔三一〕，爲本生父（庶）母緦麻〔三二〕，亦緦麻三月報，〔從〕〔母〕〔兄〕〔弟〕亦如之〔三三〕；從母兄弟，姨之子。某爲外舅緦麻三月報〔三四〕，爲女夫緦麻三月報，內外〔兄〕弟〔姊〕妹並相爲報緦麻三月報〔三五〕，〔姊〕〔妹〕出嫁亦不降〔三六〕；外兄弟姊妹，姑之兒女；內兄弟姊妹，舅之兒女；從母姊妹，姨之女。外祖父〔母〕爲外孫緦麻三月〔三七〕。

斬衰服頭絰九寸三分，要（腰）絰七寸二分〔三八〕，冠六升，衰三升。齊衰服頭絰七寸二分，要（腰）絰六寸二分〔三九〕，冠七升，衰四升。大功九月服，頭絰五寸二分，冠十五升，衰十五升。

凡喪，父母洛（浴）於中雷（霤）〔四〇〕；中雷（霤）者〔四一〕，北堂屋脊下也。小斂於戶內；小斂者，附體衣裳，口含珠玉。二日大斂於戶牖之前。大斂者，單衣衾被，著棺中。三日而殯，於是乃成喪服。柱愍杖，所以扶病。杖無長短，各齊其竹〔四二〕，節在外。男子柱（主）外事〔四三〕，是用竹；爲母杖桐者，節在內。婦人主內事，是以用桐杖。凡父母亡，三日成服，杖於帷前。東壁下爲廬，北向戶者，臥其中，寢苫枕凷，九十日內，日夜不脫絰帶。悲來則哭，晝夜無時。孝〔子〕常居廬中〔四四〕，不宿於房室。九十日既，廬前屏眉（楣）宿有〔四五〕，常臥其中。中有祝（？）絰，朝夕哭而已。十二月練，斂廬作堊室，壘凷爲之，不塗慨，鄉（？）下爲之。月一日、十五日、卅日則哭。廿五月大祥，不復哭。大斂，祭既殯，設靈，朝夕奠常食，日夜相繼。至月一日、十五日以內，孝再拜。凡孝遠土他方，父母亡哭，若者盡哀，乃問其故。還，見星而行，見星而止。又得夜行成服。及歸，若有疾病，病差及（乃）歸〔四六〕。斬衰之喪，望國而哭；齊衰之喪，望鄉而哭；大功之喪，望村而哭；小功之喪，望門而哭；緦麻之喪，至位而哭。

凡喪禮，以喪爲主。朝廷以爵爲重，鄉黨以齒爲先。喪制不問輕重尊卑，服者則在家者遭父母之喪，不問長幼，盡在家。女上坐，夫家來奔父母之喪，除。嫡婦人悉在諸婦之上坐。

九族省弔奔喪法〔四七〕：妻父母〔亡〕〔四八〕，或置靈位，女婿從外來弔。若置靈位，女婿往至，入屋靈前立，哭五三聲，退在戶西頰（頭）〔四九〕，面向北，跪哭六七聲，捉孝子手手（出）〔五〇〕。妻祖父母亡，女婿弔。莫問停喪在地，或置靈位，女婿往弔，同一家更無二法。女婿往弔，至屋南，正當戶位，位上覆坐，哭五六聲如（而）起〔五一〕，位西頭，入室大孝前，跪止如之，去。若生時拜，死合拜；生時不拜，死即不拜；生時一拜，死即再。拜靈訖，出屋外，去頭位東。妻伯叔母亡，女婿往〔弔〕〔五二〕。依如鄉弔，女婿至喪屋，南位上位上，復哭兩三聲，起，位西頭，入屋捉孝子手出。外祖父母亡，外甥弔。外生（甥）至外哭人（入）屋〔五三〕，靈前立哭五六聲，拜靈訖，退在戶西頭，面向北跪哭廿餘聲，捉內孝兄弟手〔出〕〔五四〕。姨在夫家亡，往赴弔。往門哭，入屋備靈〔哭〕十餘聲〔五五〕，拜靈訖，退在戶西頭，面向北跪哭盡哀，起，捉姨兄弟手，若兄弟姨夫前跪，即出。舅母亡，外生（甥）弔〔五六〕。外生（甥）至門哭〔五七〕，入屋靈前，立哭五六聲，拜靈訖，退戶西頰（頭）〔五八〕，面向北跪，哭廿余聲，於（起）〔五九〕，捉內兄弟手出。姑在夫家亡，往赴喪。往，入村哭，入屋備靈，哭盡哀，起，拜訖，退在東坐，〔哭〕盡哀〔六〇〕，起，捉姊妹夫手，無語。女在夫家亡，往赴喪。若是停喪在地，往，望村哭，若置靈位，入村哭，入屋備靈，哭盡哀，起。

凡人喪亡，屍入棺合拜，未入棺并不合拜。

問曰：喪在地上，大孝南頭爲長；及其喪入地下，大孝北頭爲長。何爲顛？答曰〔六一〕：此陰陽之義。若喪在地上爲陽，以故置大孝南頭爲長；可（若）其喪在地下爲蔭〔六二〕，以故賓（置）大孝北頭爲長之也〔六三〕。

親父母喪，己身從外來。望〔國〕而哭〔六四〕，至家，入屋備靈，哭盡哀，起，拜靈訖，退在北，哭盡哀，起。兒女亡，己身從外來。望〔鄉〕而哭〔六五〕，至家入屋，兒（哭）哭（兒）〔六六〕，兒靈庭北頭，別生一頭庭上，面向南，盡哀兒，起。同堂兄弟〔亡〕〔六七〕，己身從外〔來〕〔六八〕。望門而哭，入屋〔備〕靈前〔六九〕，五（立）哭五六聲〔七〇〕，拜靈訖，退在北，哭廿餘聲，起，向伯叔前跪哭。同堂伯叔父母亡，己身從外來。望門而哭，入屋靈前，哭五六聲，拜靈訖，退在北，哭十餘聲，起，捉孝子手出。再從兄弟〔亡〕〔七一〕，己從外來。至門而哭，入屋備靈前，哭五六聲，拜靈訖，退在北坐，哭十餘聲，起，捉長子一人手出。自三從已下，五從已上弔。皆住（往）靈前哭五六聲〔七二〕，拜靈訖，執孝子手出。

哭泣。

父母亡，哭言罪極倉（蒼）天〔七三〕。父在母亡，哭言罪沒。祖父母伯叔亡，哭言罪沒。伯叔親兄弟姑姊妹同堂伯叔父母及外祖舅姨士（諸）人皆哭言痛深〔七四〕。

禮及令。

繼母政（改）嫁〔七五〕、父爲長子、祖父母、父所生庶母、伯叔、兄弟、衆子、姪兒、姪女、嫡孫、本生父母報、姑姉妹、在室女、無主姑姉妹、伯叔母、繼父同居。謂假父假子各大功已上親。

右准令：齊衰朞給假卅日。葬五日，除服三日。

高祖曾祖父母，女在室及嫁爲高祖、曾祖父母，繼母不同居〔七六〕，子長殤、中殤，姑姉妹長、中殤，兄弟長、中殤，嫡孫長殤、中殤，姪兒、姪女長中、殤，女嫡（適）人者〔七七〕，姑姉適人者，姑妹適人者，本生兄弟、庶孫，本生姑姉妹在室者，嫡婦，同堂兄弟，同堂姉妹在室者，姪女適人者。

右准令：齊衰三月〔七八〕、五月、大功九月，并給假廿日。葬三日，除服二日。

男女下殤，叔下殤，嫡孫下殤，姉妹弟下殤，姑姉妹下殤，本生兄弟長殤、中殤，同堂兄弟姉〔妹〕長殤〔七九〕、中殤，姪兒、姪女下殤，姪丈夫〔八〇〕、婦人長殤、中殤、從祖父父祖兄弟，兄弟孫女在室者，同堂伯叔、同堂兄弟女在室者，再從兄弟，同堂姉妹適人者，孫女適人者，外祖父母，本生姑姉妹嫡（適）人者〔八一〕，親姨、親舅，從祖祖姑在室者，祖姉妹。從祖姑姉妹在室者，父同堂姉妹，己再從姉妹，從祖祖母，祖兄弟〔姉〕妹〔八二〕，同堂伯叔，衆子婦，嫡母父母從母，同母異父昆弟姉妹出適不降。

右依令小功五月，給假十五日。葬二日，除服一日。

庶孫丈夫婦人下殤[八三]，再從兄弟長殤，同堂兄弟下殤，本生兄弟下殤，姪丈夫婦人下殤[八四]，同堂姊妹下殤，姨長殤，同堂兄弟子長殤，兄弟孫長殤，同堂姑長殤，再從妹長殤，本生同堂兄弟長殤，三從兄弟，三從姊妹，（出無服。）族曾祖父，曾祖兄弟，族曾祖父[八五]，祖同堂兄弟，再從伯叔，同堂姑，再從姊妹，女適人爲同堂叔，外孫，庶子爲父後者爲其母，曾祖玄孫，祖姑，祖姊妹，兩姨兄弟姊妹外生（甥）[八六]，姑子，舅，舅之子，本外（生）生（外）祖父母[八七]，曾祖姑，曾祖姊妹，族祖姑，（祖同堂姊妹。）族姑，（父再從姊妹。）兄弟孫女適人者，族曾祖母，（曾祖兄弟妻。）族母，（父再從兄弟妻。）族祖母，（祖同堂兄弟妻。）庶孫姊（婦）[八八]，女適人爲同堂伯叔母，庶子爲嫡母之兄弟乳女母[八九]，女婿，妻父母。

右准令：緦麻三月，給假七日。（出降服，給三日。）

〔問〕曰[九〇]：何名婦人疏？

答曰：婦人於夫黨相識曰書，不相識曰疏。

〔問〕〔曰〕[九一]：何名相識？何名不相識？

答曰：異財之婦，義須以禮親迎入室，三月之中不出拜見，每旦遣宣言：女子通參舅姑起居。舅姑答曰：謝新婦，須勞頓耳[九二]。經由三月，始出厝（廟）見[九三]。是以《詩》云：纖纖女手，可以縫裳。注云：纖纖猶攕攕。三月不拜見，未成婦禮；裳是藝衣，不可以縫之。婦人親迎入室，即是於夫黨相識。若有吉凶覲問，曰：即作書也。近代之人，多不親迎入室。即是遂就婦家成禮；累積寒暑，不向夫家。或逢誕育男女，非止一二，道途或遠，不可日別通參舅姑。其有吉凶，理須書疏。婦人雖已成禮，即於夫黨元不相識[九四]，是各（名）疏也[九五]。

問曰：何名六禮？

答曰：雁第一，羊第二，酒第三，黄白米第四，玄衝（纁）第五[九六]，束帛第六。

問曰：雁既毛色不豐，鳥刑（形）非佳[九七]，因何婚禮用之？

答曰：雁知避陰陽寒暑，似婦人之從夫，故婚禮用焉。所以知者，《詩》云：雍（雝）雍（雝）明（鳴）雁[九八]，旭日始旦。士如歸妻，殆（迨）水（冰）未泮[九九]。注云：雁知逐寒暑，雍（雝）雍（雝）雁聲[一〇〇]，知取其和順之義，上下和睦之家。又董仲舒曰：雁飛如有行列，參差作大小，以婦下夫，是以婚禮用焉。雁是飛鳥，去（其）〔法〕如何[一〇一]？須竹籠盛之，三寸版子題云繫著籠口[一〇二]，題云『禮雁』，安在轝中。

〔問〕〔曰〕[一〇三]：將羊者何？

答曰：漢末之後然始用。羊羔在母腹下胡跪飲乳之志。婦人産子，彼有恭敬之心，是故婚禮用羊。去（其）法如何[一〇四]？須用絲作籠頭，槌栓覆之[一〇五]，三寸版子繫著角門，題云『禮羊』。遣人牽之，至女家門外，釘栓入地，繫著羊，聽喚始入。求婚之法，不勞煩主人。是以槌栓自覆也。

〔問〕〔曰〕〔一〇六〕：用酒者何？

答曰：先人造酒，唯許和婚姻，祭宗厝（廟）〔一〇七〕，令求婚禮，是以用酒。去（其）法如何〔一〇八〕？須三鍾盛之〔一〇九〕，不顯鍾之大小〔一一〇〕，將青油〔紙〕覆口〔一一一〕，三寸版子繫著鍾咽，題云『禮酒』，安在轝中。

〔問〕〔曰〕〔一一二〕：用黄白米者何？

答曰：黄米者，稷也；白米者，稻米也。黄米擬作黄團琮（粽）〔一一三〕，祭仙（先）人之靈〔一一四〕，是以〔用〕〔黄〕〔白〕〔米〕〔一一五〕。去（其）法如何〔一一六〕？黄米取帛作袋子，三角縫之；白米取帛練作袋子，三角縫之。二米升數多少任意。連二袋子相著，三寸版子繫著袋口，題云『禮米』，安在轝中。

〔問〕〔曰〕〔一一七〕：用玄纁（纁）者何？

答曰：玄纁（纁）三疋，皂色少淺，使如土紫赤黑色，纁（纁）二疋緋，玄之與纁（纁）各卌尺〔一一八〕。玄法天象男也，纁（纁）放（仿）地象女也〔一一九〕。〔陰〕陽之禮合〔一二〇〕，故男女交通也。玄纁（纁）二物同束一所，三寸版子繫著附要（腰），題云『禮玄纁（纁）』，安在轝中。

〔問〕〔曰〕〔一二一〕：用帛者何？

答曰：束帛者，五疋絹也。各長卌尺，兩向卷之，一頭有二丈，是以詩之婚禮，純帛不過〔五〕兩〔一二二〕，家（象）爲十疋（端）〔一二三〕，故云束帛。以放（仿）夫婦片合之義〔一二四〕，展之則離，卷之則合。去（其）法如何〔一二五〕？五疋束使相合，著三寸版子繫著附捻〔一二六〕。

去（其）法如何〔一二七〕？答曰：須秋（楸）版〔一二八〕，長尺二，廣五寸，厚三分，書作行字。第一行云：『君有嘉命則室也，某婿夫名。敬依先曲，玄徹（纁）束帛羊雁旨酒。』第二行云：『謹遣某官姓某乙再拜。』第三行云：『納徵。』所以用秋（楸）爲納徵者何？答曰：婚姻既合，冀得千秋，是以用秋（楸）木。長尺二者，法十二月；闊五寸者，法五行；厚三分者，法天地人也。須青（帛）一尺二寸〔一二九〕，裹其版子，背頭向字。更須一版，長短大小，一種相似。半腸之內，鑿作卯頭，裹三道白綖纏之〔一三〇〕，如（加）蝎（蠟）封其綖（線）上〔一三一〕，注作全字，題云：『某官大（人）門下合姓頓首叩頭〔一三二〕。』或云『白書』。任意一法，全無諮。

問曰：送其六禮，竟取何時？

答曰：旭日始出，大昕之時。納綵物（問）名用昕〔一三三〕，新（親）迎用婚（昏）也〔一三四〕。媒人遣再拜者，求婚傾仰，再拜送禮，是其敬也，故稱再拜。至女家門外，納徵版先入，女家開看訖，始引六禮如（而）進〔一三五〕。納者，內也；徵猶成也。禮既備，且婚禮崇盛，故曰徵。其親迎版大小與納徵版同，還三行。第一行云：『〔君〕有嘉命貺賜其也〔一三六〕，婿父名。敬依先人之禮，玄徹（纁）束帛羊雁旨酒。』第二行云：『謹遣迎大夫某官姓名再拜。』第三行〔云〕〔一三七〕：『親迎。』如其女婿不去，直作『迎』字。封題『某甲一同納徵』〔一三八〕。

成禮法。

先須須啓祭〔一三九〕。

先人祭法〔一四〇〕：在於中庭，近西置席，安祭盤。祭人執酒盞曰：『敬啓亡考妣之靈。長子小兒。甲乙年已成立，某氏不遺，眷成婚媾，擇卜良〔辰〕〔一四一〕，禮就朝吉，設祭家庭，衆餚備具，伏願當（尚）饗〔一四二〕。』卑者再拜。

婿父在庭前，面向南坐，兒面向北立。父告子：『自往迎汝妻，承奉宗廟（廟）〔一四三〕。』子答曰：『維不敢辭。』再拜如（而）出〔一四四〕，往達婦家門外。婦翁在門東頰（頭）〔一四五〕，面向西立，女婿在西畔，面向東立。婦翁曰：『敢清（請）吾子昇〔一四六〕。』女婿答曰：『維不敬（敢）拜（辭）〔一四七〕。』婦翁於先入門，女婿隨後如（而）入〔一四八〕，至門内，還依門外法。婦翁曰：『睘（還）請吾子昇〔一四九〕。』女婿答曰：『維不敢辭。』女在中庭東畔，面向西立，女婿正北質方行，男女相當，女婿抱鵝，向女所低跪〔一五〇〕，放鵝於女前，還向西，迴出門外。女向父前，面正北立，父誡女曰：『敬之慎之，宮室〔無〕〔違〕〔一五一〕。』母誡女曰：『敬之慎之，夙夜無違。』引女出門外，扶上車中，舉燭，整頓衣服。男家從內抱燭如（而）出〔一五二〕，女家燭滅。扶婦下車，於門西畔設同牢盤。舊（男）東坐〔一五三〕，女在盤西坐，合及男西女東〔一五四〕，連瓢共飲。若其無瓢，以盞充之。將五色綖繩長四尺有餘，瓢連瓢，無瓢連盞，飲酒之行食三口，男女俱起。女向東畔，面向西立；男在西畔，〔面〕向東立〔一五五〕。男女相當，一時再拜。答拜既訖，即引新婦入青廬。至曉，新婦整頓釵花，拜見舅姑大人。翁於北堂南階前，東畔鋪席，面向西坐；嫗在北堂戶西畔，面向南坐；新婦在中庭正南鋪席，面向北立。中庭近東鋪席面向北立中庭近東鋪〔一五六〕。庭置脯及菓各一合（盒）〔一五七〕。新婦直北質方行，先將脯合（盒）大人翁前〔一五八〕，再拜訖，互（低）跪獻脯〔一五九〕，合（迴）向本處〔一六〇〕。大人翁尋後答，再拜。新婦又將菓合（盒）質方行〔一六一〕，至大家前，再拜，互（低）跪獻菓〔一六二〕，迴向本處。大家尋後答，再拜。引新婦入房，捨釵花。賓客諸親，聚集坐定，量分新婦出扇在庭前正南立，拜見賓客。拜一人，諸親長宿遣宣言一人於新婦前〔一六三〕。可行一二步，側立曰：『諸族親新婦〔一六四〕，新婦可謂高門貴族，積代人倫，令淑〔有〕〔聞〕〔一六五〕。』退席還房，新婦更設日拜，迴返入室。

問：成禮因何在青廬之內，男東女西坐？

答曰：《禮》云：太（大）明〔生〕於東〔一六六〕，月生於西。注云：大明也，日爲君，月爲臣。夫婦之禮成，猶君臣之義合，是以男東女西也。

問曰：男女未入青廬，花燭之下相拜之時，因何男西女東？

答曰：古者卅之男，廿之女，皆其年盛俱當，月下雖早，不恒在西如（山）〔一六七〕。山（如）詩云〔一六八〕：日姑（始）月盛〔一六九〕，皆出東方。其男女年并俱盛，如日盛也。夫主降讓妻之一等〔一七〇〕，是以繫在東伴（畔）〔一七一〕。如立入青廬，還依禮法，男東女西如（而）坐也〔一七二〕。

問曰：告哀之法，皆傳喪辭；後生學者多有迷或〔一七三〕，請爲辯析。

答曰：父母正（亡）沒告兒姊弟妹〔一七四〕，彼此皆爲上喪，共傳上喪辭。若父亡告祖父母，即是己之中喪，是父伯叔之上喪。若兒及姓（姪）亡沒告兄弟姊妹〔一七五〕，注此皆是下喪〔一七六〕，辭共傳下喪辭〔一七七〕。

問曰：何名媾婚者？

〔答〕〔曰〕〔一七八〕：男女早逝，未有聘娶，男則單栖地室，女則獨寢泉宮，生人爲立良媒，遣通二姓，兩家和許，以骨同棺，共就墳陵，是在婚媾也。一名冥婚也。

問曰：祭法如何？

答曰：靈樞（柩）既出〔一七九〕，可打（於）捷（柩）東鋪席〔一八〇〕，置祭盤。父告子曰：告女甲乙〔一八一〕，汝既早逝，大義未通，獨寢幽泉，每移風月。但生者好偶，死亦嫌單。不悟某氏有女，復同霜葉，爲女禮娉〔一八二〕，以會幽靈。擇卜良辰，禮就合吉。設祭靈右，衆餚備具，汝宜降神就席，嘗（尚）饗〔一八三〕。女家祭女依男法：告汝甲乙，爾既早逝，未有良仇。隻寢泉宮，載離男女，未經娉納。禍鍾德門〔一八四〕，奄同辭世。二姓和合好〔一八五〕，以結冥婚。擇卜良時，就今合指訖。

在墓左祭法：告甲乙及姓新婦，汝既既少年〔一八六〕，未有婚對。禍出不圖，奄從遊沒。新婦早逝，未及良傳（仇）〔一八七〕。各寢泉中，單居地室。今既二姓和好，禮媾冥婚。白骨同棺，魂魄共合，神識相配，何異生存。吉在今辰，遷就高壙。內外悲愴，彌切胸懷。設祭墓左〔一八八〕，汝宜當（尚）饗〔一八九〕。在地曰屍，在棺曰柩。但祭尊長法，發首皆稱維，年號月朔臨時安之。

問曰：四海爲書，既無婦人之封，未知須制書題，若爲陳也。

答曰：發首作溫涼，不云悒遲，亦不敘違闊。若有取覓，唯陳其事。所如（以）然者〔一九〇〕，有顏叔子獨處於室，鄰之愸（嫠）婦亦獨處於室〔一九一〕。夜暴風雨止（至）〔一九二〕，婦人室壞，婦人趣如託之〔一九三〕。顏叔子執燭昉於旦，極（蒸）盡縮屋如（而）繼之〔一九四〕，國人將爲避嫌如（而）不審也〔一九五〕。昔有魯人獨處於室，鄰之釐（嫠）婦人趣如託之〔一九六〕，魯人闔（閉）戶不納〔一九七〕。婦人自牖與之言曰：『子何不納我？』魯人答曰：『吾聞男女不六十不間居〔一九八〕，今汝幼吾六（亦）久（少）〔一九九〕，不子（可）〔以〕納汝也〔二〇〇〕。』婦人曰：『昔柳下惠纴（嫗）不逮門之如（女）〔二〇一〕，國人不稱其亂。』魯人曰：『柳下惠故可，吾不可也〔二〇二〕。』是以相習避嫌，少不聞（間）居〔二〇三〕，爲此不敘違闊，不論悒積遲，直經溫涼，即陳九（其）事〔二〇四〕。

（後缺）

説明

此件首尾均缺，無標題，抄寫工整。起『斬衰三年，服廿五月』，訖『直經溫涼，即陳九（其）事』，保存了有關喪服制度、婦人書疏、婚禮儀注、冥婚儀及婦人書題等方面的内容，參照相關書儀，此件只是某部書儀的摘抄，且脱誤較多。

趙和平首先對此件做過録校，並推斷應撰成於武則天當政時期，或可到唐中宗復辟前後，至遲也在唐玄宗登基之前，故定名爲《唐前期書儀》（參見《敦煌寫本書儀研究》，新文豐出版公司，一九九三年版，四二〇至四二二頁）；吴麗娱指出，卷中『禮及令』涉及貞觀十四年（公元六四〇年）喪服改禮條制，因而推定其年代在貞觀後期或高宗朝（參見《敦煌典籍與唐五代歷史文化》，中國社會科學出版社，二〇〇六年版，七一八頁）。

此卷背有釋奠文、祭社文、祭雨師文、祭風伯文及『諸起居啓』等書札多件。

校記

〔一〕「祥」，《唐禮摭遺》釋作「祥」。

〔二〕「朞」，《唐禮摭遺》釋作「期」，雖義可通而字誤。以下該書將「朞」字均釋作「期」，不備列。

〔三〕「爲」，《敦煌寫本書儀研究》據文義校補；「子」，《唐禮摭遺》據文義校補。

〔四〕「遺」，當作「遺」，《敦煌寫本書儀研究》據文義校改；「母」，《唐禮摭遺》疑爲衍文。

〔五〕「妐」，《唐禮摭遺》校作「翁」，按「妐」本有「夫之父」義，不必校改。

〔六〕「十一」，《敦煌寫本書儀研究》釋作「土」，校作「士」。

〔七〕「姪」，《唐禮摭遺》漏録。

〔八〕「父」，《唐禮摭遺》據文義校補。

〔九〕「婦」，當作「姊」，《敦煌寫本書儀研究》據文義校改，《唐禮摭遺》校作「姊」，亦可通。

〔一〇〕此句中之兩個「服」字，《唐禮摭遺》分别疑作「爲」、「期」。

〔一一〕「爲」，《S. 1725 與 P. 4024 寫本書儀喪服部分録文及校釋》據文義校補。

〔一二〕「祖」，據文義補。

〔一三〕「年」，《唐禮摭遺》據文義校補。

〔一四〕「至」，《敦煌寫本書儀研究》據文義校補。

〔一五〕「至」，《敦煌寫本書儀研究》漏録。

〔一六〕「殤」，《敦煌寫本書儀研究》據文義校補。

〔一七〕「姊」，《唐禮摭遺》釋作「姊」，雖義同而字誤。以下該書「姊」字均釋作「姊」，不另出校；《唐禮摭遺》疑此句「及」字下脱「女子子」三字。

〔一八〕「嫡」，《敦煌寫本書儀研究》釋作「姑」，誤；「夫」，當作「婦」，《唐禮摭遺》據文義校改。
〔一九〕「殤」，《敦煌寫本書儀研究》據文義校補。
〔二〇〕「七」，當作「五」，《敦煌寫本書儀研究》據文義校改。
〔二一〕「從」，《敦煌寫本書儀研究》據文義校補。
〔二二〕「弟」，《敦煌寫本書儀研究》據文義校補。
〔二三〕「七」，當作「五」，《敦煌寫本書儀研究》據文義校改。
〔二四〕「姉妹」，《敦煌寫本書儀研究》據文義校補。
〔二五〕《唐禮摭遺》認爲此注有誤。
〔二六〕「從母」，《唐禮摭遺》認爲是衍文。
〔二七〕「月」，《敦煌寫本書儀研究》據文義校補。
〔二八〕「叔兄」，當作「兄弟」，《敦煌寫本書儀研究》據文義校改。
〔二九〕「麻」，《敦煌寫本書儀研究》據文義校補。
〔三〇〕「兄弟」，《敦煌寫本書儀研究》據文義校補。
〔三一〕「父」，《敦煌寫本書儀研究》、《唐禮摭遺》漏録。
〔三二〕「父」，當作「庶」，《唐禮摭遺》據文義校改。
〔三三〕「從母兄弟」，據此句注文補，《敦煌寫本書儀研究》校補作「從父母兄弟」。
〔三四〕「緦麻」，《敦煌寫本書儀研究》釋作「三月緦麻」，誤。
〔三五〕「兄」，《唐禮摭遺》據文義校補；「姉」，據文義補，《唐禮摭遺》校補爲「姉」，文義亦通；又此句兩個「報」字中，《唐禮摭遺》疑第一個「報」字爲衍文。

〔三六〕「姊妹」，《敦煌寫本書儀研究》據文義校補。

〔三七〕「母」，《敦煌寫本書儀研究》據文義校補。

〔三八〕「要」，當作「腰」，《敦煌寫本書儀研究》據文義校改，「要」爲「腰」之借字。

〔三九〕「要」，當作「腰」，《敦煌寫本書儀研究》據文義校改，「要」爲「腰」之借字。

〔四〇〕「洛」，當作「浴」，據文義改，《敦煌寫本書儀研究》逕釋作「浴」；「雷」，當作「霤」，據文義改。

〔四一〕「雷」，當作「霤」，據文義改。

〔四二〕「各」，《敦煌寫本書儀研究》釋作「若」，誤。

〔四三〕「柱」，當作「主」，《敦煌寫本書儀研究》據文義校改。

〔四四〕「子」，《敦煌寫本書儀研究》據文義校補。

〔四五〕「眉」，當作「楣」，據《通典》中之相關記載改。此句疑有脱誤。

〔四六〕「及」，當作「乃」，《敦煌寫本書儀研究》據文義校改。

〔四七〕「弔」，《敦煌寫本書儀研究》釋作「吊」，以下同，不另出校。

〔四八〕「亡」，據文義補。

〔四九〕「頬」，當作「頭」，《敦煌寫本書儀研究》據文義校改。

〔五〇〕第二個「手」字，當作「出」，《敦煌寫本書儀研究》據文義校改。

〔五一〕「如」，當作「而」，《敦煌寫本書儀研究》據文義校改，「如」爲「而」之借字。

〔五二〕「弔」，據文義補，《敦煌寫本書儀研究》補作「吊」。

〔五三〕「生」，當作「甥」，據文義改，「生」爲「甥」之借字；「人」，當作「入」，《敦煌寫本書儀研究》據文義校改。

〔五四〕「出」，《敦煌寫本書儀研究》據文義校補。

〔五五〕「哭」，《敦煌寫本書儀研究》據文義校補。
〔五六〕「生」，當作「甥」，據文義改，「生」爲「甥」之借字。
〔五七〕「生」，當作「甥」，據文義改，「生」爲「甥」之借字。
〔五八〕「頰」，當作「頭」，據文義改，《敦煌寫本書儀研究》逕釋作「頭」。
〔五九〕「於」，當作「起」，《敦煌寫本書儀研究》據文義校改，時「於」、「起」互通。
〔六〇〕「哭」，《敦煌寫本書儀研究》據文義校補。
〔六一〕據此件體例，「答曰」以下應爲大字，抄寫者誤抄爲雙行小字。
〔六二〕「可」，當作「若」，《敦煌寫本書儀研究》據文義校改。
〔六三〕「實」，當作「置」，《敦煌寫本書儀研究》據文義校改。
〔六四〕「國」，《敦煌寫本書儀研究》據文義校補。
〔六五〕「鄉」，《敦煌寫本書儀研究》據文義校補。
〔六六〕「兒哭」，當作「哭兒」，據文義改。
〔六七〕「亡」，《敦煌寫本書儀研究》據文義校補。
〔六八〕「來」，《敦煌寫本書儀研究》據文義校補。
〔六九〕「備」，據上下文義補。
〔七〇〕「五」，當作「立」，《敦煌寫本書儀研究》據文義校改。
〔七一〕「亡」，《敦煌寫本書儀研究》據文義校補。
〔七二〕「住」，當作「往」，《敦煌寫本書儀研究》據文義校改。
〔七三〕「倉」，當作「蒼」，《敦煌寫本書儀研究》據文義校改，「倉」通「蒼」。

〔七四〕「土」，當作「諸」，《敦煌寫本書儀研究》據文義校改。

〔七五〕「政」，當作「改」，《敦煌寫本書儀研究》據文義校改，《唐禮摭遺》逕釋作「改」。

〔七六〕「母」，《唐禮摭遺》疑作「父」。

〔七七〕「嫡」，當作「適」，《敦煌寫本書儀研究》據文義校改。

〔七八〕「衰」，《敦煌寫本書儀研究》釋作「衰朞」，誤。

〔七九〕「妹」，《敦煌寫本書儀研究》據文義校補。

〔八〇〕「丈」，《敦煌寫本書儀研究》釋作「女」，誤。

〔八一〕「嫡」，當作「適」，《敦煌寫本書儀研究》據文義校改。

〔八二〕「姊」，《敦煌寫本書儀研究》據文義校補，《唐禮摭遺》補作「姊」，文義亦通。

〔八三〕「丈」，《敦煌寫本書儀研究》釋作「女」，誤。

〔八四〕「丈」，《敦煌寫本書儀研究》釋作「女」，誤。

〔八五〕「族曾祖父」，《敦煌寫本書儀研究》認爲前文已出現，此處爲衍文，《唐禮摭遺》則認爲僅衍「曾」字。

〔八六〕「生」，當作「甥」，據文義改，「生」爲「甥」之借字。

〔八七〕「外生」，當作「生外」，《唐禮摭遺》據文義校改。

〔八八〕「姊」，當作「婦」，《唐禮摭遺》據文義校改。

〔八九〕「女」，《唐禮摭遺》疑爲衍文。

〔九〇〕「問」，據文例補。

〔九一〕「問曰」，據文義補。

〔九二〕「耳」，《敦煌寫本書儀研究》釋作「自」，並斷入下句，讀作「自經由三月」。

〔九三〕「厝」，當作「廟」，《敦煌寫本書儀研究》、《敦煌婚姻文化》據文義校改。

〔九四〕「元」，《敦煌婚姻文化》校作「原」。

〔九五〕「各」，當作「名」，《敦煌寫本書儀研究》、《敦煌婚姻文化》據文義校改。

〔九六〕「衝」，當作「纁」，《敦煌寫本書儀研究》、《敦煌婚姻文化》據文義校改。以下同，不另出校。

〔九七〕「刑」，當作「形」，《敦煌寫本書儀研究》、《敦煌婚姻文化》據文義校改，「刑」爲「形」之借字。

〔九八〕「雍雍」，當作「雝雝」，《敦煌婚姻文化》據文義校改，「雍雍」爲「雝雝」之借字；「明」，當作「鳴」，《敦煌寫本書儀研究》、《敦煌婚姻文化》據文義校改，「明」爲「鳴」之借字。

〔九九〕「殆」，當作「迨」，《敦煌婚姻文化》、《敦煌寫本書儀研究》據文義校改，「殆」爲「迨」之借字；「水」，當作「冰」，《敦煌寫本書儀研究》、《敦煌婚姻文化》據文義校改。

〔一〇〇〕「雍雍」，當作「雝雝」，《敦煌婚姻文化》據文義校改，「雍雍」爲「雝雝」之借字。

〔一〇一〕「去」，當作「其」，據文義改，唐五代河西方音中，「去」通「起」、「其」；「法」，《敦煌寫本書儀研究》、《敦煌婚姻文化》據文義校補。

〔一〇二〕「題云」，《敦煌寫本書儀研究》、《敦煌婚姻文化》認爲是衍文，可從。

〔一〇三〕「問曰」，據文義補。

〔一〇四〕「去」，當作「其」，據文義改，「去」通「其」。

〔一〇五〕「栓」，《敦煌寫本書儀研究》校作「椿」，按「栓」同「橛」，不必校改。

〔一〇六〕「問曰」，據文義補。

〔一〇七〕「厝」，當作「廟」，《敦煌寫本書儀研究》據文義校改。

〔一〇八〕「去」，當作「其」，據文義改，「去」通「其」。

〔一〇九〕「三」，《敦煌寫本書儀研究》釋作「用」。
〔一一〇〕「不」，《敦煌寫本書儀研究》釋作「下」。
〔一一一〕「紙」，《敦煌寫本書儀研究》據文義校補。
〔一一二〕「問曰」，據文義補。
〔一一三〕「琮」，當作「粽」，《敦煌婚姻文化》據文義校改。
〔一一四〕「仙」，當作「先」，《敦煌婚姻文化》據文義校改。
〔一一五〕「用黄白米」，《敦煌寫本書儀研究》據文義補。
〔一一六〕「去」，當作「其」，據文義改，「去」通「其」。
〔一一七〕「問曰」，據文義補。
〔一一八〕「之」，《敦煌寫本書儀研究》漏録。
〔一一九〕「放」，當作「倣」，《敦煌寫本書儀研究》、《敦煌婚姻文化》據文義校改，「放」爲「倣」之借字。
〔一二〇〕「陰」，《敦煌寫本書儀研究》、《敦煌婚姻文化》據文義校補。
〔一二一〕「問曰」，據文義補。
〔一二二〕「五」，《敦煌婚姻文化》據文義校補。
〔一二三〕「家」，當作「象」，《敦煌婚姻文化》據文義校改；「疋」，當作「端」，《敦煌婚姻文化》據文義校改。
〔一二四〕「放」，當作「倣」，《敦煌寫本書儀研究》、《敦煌婚姻文化》據文義校改，「放」爲「倣」之借字。
〔一二五〕「去」，當作「其」，據文義改，「去」通「其」。
〔一二六〕「附捻」後脱「題云：禮束帛，安在轝中」。
〔一二七〕「去」，當作「其」，據文義改，「去」通「其」。此句前脱關於「納徵」的問答。

〔一二八〕「秋」，當作「楸」，《敦煌婚姻文化》據文義校改。下同，不另出校。

〔一二九〕「青」，當作「帛」，《敦煌寫本書儀研究》據文義校改。

〔一三〇〕「綖」，《敦煌寫本書儀研究》校作「線」，按「綖」本有「線」意，可不校改。以下同，不另出校。

〔一三一〕「如」，當作「加」，《敦煌寫本書儀研究》據文義校改；「蝎」，當作「蠟」，《敦煌寫本書儀研究》據文義校改。

〔一三二〕「大」，當作「人」，據文義改，《敦煌婚姻文化》、《敦煌寫本書儀研究》逕釋作「人」。

〔一三三〕「物」，當作「問」，《敦煌寫本書儀研究》據文義校改。

〔一三四〕「新」，當作「親」，《敦煌寫本書儀研究》據文義校改；「婚」，當作「昏」，《敦煌寫本書儀研究》、《敦煌婚姻文化》據文義校改，「婚」爲「昏」之借字。

〔一三五〕「如」，當作「而」，《敦煌寫本書儀研究》據文義校改。時「而」與「如」可互换使用。

〔一三六〕「君」，《敦煌寫本書儀研究》據文義校補；「貺」，《敦煌寫本書儀研究》釋作「賜」，誤。

〔一三七〕「云」，《敦煌寫本書儀研究》據文義校補。

〔一三八〕「某甲」，《敦煌寫本書儀研究》釋作「得用」。

〔一三九〕「須須」，《敦煌寫本書儀研究》指出第二個「須」字爲衍文，當删。

〔一四〇〕「先」，《敦煌寫本書儀研究》釋作「兒」；「人」，《敦煌寫本書儀研究》釋作「父」。

〔一四一〕「辰」，《敦煌寫本書儀研究》、《敦煌婚姻文化》據文義校補。

〔一四二〕「嘗」，當作「尚」，《敦煌寫本書儀研究》、《敦煌婚姻文化》據文義校改。

〔一四三〕「厝」，當作「廟」，《敦煌寫本書儀研究》、《敦煌婚姻文化》據文義校改。

〔一四四〕「如」，當作「而」，《敦煌寫本書儀研究》據文義校改。時「而」與「如」可互换使用。

〔一四五〕「頬」，當作「頭」，《敦煌寫本書儀研究》據文義校改。

〔一四六〕「清」，當作「請」，據文義校改，《敦煌婚姻文化》、《敦煌寫本書儀研究》逕釋作「請」。

〔一四七〕「敬拜」，《敦煌寫本書儀研究》疑當校作「敢辭」。

〔一四八〕「如」，當作「而」，《敦煌寫本書儀研究》據文義校改。時「而」與「如」可互換使用。

〔一四九〕「睘」，當作「還」，《敦煌寫本書儀研究》據文義校改，《敦煌婚姻文化》釋作「衆」。

〔一五〇〕「低」，《敦煌婚姻文化》釋作「位」，誤。

〔一五一〕「無違」，《敦煌寫本書儀研究》據文義校補，此句《敦煌婚姻文化》校作「無違宫室（事）」。

〔一五二〕「如」，當作「而」，《敦煌寫本書儀研究》據文義校改。時「而」與「如」可互換使用。

〔一五三〕「舊」，當作「男」，《敦煌婚姻文化》據文義校改。

〔一五四〕「合」，《敦煌寫本書儀研究》釋作「令」。

〔一五五〕「面」，《敦煌寫本書儀研究》據文義校補。

〔一五六〕「中庭近東鋪席面向北立中庭近東鋪」均爲衍文，當删。

〔一五七〕「菓」，《敦煌婚姻文化》、《敦煌寫本書儀研究》釋作「果」；「合」，當作「盒」，據文義改，《敦煌婚姻文化》逕釋作「盒」，《敦煌寫本書儀研究》釋作「令」，「合」爲「盒」之借字。

〔一五八〕「合」，當作「盒」，據文義改。

〔一五九〕「互」，當作「低」，《敦煌寫本書儀研究》據文義校改，《敦煌婚姻文化》校作「胡」，誤。

〔一六〇〕「合」，當作「迴」，《敦煌寫本書儀研究》據文義校改。

〔一六一〕「合」，當作「盒」，據文義改。

〔一六二〕「互」，當作「低」，《敦煌寫本書儀研究》據文義校改。

〔一六三〕「長」，《敦煌寫本書儀研究》疑作「耆」。

〔一六四〕「新婦」，《敦煌婚姻文化》認爲係衍文。

〔一六五〕「有聞」，《敦煌寫本書儀研究》、《敦煌婚姻文化》據文義校補。

〔一六六〕「太」，當作「大」，《敦煌婚姻文化》據文義校改；「生」，《敦煌婚姻文化》據文義校補。

〔一六七〕「如」，當作「山」，據文義改。

〔一六八〕「山」，當作「如」，據文義改。

〔一六九〕「姑」，當作「始」，《敦煌婚姻文化》據文義校改，《敦煌寫本書儀研究》逕釋作「始」。

〔一七〇〕「之」，《敦煌寫本書儀研究》漏録。

〔一七一〕「伴」，當作「畔」，據文義改，「伴」爲「畔」之借字。

〔一七二〕「如」，當作「而」，《敦煌寫本書儀研究》據文義校改。時「而」與「如」可互换使用。

〔一七三〕「或」，《敦煌寫本書儀研究》校改作「惑」，按「或」本有「惑」意，不必校改。

〔一七四〕「正」，當作「亡」，《敦煌寫本書儀研究》據文義校改。

〔一七五〕「姓」，當作「姪」，《敦煌寫本書儀研究》據文義校改。

〔一七六〕「此」字已塗抹，又補寫於此行天頭，《敦煌寫本書儀研究》未録。

〔一七七〕《敦煌寫本書儀研究》認爲此句第一個「辭」字係衍文，當删。

〔一七八〕「答曰」，《敦煌寫本書儀研究》據文義校補。

〔一七九〕「樞」，當作「柩」，《敦煌寫本書儀研究》據文義校改。

〔一八〇〕「打」，當作「於」；「捷」，當作「柩」，據文義改，《敦煌寫本書儀研究》逕釋作「於柩（？）」。

〔一八一〕「女」，《敦煌寫本書儀研究》、《敦煌婚姻文化》校改作「汝」，按「女」通「汝」，不必校改。

〔一八二〕「女」，《敦煌寫本書儀研究》、《敦煌婚姻文化》校改作「汝」，按「女」通「汝」，不必校改。
〔一八三〕「甞」，當作「尚」，《敦煌寫本書儀研究》據文義校改。
〔一八四〕「鍾」，《敦煌婚姻文化》校改作「垂」。
〔一八五〕「合」，《敦煌寫本書儀研究》、《敦煌婚姻文化》認爲係衍文，當刪。
〔一八六〕「既既」，第二個「既」字衍，當刪。
〔一八七〕「傳」，據上文當作「仇」，《敦煌寫本書儀研究》據文義校改。
〔一八八〕「左」，《敦煌寫本書儀研究》釋作「右」，校改作「左」。
〔一八九〕「當」，《敦煌寫本書儀研究》釋作「甞」，校改作「尚」。
〔一九〇〕「如」，當作「以」，《敦煌寫本書儀研究》據文義校改。
〔一九一〕「恕」，當作「嫠」，《敦煌寫本書儀研究》據文義校改。
〔一九二〕「止」，當作「至」，《敦煌寫本書儀研究》據文義校改。
〔一九三〕「如」，《敦煌寫本書儀研究》校改作「而」，按「如」有「往」之意，此處可不校改。
〔一九四〕「極」，當作「蒸」，據文義改；「如」，當作「而」，《敦煌寫本書儀研究》據文義校改。時「而」與「如」可互換使用。
〔一九五〕「如」，當作「而」，《敦煌寫本書儀研究》據文義校改。時「而」與「如」可互換使用。
〔一九六〕「盭」，當作「嫠」，《敦煌寫本書儀研究》據文義校改；「如」，《敦煌寫本書儀研究》校改作「而」，按「如」有「往」之意，此處可不校改。
〔一九七〕「闟」，當作「閉」，《敦煌寫本書儀研究》據文義校改。
〔一九八〕「間」，《敦煌寫本書儀研究》釋作「聞」，誤。

〔一九九〕『六』，當作『亦』，《敦煌寫本書儀研究》據文義校改；『久』，當作『少』，《敦煌寫本書儀研究》據文義校改。

〔二〇〇〕『子』，當作『可』，據文義改；『以』，據文義補。

〔二〇一〕『纤』，當作『嫗』，據文義改；『如』，當作『女』，據文義改，《敦煌寫本書儀研究》校改作『而』，誤。

〔二〇二〕按以上例證取自《毛詩故訓傳·巷伯》，其文云：『昔者，顔叔子獨處于室，鄰之釐婦又獨處于室。夜，暴風雨至而室壞，婦人趨而至，顔叔子納之而使執燭。放乎旦而蒸盡，縮屋而繼之。自以爲辟嫌之不審矣。若其審者，宜若魯人然。魯人有男子獨處于室，鄰之釐婦又獨處于室。夜，暴風雨至而室壞，婦人趨而託之。男子閉戶而不納。婦人自牖與之言曰：「子何爲不納我乎？」男子曰：「吾聞之也，男女不六十不間居。今子幼，吾亦幼，不可以納子。」婦人曰：「子何不若柳下惠然，嫗不逮門之女，國人不稱其亂。」男子曰：「柳下惠固可，吾固不可。吾將以吾不可，學柳下惠之可。」孔子曰：「欲學，柳下惠者，未有似於是也。」』（《十三經注疏》，中華書局一九八〇年版，四五六頁）。

〔二〇三〕『聞』，當作『間』，據文義改。

〔二〇四〕『九』，當作『其』，據上文之『唯陳其事』改，《敦煌寫本書儀研究》釋作『凡』。按文中所舉顔叔子和魯人兩個例證都是爲説明因避嫌要『不敘違闊』，應『即陳其事』。

參考文獻

《敦煌寶藏》一三冊，一〇一至一〇五頁（圖）；《文物》一九八五年七期，一七至二二頁；《敦煌吐魯番文獻研究論集》四輯，二九頁；《敦煌民俗學》二三一至二三二頁；《敦煌吐魯番學研究論文集》五七七頁；《敦煌研究》一九九〇年一期，四九頁；《1990年敦煌學國際研討會文集》（石窟史地·語文編）六一一頁；《英藏敦煌文獻》三卷，一二六至一三二頁（圖）；《敦煌寫本書儀研究》三四至三五頁、三九五至四二六頁（録）；《敦煌民俗資料導論》七一至七三頁；《敦煌婚姻文化》七至一二頁（録）、七七至七八頁（録）、一三三至一三四頁、一三七至一三八頁；《敦煌民俗研究》三至一九頁；《唐五代書儀研究》二八五至三〇一頁；《敦煌藝術宗教與禮樂文明》四三二至四三六頁；《唐令拾遺補》八一三頁；《英國收藏敦煌漢藏文獻研究》一一五至一二二頁（録）；《唐禮摭遺——中古書儀研究》四〇四至四一七頁；《敦煌典籍與唐五代歷史文化》七一八頁、七八三至七八九頁、七九三至七九四頁。

斯一七二五背　一　沙州祭文并祭祀所需物品牒抄

釋文

釋奠文

敢昭告於　先聖文宣王〔一〕，惟王固天攸縱〔二〕，誕降生知〔三〕，經緯禮樂，闡楊（揚）文教〔四〕，餘烈遺風，千載是仰。俾兹末學，依仁遊藝。謹以制弊（幣）醴薺（齊）〔五〕，粢晟（盛）庶品〔六〕，祗奉舊章，式陳明薦，以先師袞公配〔七〕。〔尚〕〔饗〕〔八〕。

敢昭告於　先師袞公〔九〕，爰以仲春〔一〇〕，率尊（遵）故實〔一一〕，敬修釋奠於先聖文宣王〔一二〕。惟公庶幾體二〔一三〕，德冠四科，服道聖門〔一四〕，實臻壼奥〔一五〕。謹以制弊（幣）禮（犧）薺（齊）〔一六〕，粢晟（盛）庶品〔一七〕，式陳明薦，作主配神〔一八〕。〔尚〕〔饗〕〔一九〕。

右已前釋奠文。

祭社文

敢昭告於社神，惟神德兼博厚，道著方直，載生品物，含養庶類。謹因仲春〔二〇〕，祗率常禮。敬以制弊（幣）犧薺（齊）〔二一〕，粢盛庶品，備兹明薦，用申報本，以后土勾龍氏配神作主。〔尚〕〔饗〕〔二二〕。

敢昭告於后土氏，爰茲仲春〔二三〕，厥日推（惟）戊〔二四〕，敬循恒士（事）〔二五〕，薦於社神。惟神功著水土，平易九州，昭配之義，寔惟通典〔二六〕。謹以制弊（幣）犧薺（齊）〔二七〕，粢盛庶品，式陳明薦，作主侑神。〔尚〕〔饗〕〔二八〕。

敢昭告於 稷神，惟神播生百穀，首茲八政，用而不遺（匱）〔二九〕，功濟萌黎〔三〇〕。謹以制弊（幣）犧薺（齊）〔三一〕，粢盛庶品，祗奉舊章，備茲瘗禮，謹以后稷棄配神作主〔三二〕。〔尚〕〔饗〕〔三三〕。

敢昭告於 后稷氏〔三四〕，爰以仲秋〔三五〕，敬修恒禮〔三六〕，薦於稷神。惟神功叶稼穡，善修農政〔三七〕，允茲以從祀〔三八〕，用率舊章。謹以制弊（幣）犧薺（齊）〔三九〕，粢盛庶品，式陳明薦，作主配神。〔尚〕〔饗〕〔四〇〕。

祭雨師文

敢昭告於 雨師之神，惟神德含元氣，道運陰陽，百穀仰其膏澤，三農粢（資）以成功〔四一〕。倉（蒼）生是依〔四二〕，莫不〔咸〕賴〔四三〕。謹以制弊（幣）禮（犧）薺（齊）〔四四〕，粢盛庶品，祗奉舊章，式陳明薦，作主侑神。

敢昭告於 雷神，惟神德禋元氣，道運陰陽，將欲雨施雲行，先發聲而隱隱，鼓陰（音）凝結〔四五〕，乃震響以雄雄。黎元是依，莫不咸賴。謹以制弊（幣）醴齊〔四六〕，粢盛庶品，祇奉舊章，式陳明薦。

祭風伯文

敢昭告於　風伯神，惟神德含元氣，體運陰陽，鼓吹萬物，百穀仰其結實，三農茲以成功。蒼生是依，莫不咸賴。謹以制弊（幣）醴薺（齊）[四七]，粢盛庶品，祇奉舊章，式陳明薦。伏惟　尚饗！

今月日釋奠，要香爐二、并香[四八]。神蓆二[四九]、氈十六領[五〇]、馬頭盤四[五一]、疊子十、壘子十[五二]、小牀子二、椀二[五三]、杓子二[五四]、弊（幣）布四尺[五五]、餜食兩盤子[五六]、酒、肉、梨五十課（顆）[五七]、黍米一升[五八]、鍬一張[五九]。行禮人三、修壇夫一、手巾一、香棗一升。

祭社，要香爐四、并香[六〇]。神席四[六一]、氈廿領[六二]、馬頭盤八[六三]、疊子廿[六四]、壘子廿[六五]、小牀子三、椀三[六六]、杓子三[六七]、手巾一、弊（幣）布八尺[六八]、餜食四盤子[六九]、酒、肉、梨一百課（顆）[七〇]、行禮人三[七一]、鈥（鍬）兩張[七二]、黍米二升[七三]、香棗二升[七四]、修壇夫二[七五]、瓜廿[七六]。

祭風伯一坐（座）[七七]，祭雨師兩坐（座）[七八]。

右前件等物，用祭諸神，并須新好，請處分。

牒件狀如前，謹牒。　年　月　日張智剛牒。

說明

此件首尾完整，爲一人所抄，其内容有『釋奠文』、『祭社文』、『祭風伯文』和羅列以上幾項祭祀所需物品的《張智剛牒》。這幾件祭文均適合各州舉行相關祭祀使用，和《大唐開元禮》、《通典》中所保存的相關祭文基本相同。但《大唐開元禮》和《通典》均未記載各州舉行以上幾項祭祀時所需的物品，所以，此件中之《張智剛牒》可補傳世文獻之缺。

此件應與沙州舉行『釋奠』、『祭社』、『祭風伯』等活動有關，但並非實用文書，而是抄件，抄寫者在抄寫時省略了一些内容，如『敢昭告於……』之句前應有『維某年歲次月朔日某官姓名』等。最後的《張智剛牒》也是抄件，這幾件祭祀文書和《張智剛牒》合抄在一起，對抄寫者來説，應該也具有文書樣式的意義。

此件所抄録的『祭文』與傳世文獻也存在一些差别。如『釋奠文』中對孔子的稱謂，《大唐開元禮》、《通典》稱其爲『先聖孔宣父』，而此件中稱爲『先聖文宣王』。與此相應，《大唐開元禮》、《通典》稱顔回爲『顔子』，而此件稱其爲『兖公』。《大唐開元禮》成書於開元二十年（公元七三二年）。據《新唐書·禮樂志五》：『［開元］二十七年，詔夫子既稱先聖，可謚曰「文宣王」』。顯然，敦煌本祭文對孔子的稱謂依據開元二十七年詔書做了修改，這説明中央的政令在當時可以貫徹到敦煌，同時透露出此件的撰寫和抄寫年代要晚於開元二十七年。

伯三八九六背亦有相似『沙州祭文并祭祀所需物品牒抄』，該件是先抄『釋奠文』，但只抄寫了一部分，後接抄「祭社文」，也只是抄寫了其中祭后稷氏的祝文，其後抄寫「釋奠」、「祭社」、「祭雨師」所需物品，其内容亦較此件簡略（但「祭雨師」所需物品部分爲此件所無），所以，伯三八九六背有可能是此件的節抄本。伯三八九六背所抄録的「祭文」雖未能超出此件，但文字略有出入，有參校價值。伯三八九六背所抄録的祭祀所需物品與此件也有區别，區别雖然也不大，但仍然可以解釋爲各州在舉行祭祀時所需物品是可以進行微調的。無論如何，敦煌文獻中保存的這兩份「祭文抄」都可以説明當時沙州也按制度舉行「釋奠」、「祭社」、「祭雨師」等活動。

以上釋文是以斯一七二五背爲底本，用《大唐開元禮》（稱其爲甲本）和《通典》（稱其爲乙本）中的相關記載和伯三八九六背（稱其爲丙本）參校。

校記

〔一〕「文宣王」，甲、乙本作「孔宣父」。

〔二〕「王」，甲、乙本作「夫子」。

〔三〕「降」，甲、乙本同，《敦煌社會文書導論》釋作「隆」，誤；此句《敦煌歲時文化導論》讀作「惟王固天攸，縱誕降生，知經緯禮樂」。

〔四〕「楊」，當作「揚」，據文義及甲、乙本改，《敦煌社會文書導論》、《敦煌歲時文化導論》逕釋作「揚」，「楊」爲「揚」之借字。

〔五〕「弊」，當作「幣」，據甲、乙本改，「弊」爲「幣」之借字；「醴」，甲、乙本作「犧」，《敦煌歲時文化導論》校作「牲」；「薺」，當作「齊」，據甲、乙本改，「薺」爲「齊」之借字。

〔六〕「晟」，當作「盛」，據甲、乙本改，《敦煌歲時文化導論》逕釋作「盛」，「晟」爲「盛」之借字。
〔七〕「衮公」，甲本作「顔子等」，乙本作「顔子」。
〔八〕「尚饗」，據甲、乙本補。
〔九〕「衮公」，丙本同，甲本作「顔子等七十二賢」，乙本作「顔子」。
〔一〇〕「仲春」，丙本同，甲、乙本其後有夾注「仲秋」，説明此文亦適用於「仲秋」之釋奠。
〔一一〕「尊」，當作「遵」，據甲、乙、丙本改，「尊」爲「遵」之借字。
〔一二〕「聖文宣王」，甲本作「聖孔宣父」，乙本作「師顔子」。
〔一三〕「公庶幾體二」，丙本同，甲本作「子等或服膺聖教」，乙本作「子庶幾具體」。
〔一四〕「服道聖門」，乙、丙本同，甲本作「或光闡儒風」。
〔一五〕「實臻壺奥」，乙、丙本同，甲本作「貽范千載」。
〔一六〕「制」，甲、乙本同，丙本作「製」，誤；「弊」，丙本同，當作「幣」，據甲、乙本改，「弊」爲「幣」之借字；「禮」，《敦煌歲時文化導論》釋作「醴」，當作「犧」，據甲、乙本改；「薺」，當作「齊」，據甲、乙本改，「薺」爲「齊」之借字。
〔一七〕「晟」，當作「盛」，據甲、乙本改，《敦煌歲時文化導論》逕釋作「盛」，「晟」爲「盛」之借字。
〔一八〕「作主」，甲、乙本作「從祀」，丙本作「從祀作」。
〔一九〕「尚饗」，據甲、乙本補。
〔二〇〕「仲春」，甲、乙本其後有夾注「仲秋」，説明此文亦適用於「仲秋」之祭社。
〔二一〕「敬」，甲、乙本作「恭」；「弊」，當作「幣」，據文義及甲、乙本改，「弊」爲「幣」之借字；「薺」，當作「齊」，據文義及甲、乙本改，「薺」爲「齊」之借字。

〔二二〕「尚饗」，據甲、乙本補。

〔二三〕「仲春」，甲、乙本作「仲春、仲秋」。

〔二四〕「推」，當作「惟」，據文義及甲、乙本改。

〔二五〕「循」，甲、乙本作「修」；「恒」，甲本同，乙本作「常」；「士」，當作「事」，據甲、乙本改，「士」爲「事」之借字。

〔二六〕「寔惟通典」，甲、乙本作「實通祀典」。

〔二七〕「制」，甲、乙本無；「弊」，甲、乙本無，當作「幣」，據上下文改，「弊」爲「幣」之借字；「薺」，當作「齊」，據文義及甲、乙本改，「薺」爲「齊」之借字。

〔二八〕「尚饗」，據甲、乙本補。

〔二九〕「遺」，當作「匱」，據文義及甲、乙本改。

〔三〇〕「萌」，乙本同，甲本作「甿」，均可通。

〔三一〕「謹」，甲本作「敬」，乙本作「恭」。

〔三二〕「謹」，甲、乙本無。

〔三三〕「尚饗」，據甲、乙本補。

〔三四〕「昭告於」，甲、乙本同，丙本脱。

〔三五〕「仲秋」，甲、乙、丙本均作「仲春」，但甲、乙二本在「仲春」下均有小字「仲秋」。此件以前均爲「仲春」，唯此處用「仲秋」，疑應改爲「仲春」。

〔三六〕「敬」、「恒」，甲、丙本同，乙本作「恭」、「常」。

〔三七〕「善」，丙本同，甲、乙本作「闡」。

〔三八〕「茲」，甲、乙本同，丙本無；「以」，丙本同，甲、乙本無。
〔三九〕「制弊」，丙本同，甲、乙本無；「薺」，丙本同，當作「齊」，據文義及甲、乙本改，「薺」爲「齊」之借字。
〔四〇〕「尚饗」，丙本亦無，據甲、乙本補。
〔四一〕「粢」，當作「資」，《敦煌歲時文化導論》據文義校改，「粢」爲「資」之借字。
〔四二〕「倉」，當作「蒼」，《敦煌社會文書導論》、《敦煌歲時文化導論》據文義校改，「倉」通「蒼」。
〔四三〕「咸」，《敦煌社會文書導論》、《敦煌歲時文化導論》據文義校補。
〔四四〕「弊」，當作「幣」，據文義改，「弊」爲「幣」之借字；「禮」，當作「犧」，據文義改；「薺」，當作「齊」，據文義改，「薺」爲「齊」之借字。
〔四五〕「陰」，當作「音」，《敦煌歲時文化導論》據文義校改。
〔四六〕「齊」，《敦煌歲時文化導論》校改作「薺」，按「齊」字可通，不必校改。
〔四七〕「弊」，當作「幣」，據文義改，「弊」爲「幣」之借字；「醴」，當作「犧」，據文義改；「薺」，當作「齊」，據文義改，「薺」爲「齊」之借字。
〔四八〕「要香爐二，并香」，丙本作「香二」。
〔四九〕「神廗二」，丙本作「廗二」。
〔五〇〕「氈十六領」，丙本無。
〔五一〕「馬頭盤四」，丙本作「盤四」。
〔五二〕「壘子十」，丙本無。
〔五三〕「椀」，《敦煌遺書總目索引新編》釋作「碗」，誤。「椀二」，丙本無。
〔五四〕「杓」，《敦煌遺書總目索引新編》釋作「勺」，誤。「杓子二」，丙本無。

〔五五〕「弊」，丙本無，當作「幣」，《敦煌社會文書導論》據文義校改，「弊」爲「幣」之借字。
〔五六〕「餜」，丙本無，《敦煌遺書總目索引新編》釋作「果」。
〔五七〕「課」，當作「顆」，據文義改，《敦煌遺書總目索引新編》校作「棵」。「酒、肉、梨五十顆」，丙本無。
〔五八〕「黍」，丙本作「季」，《敦煌遺書總目索引新編》釋作「齋」，誤；「米」，《敦煌社會文書導論》漏録。
〔五九〕「鍬一張」，丙本作「鍬二」。丙本釋奠所需至此止。
〔六〇〕「要香爐四，并香」，丙本作「香四」。
〔六一〕「神蓆四」，丙本作「蓆四」。
〔六二〕「廿」，《敦煌遺書總目索引新編》釋作「二十」；「氈廿領」，丙本無。
〔六三〕「馬頭盤八」，丙本作「盤八」。
〔六四〕「疊子廿」，丙本作「疊廿」。
〔六五〕「壘子廿」，丙本無。
〔六六〕「椀」，《敦煌遺書總目索引新編》釋作「碗」，誤。
〔六七〕「杓」，《敦煌遺書總目索引新編》釋作「勺」，誤。
〔六八〕「弊」，丙本無，當作「幣」，據文義改，「弊」爲「幣」之借字。
〔六九〕以下丙本所列物品先後次序與底本不同。
〔七〇〕「課」，當作「顆」，《敦煌社邑文書輯校》、《敦煌歲時文化導論》據文義校改。丙本「梨」字下無「一百顆」。
〔七一〕「行禮人三」，丙本作「行三人」。
〔七二〕「釱」，當作「鍬」，據丙本改；「兩」，丙本同，《敦煌遺書總目索引新編》釋作「二」，誤。
〔七三〕「黍」，丙本作「季」，《敦煌歲時文化導論》、《敦煌遺書總目索引新編》释作「齋」，誤。

〔七四〕「棗」，《敦煌遺書總目索引新編》釋作「囊」，誤；「二」，丙本作「一」。

〔七五〕「二」，《敦煌遺書總目索引新編》釋作「一」，誤。此句丙本無。

〔七六〕「瓜廿」，丙本無，但丙本在「肉」與「香棗」間多列有「乾脯四斤」。

〔七七〕此句丙本無。

〔七八〕「雨」，丙本同，《敦煌遺書總目索引新編》釋作「風雨」，誤；「兩坐（座）」，丙本無。丙本在此句後尚有「香爐二，蓆二，馬頭盤四，疊子十，小牀子二，椀二，杓子二，弊（幣）布四尺，餜食兩盤子，鍬一張」。

參考文獻

《敦煌遺書總目索引》一四三頁；《敦煌寶藏》一三冊，一〇五至一〇六頁（圖）；《敦煌研究》一九九〇年一期，四九至五〇頁（録）；《英藏敦煌文獻》三卷，一三三頁（圖）；《敦煌社會文書導論》三至八頁（録）、八四頁；《敦煌社邑文書輯校》六九五至六九九頁（録）、八五七至八六二頁（録）；《敦煌歲時文化導論》四六、九八、一〇三至一〇五、一三八至一三九頁（録）；《敦煌遺書總目索引新編》五二頁（録）；《歷史研究》二〇〇六年三期，六頁。

斯一七二五背　二　諸起居啓（書儀）

釋文

諸起居啓

名啓：（至萬福，與前啓同。）名卑守有限，未由拜伏，下情無任馳戀。謹因（已下依前啓。）

賀加官啓

名啓：（至萬福依初啓。）伏承　天恩加榮命，下情無任慶躍。名卑守有限，不獲隨例拜賀，伏增戰懼。（無職任云，未由拜賀，伏增馳戀。）

謹遣某官姓名往，謹附啓不宣。謹啓。

月日階守姓名啓上。

賀至歲啓

名啓：晷運推移，日南長至。（歲云，元正啓祚，萬物唯（維）新[一]。）伏惟某官公膺時納祐，罄無不宜。名卑守有限，不獲隨例拜慶，下情無任戰懼。（無職任云名不獲拜慶，下情無任馳戀。已下與賀官啓同。）

賀破賊啓

名啓：至萬福〔二〕，依前啓。伏承奉宣　聖德，克震戎威。外界破賊云，聖威遠被。大破色賊，或云某色退敗，或云大破凶黨。下情無任慶躍。已下與賀加官啓同。

蒙奏改官及與上考不許謝啓

名啓：至萬福，依前啓。名伏奉某月日　敕，改授某官，上考云，伏蒙注上考。自顧課勣（績）無誠（成）〔三〕，伏蒙推薦。亦云超次上考，亦云特蒙超獎。感戴恩造，下情無任戰懼。有幸得伏事　階庭，伏增慶躍。上考無此兩句。奉帖不許拜謝，謹迷（因）〔四〕已下准前。

蒙與物謝啓

名啓：至萬福，依前啓。某至，伏蒙　示問，兼賜及無書則云，伏蒙賜及。某物若干。感戴恩造，亦云感戴丘山，亦云自顧細〔微〕〔五〕。忽蒙恩造，小物亦云捧對。下情無任戰懼。上無感戴字，此云戰荷。名卑守有限，不獲拜謝，謹因已下〔與〕初啓同〔六〕。

牧宰初授百姓故舊及名位相亞者起居啓

名啓：至萬福，依前啓。伏　承光臨郡縣〔七〕，忝在百姓，莫不慶慰。名卑守有限，無職任，不用此〔語〕〔八〕。未由拜賀，下情無任戰懼。至謹啓，同初啓。月日百姓階守姓名啓上。

有疾及馬墜損起居啓

名啓：伏承違和，　下情無任燋灼。時候，不審尊體動止如何？〔名〕卑守有限〔九〕，不獲隨例起居，伏增戰灼。謹因已下依加官啓同。

說明

此件首尾完整，倒書。首題「諸起居啓」，其下依次有「賀加官啓」、「賀至歲啓」、「賀破賊啓」等書札七種，從「諸起居啓」第一行「名啓」注文「至萬福，與前啓同」來看，「諸起居啓」之前還應有其他書札。趙和平據此推測，現存的八首書札僅是某種書儀的一部分，似反映了安史之亂前中央政府對各地官吏有絕對影響的事實，其撰成年代大致在八世紀中期左右。又此件行文过程中省略之處較多，可能是屬於《書儀鏡》一類的簡本（參見《敦煌寫本書儀研究》四三〇頁）；吳麗娱則認爲書啓的對象是地方長官，賀冬至語用「晷運推移，日南長至」，是鄭餘慶元和書儀專門修改過的用語，諸啓文詞較規範，無特別針對邊疆地區的内容，應爲晚唐中原作品（參見張弓主編《敦煌典籍與唐五代歷史文化》七四一頁）。

校記

〔一〕「唯」，當作「維」，據文義改。
〔二〕「至」，原卷抄於「啓」後，大字書寫，據文義移於小字注文中。
〔三〕「勣」，當作「績」，《敦煌寫本書儀研究》據文義校改，「勣」爲「績」之借字；「誠」，當作「成」，《敦煌寫本書儀研究》據文義校改，「誠」爲「成」之借字。

〔四〕「迷」，當作「因」，《敦煌寫本書儀研究》據文例校改。

〔五〕「微」，《敦煌寫本書儀研究》據文義校補。

〔六〕「與」，《敦煌寫本書儀研究》據文義校補。

〔七〕「縣」，底本原作「邑」，後改作「縣」，據此校録。

〔八〕「語」，《敦煌寫本書儀研究》據文義補。

〔九〕「名」，《敦煌寫本書儀研究》據文義補。

參考文獻

《敦煌寶藏》一三册，一〇六至一〇八頁（圖）；《英藏敦煌文獻》三卷，一三四至一三五頁（圖）；《敦煌寫本書儀研究》四二七至四三一頁（録）；《敦煌遺書總目索引新編》五二一頁；《敦煌典籍與唐五代歷史文化》七四一頁。

斯一七二五背　三　殘文書

釋文

（前缺）

□宋僧正餠 [blank box] 大番七口是小□

説明

此件前缺，僅存一行，墨跡已多脱落，性質不明。

參考文獻

《敦煌寶藏》一三册，一〇八頁（圖）；《英藏敦煌文獻》三卷，一三五頁（圖）。

伯三三五六＋斯一七二八　道要靈祇神鬼品經

釋文

（前缺）

《太上太真科經（上）上（經）》云[一]：凡鬼無精麤，至滿七世，善惡各絕。善鬼昇上鬼仙録中，惡鬼經履刀山劍樹火爧之考，骨骸爛盡，方入冥零地獄[二]，萬劫無生。

《授化道經》云：四方鐵圍山，山外甚廣。大（太）〔上〕老君憐愍好生[三]，故成鐵圍山。割斷諸惡鬼，不使來害人。

《道德經》云：以道莅天下，其鬼不神，非其鬼不神，其神不傷人。

《洞淵經》云：道言自伏羲以來，壞軍敗將[四]，舉衆形殘，刀兵星（枉）死[五]，萬方（萬）爲群[六]。或有靈屍，骨節分張，身首他處，不得集聚；或有身無頭，有足無首，有口無目，千〔千〕萬億[七]，遊託自守，依山倚水。與雲中李子敖浮遊雲間，來往海濱，東西南北，乘風駕雀，捉人雞犬，妄令作妖，妖魅横生，求其血食。

又云：有都盧那鬼[八]，身長三丈，目縱口横，耳長六尺，手捉鐵杖[九]，專行人間，打煞惡人〔一〇〕。仍有六萬九千鬼，或爲大鳥；鳥行之處，令人悉病，病便至死。有三萬六千惡鬼，〔鬼〕名天池〔一一〕，從者三萬，常行世間，枉煞良人〔一二〕。至壬午年，復有三千九萬赤鬼，鬼名大頭，來下煞人〔一三〕。山林之鬼，名江子都，領二千九十萬鬼，常伺煞人小口〔一四〕，託作老人，入人宅中〔一五〕，驚人雞犬。復有赤情（幘）小鬼〔一六〕，三萬九千衆，仍入人宅中，取人六畜。復有大運青鬼，長三丈，卌九萬人〔一七〕，手持赤棒，棒煞萬民，有善人信法者，不近之也〔一八〕。

又云有大雷鬼，名九昌，領八萬小鬼，手捉赤棒〔一九〕，來入中國，煞其惡人，行卅六種病〔二〇〕，病煞〔惡〕人〔二一〕。有八十萬赤尾鬼，名〔多〕阿（河）〔二二〕，一頭三尾，身長九尺，兩手持水，令人寒熱，行九十種病，病煞惡人。又有大目鬼，長三寸，千千爲群，與赤鳥百萬來下，入〔人〕家〔二三〕，煞人。復有卅六種草鬼〔二四〕，煞人，人有入草中取菜食，其百〔草〕根枝莖葉有鬼毒〔二五〕，毒名生如，生如兄弟百萬人，兂能煞人〔二六〕，病人之時。十日、一月入人四支（肢）百節中〔二七〕。黄黄赤鬼〔二八〕，長三寸七分也。山中女鬼，名羅翁，翁妃女將廿萬〔二九〕，女鬼亦入山林水之邊，司（伺）取〔煞〕人〔三〇〕。又有此一女鬼〔三一〕，名〔石〕姜〔三二〕，先有無量功德〔三三〕，應仙坐，不（當）敬三天聖人〔三四〕，不奉師三事，師教鬼，鬼見道士入山，心生善。其形甚醜〔三五〕，身長一丈，黑面目縱，通身赤黄〔三六〕，身體臭穢，人不用見之，見之者遠走避之。不敬三事者〔三七〕：一，教令受經敬師，不誹謗人；二，教供養一切道士，勿作妬心〔三八〕；三，教未與俗人交通〔三九〕。不從此三事，天人責之。今住此山中以來三千九百億劫〔四〇〕，故由不出〔四一〕。

又云有八萬鬼，名烏塗倫那，長七丈，千萬歲爲群〔四二〕，復有大赤烏，烏如車輪，飛來食人。人有奉三洞之經行人聞（間）者〔四三〕，此疫烏悉死矣。復有八千九萬赤面鬼，鬼名明真，各將三萬九千小鬼，鬼悉捉赤棒〔四四〕，煞惡人〔四五〕。復有三萬白頭鬼，鬼名千輪。千輪身長三丈，面黑頭白，萬萬爲群，當下三萬九千種病。

又有三千六十〔鬼〕〔四六〕，種種煞人。有肉鬼三萬〔四七〕，石鬼十萬，木鬼二萬，水鬼三千六十萬，土鬼六十萬，蟲鬼十六萬，悉能煞人也。所以能煞人者，鬼悉附以此物之上煞人。入水水死〔四八〕，入山石死，斬樹木死，食肉炁死〔四九〕，起土土死，入草蟲傷，此悉非之（正）炁也〔五〇〕。道士自今以去，懃（勸）化萬姓〔五一〕，愚人男女，令悉奉道之人，鬼不近人〔五二〕。不者，大駈〔除〕之日〔五三〕，恐鬼兵來誅子耳。

又有八千黑目鬼，鬼長六寸，託鳥而飛，來在水中，或因風雨來著人，人死。復有三萬九千沙鬼，鬼長三寸，其色赤白，因水長便著人。復有八十萬大漯鬼，鬼名天頭〔五四〕，其主亦爾如，各頭（領）三萬鬼賊入惡人宅中〔五五〕，令人失火〔五六〕，火不可救。復有大鬼，鬼名崩周。十方火鬼〔五七〕，鬼名季子、央兒、桃姜，壬午之年，各領十二萬人來中國〔五八〕，煞惡人。

又有八萬九千黑面大鬼，鬼名赤頭，身長二丈二尺。卌九萬人導群〔五九〕，每詐稱黄帝之神〔六〇〕，恐人家親

（後缺）

説明

此件由伯三三五六和斯一七二八綴合而成，其中斯一七二八號有兩個斷片，現在《敦煌寶藏》和《英藏敦煌文獻》圖版的排列次序有誤，後面一張圖版的尾部和前面一張的首部可以綴合，這三個斷片綴合後，仍是首尾均缺，所存内容爲《道要靈祇神鬼品經》中《靈祇鬼品》的一部分，但抄寫質量不高，脱、誤和錯簡的情况都存在。據王卡研究，伯三二九七、BD一四八四一L和北大D一九九亦與此件筆跡相同，應爲同一抄本的不同部分（參看王卡《敦煌道教文獻研究——綜述·目録·索引》，中國社會科學出版社，二〇〇四年版，二二六頁）。

以上釋文是以伯三三五六＋斯一七二八爲底本，以現今通行之《中華道藏》二八册所收〇〇五號《道要靈祇神鬼品經》（稱其爲甲本）參校。

校記

〔一〕『經上』，當作『上經』，據甲本改。

〔二〕『冥零』，甲本作『溟泠』。

〔三〕「大」，當作「太」，據甲本改，「大」通「太」；「上」，據甲本補。

〔四〕「壞」，甲本作「壞」，誤。

〔五〕「星」，當作「枉」，據甲本改。

〔六〕「方」，當作「萬」，據甲本改。

〔七〕「千」，據甲本補。

〔八〕「有」，甲本作「又」，「又」爲「有」之借字。

〔九〕「杖」，甲本作「棒」。

〔一〇〕「煞」，甲本作「殺」，均可通。

〔一一〕「鬼」，據甲本補。

〔一二〕「煞」，甲本作「殺」，均可通。

〔一三〕「煞」，甲本作「殺」，均可通。

〔一四〕「煞」，甲本作「殺」，均可通。

〔一五〕「入人宅中」，甲本作「來入人宅」。

〔一六〕「情」，當作「幘」，據甲本改。

〔一七〕「卌」，甲本作「四十」。

〔一八〕「也」，甲本無。此句以上爲伯三三五六，以下爲斯一七二八。

〔一九〕「捉」，甲本作「持」。

〔二〇〕「卅」，甲本作「三十」。

〔二一〕「惡」，據甲本補。

〔二二〕「多」，據甲本補；「阿」，當作「河」，據甲本改。
〔二三〕「人」，據甲本補。
〔二四〕「卅」，甲本作「三十」。
〔二五〕「百」，甲本作「白」；「草」，據甲本補。
〔二六〕「炁」，甲本作「氣」。
〔二七〕「支」，當作「肢」，據文義及甲本改，「支」爲「肢」之借字。
〔二八〕第一個「黄」字，甲本作「當」。
〔二九〕「廿」，甲本作「二十」。
〔三〇〕「司」，當作「伺」，據文義及甲本改；「煞」，據甲本補。
〔三一〕「此」，甲本無，疑爲衍文，當刪。
〔三二〕「石」，據甲本補。
〔三三〕據甲本，此句以下至「心生善」有錯簡，且多脱誤。
〔三四〕「不」，當作「當」，據甲本改。
〔三五〕「其形甚醜」，據甲本補。
〔三六〕「通身」以上爲《英藏敦煌文獻》圖版第二片，「赤黄」以下爲第一片。
〔三七〕此句甲本無。
〔三八〕「妬」，甲本作「妒」，「妒」同「妬」。
〔三九〕「未」，甲本作「不」。
〔四〇〕「今住此山中以來三千九百億劫」，甲本作「鬼亦興妖」。

〔四一〕「故由不出」，甲本作「仙道難固」。
〔四二〕「歲」，甲本無，應爲衍文，據文義當刪。
〔四三〕「聞」，當作「間」，據文義及甲本改。
〔四四〕「捉」，甲本作「持」。
〔四五〕「煞」，甲本作「棒煞」。
〔四六〕「鬼」，據甲本補。
〔四七〕「肉」，甲本作「害」，誤。
〔四八〕「水水」，甲本作「水」，脫一「水」字。
〔四九〕「肉」，甲本作「寅」，誤；「炁」，甲本作「氣」。
〔五〇〕「此」，甲本無；「之」，當作「正」，據文義及甲本改；「炁」，甲本作「氣」。
〔五一〕「懃」，當作「勸」，據甲本改。
〔五二〕「人」，甲本無。
〔五三〕「駈」，甲本作「驅」，「駈」同「驅」；「除」，據甲本補。
〔五四〕「天」，甲本作「大」。
〔五五〕「頭」，當作「領」，據文義及甲本改。
〔五六〕「人」，甲本無。
〔五七〕「火」，甲本作「大」。
〔五八〕「人」，甲本無。
〔五九〕「卌」，甲本作「四十」。

〔六〇〕『黄』，甲本作『皇』。

參考文獻

《敦煌道经目録》九九頁；《スタイン將來大英博物館藏敦煌文獻分類目録——道教之部》五五至五六頁；《敦煌道經——目録編》三五七頁；《敦煌寶藏》一三册，一一二至一一三頁（圖）；《道藏》二八册，三八七至三八八頁；《英藏敦煌文獻》三卷，一一頁（圖）；《中華道藏》二八册，三七四至三七五頁；《敦煌道教文獻研究——綜述・目録・索引》二二六頁。

斯一七三〇　付法藏因緣傳卷第六

釋文

（前缺）

精靈純粹〔一〕，不假形質。吾既非慢，神豈辱也（耶）〔二〕？作是語已，從廟而出，即於其夜〔三〕，求諸供備〔四〕，明日清旦〔五〕，敬祠天神〔六〕。

迦那提婆，名德素著〔七〕，智與神會，其所發言，無不響應〔八〕。一夜之中，供具期（斯）備〔九〕。大自在天，實一肉形〔一〇〕，高數四丈，左眼枯涸，徐步安詳（祥）〔一一〕，而來就坐（座）〔一二〕。遍觀餚饍〔一三〕，歎未曾有，嘉其德力〔一四〕，能有所致。而告之曰：『善哉大士，深得吾心，以智見供〔一五〕，汝今真是敬信我者〔一六〕。世人愚癡，唯得吾形，以食奉獻，畏而誣我〔一七〕，今汝供饌〔一八〕，美味具足，我乏左眼〔一九〕，宜當垂給〔二〇〕，若能見與，真是上施〔二一〕。』提婆答言：『善哉受教。』即以左手出眼與之〔二二〕，天神力故，出而隨生，索之不已，出眼數萬〔二三〕。天神讚（讚）曰〔二四〕：『善哉，摩納〔二五〕，真上施也。欲求何願，必滿汝意。』是時〔二六〕，提婆白天神曰：『我素明識〔二七〕，不假於外，唯恨吾教〔二八〕，人莫信受，正願我言〔二九〕，後必流布。』神曰：『甚善〔三〇〕。』即便起退。

於是，提婆詣龍樹所〔三一〕，剃除鬚髮〔三二〕，受出家法，周遊楊（揚）化〔三三〕，廣濟群生。南天竺王揔（總）御諸國〔三四〕，懷貢高心，信用邪道，沙門釋子，一不得見，國人遠近，咸受其化。提婆念曰：『樹不伐本，枝條難傾。人主不化，道豈流布。』其國政法，王家出錢，雇人宿衛。爾時提婆，應募爲將，荷戟前驅〔三五〕，整勒部曲，威德恩仁，物樂其政。王嘉其意，問曰：『何人侍者？』答曰：『此人應募，既不食稟，又不取價〔三六〕，在事恭謹，性好閑習，未達其心，何求何欲。』王即召之，具問其意。答言：『大王，我是智人，善於言論，欲於王前，而求試驗。』即便許之，爲建論坐（座）〔三七〕。爾時提婆，即立三義：『一切聖中，佛最殊勝；若於諸法，佛法無比；救世福田，衆僧第一。八方論士，能壞斯語，我當斬首，以謝其屈。所以者何，立理不明，是爲愚癡。若斯之頭，非吾所悟（惜）〔三八〕。』八方論士，咸來雲集。亦各言曰：『我若有屈，斬首相謝。愚癡之頭，非吾甘樂。』提婆語言：『我所脩法，仁活萬物，要不如者，當剃汝髮，以爲弟子，不斬頭也。』立此要已，便共論義。諸外道中，情智淺者，適至一言，尋便屈滯。智慧勝者，遠至二日，辭理俱匱。悉剃其髮，度令出家。

爾時有一外道弟子，兇頑無智，恥其師屈，形雖隨衆，心結怨忿。含毒熾盛，嚙刀自誓：『彼口勝我，我刀伏汝。』作是語已，持俠（挾）利刀〔三九〕，常於日夜，伺求其便。爾時提婆，出在閑林，造《百論經》，以破邪見。弟子分散，樹下思惟。提婆菩薩，起定經行。外道弟子，往至其所，執刀窮之：『汝昔曾以智伏吾師，我於今者，刀破汝腹。』即便決之，五藏出外，命猶未絕。愍其狂愚，而告之曰：『我有衣鉢，在吾坐所，汝可取之，急上山去。我諸弟子，未得道者，若脱遇汝，必當相執。或送於王，困汝不少。夫身名者，衆患根本，汝今迷或〔四〇〕，愛惜情重，是故宜當好自防護。』時諸弟子，有先來者，觀見其師〔四一〕，發聲悲哭。合諸門徒，競各雲集。驚怖嘷咷〔四二〕，宛轉於地。其中或有狂突奔走，共相分衛，追截要路。爾時提婆語諸人曰：『諸法本空，無我我所，無有能害，亦無受者，誰親誰怨，熟爲惚（惱）害〔四三〕。汝等今者，愚癡所覆，横生妄見，種不善根〔四四〕，彼人所害，害吾往報，非煞我也〔四五〕。』於是放身，蟬蛻而去。

迦那提婆，未捨身時，告於尊者羅睺羅曰：『佛婆伽婆爲度衆生，演暢妙法，利益來世。次第委囑，乃至於我。我若滅後，當付於汝。汝宜護持深經寶藏，令諸衆生普皆蒙益。』羅睺羅言：『善哉受教。』於後敷演深經妙法，以智慧力，摧滅邪道。三聞説法，盡能受持。龍樹、提婆及斯大士，名德并著，美聲俱聞。當是時也，有婆羅門，聰慧奇悟，善於言論。造鬼名書，甚難解了，章句廣博，十有萬偈，爲三大士，而讀誦之〔四六〕。龍樹一聞，尋便開悟，善能憶持，如舊誦習。提婆未解，重爲宣説，既逕（經）再聞〔四七〕，復即明了。提婆菩薩，爲羅睺羅更廣分別，演其章句。羅睺羅聞，豁然意解。時婆羅門，便大驚怪：『此諸沙門，才慧乃爾，讀吾此書，不久通利。善能分別，似若舊習。』即便信伏，改其邪心。彼羅睺羅，聰慧如是，有善方便，教化衆生。然後以法付囑尊者僧伽難提，令其流布，饒益衆生。

僧伽難提，有大功德，智慧深遠，脩菩薩行[四八]，以堅誓願，而自莊嚴，超過聲聞緣覺境界。曾於一時，有阿羅漢，棄捨重檐（擔）[四九]，具諸功德。僧伽難提，欲試彼故，即宣一偈，而問之言：『轉輪種中生，非佛非羅漢。不受後世有，亦非辟支佛。大德應當好諦觀察，如上所言，是何等物？』爾時羅漢，即入三昧，深諦思惟，不能解了。便以神力，分身飛往兜率陀天，至彌勒所，具宣上事，請決所疑。爾時彌勒，告彼羅漢：『世以埏團，置於輪上，埏值（埴）成瓦[五〇]。如是瓦者，豈同諸聖，至後世乎？』時彼羅漢，即便開解，還閻浮提，宣說斯事。僧伽難提語言：『大德，此必當是彌勒菩薩爲汝宣說，然後解耳。』如是智慧神力變化，濟諸群生，不可限量。所應作已，將欲捨身，至一樹下，指攀樹枝，尋便捨壽，猶依此樹。諸羅漢等，欲移其屍，置平坦處，積薪耶旬，如須彌山，不可傾動。盡其神力，亦無異相。即便更以諸大白象[五一]，併力挽之[五二]，不能移動，如芥子處。尋積香木，就下闍毗[五三]。其火熾盛，焚燒身盡。樹更翁（蓊）鬱[五四]，都無彫毀。時衆咸見，歎未曾有。收集舍利[五五]，起塔供養。

僧伽難提捨身以後[五六]，有羅漢名僧伽耶舍，次受付囑，流布法眼，廣化衆生，拯諸苦惚（惱）〔五七〕。有大智慧，言辭清辯。昔雖出家，未證道跡。遊大海邊，見一宮殿，七寶莊嚴，光明殊勝。僧伽耶舍見時以（已）到，即住彼宮〔五八〕，說偈乞食：『飢爲第一病，行爲第一苦，如是知法者，可得涅槃道。』是時舍主，即出奉迎，敷置茵蓐（褥）〔五九〕，請入就坐。僧伽耶舍，見其家內有二餓鬼，裸形黑瘦，飢虛羸乏，鑠其身首〔六〇〕，各著一牀。復有一鉢，滿中香飯，以瓶盛水，安置其側。爾時舍主即取此食，奉施比丘，語言：『大德，慎勿以食與此餓鬼。』爾時比丘，見其飢困，即以少飯而施與之。鬼得食已，即吐膿血，遍流在地，汙其宮殿。爾時比丘，怪而問之：『此鬼何緣受斯罪報？』舍主答曰：『斯鬼前世，一是吾息，一是兒婦。我昔布施，作諸功德。而彼夫妻，恒懷恚惜。我數教誨，都不納受。因立誓曰：「如此罪業，必獲惡報。若受罪時，我當看汝。」由是因緣，得斯苦惚（惱）〔六一〕。』小（少）復前行，至一住處，堂閣嚴餝，種種奇妙。滿中衆僧，經行禪思。日時以（已）到〔六二〕，鳴椎集食。食將欲訖，爾時餚饍變成膿血。便以鉢器，共相打擲，頭面破壞〔六三〕，血流汙身。而作是言：『何爲惜食，今受此苦。』僧伽耶舍前問其意。答言：『長老，我等先世，迦葉佛時，同止一處。客比丘來，咸共瞋恚。藏惜飲食，而不共分。以此緣故，今受斯苦。』如是尊者僧伽耶舍，周遊大海，遍行觀察。見乎地獄〔六四〕，凡有五百。即生厭惡，深患三有，呵嘖五欲〔六五〕。甚生怖畏，便作是念：『世間造業，終不敗亡。如影隨形，誰能捨雖（離）〔六六〕。我今應當方便求勉（免）〔六七〕。』觀察情至，得羅漢道。六通無礙，三明清徹。於一山林，有五百仙。懃脩苦行〔六八〕，欲望梵福。僧伽耶舍住（往）至其所〔六九〕。爲宣三偈，讀（讚）佛法僧〔七〇〕。五百仙人，俱得道跡。如是尊者，廣爲佛事，教化以（已）訖〔七一〕，便入涅槃。收集舍利，起塔供養。

僧伽耶舍未滅度時，以法付囑鳩摩羅駄。而告之曰：『佛以正法付大迦葉。如是展轉，乃至於我。我欲涅槃，持用相付。汝宜至心懃加守護〔七二〕。』鳩摩羅駄答言：『受教。』於是次宣深法寶藏，彼諸功德，甚深淵遠。發大弘誓，行菩薩道。智慧辯才，猶如大海。少有名稱，國人宗仰。鳩摩羅駄，秦言童子，少有美名，以何緣故，號美名耶？有一長者，緣事餘行，以二甕金，寄其親友。一甕金大，二者金小，語親友言：『吾欲他行，持此相寄。我子意若有欲得者，必當與之。』後長者子住（往）從索金〔七三〕。親友爾時，還其小者。彼即瞋恚，不肯取金。遂共相將，詣斷事所。具陳上意，以求理決。衆斷事官，莫能分了。鳩摩羅駄，時爲童子，於路遊戲，聞其訟音，即作是言〔七四〕：『兒得金矣〔七五〕，何勞苦諍〔七六〕。其父本言隨子所欲。今樂大者〔七七〕，理自屬之〔七八〕。』爾時斷事〔七九〕，便用其語。於是

（後缺）

說明

此件首尾均缺，起『精靈純粹，不假形質』，訖『爾時斷事，便用其語，於是』，爲《付法藏因緣傳》卷第六的一部分。《付法藏因緣傳》爲北魏時期西域名僧吉迦夜與曇曜二人所譯，《大正新脩大藏經》卷五〇有收録。此件書法精美，抄寫工整，是敦煌文獻中不可多得的珍品。

敦煌文獻中的《付法藏傳》有二一件，可分爲兩類：其一爲《付法藏因緣傳記》，有寫本一二件，即斯二六四、斯二七六背、斯三六六背、斯一七三〇、斯四四七八、伯二一二四、伯二七七五、伯二七七五背、伯二七七六背、伯三三五五背、伯三七二七和伯四九六八；其二爲《付囑法藏傳略抄》，存寫本九件，依次爲斯一〇五三、斯八七五八、斯九四〇七、伯二六八〇、伯二七七四、伯二七九一、伯三二一二、咸字二九背、帝字六二（參見王書慶、楊富學《也談敦煌文獻中的〈付法藏因緣傳〉》，《敦煌學輯刊》二〇〇八年三期，九八頁）。其中斯二六四、斯二七六背、斯三六六背、斯一〇五三四件，本書第一卷三八四至三九二頁、四一六至四一九頁，第二卷一七二至一七三頁，第五卷三三至四一頁已做了校録工作，可以參看。

以上釋文是以斯一七三〇爲底本，用對此件有校勘價值的斯二六四背（稱其爲甲本）、斯一〇五三（稱其爲乙本）及目前學界使用較廣的《大正新脩大藏經》（稱其爲丙本）參校。

校記

〔一〕『靈』，乙、丙本同，甲本作『令』，『令』爲『靈』之借字。

〔二〕「辱」，乙、丙本同，甲本作「槈」；「也」，丙本同，當作「耶」，據甲、乙本改。
〔三〕「即於其夜」，丙本同，甲、乙本無。
〔四〕「諸」，甲、丙本同，乙本作「之」，「之」通「諸」；「供」，丙本同，乙本脱，甲本作「俱」；「備」，乙、丙本同，甲本作「俗」，誤。
〔五〕「清」，乙、丙本同，甲本作「青」，「青」爲「清」之借字。
〔六〕「祠」，甲本同，乙本作「辭」，丙本作「祀」，「辭」爲「祠」之借字。
〔七〕「德」，乙、丙本同，甲本作「得」，「得」爲「德」之借字。
〔八〕「嚮」，甲、乙本同，丙本作「響」，本書第一卷釋作「響」。
〔九〕「期」，甲本同，乙本作「其」，當作「斯」，據丙本改。
〔一〇〕「實」，甲、乙本同，丙本作「作」。
〔一一〕「詳」，丙本同，當作「祥」，據文義及甲、乙本校改，「詳」爲「祥」之借字。
〔一二〕「坐」，丙本同，當作「座」，據文義及甲、乙本校改，「坐」爲「座」之借字。
〔一三〕「餙」，乙、丙本同，甲本作「飾」，誤。
〔一四〕「嘉」，甲、丙本同，乙本作「加」，「加」爲「嘉」之借字；「德力」，甲、丙本同，乙本作「功德」。
〔一五〕「見」，丙本同，甲、乙本作「遍」；「供」，乙、丙本同，甲本作「役」。
〔一六〕「汝」，甲、丙本同，乙本作「如」，「如」爲「汝」之借字；「今」，乙、丙本同，甲本作「金」，「金」爲「今」之借字；「我」，丙本同，甲本作「之」，乙本作「衆」。
〔一七〕「我」，乙、丙本同，甲本作「戒」，誤。
〔一八〕「今汝」，丙本同，甲本作「以今」，乙本作「汝今」。

〔一九〕「我」，丙本同，甲本作「我我」，因抄於行末和下一行之首，故讀作「我」，乙本作「衆」；「乏」，乙本同，丙本作「之」，甲本作「知」，均誤。
〔二〇〕「當」，乙、丙本同，甲本作「常」，誤；「垂」，乙、丙本同，甲本脱。
〔二一〕「是」，甲、乙本同，丙本無；「施」，甲、乙本同，丙本作「施也」。
〔二二〕「以」，甲、丙本同，乙本作「與」，「與」爲「以」之借字。
〔二三〕「眼」，乙、丙本同，甲本脱。
〔二四〕「讀」，當作「讃」，據甲、乙、丙本改。
〔二五〕「納」，甲、丙本同，乙本作「納婆」。
〔二六〕「是」，乙、丙本同，甲本作「足」，誤。
〔二七〕「索」，甲、乙本同，丙本作「索」，誤。
〔二八〕「唯」，甲、丙本同，乙本脱。
〔二九〕「我」，丙本同，甲本作「戒」，乙本作「家」。
〔三〇〕「甚善」，甲、丙本同，乙本作「奇哉，甚善」。
〔三一〕「提婆」，甲、丙本同，乙本作「提婆菩薩」。
〔三二〕「鬚」，乙、丙本同，甲本作「鬢」，均可通。
〔三三〕「楊」，甲本同，當作「揚」，據文義及乙、丙本改。
〔三四〕甲、乙本「南天竺」後文字與底本、丙本出入很大，以下不再對甲、乙二本一一對校；「摠」，當作「總」，據文義及丙本改。
〔三五〕「驅」，丙本作「馳」。

〔三六〕「價」，丙本作「賈」，「賈」同「價」。
〔三七〕「坐」，當作「座」，據丙本改，「坐」爲「座」之借字。
〔三八〕「悟」，當作「惜」，據文義及丙本改。
〔三九〕「俠」，當作「挾」，據文義及丙本改。
〔四〇〕「或」，丙本作「惑」，均可通。
〔四一〕「觀」，丙本作「覩」。
〔四二〕「嗥」，丙本作「號」。
〔四三〕「惚」，當作「惱」，據丙本改。
〔四四〕「根」，丙本作「業」。
〔四五〕「煞」，丙本作「殺」。
〔四六〕「讀」，丙本作「讚」。
〔四七〕「逕」，當作「經」，據丙本改。
〔四八〕「脩」，丙本作「修」。
〔四九〕「檐」，當作「擔」，據丙本改。
〔五〇〕「值」，當作「埴」，據丙本改，「值」爲「埴」之借字。
〔五一〕「更」，丙本作「復」。
〔五二〕「挽」，丙本作「俛」，誤。
〔五三〕「毗」，丙本作「毘」。
〔五四〕「翁」，當作「蓊」，據丙本改。

〔五五〕「集」，丙本作「取」。
〔五六〕「以」，丙本作「已」。
〔五七〕「惚」，當作「惱」，據文義及丙本改。
〔五八〕「住」，丙本作「往」。
〔五九〕「蓐」，當作「褥」，據丙本改。
〔六〇〕「鏁」，丙本作「鎖」。
〔六一〕「惚」，當作「惱」，據文義及丙本改。
〔六二〕「以」，當作「已」，據丙本改，時「以」、「已」可互通。
〔六三〕「面」，丙本作「首」。
〔六四〕「乎」，丙本作「于」。
〔六五〕「嘖」，丙本作「責」。
〔六六〕「雖」，當作「離」，據丙本改。
〔六七〕「勉」，當作「免」，據丙本改，「勉」爲「免」之借字。
〔六八〕「懃脩」，丙本作「勤修」。
〔六九〕「住」，當作「往」，據文義及丙本改。
〔七〇〕「讀」，當作「讚」，據文義及丙本改。
〔七一〕「以」，當作「已」，據丙本改。
〔七二〕「宜」，丙本作「宣」，誤；「懃」，丙本作「勤」。
〔七三〕「住」，當作「往」，據文義及丙本改。

〔七四〕「言」，據丙本補。

〔七五〕「兒得金矣」，據丙本補。

〔七六〕「何勞苦諍」，據丙本補。

〔七七〕「樂大者」，據丙本補。

〔七八〕「理自屬之」，據丙本補。

〔七九〕「爾」，據丙本補。

參考文獻

《大正新脩大藏經》五〇册，三一八至三二二頁（録）；*Descriptive Catalogue of the Chinese Manuscripts from Tunhuang in the British Museum*, p. 127；《敦煌寶藏》一三册，一一七至一二〇頁（圖）；《禪宗文獻の研究》九八頁；《英藏敦煌文獻》一卷，一〇四至一〇五頁（圖），二卷，二二〇至二二一頁（圖），三卷，一三六至一三九頁（圖）；《英藏敦煌社會歷史文獻釋録》一卷，三八四至三九一頁（録），二卷，一七二至一七三頁（録），五卷，三三至四一頁（録）；《敦煌學輯刊》二〇〇七年三期，一一九至一二一頁；《敦煌學輯刊》二〇〇八年三期，九四至九八頁。

斯一七三三　某寺諸色斛斗入破歷算會稿

釋文

（前缺）

□充縫皮鞋博士及屈（掘）井[一]、
押油人糧用。麨一石七斗，
屈（掘）井及苅麥人等食用[二]。
白麵四石六斗，麤麵
壹石，油五升，已上充設賀歸滿等乞木
日設，及載木、截木人等用。
麤麵伍斗五升，麨一斗，充
織褐袋及上泥人食用。
白麵九石，米三斗[三]，油
六斗，蘇七升，椒一升，草

豉三升，麥九斗，買瓜[四]。麥

六斗[五]，估（沽）醋三升[六]，麥六斗，

造胡餅價用。已上物三年

七月十五日煮佛盆及供養衆

僧等用。麤麵二斗六升[七]，與人戶截

柴食用。白麵三斗，椒兩合，

油五升，草豉壹升。已上物緣何

闍梨□□□粥及祭盤等

用。蓯蓉二升[八]，

□帖招提冬至坐用。

草豉壹升，椒四合，已上口味

草豉三升，從蓉三升，□□

（後缺）

說明

此件首尾均缺，從其格式看應爲某寺諸色斛斗入破歷算會稿，一些物品旁有墨點點勘記録。從筆跡

看，此件爲硬筆書寫。據其背面之《子丑寅年以前入麥麪豆等歷》，推測其時代爲吐蕃時期。

校記

〔一〕「屈」，疑當作「掘」，《敦煌社會經濟文獻真蹟釋録》據文義校改。
〔二〕「屈」，疑當作「掘」，據文義改。
〔三〕「三斗」，《敦煌社會經濟文獻真蹟釋録》釋作「五升」，誤。
〔四〕「瓜」，《唐五代敦煌寺戶制度》釋作「菜」，誤。
〔五〕「麥」，《敦煌社會經濟文獻真蹟釋録》釋作「麪」，誤。
〔六〕「估」，當作「沽」，《唐五代敦煌寺戶制度》據文義校改，《敦煌社會經濟文獻真蹟釋録》逕釋作「沽」。
〔七〕「二斗六升」，《敦煌社會經濟文獻真蹟釋録》釋作「六斗」，誤。
〔八〕此句上有「白麪肆（？）斗，與女人布口（？）等，四人平安等用」，已塗抹，未録。

參考文獻

《スタイン敦煌文獻及び研究文獻にせられたる西域出土漢文文獻分類目録初稿——非佛教文獻之部・古文書類》Ⅰ，九五頁；《敦煌寶藏》一三册，一二五頁（圖）；《唐五代敦煌寺戶制度》一三〇頁（録）；《英藏敦煌文獻》三卷，一三九至一四〇頁（圖）；《敦煌社會經濟文獻真蹟釋録》三輯，二九九至三〇〇頁（録）、（圖）；《敦煌吐魯番文書與絲綢之路》六五頁。

斯一七三三背　一　某寺交割什物歷

釋文

（前缺）

□前直歲金□交割欠負長幡一口，幃皮一張〔一〕，經巾一，闊（闊）四尺〔二〕，手巾一，漆盤子一〔三〕，木油椀一，木油疊子四枚

（後缺）

説明

此件僅存兩行，倒書，從其内容看是某寺交割常住什物的一部分。其後有蔣孝琬所書碼數及『麥麵賬單』（正書），未録。

校記

〔一〕『幃』，《敦煌社會經濟文獻真蹟釋録》釋作『韋』，誤。

〔二〕「闕」，當作「闊」，據文義改，《敦煌社會經濟文獻真蹟釋録》逕釋作「闊」。
〔三〕「盤」，《敦煌社會經濟文獻真蹟釋録》釋作「盆」，誤。

參考文獻

《敦煌寶藏》一三冊，一二六頁（圖）；《敦煌社會經濟文獻真蹟釋録》三輯，一一二頁（録）、（圖）；《英藏敦煌文獻》三卷，一四〇頁（圖）。

斯一七三三背　　二　某寺子丑寅年以前入麥麵豆歷

釋文

（前缺）

　　麩伍碩　僧法進（？）

　　吳秀

四月十三日，入迴造麵伍碩陸斗（押）。

八月十日，入田收麥壹拾叁碩捌斗（押）。

十月八日，入豆壹碩於草價處收得了[一]（押）。

　　同日，入利閏（潤）麥伍碩[二]。（押）。

　　同日，入利閏（潤）麵壹碩壹斗。（押）。

寅年二月十五日入白麵□碩陸斗[三]。（押）。

九月十八日入麵壹拾捌碩（押）。

　　入租地價麥壹拾貳碩伍斗，豆壹碩。

入利閏（潤）麥拾碩〔四〕。

入租塹地壹拾貳石玖斗，入博麵麥兩碩貳斗〔五〕。

從子、丑、寅年已前，計見在捌拾叁碩肆斗叁勝〔六〕，

麵肆拾碩貳斗，已上等迴殘物。

說明

此件首缺尾全，倒書，用地支紀年，當屬吐蕃管轄敦煌時期。

校記

〔一〕「入」，《敦煌社會經濟文獻真蹟釋録》漏録。

〔二〕「閏」，當作「潤」，據文義改，《唐五代敦煌寺戶制度》逕釋作「潤」，「閏」爲「潤」之借字。以下同，不另出校。

〔三〕此句爲朱筆所書，《敦煌社會經濟文獻真蹟釋録》漏録。

〔四〕原卷「碩」後有「又壹碩」三字，但已圈塗，不録。

〔五〕「博」，《唐五代敦煌寺戶制度》釋作「僧」。

〔六〕「計」，《敦煌社會經濟文獻真蹟釋録》釋作「付」，誤；「捌」，《唐五代敦煌寺戶制度》釋作「抄」，誤。

參考文獻

《スタイン敦煌文獻及び研究文獻にせられたる西域出土漢文文獻分類目録初稿——非佛教文獻之部・古文書類》I，

一二五頁（録）；《敦煌社會經濟文獻真蹟釋録》三輯，一一二頁（録）、（圖）；《英藏敦煌文獻》三卷，一四〇至一四一頁（圖）。

斯一七四六　金剛般若波羅蜜經題記

釋文

弟子令狐爲龍王、行病鬼王、怨家債主〔一〕，敬造像二區（軀）〔二〕，寫《金剛般若》一百部〔三〕，《法華》一部，於靈安寺壽禪師院内潔浄寫。

説明

此件翟理斯定爲公元七世紀，《英藏敦煌文獻》未收，現予補録。

校記

〔一〕「怨」，《敦煌遺書總目索引新編》釋作「寃」，誤。

〔二〕「區」，當作「軀」，據文義改，《敦煌遺書總目索引新編》逕釋作「軀」。

〔三〕「若」，《敦煌遺書總目索引新編》漏録。

參考文獻

Descriptive Catalogue of the Chinese Manuscripts from Tunhuang in the British Museum, p. 25（録）；《敦煌遺書總目索引》一四四頁（録）；《敦煌寶藏》一三冊，二一四頁（圖）；《敦煌遺書總目索引新編》五三頁（録）。

斯一七四七　雜寫（敕歸等）

釋文

兌
目
見
親
近
敕　敕敕
敕　翁心
來年　心
三佛　我
見故
勑

斯一七四七

勑

敇歸

説明

此件爲時人隨手寫於抄廢的《佛本行集經》天頭、地脚和尾部空白處，除最後兩行，其他文字均横寫於天頭、地脚。《英藏敦煌文獻》未收，現予補録。

參考文獻

《敦煌寶藏》一三冊，二一五頁（圖）。

斯一七四七背　雜寫（處分等）

釋文

處分處處處

　勑　勑

　　勑

勑

説明

此件爲時人隨手寫於《佛本行集經》紙背，筆跡與正面雜寫相同，《英藏敦煌文獻》未收，現予補録。

參考文獻

《敦煌寶藏》一三册，二一五頁（圖）。

斯一七六〇背　雜寫（願戒、節度史）

釋文

願戒

節度史（使）

説明

此件爲時人隨手寫於《四分尼戒本》紙背，《敦煌寶藏》未收，現予補録。

參考文獻

《英藏敦煌文獻》三卷，一四一頁（圖）。

斯一七六九背　背題（弟子甘沙通和使高文超狀封）

釋文

弟子甘沙通和使高文（？）超狀封。

說明

此件書於《大般若波羅蜜多經》紙背，似非實用狀封。

參考文獻

《敦煌寶藏》一三冊，三五四頁（圖）；《英藏敦煌文獻》三卷，一四二頁（圖）。

斯一七七三　大般若波羅蜜多經卷第四百一十四題名

釋文

翟文才。

説明

此件《英藏敦煌文獻》未收，現予補録。

參考文獻

Descriptive Catalogue of the Chinese Manuscripts from Tunhuang in the British Museum, p. 10（録）；《敦煌遺書總目索引》一四四頁（録）；《敦煌寶藏》一三册，三八二頁（圖）；《敦煌遺書總目索引新編》五四頁（録）。